广东海上丝绸之路文化与建设

张开城　巩建华◎著

海洋出版社
2018年·北京

图书在版编目(CIP)数据

广东海上丝绸之路文化与建设 / 张开城，巩建华著. — 北京 ：海洋出版社，2018.8

ISBN 978-7-5210-0162-4

Ⅰ. ①广… Ⅱ. ①张… ②巩… Ⅲ. ①海上运输-丝绸之路-研究-广东 Ⅳ. ①K296.5

中国版本图书馆 CIP 数据核字(2018)第 174312 号

责任编辑：高朝君　薛菲菲

责任印制：赵麟苏

海洋出版社 出版发行

http://www.oceanpress.com.cn

北京市海淀区大慧寺路 8 号　邮编：100081

北京朝阳印刷厂有限责任公司印刷

2018 年 8 月第 1 版　2018 年 8 月北京第 1 次印刷

开本：787 mm×1092 mm　1/16　印张：19

字数：360 千字　定价：68.00 元

发行部：62132549　邮购部：68038093

总编室：62114335　编辑室：62100038

目 次

上编 广东海上丝绸之路文化遗存

下编 广东海上丝绸之路文化建设

上　编

广东海上丝绸之路文化遗存

第一章 广东海上丝绸之路古港与航海文化

中国有悠久而先进的航海文化，中华航海文明有据可考的历史可以追溯到7000年前。甚至有学者认为，中国海上航行达域外的历史可追溯到夏朝末年(约公元前17世纪)。《诗经·商颂》曰："相土烈烈，海外有截。"《拾遗记》谓："帝与娥皇泛于海上。"①根据《物原》有关"燧人氏以匏(葫芦)济水，伏羲氏始乘桴(筏)"的传说记载，旧石器时代晚期，以渔猎为生的原始先民已开始利用原始的航行工具与海洋打交道。②夏、商、周时期，航海技术不断发展，与朝鲜半岛、日本列岛、中南半岛的海上交往已见诸史籍。③美国学者默茨指出："过去2000多年一向被认为是神话的《山海经》，不是神话，而是真实的文字记录。珍藏在中国书库中的这部文献提供了充分的证据，表明早在公元前2000多年，中国人便已到达美洲探险。"在墨西哥的奥尔梅克遗址拉文塔祭祀中心，发现了中国殷商的16尊玉雕像和6件刻着汉字的玉圭。玉圭铭文刻写方法与甲骨文相同，一块玉圭记载着殷商祖先的名讳。有学者断言，今天居住在美洲广大地区的印第安人、玛雅人和拉文塔人实为3000年前越海东渡的殷商后裔。④

就广东而言，中国南方的岭南人善于舟楫与航海。中国古籍《淮南子》记载："九疑之南，陆事寡而水事众。于是民人被发文身，以像鳞虫；短绻不绔，以便涉游；短袂攘卷，以便刺舟。"⑤西汉南越王墓出土的文物表明，先秦时粤地已有远洋航路和中西方海洋贸易，中国史籍明确记载的汉代海上丝绸之路航行是从广东徐闻出发的。唐代开辟了从广州到达波斯湾与阿拉伯半岛的航线，海上丝绸之路贸易进入了繁荣时期，唐朝政府在广州设立市舶使，广州通海夷道使广州成为海上丝绸之路大港和当时的海洋贸易中心。宋、元、明、清时期，广东潮州、汕头、惠州、广州、江门、阳江、茂名、

---

① 张开城：《海洋文化与中华文明》，载《广东海洋大学学报》，2012年第5期。

② 李明春、徐志良：《海洋龙脉——中国海洋文化概览》，北京：海洋出版社，2007年。

③ 李磊：《海洋与中华文明》，广州：花城出版社，2014年。

④ 盖广生：《大海国——中国百年海洋思想历程》，北京：海洋出版社，2011年。

⑤ (汉)刘安：《淮南子注》，高诱注，上海：世界书局，1935年。

湛江等地的海上丝绸之路港口在海洋航运和海洋贸易中均发挥了作用。

一、雷州半岛海上丝绸之路古港

位于中国大陆最南端的雷州半岛，因其优越的地理位置，在相当长的历史时期内一直是中国海上丝绸之路的必经之地，海上丝绸之路航运绵延2000年。徐闻二桥大汉三墩港是盛极一时的海上丝绸之路贸易古港，该地亦为当时徐闻县和合浦郡治所在地。二桥大汉三墩港自汉代以后逐渐衰落。在今徐闻辖区范围内，有其他港口延续海上贸易：唐代——沓磊浦曾是中国著名的对外贸易口岸；宋代——递角场是南方水路陆上结合的津梁；明清时代——白沙古埠和海安古港是沟通海内外的交通贸易埠头。唐代至清代，雷州一直为州府治所在地，政治与经济中心北移后，雷州半岛中北部港口承担海上贸易，这些港口包括雷州港、通明港、赤坎港等。

（一）海上丝绸之路始发港——徐闻大汉三墩港

汉代不但开拓了广泛的沿海航线，而且向远洋发展，据史载已远达印度半岛的南部和锡兰（今斯里兰卡），并以此为中介，使得当时世界上两大帝国——东方的汉帝国和西方的罗马帝国联结起来，构成一条贯通欧洲、非洲、亚洲的海上航线。①

今广东徐闻县五里乡二桥村、仕尾村和南湾村一带是西汉海外贸易的出海港——汉三墩港。《汉书·地理志》明确记载："自日南障塞、徐闻、合浦船行可五月，有都元国；又船行可四月，有邑卢没国；又船行可二十余日，有谌离国；步行可十余日，有夫甘都卢国。自夫甘都卢国船行可二月余，有黄支国……有译长，属黄门，与应募者俱入海市明珠、壁流离、奇石异物，赍黄金杂缯而往。"②这表明徐闻是汉代中西方海上丝绸之路最早始发港，同时也说明海上丝绸之路最迟兴起于南越国时期。由此可见，古代广东地区对海上丝绸之路具有巨大贡献。

徐闻位于中国大陆最南端，距海南最近，也是当时中国大陆距东南亚最近的地方。在汉朝时期，徐闻生产水平比较高，交通地位非常重要，是当时通向东南亚的海上出口。近年来，这一带挖掘出大量汉代文物，包括汉砖、瓦片、"万岁"瓦当、汉代私印等；在华丰村一带还发现汉墓200多座，出土大量汉代文物，这些文物与海上丝绸之

---

① 张开城：《海洋文化与中华文明》，载《广东海洋大学学报》，2012年第5期。
② （汉）班固：《汉书》卷二十八下《地理志》，北京：中华书局，1962年。

路密切相关。

汉时政府加强海上丝绸之路沿海港市的管理，唐代的《元和郡县图志》中记载：“汉置左右候官在徐闻县南七里，积货物于此，备其所求，与交易有利，故谚曰：‘欲拔贫，诣徐闻’。”①郭沫若主编的《中国史稿》也说，“从中国高州合浦郡徐闻县(今广东徐闻县西)乘船去缅甸的海路交通，也早在西汉时期已开辟”“那时，海路交通的重要都会是番禺(今广州)，船舶的出发点则是合浦郡的徐闻县”。

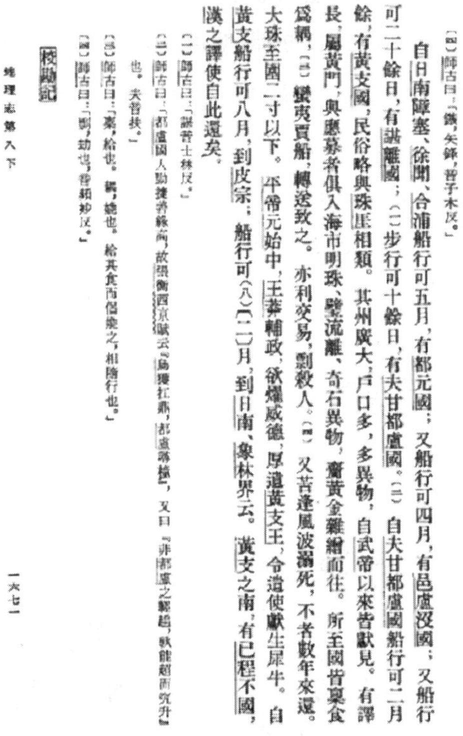

〔四〕師古曰：「鏃，矢鋒，音子木反。」

自日南障塞、徐聞、合浦船行可五月，有都元國；又船行可四月，有邑盧沒國；又船行可二十餘日，有諶離國；〔一〕步行可十餘日，有夫甘都盧國。〔二〕自夫甘都盧國船行可二月餘，有黃支國，民俗略與珠厓相類。其州廣大，戶口多，多異物，自武帝以來皆獻見。有譯長，屬黃門，與應募者俱入海市明珠、璧流離、奇石異物，齎黃金雜繒而往。所至國皆稟食為耦，〔三〕蠻夷賈船，轉送致之。亦利交易，剽殺人。〔四〕又苦逢風波溺死，不者數年來還。大珠至圍二寸以下。平帝元始中，王莽輔政，欲燿威德，厚遺黃支王，令遣使獻生犀牛。自黃支船行可八月，到皮宗；船行可(八)〔二〕月，到日南、象林界云。黃支之南，有已程不國，漢之譯使自此還矣。

〔一〕師古曰：「諶音士林反。」

〔二〕師古曰：「都盧國人勁捷善緣高，故張衡西京賦云『烏獲扛鼎，都盧尋橦』，又曰『非都盧之輕趫，孰能超而究升』也。」

〔三〕師古曰：「稟，給也。耦，媲也。給其食而侶媲之，相隨行也。」

〔四〕師古曰：「剽，劫也，音頻妙反。」

校勘記

地理志第八下　一六七一

《汉书·地理志》书影

郡以雷為名投荒錄云郡南濱大海以雷為名以其雷聲近在簷宇之上雷州之北高州之南數郡亦多雷聲似在尋常之外漢置左右候官在徐聞縣南七里積貨物於此備其所求與交易有利故諺曰欲拔貧詣徐聞元和郡縣志地濱炎海人惟夷獠多居欄以避時鬱寰宇記州居海上之極南氣候倍熱所謂除夜納涼者容有之圖經州多平田沃壤又有海道可通閩浙故居民富實市井居廬之盛甲於廣右圖經州人循習以立冬後已酉日為臘先祭其先然後集親故而共飲焉或云路伏波之關九郡也徐聞之人以冬己酉日遇雷故州人醵祭必祭其先獺濱先生和陶淵明停雲詩有曰人飲嘉平槳酒如江注云雷人以十月臘祭蓋其年已酉日在十月耳州三面並海圖經本州實雜黎俗故有官語客語黎語今語言之間官語則可對州縣官言也客語則平日相與言也黎語雖州人或

宋王象之《舆地纪胜》引唐《元和郡县图志》徐闻段书影

据记载，自汉武帝元鼎六年(公元前 111 年)建制至南齐武帝永明年间的 600 多年里，郡县之治设在境内西南的讨网村，“以其地迫海，涛声震荡，曰是安得其徐徐而闻乎”，于是就有了徐闻地名。

闻名世界的汉代海上丝绸之路始发港遗址位于“大汉三墩”，今徐闻治下的二桥村的海岬腹部，前峙三墩岛，是一处较好的避风良港。清宣统三年(1911 年)《徐闻县志》记载：“讨网村，前临海，峙三墩。”三墩是徐闻汉港的地标，是古代海港的天然屏障。

① (唐)李吉甫：《元和郡县图志》卷逸文卷三，北京：中华书局，1983 年。

《汉书·地理志》留下了官办海上丝绸之路贸易的最早记载，并有唐代的《元和郡县图志》与其呼应。出发地点明确——徐闻、合浦；出行线路和目的地明确——经越南、缅甸到达印度和斯里兰卡；出行目的明确——带去丝绸等，购来明珠、璧、琉璃、奇石异物。管理官员明确——高级别的“黄门译长”“左右候官”。表明湛江徐闻是汉代海上丝绸之路重要港口、重要关口，地位显赫的区域性政治中心，富甲一方的经济中心。①

汉徐闻港岸边土岭上的航标座

清康熙《粤闽巡视纪略》记载：“三墩在城南二十里突出海中，号小蓬山。”三墩是古代海港的天然屏障。至今，三墩上存有古井，是为过往船只补给淡水之用。故《徐闻县志》记载：“前临海，峙三墩，中有淡水，号龙泉。”

在仕尾村北仕尾岭上，考古发现了一个呈八角形、直径2米、深40厘米的巨型石雕器物，质地为玄武岩，八角均饰八卦纹，器物内壁被火灼成黑色，因年代久远而有多处龟裂。据专家考证，设在海边的这一巨型器物为导航灯座，当时的人们在此点燃“烽火”以示方位。

两汉时期徐闻拥有优越的地理位置：靠近东南亚，是中国航船沿着海岸向东南亚航行的最近地点；接近岭南经济最为发达的区域——番禺（今广州），具有便利的交通联系中原，为自中原和岭南经济发达区域前往东南亚的最便捷地点，是一个与东南亚和海南岛联系都很方便的地点。两汉时期，徐闻港所在的合浦郡是岭南开发较早的区域之一，靠近经济比较发达的苍梧郡，通过岭南古道通往北方，与作为出口物资的提供地和进口物资的销售地的中原保持密切联系，具有广阔的经济腹地。因此，徐闻发展成为当时最重要的对外贸易港口。② 雷州半岛千年牛车古官道深深的辙痕，便是当年车水马龙景象的确证。

雷州半岛千年牛车古官道

---

① 《中国海洋文化》编委会：《中国海洋文化·广东卷》，北京：海洋出版社，2016年。

② 吴松弟：《两汉时期徐闻港的重要地位和崛起原因——从岭南的早期开发与历史地理角度探讨》，载《岭南文史》，2002年第2期。

现在在二桥南段的仕尾岭还留有很丰富的汉文化遗存。从20世纪80年代起，专家就对古港附近的遗址进行挖掘与研究，发现了汉代的墙基、水井等遗址，并出土了大量当时的建筑用瓦当、卷云纹瓦当、印纹砖，以及国宝“万岁”瓦当，同时出土铜质龟钮十字格“臣固私印”等文物，说明这里是一个规格较高的西汉建筑遗址。在徐闻迈陈村发现了大量的汉墓，在县城西南、东南海滨则有二桥村汉墓、红坎村汉墓、交尾东汉墓群，以及县城南郊槟榔埚、北谭村、石园村东汉墓群等。[①] 有的虽然只是些平民的墓，规模不大，但是却出土了玛瑙、琥珀、水晶、琉璃等海外物产，这些都表明这一带是当时县治所在，并与海外有着贸易往来。

而位于雷州半岛南部的徐闻古港，不仅是汉朝控制海南岛的关键，而且是汉朝对交趾(今越南北部)、九真(今越南北部)、日南(今越南南部)等地实施有效管辖的关键所在，其战略地位十分重要。在汉代，汉武帝刘彻于西汉元鼎六年(公元前111年)平定了南越，重新统一岭南，辖境直达交趾、日南和海南岛，在岭南分置九郡：交趾、九真、日南、儋耳、珠崖、郁林、苍梧、合浦、南海。元封五年(公元前106年)又在岭南设置交趾刺史部以统辖。因赵佗城已毁于火，而岭南边地已扩至今越南北部，当时岭南地区的政治经济中心一度西移，特别是在海外交通上，该地已日渐成为出南海对外重要贸易的港口。官方和民间海外贸易船只大都从徐闻、交趾、日南、合浦登陆或出海，这在史书上多有记载。历史上中国最初的海外贸易，先是在民间自发出现，其后引致官方组织船队出行并由政府出面管理。唐朝李吉甫《元和郡县图志》记载：“汉置左右候官在徐闻县南七里”,[②] 为外贸管理官员。

西汉以后至三国时期，徐闻港仍占有重要地位。据历史学家考证，三国时，孙吴曾置珠崖郡，郡治不在海南岛上，而“是在与海南岛对面的雷州半岛的南端合浦郡的徐闻县境内，徐闻当为孙吴用兵海南的基地”。这个基地就是徐闻港。北魏郦道元《水经注·温水注》引王范《交广春秋》曰：“朱崖、儋耳二郡，与交州俱开，在大海中南极之外，对合浦徐闻县。清朗无风之日，遥望朱崖洲如囷廪大。从徐闻对渡，北风举帆一日一夜而至。”[③]

魏晋以后，由于中国经济重心南移和从番禺出发的新航路的开辟，海上丝绸之路的出发港也渐渐北移，徐闻古港渐渐失去了往日的繁华，但是，汉代徐闻港在海上丝绸之路中的历史地位和作用，是不容忽视的，也是无法取代的。[④]

---

① 广东省文化厅:《中国文物地图集·广东分册》，广州：广东省地图出版社，1989年。

② 黄伟宗:《海上丝绸之路与海洋文化纵横论》，广州：广东省出版集团，2014年。

③ 司徒尚纪、李燕:《汉徐闻港地望历史地理新探》，载《岭南文史》，2000年第4期。

④ 阮应祺:《汉代徐闻港在海上丝绸之路中的历史地位》，载《岭南文史》，2000年第4期。

徐闻二桥大汉三墩港在汉代以后逐渐衰落，一是东汉后期政治动荡，造成经济衰退，影响对外贸易的开展。三国时交趾(即越南)一度反叛，攻打合浦等地，使徐闻、合浦至东南亚各国的航路受到严重阻碍。二是晋代以后，番禺(广州)港已逐渐取代徐闻、合浦，成为中国最大的对外贸易口岸。三是远洋航路改变。航海技术的进步、船舶吨位增加、抗风能力加强，可直接从番禺(广州)放洋出海。《新唐书·地理志》记载了从广州出发到印度洋的航路。大部分航船乘东北季风从海南岛东部海面经七洲洋直下南海，通过马六甲海峡到印度洋。四是受自然因素影响。徐闻古港讨网港(三墩港)逐渐被泥沙淤积，日久荒废。① 五是隋朝以后，雷州半岛政治、经济中心北移，雷州半岛中北部港口发展起来，发挥海上贸易功能。

(二)中国著名的对外贸易口岸——唐代沓磊浦

唐朝初年，合浦郡治由徐闻县的讨网村(今二桥村)迁至广西合浦，同时讨网港址也从华丰村迁至今沓磊村，称沓磊浦。从此，沓磊浦便取代讨网港(徐闻二桥大汉三墩港)的地位，成为中国对外贸易和通往海南的重要港口岸。据《海口市志》记载："经徐闻沓磊驿，通衢京都，方便官宦使节往来，传递京师、省城文图。以递送物资、公文等。"明万历年间，汤显祖贬谪徐闻时曾到此地游览，留下诗句："沓磊风烟腊月秋，参天五指见琼州。旌旗直下三千尺，海气能高百尺楼。"

(三)南方水路陆上结合的津梁——宋代递角场

宋朝在徐闻南部沿海建立了一个著名的盐场和南方的水路陆上结合的津梁——递角场。这在宋地理总志《太平寰宇记》《舆地纪胜》中都有所记载。北宋开宝五年(公元972年)废徐闻县和遂溪县并入海康县，南宋乾道七年(1171年)复置徐闻县时"仍以递角场作县治"。

(四)沟通海内外的交通贸易埠头——明清时代白沙古埠和海安古港

白沙村，位于徐闻县海安镇东，距县城15千米。从明清时期开始，白沙古埠就是"五府通商"(高州府、雷州府、廉州府、钦州府和琼州府，俗称五府通商)口岸之一的古商埠和渔埠。据清《徐闻县志》记载：白沙古埠因地处海口镇对岸，海面宽阔，红坎湾附近水势平缓，舟蚁汇聚，商贾云集，通过白沙埠和海安港大量输出徐闻的沉香木、土糖寮、南药高良姜和槟榔、红白藤等土特产，从广州、合浦、西营、海南等地换回

---

① 沈荣嵩：《汉代古港徐闻的兴衰历史原因》，载《岭南文史》，2000年第4期。

煤油和大米、布匹、陶瓷等物品。后来，由于海安港的日益崛起，并利用港阔水深占领了强势地位。白沙埠的通商地位逐渐被十几千米外的海安港取代，逐渐冷落沉寂。

海安港埠在海安镇南，古港遗址大概在古海安千户所城东门外，明清代的海安，已成雷州一最重要的商埠。据《粤海关志》称：清代海安港是广东省的七大总口之一，名曰雷廉总口。现亦有碑文可证。现海安城中仍留有海关旧址残迹。

位于海安街的制宪禁革陋规示碑上，刻有海关征收过境货物税款和严禁侵吞国家课税的条文。

（五）雷州半岛中北部海港——雷州港、通明港、赤坎港

雷州港是唐宋时期雷州半岛主港，古时又称海康港，位于雷州半岛中部雷州湾南渡河港头一带，现在古港遗址位于雷州城南，外港距城区3.5千米，而内港就在今天的城内关部街一带。[①] 就雷州港的地理位置而言，港外有东海岛、硇洲岛等海岛作为屏障，既能抵御风险，又是良好的避风地点；同时港内水域和航道开阔，三条内河均与港口相通，具备形成港口的天然条件。雷州港的兴起源于中原王朝对海南岛及周围地区的统治，统治者也由此开通了南下的航线。

雷州港以雷州郡城为依托，海路通闽、浙、广、潮，或下琼崖而出南洋，主要集散半岛的谷、米、牛、酒、黄鱼等货物。明万历《雷州府志》记载，大宗货物有棉花"自广西海南随船至雷，集于南亭河下，发各商转鬻"。《读史方舆纪要》谓："雷州三面距海，北负高凉。有平田沃壤之利，且风帆顺易，南出琼崖，东通闽浙，亦折冲之所也。"史家认为："唐宋时期，雷州港已取代徐闻港而代之，成为雷州半岛的水陆枢纽，亦为出海通往印度、非洲等地的重要口岸，是唐宋时期海上丝绸之路的重要始发港之一。"[②]

唐贞观年间，原来的东和州更名为雷州，后期又改为海康、雷州郡，治所在雷州城。因此，从唐代开始，雷州城便成为名副其实的大型港城，这里出土的"雷郡城砖"证明了当时港城的繁荣。从史料和出土文物来看，雷州当地的陶瓷、纺织、木雕等手工艺已相当发达，享誉海外的海康陶器也产自这里，并从雷州港运往世界各地。元代开始，随着广州港的繁荣，雷州港的地位开始下降，但在当地还有提举市舶司主管对外贸易和税收。明清时期，雷州港虽一度遭到海禁，但仍设有雷州口海关部。

通明港在明、清两代为雷州府的军事要地。明代中国东南沿海常受倭寇（东亚海

---

① 张伟湘、韩昌青：《广东古代海港》，广州：广东人民出版社，2006年。

② 洪三泰、谭元亨、戴胜德：《开海——海上丝绸之路2000年》，广州：广东旅游出版社，2001年。

盗)侵扰。洪武二十七年(1394 年),官府在今通明港一带增筑炮台烟墩,加强防倭。后来,官府在这里筑城墙,建要塞,派驻军,称为"白鸽寨",又称"白鸽寨水师"。通明港海路四通八达,水上交通十分方便,是商品聚散经销的好地方。因此,从明万历年起,外地经商者慕名而来,云集此地,建铺筑街,发展商业。

在通明港海域,渔民出海捕鱼打捞到的水下文物中有象牙、铜器、古石药槽、酒埕、青釉碗、唐碗、宣德炉等。

1984 年,在雷州半岛北部遂溪县发现一窑藏,出土了成批的波斯萨珊王朝银币,其铸造年代大约为沙卜尔三世至卑路斯之间(公元 383—484 年),为中国的东晋至南朝时期。同时出土的还有鎏金盅、金环、萨珊式银碗、金碗、银手镯、银环、银簪、银盒、金花等十多个品种共 104 件。这是当时雷州半岛对外交往的一个证据。

赤坎港不仅是国内商人经商来往的港口,也是对外交往的口岸。湛江赤坎出土的 134 枚 18 世纪西班牙银币上,多数有中国钱庄之类的中文印记,表明其在流入中国后亦长期流通使用。

二、广州古港和广州外港

地处南海的广州是海上丝绸之路的重镇,有关海上丝绸之路的文物和古迹,遍布全城。唐朝宰相贾耽撰写的《皇华四达记》记录了从沿边州郡进入"四夷"的七条路线,其中登州海行入高丽渤海道、广州通海夷道为主要海路。广州通海夷道贯穿南海、印度洋、波斯湾和东非海岸的 90 多个国家和地区,是中古世界最长的远洋航线,亚洲、非洲际海上大动脉。[①]

宋朝时广州成为海外贸易第一大港。明初实行"有贡舶即有互市,非入贡即不许其互市",以及"不得擅出海与外国互市"的政策,但对广东则特殊。十三行是清政府指定专营对外贸易的垄断机构。广州是全国唯一海上对外贸易口岸,史称"一口通商",广州成为清代对外的贸易中心。

港口作为客货集散的枢纽或中转口岸,为了便于分流来自不同地区流量,或因建港条件有限,往往会拥有多个港区(作业区)或码头,以及管理机关与作业区分离状况。[②] 历史上的广州港包括黄埔港,还包括澳门港、佛山港等。

---

① 李庆新:《海上丝绸之路是东西方海洋贸易文化交流之路》,载《深圳特区报》,2014 年 3 月 12 日。
② 司徒尚纪:《汉徐闻港地望历史地理新探》,载《岭南文史》,2000 年第 4 期。

(一)黄埔古港

追溯黄埔古港的历史，隋唐时期，黄浦港湾(黄埔古港)已经是船舶进出广州的外港停泊地。宋代古港在海外贸易中扮演重要角色，南宋时期这里已是“海舶所集之地”。黄埔古港原名“酱园码头”，位于海珠区的黄埔村。黄埔村地处一小岛，水边地区叫“浦”，水中的陆地为“洲”，因传说古时有一对凤凰飞临此地，因此有“凰洲”和“凤浦”的村名。海洋贸易兴旺时这里聚居了大量外国人，他们发音不准，于是“凤浦”就慢慢演变成了“黄埔”。现在，在黄埔村东西两头，还耸立着刻有“凰洲”“凤浦”的彩色牌坊。① 后因河道堵塞变窄，黄埔古港迁至对面的长洲岛，隶属于黄埔区，名字仍然沿用“黄埔港”。新黄埔港与古港隔河相望，新旧相对。

明清时期黄埔古港景色

黄埔古港见证了广州海上丝绸之路的繁荣。自宋代以后，黄埔古港长期在海外贸易中扮演重要角色。南宋时此地已是“海舶所集之地”。康熙二十三年(1684 年)，清政府平三藩，收台湾，之后便宣布结束海禁，实行开海贸易并设置海关。黄埔古港历史地位的凸显，则发生在乾隆二十二年(1757 年)，清政府撤销了江、浙、闽三海关，保留粤海关，四大海关仅留广东一处，大量的茶叶、丝绸、瓷器等商品都由广州运往世界各地，在此期间，黄埔古港得到迅速发展，直至 1837 年西方国家敲开清廷的大门，黄埔古港一枝独秀盛开了 80 年。据《黄埔港史》记载，从乾隆二十三年(1758 年)至道光十七年(1837 年)的 80 年里，停泊在黄埔古港的外国商船有 5000 多艘。在这里有夷务所、黄埔税馆、买办馆等，贸易总值是之前四大海关总值的 10 倍多。

正是黄埔古港的繁荣，才孕育了十三行。外国商船必须在这里报关后再由中国的官员带领商船进入海港，同时办理卸转货物、缴税等手续，然后货物才能进入十三行交易。清廷开设海关之后，官家招募精明能干的商人，由他们代表政府去和外商进行交易，并代收关税，所设立的商行，也叫公行、洋行、洋货行、外洋行等，号为“十三行”，

① 蒋月月:《黄埔古港》，载《源流》，2011 年第 22 期。

却非固定为十三家。[①] 商贸的繁荣使得黄埔村成为热闹繁华的古城，同时这种氛围自然而然地熏陶了当地人的经商思想，勇敢的黄埔人纷纷踏上向海外开拓的道路。

广州黄埔古港旧址今貌

在古港停泊的外国商船中，著名的瑞典商船“哥德堡”号(Götheborg)曾经三次抵达黄埔古港，航行在海上丝绸之路上。

如今在黄埔村仍然可以见到古港口、古宗祠、古街道、古庙宇等遗迹。现在附近的村民还能挖出当年建筑码头时打下的木桩。今天的黄埔村已经看不到昔日黄埔港口码头那种繁荣的景象，但其依然保持着古朴的底蕴。“古港遗风”“粤海第一关”等建筑，也在诉说着当年这里的繁荣。

(二)南海神庙前古扶胥港和明清码头遗址

南海神庙居“扶胥之口，黄木之湾”[②]，今狮子洋与珠江连接处，东西向珠江漏斗湾到此转向南北向狮子洋大漏斗湾，以南便是“大海”，“自此出海，浩淼无际”[③]，是优越的泊船之处，也是到广州贸易的外国货船进入内港前停泊和接受检查的地方。

广州南海神庙明代码头遗址

现存的章丘是古扶胥港的重要地物，是历史岸线的参照标志。南海神庙是扶胥港的航海祭祀建筑，既是朝廷祭祀海神的场所，又是民间中外客商出航前后祈愿和答谢海神的地方。神庙外现存有宋代建筑遗址、明代铺石活动面遗址、明代石基码头遗址、清代码头遗址等遗存。

南海神庙西南，章丘坡脚至岸边处现存有明代石基码头遗址，全长 125 米，由官道和小桥、接官亭、埠头构成。边缘多用红砂岩石块砌筑，做工考究，应属官用设施。宋

① 蒋月月：《黄埔古港》，载《源流》，2011 年第 22 期。
② (唐)韩愈：《昌黎先生文集》卷三一《南海神庙碑》，上海：上海古籍出版社，2013 年。
③ (唐)李吉甫：《元和郡县图志》卷三四，北京：中华书局，1983 年。

代后期扶胥港淤浅后，各级官员仍到南海神庙致祭，该道应为此而设。

南海神庙“海不扬波”坊前有清代古码头遗迹，用麻石铺砌，共九级亲水台阶。

（三）广州外港——澳门港

澳门是香山县（今中山、珠海市）海边的一个小渔村，古时还不足为港。但自明嘉靖年间葡萄牙人进入和租居澳门后，他们就利用当时政府允准开放广东对外贸易的特殊政策，以澳门为基地开展对中国的贸易。同时，政府也曾规定：凡外国商船来广州进行贸易，必须向澳门的中国海关领取进入广州的“部票”（入港许可证），并缴纳关税，聘请通事、买办和引水员，然后由引水员引航进入广州贸易。① 这样一来，澳门就成为中国广州对外贸易的外港和贸易全球化的中转港。所以，从16世纪中叶至19世纪初叶，世界各国的商人与中国进行贸易时，都须经澳门港中转。由广州起航经澳门中转的七条国际贸易航线的开辟，对推动当时贸易全球化起了举足轻重的作用。② 这七条航线分别为：广州—澳门—果阿—欧洲航线，广州—澳门—马尼拉—拉丁美洲航线，广州—澳门—长崎航线，广州—澳门—望加锡—帝汶航线，广州—澳门—纽约航线，广州—澳门—大洋洲航线，广州—澳门—俄罗斯航线。

三、潮汕地区海上丝绸之路古港

潮汕地区，“介闽、粤之间，为门户之地。负山带海，川原饶沃，亦东南之雄郡也”。③ 它位于粤东沿海、广东与福建交界处，近海地区又有不少的岛屿，这样的环境，使得潮汕人民很早便开始“逐海洋之利”。早在唐宋时期，潮汕地区就有不少优良的港口，有商船停泊。历来中国出口货物以丝绸和瓷器为主，而潮汕地区瓷器生产历史悠久，这里有著名的潮州窑，大量的外销瓷器从这里运往世界各地。同样，世界各地的物产也源源不断地运抵潮汕。潮汕地区的海上丝绸之路古港主要有樟林港、柘林港、凤岭港等。

（一）樟林港

樟林港位于澄海县东北部（现属汕头市澄海区东里镇辖区），古时因“遍地樟木，枞

---

① 陈蕴茜：《澳门港的历史变迁与发展前景》，载《江苏社会科学》，1999年第4期。

② 万明：《明代澳门与海上丝绸之路》，载《岭南文史》，2004年第2期。

③ 张伟湘、韩昌青：《广东古代海港》，广州：广东人民出版社，2006年。

灌成林”而得名。[①]

樟林港是古代广东省粤东地区一个著名的港口，是明清时期粤东沿海交通要冲，外海可达东南亚诸岛，南宋已有港湾及民居。航线北通福建、台湾、杭州、宁波、上海、天津、山东、日本，南达广州、雷州、琼州，直至越南、暹罗、马来西亚、婆罗洲和印度尼西亚，史称“粤东通洋总汇”，为1860年汕头港开埠前粤东第一海运大港。根据有关资料记载，在樟林古港全盛时期的澄海海关税收收入占广东省的1/5，当年潮汕乃至粤东一带华侨也多是从这里搭乘红头船出洋。

康熙二十三年(1684年)清政府解除了“海禁”，樟林一跃成为潮汕地区一个十分重要的港口和军事要塞，繁荣长达200余年。樟林航线，向北可到达福建、台湾等地区，向南连通广州及东南亚地区等。很多潮汕出产的陶器等从这里运往东南亚各国，同时各种来自南洋的商品诸如沙茶酱等也源源不断地流入潮汕地区，丰富了当地民众的生活。因此，它既是南北货物的集散地，又是潮汕地区贸易的枢纽。[②] 由于开海禁，允许居民从事海上贸易，这样一来，沿海居民的海上贸易得以公开进行，交易额猛增。因为贸易量大，需要存放货物的地方就多，而樟林原有的六社八街中可以用于存放货物的地方不够，于是就有人投资新建栈房，新兴街就这样于清嘉庆年间应运而生。这条总长180多米，共有54间栈房的街道，很好地解决了栈房不足的问题。新兴街的建成标志着樟林港进入全盛时期。为了方便船只装卸货物，在新兴街的周围有非常多的码头。从海外进口的布匹、木材、干果，用于出口的红糖、瓷器、蚕丝、渔网等货物聚集在各个码头上。栈房的设计和江南的建筑风格有些相似。临水的栈房设有后门，这样进不来的大船停在上游，由小船装载货物到后门，如此节省了运费，也方便了贸易。新兴街不仅是大型的货物集散地，同时兼有贸易功能。[③] 樟林全盛时期有七社九街，大小货栈五六十间，大小商铺约1000间，因此有“樟林埠”的称号。至嘉庆年末(1820年)，樟林港已经逐渐淤塞，体积较大的福建船已不能直入樟林港和东陇河，只得用贩艇小船从柘林驳运。[④]

新兴街目前仍有部分货栈保存完好。

樟林港也见证了数以万计的潮州人出海谋生的脚步。据不完全统计，只明清两朝出海谋生者，有60%以上从樟林出发。据统计，清朝前期从这里“出洋”的人数达100多万人，其港口的税收占广东省的1/5。樟林现存古址有新兴街、天后宫、樟林古村落、

---

① 陈训先：《樟林古港：“河海交汇”之港》，载《潮州日报》，2010年9月20日第C3版。
② 张伟湘、韩昌青：《广东古代海港》，广州：广东人民出版社，2006年。
③ 林馥榆：《红头船上望樟林》，载《潮商》，2011年第1期。
④ 杨行之：《樟林港与红头船贸易》，载《华侨华人历史研究》，1991年第3期 。

水仙古寺等，是一处华侨寻根、怀旧、纪念的地方，也是华侨史、海运史、贸易史、船舶史等富有历史价值的地方。

（二）柘林港

柘林港是潮汕历史上最早对外通商贸易和移民海外的深水港口之一。在漫长的潮汕古港演变过程中，柘林港作为韩江北溪的出海口，在唐宋时期就已经被史册所记载，其辉煌时期与樟林港齐名扬名世界，是海上丝绸之路的起点之一。①

柘林港位于广东最东部，是古代海上丝绸之路的重要节点，粤东第一门户，自古就有“未有汕头埠，先有柘林港”之称。柘林港兴起于隋唐时期，繁荣于明清，尤其在清朝达到鼎盛。那时，从天津、泉州、上海通往西方和东南亚的船只，常常在柘林港停泊，并进行生活物资和水源的补给。同时，南澳岛上的物资也通过柘林港与大陆流通。

柘林港是历史上重要的海防要塞。在元代，因海运发达，在柘林港内和东小门海面礁石上建有“龟塔”“蛇塔”“镇风塔”，为出海的船舶提供安全导航。至明朝，明政府实行严厉的“海禁”政策，海外贸易只能由官方进行，禁止私人出海进行商贸活动。② 明朝最大的海外贸易就是郑和下西洋，除此之外，其他时期官方贸易主要以接待外来商船为主。尽管如此，柘林港仍旧是“商船巨舰往来之所”。从柘林港，可以北上天津、上海，南下吕宋、暹罗、马来西亚，因此柘林港是潮州乃至粤东地区海运的重要港口。港口发达同样也带来岸上繁荣。柘林港全盛时期，是在清雍正年间，当时港内常泊着数百艘各类船只。而“红头船”海运之风的兴起，使得商民大造“红头船”，最多时达 300 余艘，它们航行于各港口之间，将潮州文化带到中国各地，也传到了大洋的另一端。每年四五月，番船抵港，港口一片欢腾。岸上商贾云集，常住人口 20 000 多人，开设行

明正德年间建柘林古镇风塔

① 陈静莹、李杨：《柘林古港：“海丝之路”粤东第一港》，载《潮商》，2015 年第 5 期。

② 汕头日报：《柘林古港：“海上丝绸之路”粤东第一港》，http：//shantou. house. sina. com. cn/news/2014-08-07/09524353243. shtml。

铺货栈100多家，形成一条南北走向、长700多米的街道，每逢“妈祖生”时，更是分外热闹。柘林港也是移民出国的口岸。

(三)凤岭港

在今汕头市澄海区韩江干流东溪的江海交汇处，有一处澄海最古老的村落——莲下镇程洋冈村。早在1000多年前，这里已经有先民活动。到了唐宋时期，这里兴起了汕头古老的港口——凤岭港，是唐代后期的海运港口，在唐代海上丝绸之路中扮演着重要角色。史书记载：“凤岭淤，樟林港兴，樟林港淤，汕头港兴。”[①]虽因时代变迁，海陆巨变，凤岭港被汕头港取代，但凤岭港仍然是汕头商业文化的发源地。

凤岭港又名岐岭港、旗岭港，位于澄海程洋岗乡外，是宋代潮州地区船舶停泊、航海的对外贸易港口。经过开发建设，港埠拥有永兴街、新兴街、下市、店铺头、源兴街、沙尾营盘市等建筑物和建成区，形成“之”字形的街头网络。市西有官司厝、营盘；港东侧有“建炎大道”，直通小江驿、来贤驿，沟通与闽西南的关系。港背还有程洋瓷窑群以及北宋时开挖的运河沙尾溪。在凤背与南峙山坳处有强缆工场，以供应远洋船航海之用。上述有“永兴街、兴国丁丑年”碑文为证。

当年，大量潮州生产的陶瓷产品，就是由凤岭港出口外销的。唐代后期，潮州的陶瓷工业已经相当发达，潮州笔架山上有百窑村生产的大量陶瓷产品，用小船经过韩江运抵凤岭港集中，然后用大船或远洋船运往上海、广州以及东南亚等地销售。在程洋岗附近河里，发现大量陶瓷碎片，从20世纪50—70年代，先后几次在韩江防洪固堤时，多次发掘出瓷碗等文物，这些文物也反映了当时凤岭港航运的发达。到了宋元时期，由于河道变迁，韩江口南移，东溪口开辟成港，渐渐取代了凤岭港的地位。

四、阳江海上丝绸之路古港

(一)阳江港

古代阳江，又称高凉，汉时属南海郡。南朝时已有外商来此贸易及贩卖生口(奴隶)，《梁书·王僧孺传》记载：“天监初……南海太守，郡常有高凉生口，及海舶每岁

① 陈静莹、李杨：《凤岭古港：“海丝之路”粤东始发港》，载《潮商》，2015年第5期。

数至，外国贾人以通货易。” 唐宋时期，阳江以盛产瓷器和漆器闻名中外。

阳江地处广东经济重心珠三角与湛江地区接合部，是中国海上丝绸之路的重要转运港，是广州南下水陆交通必经之地，也是西江流域的出海捷径。历史文献明确记载了阳江作为海上丝绸之路转运港的地位。唐代李吉甫的《元和郡县图志》中有“岭南”条载，是当时的贸易大港，扬州、广州的相当一部分丝绸等货物都是经海路贩至阳江，再转输其他地区的。《太平寰宇记》《萍洲可谈》、日本人藤田丰八的《中国南海古代交通丛考》等文献记载表明：宋代阳江海陵岛是南海航线转折点，该航线阳江以东与海岸线平行，以西则直接放洋，并且岛上已有海关一类的机构。明清时期，阳江的地位依然不减。从宋代开始，商人在阳江城兴建了妈祖庙(即祖创宫)，借此寄托保护依赖心理。海外贸易使阳江城商业也十分兴旺，商人因此建立商会。①

1987 年，广州救捞局和英国某潜水打捞公司在广东阳江—江门海域发现一艘沉船，被命名为“南海Ⅰ号”，该船是距今 800 多年的南宋时期的木质商船，长 30. 4 米，宽 9. 8 米，是迄今为止世界上发现的海上沉船中船体最大、保存最完整的远洋贸易商船。“南海Ⅰ号”上的文物数以万计，而且多为国家一级文物，号称“海上敦煌”。

从宋代盛极一时的阳江石湾窑、阳西县溪头镇北寮村沿岸沙洲的宋元文化遗址及“南海Ⅰ号”的发现等相关实物史料综合分析，在早期近岸航线上，阳江依靠诸多天然良港等自然条件，为海上丝绸之路航船提供避风、补给，后来还通过货物集散、中转、生产海洋贸易产品等方式，在海上丝绸之路史上发挥着重要的作用。如今，选择离“南海Ⅰ号”沉船最近的阳江海陵岛十里银滩为博物馆的建设场址，提升了阳江在海上丝绸之路中的地位。

(二)大澳古港

大澳古港位于今阳江市阳东县东平镇，因地理位置、自然条件优越，海上交通便利，自古就是广东沿海的大港之一，为全省当年的“六澳之首”，曰“大澳”。中国古代海上丝绸之路从始发港广州到出口港徐闻，大澳是必经的一个重要港口，它一度与广州十三行并称，被称为“十三行尾”。据记载，明末清初，荷兰航海家奥斯芬乘船经过大澳时，看到大澳的景象和资源，不禁惊呼：“好一个美丽港湾和天然宝岛!”他要求船上的人要对宝岛的位置保密，但这一消息仍不胫而走，引起不少国家垂涎。大澳儿女为了保护宝岛免受外国人侵略，上演了一幕幕可歌可泣的捍卫古港的英雄故事。

大澳港的发展与当地的捕鱼业密不可分。当时漠阳江流域水深河宽，自南鹏至上

---

① 黄启臣：《海上丝路与广东古港》，香港：中国评论学术出版社，2006 年。

大澳今景

川、下川一带的海域，渔业资源丰富，是广东最大的天然渔场，这使得大澳成为知名的渔场。[①] 目前，大澳古港坐落的大澳古村依旧保持着渔港特色，这里的村民仍保留着传统的生产和生活习惯。目前，这里有全国首个渔家文化专题展览馆——大澳渔家民族风情馆，馆内展有5000多件珍贵的渔家物品，为渔家民俗文化之珍品。

在大澳渔村一排灰白色调的渔民民居中间，一座鹅黄屋顶的二层小洋楼显得与众不同，它是当年大澳商会的所在地，建于1923年。商会后面还有一栋高三层的银库，银库正门上嵌有商会创建人司徒少松于民国24年(1935年)所题的“晏清”两字牌匾。整个商会楼不但造型美观，且楼墙坚厚，四周遍设枪眼，一旦海盗进村，群众可进内躲避，贵重物品可放进后楼银库中，商会楼可作碉堡使用。[②] 商会是大澳历史上的政治、经济和文化中心，是大澳的象征，也是大澳兴衰的见证者。

五、惠来古港

在广东海上丝绸之路上有不少海港，一直默默无闻，但它们对海上丝绸之路的贡献是不可磨灭的，有些港口至今仍发挥着运输的作用。在这其中，就有惠来县的神泉港、靖海港和资深港。

(一)神泉港

惠来神泉港位于神泉镇，在广东省惠来县城南7.5千米处，西临南海，既是著名的渔港和对外通商口岸，也是粤东重要港口之一，建于明嘉靖三十三年(1554年)，距今已有400多年历史。神泉港胜迹繁多，有“三奇”“八景”之说。

---

① 张伟湘、韩昌青：《广东古代海港》，广州：广东人民出版社，2006年。

② 赖有生、林志强：《大澳渔村：昔日海上丝路必经港》，载《中山日报》，2015年5月20日第A1版。

"三奇"，即奇泉(海角甘泉)、奇景(海市蜃楼)、奇鱼(拜鱼民俗)。[①]

据《惠来县志》介绍，唐朝时已有闽、浙沿海商船往来于广州时在此停泊。它的原名叫"神前"，因为古时村后有一圣王庙，奉南海神，唐玄宗时封南海神为广利王，村建于神庙之前，故称"神前村"。到了宋朝末年，于圣王庙东南约500米处，发现一个泉窟，水质甘醇，汩汩而出，取之不竭，全村共饮此泉水。此地本是海滨，四处都是咸水，唯独此处泉水清淡，传为圣王所赐，属于神泉，乃改"神前村"为"神泉村"，可谓"城以泉名"。泉边有一座甘泉亭，原建于乾隆年间，1979年被台风所毁，1980年全面修复并加以扩大。甘泉亭石栏上，刻有独脚联："快取携而不竭任卤浸咸蒸独标平淡"，相传是明代初年的神童苏福所撰。海市蜃楼是神泉特有的一种自然景观，常常出现于神泉港西南海面，多在春夏之交，天将大雨前夕。拜鱼则是一种古老的风俗：在船只出海前，所有的渔民必聚在一起，拜上一次捕捞到的渔获，并希望这次出海能够获得大丰收。

(二)靖海港

靖海港原港池多污泥，故古称乌涂港。建于明洪武年间，为潟湖型天然港。除渔业以外，海运也十分发达，明清时期，浙江、福建等地船只经常往来于靖海港，贸易鼎盛。清康熙二十六年(1687年)，在靖海设立海关挂号处，后改设为海关，旧址至今仍存。明清时期，大型木质商船经常航行于苏杭二州，对方也有商船到达靖海，往北载红糖、薯粉，往南载丝绸、布料和日用工业品等。抗日战争时期，靖海商船改航香港等地，大蒜、红糖等农副产品和水产品、食盐向来是靖海出口的主要产品。

靖海港所处的靖海镇，建于明嘉靖二十八年(1549年)，历经13年建成。清康熙三十八年(1699年)重修，雍正五年(1727年)再修。因其地貌形如大象，故也称"象城"。古城门至今保存完好，镌有"江山永固"四字。城墙有1503米长，平均约4.2米高。[①]在镇中有宽约1米的老街。

(三)资深港

资深港，也属靖海镇，其附近的海面有很大的渔场，盛产鱿鱼。因附近资深村的渔船出入停泊，故改名资深港。目前，资深港仍是惠来县重要的渔港。

在资深港西南处，有著名的石碑山灯塔，初建于清光绪五年(1879年)，由于位置

① 张伟湘、韩昌青：《广东古代海港》，广州：广东人民出版社，2006年。

显眼，历来是海上航行重要的标记之处。现在的灯塔为1989年建成。

六、博贺古港

茂名，古高凉地，位于今广东省西南部，南面临海，其所辖电白区境有博贺港。博贺港是千年古港，电城是明清时期著名的神电卫。博贺港从汉朝到清朝，航运商贸日益发达。

秦汉时期从珠江口到雷州半岛，出北部湾到东南亚、南亚的海上航线途经博贺。受航海技术的限制，海上航行必须沿着海岸、近海前进，天然避风良港——博贺港应运而生。当地人为海上丝绸之路的航船补给货物、维修船舶，博贺港便成为海上丝绸之路的中转站、维修点。从广州到印度、从东南亚到广州的航船汇聚在博贺。南朝梁陈时期，电白人伐木造船，凭借粤西、桂东南丰富的物产，融入到海上贸易的浪潮中，与广州、雷州、海南等地及北部湾地区、珠江口通航和贸易。梁、陈、隋朝时，岭南圣母冼夫人平定古高凉地区，奏请梁武帝收复海南，组织数万人开发海南，推动海上丝绸之路的发展。冼夫人组织力量建造船舶，从博贺出发开展初具规模的海上贸易，与东南亚、南亚国家进行经济文化交流。流传千古的“扶南犀杖”就是海上贸易而来的贡品。唐朝时，粤西、广西东部是全国制铜技术最发达的地区。电白人建造出能够远航的铜铁木结构大船。造船业的发达，使博贺海上航运、海上贸易如虎添翼。粤西、桂东南的商人通过海运将岭南所产的丝绸、陶瓷、葛布、砂糖、鱼干、水果在博贺港装船，销往远方。博贺港成为中国海上丝绸之路的重要港口。唐宋时期，粤西海上航运、海上贸易达到鼎盛。古高凉(宋朝时称高州)的物产远销东南亚、中东等地。自海外购来香料、象齿、犀角、翡翠、珠玑、玳瑁等，从粤西运去丝绸、瓷器、葛布、茶叶、豆类等。博贺港不但是海上贸易的重镇，而且是岭南重要的商品集散地。北宋以后，电白沿海海盐制造业迅速发展，元明时期成为中国最大的海盐产区之一。北宋高州(主要在电白)造船业的蓬勃发展促使海洋渔业快速发展。

公元714年，唐玄宗在广州设置“市舶司”管辖对外贸易。明朝初年，倭患不断，商船频频被掠，沿海人民不堪其扰。1394年，朝廷在电城镇设立神电卫，管辖电白、阳江、高州、阳春、信宜、吴川、化州等县的军事保安防务，抗击倭寇，保障海上航运与贸易的安全。明朝时神电卫屯兵千人，清初朝廷拨旗兵最多时达6110人。神电卫成为中国沿海最重要的卫级军事防御机构之一。1440年，明朝的都指挥张演奏请朝廷在电白博贺设置备倭官，整顿海防、抵御倭寇。明朝中期是博贺港走向发展的巅峰，商船绵延，商贾云集。1468 年，朝廷将电白县城从高州旧城(长坡)搬迁至电城，博贺成为中国南方对外贸易的重要商埠。明武宗年间，倭寇与海盗勾结，威胁海上航运的安全。为了应对海盗的侵扰，明武宗下旨将“广东市舶司移于电白”，即现在的博贺莲头，博贺港一度成为中国南方的主要对外贸易口岸。民国初期，孙中山先生把发展博贺港的规划写进了建国方略。①

① 搜狐网:《博贺港是中国十大渔港之一，拥有千年历史，它的历史令人震撼!》，http://www.sohu.com/a/163706777_641885. 20170810。

第二章　广东海上丝绸之路船舶文化

黑格尔说："大海给了我们茫茫无定、浩浩无际和渺渺无限的观念。人类在大海的无限里感到他自己的无限的时候，他们就被激起勇气，要去超越那有限的一切……人类仅仅靠着一叶扁舟，来对付这种欺诈和暴力，他所依靠的完全是他的勇敢和沉着，他便是这样从一片稳固的陆地上，移到一片不稳的海面上，随身带着他那人造的地盘，船——这个海上的天鹤，它以敏捷而巧妙的动作，破浪而前，凌波而行——这一种工具的发明，是人类胆力和理智最大的光荣。"①

中国是世界上造船历史最悠久的国家之一，造船史绵延数千年，地处浙江沿海的河姆渡遗址出土了距今7000年的划船用木桨，浙江萧山跨湖桥遗址出土了独木舟，说明中国古人早在8000年前就已经使用舟船工具。商周甲骨文、金文中都有"舟"字，在可辨识的1000个甲骨文字中，与舟船有关的就有30多个。《山海经》谓"番禺始作舟"。广州古称番禺，为南海郡治，南越国都。作为南方古代造船与航海重地，先后出土了冥器木船、东汉陶船，并发现秦代造船工场遗址、造船工具等。中国3000年前制造帆船，2000年前将指南针、水密隔舱应用于航海。东汉时期，中国航海者创造了平衡纵帆，帆舵配合利用八面来风。

秦始皇时已有较大的船，因甲板上有楼而称楼船；汉代楼船船大楼高，用于军事可远攻近战；三国时吴国能够造上下高五层的大船。

一、广船和"耆英"号

广东造船始于何时还不得而知，但《山海经》中有"番禺始作舟"的说法。《南越志》谓："越王造大舟，溺人三千。"屈大均《广东新语》谓："番禺者，黄帝之曾孙也。其名番禺，而处于南海，故今广州有番禺之山。其始为舟，故越人习舟。"这些都表明广东一带的沿海居民在很早就已掌握造船和航海技术。

---

① ［德］黑格尔：《历史哲学》，王造时译，上海：生活·读书·新知三联书店，1956年。

广东为南越地，典籍中“越人善于舟”的文字很多。《汉书》云：“越，方外之地……处溪谷之间，篁竹之中，习于水斗，便于之舟。”《吴越春秋》亦云：“越性脆而愚，水行山处，以船为车，以楫为马，往若飘然，去则难从……越之常也。”《淮南子》云：“越人善于舟。”

广东的南越先民，最晚在新石器时代便已使用舟楫，1989 年在广东珠海市高栏岛宝镜湾发现的岩画，经考古鉴定是春秋时期或更早期。岩画中的海船首尾上翘，下窄上宽，其中“天才石”岩画的图形中有一艘船后部竖一长竿，竿上还飘着一旗幡之类的物体，此竿是否是桅，尚待论证，但有人推测是船桅和帆。

珠海古岩画中的舟形图案、广州中山四路发现的秦汉造船工场遗址、广州汉墓出土的汉陶舟、茂名出土的南朝独木舟，在一定程度上反映出广东源远流长的古代船史。

1975 年，在广州中山四路发现了秦汉造船工场遗址，共有三个平行排列的船台，长逾 100 米，每个船台由枕木、滑道和木墩组成，用以承载船体。遗址中还出土铁钉，铁凿、斧、锛等工具。根据造船专家和考古学家的研究，这个造船工场主要生产适应内河与沿海岸航行的平底船，载重量在 30~60 吨。船台的年代，始于秦统一岭南，一直沿用到西汉文景之际。

汉代海洋航运主要有木帆船和楼船。木帆船又称风帆船，主要利用帆具依靠风力推进。船身首尾略窄，两边稍翘。风帆船设有两桅、三桅等，大多采用长方形、扇形或三角形的篷帆，可以迅速升降。船有三支桨、五支桨等。有的结构复杂，设有舱房，船头安装排浪板，船尾设有封闭的尾舱。这种船只既可适合于沿海航行，也可在内河航运，并且从汉代起至今仍沿用于环北部湾沿海。楼船的构造，是建有重楼，十桨一橹，航行速度较快。大多数楼船头低尾高，船尾有一大舱，船身左边连船舱共计可达十层，船右边有一桅上张挂帽形的帆和旌旗，船边水中有浮木和档木造成的边架。[①]《史记·平准书》记载：“是时越欲与汉用船战逐，乃大修昆明池，列观环之。治楼船，高十余丈，旗帜加其上，甚壮。”这种船帆、舵、锚等设备齐全，能经风吹浪打，可用于近海航行。《后汉书·马援列传》记载东汉政府派马援讨伐征侧、征贰的反叛时说：“援将楼船大小二千余艘，战士二万余人。”从这条记载来看，汉代楼船的制造和船队都已有相当的规模，楼船也有大小的差别。在广州一座新莽至东汉初年的木椁墓中，曾发现彩绘楼船的模型，在甲板上建有重楼，连同底舱，上下三层，有划桨十支，橹一支，只可惜残损过甚，已难窥得全貌。[②]

---

① 廖国一：《中国古代最早开展远洋贸易的地区——环北部湾沿岸——环北部湾沿岸经济文化变迁系列研究论文之二》，载《广西民族研究》，1998 年第 3 期。

② 中国社会科学院考古研究所：《新中国的考古发现和研究》，北京：文物出版社，1984 年。

在广州的考古发掘中，船模是一类特别的发现。尤其在两汉时期的墓葬中，这类冥器的流行，展现了丰富的汉代船舶形态，也是当时岭南地区造船与航运发达、商业贸易繁荣的见证。据统计，广州地区出土的汉代船模有22件，附近的佛山澜石、德庆高良也各出土1件。这些船模材质多样，其中出土于6座西汉墓中的8件西汉船模，均为木制；16件东汉船模除1件木制外，均为陶制。其中一类是大型楼船，它们的代表是1958年西村增埗广州冷冻厂西汉中期墓中出土的一件木船，以及1953年在东郊龙生岗东汉前期墓中出土的木船。遗憾的是，这两件木船的保存状况都比较差，前者更是已经腐朽，无法复原。从现存残板可知，西村木船有方形舱盖板4块，其中3块近方形，顶作四坡式。另一块较小，顶作三脊三坡式，应为尾舱盖顶，据此推测此船有4个舱室，可以约略看到“秦汉楼船”的雄伟身影。①

1986年，广州农林下路发现一座南越王时期木椁墓，出土了一艘彩绘的木船模型。船上有12名划桨木俑，后部是两层木楼，推进器有楫、桨、橹等，还有尾舵、爪锚等附件。

1954年广州沙河顶出土的东汉陶船，是一艘航行于内河兼浅海岸的客货两用船。船分前、中、后三舱。船尾有望楼，船前系锚，后有舵。船头两边安插桨架3根，舱内横加梁担8条，以加强船体结构的牢固及加深吃水量，增加了负重能力，还可以使船体行驶时易于保持平稳，在风浪里不易倾覆。这艘船的规模结构说明，广州人民在造船方面已经掌握了高超技术。②

从航行的角度看，船舶仅仅依靠划桨是不能远航的，随着船只体势的增大，要求推进与操纵职能分化，航向控制设备和人员就成为必需。在早期的船舶中，有可能是临时指定人员在靠近船尾的舷侧持普通的船桨操纵。广州汉船已在前部设推进桨，后部设操纵桨。后来随着航行经验的积累，操纵桨逐渐变得短而宽，以增加桨叶在水中的操纵力矩。从广州的西汉木船模中可以看出从普通桨到舵桨的演变过程，并在操纵桨的基础上演化出了船艄、船舵。从复原的西汉木船可见，船头有4人划桨负责船的推进，船后有1人划桨应为操纵航向。东汉陶船(先烈路陶船)的船尾则出现了早期形态的船舵，并配置有舵楼。

楼船和楼船式战舰的出现标志着广州地区古代造船技术达到了新的高度。《史记·平准书》中曾说：“治楼船，高十余丈，旗帜加其上，甚壮。”由此可知楼船的高度达20余米。广州出土的古船模型的结构中普遍有甲板和甲板上层的建筑，这

① 卜松竹：《广州汉代古船　海上丝路的领航者》，载《广州日报》，2013年12月21日第B9版。

② 卜松竹：《汉代广州能造10层高楼船　舟船样式多覆盖各阶层》，载《广州日报》，2010年8月11日第B6版。

与西方同时期大部分没有甲板或上层建筑的船相比要先进很多。同时，据《南州异物志》记载，公元3世纪时在中国南海航行的船只已“随舟大小或作四帆，前后沓载之。有卢头木，叶如牖，形长丈余，织以为帆。其四帆不正前向，皆使邪移，相聚以取风”，表明当时驶帆技术已相当高明，不仅可以转动船帆以适应不同的风向，而且驾船的人可以随风力的大小而增减帆数。

著名历史学家罗香林在其记述中表示曾亲眼见到广州汉代的城砖上绘有楼船的形象：船身连船舱共有10层，船中央有一大钟，船右边有一桅，桅上张挂帽形的帆和旌旗，船边水中似乎还有浮木和档木造成的边架。这种船只行驶平稳，不怕风吹浪打，能够在近海航行，为岭南先民由内河向海洋的航线拓展提供了重要的保障。

借助船，再加上越人熟谙水性，掌握海洋季风变化并能利用星辰辨识方向的特点，南越国可以进行海上贸易活动。同时，在海南西沙群岛的甘泉岛上发现的南越国时期的陶器，证明了南越国已开始和东南亚一带进行贸易交流。

中国古代造船工匠根据各地区水域特点，造出了各种适用船型，其中沙船、鸟船、福船、广船是四大类传统木质帆船船型。

沙船是发源于长江口一带的方头梢平底的浅吃水船型。沙船广泛用于内河与近海，其特点：一是船底平能坐滩，不怕搁浅，在风浪中也安全；二是沙船顺风、逆风都能航行，甚至逆风顶水也能航行，适航性能好；三是船宽稳性大，又有各项保持稳性的设备，所以稳性最好；四是多桅多帆，帆高利于使风，吃水浅，阻力小，快航性好。

鸟船是浙江沿海一带的海船，因其船首形似鸟嘴，故称鸟船。鸟船是浙江沿海一带的海船，古人认为是鸟衔来稻谷种子，才造就浙江成为“鱼米之乡”，所以把船头做成鸟嘴状。因鸟船眼上方有条绿色眉，故又得名绿眉毛。

福船是福建、浙江沿海一带尖底古海船的统称。福船高大如楼，底尖上阔，首尾高昂，两侧有护板。全船分四层，下层装土石压舱，二层住士兵，三层是主要操作场所，上层是作战场所。居高临下，弓箭火炮向下方发，往往能克敌制胜。福船船首高昂，又有坚硬的冲击装置，乘风下压能犁沉敌船，多用船力取胜。福船吃水最深达8米，是深海优良战舰，是明代水师主要战船。

广东出产的木质海帆船被称为“广船”。广船起源于春秋之前，在唐宋时发展成熟，在明代成型，经历了2000多年的风风雨雨。广船采用高强度铁力木作龙骨和舵杆，它的基本特点是头尖体长、梁拱小，甲板脊弧不高。船体的横向结构用紧密的肋骨跟隔舱板构成，纵向强度依靠龙骨和纵桁，结构坚固，有较好的适航性和续航能力。广船优越的航海性能与它的各种特色装置分不开，这些装置包括斜桁四角帆、开孔舵、中

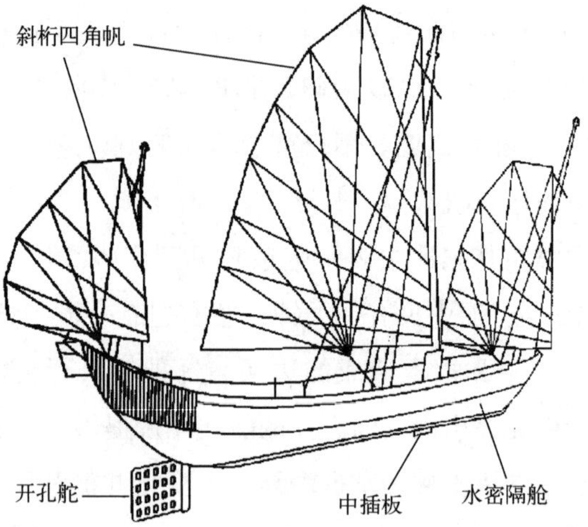

广船的特色装置

插板、水密隔舱。

广船多樯(即桅杆)、多帆，便于利用多面风，它特有的平衡硬式斜桁四角帆，形如折扇，收张灵活，可逆风行驶。

开孔舵，即开有成排小孔的船尾舵。转舵时，小孔可以减少水流对舵板的阻力，使舵易于转动，尤其是在遇到急流时更便于控制船只的航向。

中插板亦称腰板、腰舵，是安装在中前部龙骨侧边，可升降的木板小舵。它由甲板直通船底，与船尾的升降舵配合使用，对减少船的摇晃和横漂移位十分有效。

水密隔舱是用隔舱板分割而成的几个互不相通的船舱区。它们既能加固船体，又能使船体不易下沉。因为即使一个舱进水，只要其他舱保持密封，船只依然可以浮在水上。

唐、宋、元时期是广船发展成熟且走向定型的时期，先进的造船技术工艺在这三个时期得以充分应用、巩固与发展，并开始了新的用料选择以增加船舶的纵横向结构式强度。龙骨、大檵、肋骨、桅杆、舵杆的选材，甚至外板的精选等使广船向坚实、耐用迈进了一大步，使之更适应于南海甚至印度洋的航行。明代四大船型基本定型，广东新会的横江、尖尾船，东莞的乌艚、米艇等都是官府作为战船选取的船型。

代表清代广船形象和水平的是“耆英”号。

“耆英”号建成于清道光二十六年(1846年)，属于以人物命名的船舶，其名称来自驻广州钦差大臣耆英。耆英因与英国签订了第一个不平等条约——《南京条约》，将香港割让给英国，在中国近代史上臭名昭著，可是“耆英”号帆船却声名远扬。

“耆英”号原为一艘往来于广州与南洋之间贩运茶叶的商船，后于1846—1848年期间，曾经从香港出发，经好望角及美国东岸到达英国，创下中国帆船航海最远的纪录。“耆英”号在1846年由一位英国商人秘密购买，这打破了当时中国有关不得出售中国船只予外国人的法律。该船船员包括30名中国人及12名英国水手，并由英国船长查尔斯· 阿尔佛雷德·奥克兰·凯勒特指挥。船上还有一位自称四品官员的中国人希生，估计充当其翻译。

“耆英”号全长近50米、宽约10米、深5米，载重750吨。柚木造成，分15个水密隔舱，设3桅，主桅高27米，头尾桅分别高23米和15米。主帆重达9吨，悬吊式尾舵，负重能力达800吨。“耆英”号引起了西方很大的注意，因为它向工业化刚刚起步的西方展示了中国当时的航海及造船能力，堪称中国历代古船设计思想和建造技术的结晶，是中国古船宝库中的一件稀世珍品。

清代首航大西洋的“耆英”号

二、红头船

海洋是早期广东沿海居民移民海外的主要通道，帆船则是主要的移民工具。红头船是广东籍人士，特别是潮汕地区人民早期移民出海的重要工具之一。红头船前身称艨艟、舶艚。红头船并非从营造法式的分类或用途来命名，乃是清朝雍正时期为防范出海民船违法资盗的一系列措施中的一项规定。当时，沿海华商以广东和福建人士居多，航运的帆船也分为闽、粤两大帮。遵照雍正“着将出海民船按次编号刊刻大字，船头桅杆油刷标记”的谕旨，其中规定各省商船、渔船在船体两端头尾部位和大桅上半截用漆油涂上不同颜色，并刊刻某省某州县、某字某号等字，以便于进行审批、登记、发牌、稽查等船政管理。雍正元年（1723 年）起，官府决定将闽帮的帆船船头油漆成青色，名“青头船”；广东的商船头部一律油刷朱红色，桅杆亦油红一半，以有别于各省船舶的不同颜色，故名“红头船”。有些红头船在船头两侧画上两个大圆黑圈，又称为大眼鸡船。

樟林古港华侨纪念馆的红头船模型

早期的广东籍人士，特别是潮州人，大多数是从澄海樟林港乘红头船迁赴暹罗（今泰国）。潮州红头船在海内外经济文化交流方面起着举足轻重的作用。人们历来把红头船当做清代潮州地区从事远洋贸易的商船，大多数潮籍华侨就是乘坐红头船到海外谋生、寻求发展的，所以红头船又成为潮籍华侨移民的特征。红头船曾经是中国同世界各地经济和文化交流的纽带，也是各地华侨同祖国联系的纽带。清朝雍正时期，南方海盗横行，广东潮州、惠州尤为严重。当时的政府没有足够的水师对付海盗，只好采用坚壁清野的做法，通过对民船编甲互保的控制，切断民船渔船与海盗的联系，以达到防范海盗的目的。因此，红头船的出航，主要是结伴而行的。红头船一般除了由富商巨贾独资拥有外，也有合资经营的，基本上是资本和劳务的合营。

汕头公园红头船模型

三、“哥德堡”号

“哥德堡”号是大航海时代瑞典著名远洋商船，曾三次远航中国广州。1745 年 1 月 11 日，“哥德堡Ⅰ”号从广州启程回国，船上装载着大约 700 吨的中国物品，包括茶叶、瓷器、丝绸和藤器。8 个月后，“哥德堡Ⅰ”号航行到离哥德堡港大约 900 米的海面，离开哥德堡 30 个月的船员们已经可以用肉眼看到自己故乡的陆地，然而就在这个时候，“哥德堡Ⅰ”号船头触礁随即沉没，正在岸上等待“哥德堡Ⅰ”号凯旋的人们只好眼睁睁地看着船沉到海里，幸好事故中未有任何伤亡。人们从沉船上捞起了 30 吨茶叶、80 匹丝绸和大量瓷器，在市场上拍卖后竟然足够支付“哥德堡Ⅰ”号这次广州之旅的全部成本，而且还能够获利 14%。这之后瑞典东印度公司又建造了“哥德堡Ⅱ”号商船，它最后沉没在南非。

“哥德堡Ⅰ”号在短短几年间先后三次远航广州：第一次是在 1739 年 1 月至 1740 年 6 月；第二次是在 1741 年 2 月至 1742 年 7 月；最有名的是第三次，在 1743 年 3 月至 1745 年 9 月。

1993 年，瑞典新东印度公司开始筹划仿造“哥德堡”号，1995 年 6 月 11 日“哥德堡Ⅲ”号安放龙骨开工建造，船厂举行了传统风格的盛大典礼，瑞典国王卡尔十六世·古斯塔夫成为这项工程的监护人。2003 年 6 月，经过 10 年的精心打造，这艘使用 18 世纪工艺制造的“哥德堡”号新船顺利下水。该船全长 58 米，排水量 1250 吨。瑞典全国从国王到普通国民都对“哥德堡”号的中国之旅倾注了极大的热情，卡尔十六世·古斯塔夫在此前表示，当 2006 年 7 月“哥德堡”号抵达中国时，他将亲自前往广州迎接。2005 年 10 月 2 日，新“哥德堡”号正式远航中国。10 多万市民倾城出动，500 多艘船跟随欢送，场面极其壮观。在启航仪式上，瑞典的艺术家表演了精彩的文艺节目，专程从斯德哥尔摩赶来的中国驻瑞典大

“哥德堡”号商船

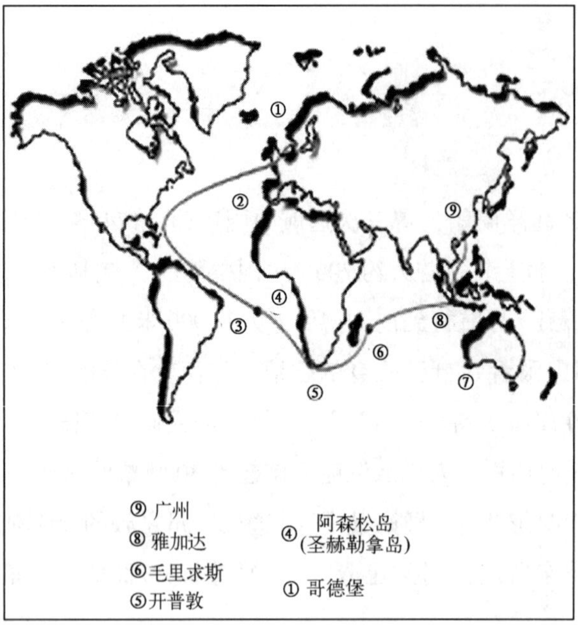

18 世纪来往于哥德堡与广州的海上航线

使吕凤鼎对中外媒体说，他相信“哥德堡”号的这次中国之旅将增进中瑞两国间的了解与友谊，中国人民期待着“哥德堡”号的到来。

2006 年 7 月 17 日，记录新“哥德堡”号远航的大型纪录片《追逐太阳的航程》在中央电视台《探索·发现》栏目热播。

2006 年 7 月 18 日上午，“哥德堡”号胜利抵达广州港，受到中国人民的热烈欢迎。

2006 年 7 月 18 日中午，“哥德堡”号顺利停靠广州南沙客运港，全南沙的人们欢庆“哥德堡”号和瑞典国王、王后的到访。

2006 年 7 月 21 日下午，“哥德堡”号驶入广州内河，广州市民在洲头咀江面举行了“龙舟激扬迎古船—海珠日”的欢迎仪式，晚上又举办了名为“哥德堡号—广州之夜”的盛大焰火晚会。

为纪念瑞典“哥德堡”号重访广州，在黄埔古港遗址专门修建了纪念墙。

瑞典建造“哥德堡”号仿古船的初衷，是为了向人们再现瑞中友好交往的历史。“哥德堡”号航行到今天，的确履行了自己神圣的使命。当前瑞典已成为世界上发达、富裕的国家之一，中国则是全球经济发展最快的国家，拥有广阔的市场潜力，两国友好合作的前景美好，“哥德堡”号的前程依然无限。

瑞典国王卡尔十六世·古斯塔夫说，瑞中两国目前在各领域的合作富有成效，中国的迅速发展正给瑞典企业带来新的商机，未来两国间的联系必将更加紧密，瑞中关系将会迈上新的台阶。瑞典议长佩尔·韦斯特贝里说，瑞典用了 100 多年的时间从贫穷走向富裕，但中国的这个进程却远比包括瑞典在内的其他国家更为迅速，双方有许多值得交流和借鉴的地方，以便实现各自的持久发展。

由于“哥德堡”号的仿制成功及访问中国，中瑞两国和人民之间比以往更希望增进了解和加强合作。

今日哥德堡

四、“中国皇后”号

2009 年 11 月美国总统奥巴马访华，在上海复旦与中国青年交流时把中美两国的交往上溯到 1784 年“中国皇后”号来华进行贸易。奥巴马提到：“美国独立的初期，乔治·华盛顿组织了‘中国皇后’号的下水仪式，这个船成功前往大清王朝，华盛顿希望看到这艘船前往各地，与中国结成新的纽带。希望中国开辟新的地平线，建立新的伙伴关系。”

1783 年美国独立后国库空虚，英国(含英联邦国家和地区)还对美国实行经济封锁，向外寻找新的贸易对象，便成了当时美国商界的迫切要求。加以造船技术和航海知识的迅速进步，也使太平洋彼岸的美国商人有可能远涉重洋。“中国皇后”号远航中国，就是在这种背景下实现的。

1782 年，一个叫雷雅德的美国人在远航太平洋归来后，神秘地对他的父老乡亲说：“在美洲西海岸花 6 便士买的一张毛皮，到中国的广州竟然可以卖到 100 美元!”因此，他竭力主张和中国进行贸易。雷雅德夸大其词的言论越传越广。次年 11 月，美国最高财政监督官罗伯特·莫里斯忍不住给外交部长约翰·杰伊写了一封信。信中说，他一定要派船只到中国，大胆寻求两国之间的商机，以帮助美国渡过经济困境。

“中国皇后”号在独立战争中是有功之臣。战争结束后，其被改装为一艘三桅帆船，罗伯特·莫里斯联合纽约商界著名人士，投资 12 万美元，共同购置了这艘商船及相关的货物。船上的人员主要有：船长约翰·格林，海军出身，具有丰富的航海经验；商务代理人山茂召，战功卓著，颇有才气；副船长、木匠、医生、水手等共计 43 人。

1784 年 2 月 22 日，是华盛顿 52 岁诞辰。这一天，“中国皇后”号离开了纽约港，满载着人参、皮革、毛衣、胡椒、棉花以及铅等商品，驶往中国。150 天后，该船才望到了爪哇岛，此岛后来便成为对中国贸易的海上航道的“路标”。8 月下旬，“中国皇后”号终于到了当时作为中国海上门户之一的澳门，在这里取得了一张盖有清廷官印的“中国通行证”，获准进入珠江。在一名中国引水员的带领下，经过一天的航行，抵达广州的黄埔港。进港时，“中国皇后”号鸣礼炮 13 响(代表当时美国的 13 个州)，其他停泊于港内的各国商船也鸣炮回礼。格林船长曾有一则这样的手记：“‘中国皇后’号荣幸地升起了在这海域从未有人升起或看见过的第一面美国国旗！这一天是 1784 年 8 月 28 日。”

4 个月后，“中国皇后”号的货物已全部脱手，并采办了一大批茶叶、瓷器、丝绸、象牙雕刻、漆器、桂皮、玉桂和绣金像等中国特产，于 1785 年 5 月 11 日回到纽约，往返历时一年零两个月。

由于英国封锁，美国人很难买到来自海外的货物，因而早早就有人等在码头，来抢购这批盼望已久的中国货。这趟买卖利润高达 3 万多美元，在当时是暴利。

“中国皇后”号的远航，是中美直接贸易的肇始，一方面，对美国来说，意义十分深远，表达了他们对东方贸易的愿望和对财富的追逐，打破了英国的经济封锁，开拓了新的海外市场，开辟了中美贸易的新纪元，更掀起了美国东部沿海商人对华贸易热。1785 年 5 月，《纽约新闻快报》的一篇报道说：“这向我们预示着一个美好的未来和广阔的经济前景，届时我们将省却那些麻烦且不必要的中间贸易……它都将激励国民仿效甚至赶超自己的商业对手，从而造福整个美国。”“中国皇后”号此行，受到美国国会明令嘉奖，轰动全美商界，掀起一股“中国热”。此后的岁月里，往返中国广州和美国间的美国商船络绎不绝。美国各地商人相继到广州做生意，从而加速了美国在西海岸乃至阿拉斯加、檀香山、菲律宾、萨摩亚群岛诸处的经济开发。1784—1843 年期间，中国对美国输出的主要商品中：茶叶在 1784 年为 3022 担，到 1843 年为 106 957 担。仅 1785 年，就有 5 艘商船前来中国，它们分别是从纽约港出发的“希望”号(Hope)、“实验”号和“中国皇后”号(第二次出航)及从费城出航的“广州”号(Canton)，从耶路撒冷出发的“土耳其皇帝”号(Grand Turk)。这些商船的广州之行，几乎都是满载而归的。据山茂召记载，1789 年有 4 艘美国船到广州贸易，在 1804—1805 年增加到 34 艘，在 1805—1806 年又增加到 42 艘，在 1809—1810 年为 37 艘。而此后每年来广州贸易的船只多少不等，在 1815—1839 年，少则 18 艘，多至 229 艘。

1790 年，中国货已占了美国进口货物总量的 1/7。美国同中国的贸易额仅次于英国。1800 年有 1/3 的美国船只驶抵中国，中美通商为美国带来了巨大经济利益。美国南北战争时期，美商赴华贸易每年所得利润最高达 3000 万元。

1984 年 2 月，美国有 5 个城市举办了 8 个展览会来纪念与中国通航 200 周年。纽约的自然博物馆展出了 350 件首批从中国进口的物品，其中有刻着“中国皇后”号图案的瓷器及各种雕刻艺术品。这一大型展览曾持续到翌年 8 月 22 日。

美国“中国皇后”号停泊在黄埔港

2014 年 8 月 28 日，广州粤海第一关纪念馆举办“跨越大洋”图片展，纪念“中国皇后”号首航广州 230 周年。美国马萨诸塞州参、众两院通过法定程序把 2014 年 8 月 28 日命名为“广东广州—马萨诸塞州波士顿日”。28 日下午，广州市接待美方代表团一行，接受马萨诸塞州州长特使赠送的“广州日”纪念牌匾。双方还签订了《广州市与波士顿市加强友好合作交流备忘录》，进一步推动广州与波士顿双边友好往来和各领域的交流与合作。

1809 年 9 月 11 日，在“中国皇后”号来到中国 25 年后，29 岁的约翰 · 布兰特踏上广州黄埔港，货船的航行路线与“中国皇后”号一模一样。28 日的纪念活动上，约翰 · 布兰特的第四代孙子潘德明向记者讲述了他祖先对华贸易的故事。

五、“南海 I 号”

1987 年，广州救捞局与英国海洋探测打捞公司在阳江海域寻找东印度公司沉船时，意外发现一艘宋代沉船，从中打捞出 200 多件珍贵文物。这艘沉船被认定为当时国内发现年代最早、船体最大、保存最完整的远洋贸易商船，考古界认为这是海上丝绸之路重要遗迹，引起世界瞩目，该船被命名为“南海 I 号”。

“南海 I 号”是行走在海上丝绸之路的一艘远洋商船。沉船的发现和打捞，其意义不仅在于找到了一船数以万计的稀世珍宝本身，还蕴藏着超乎想象的信息和非同寻常的学术价值。因为它不仅正处在海上丝绸之路航道上，而且其“藏品”数量和种类都异常丰富和可贵，对研究、复原广东乃至中国宋元期间重要的对外贸易通道——海上丝绸之路的历史，以及中国的造船史、陶瓷史、航海史都具有重要的科学价值。整船于 2007 年 12 月 22 日成功打捞出水，28 日在广东阳江市海陵岛广东海上丝绸之路博物馆（又称“水晶宫”）存放，文物、考古研究工作在这里继续。博物馆于 2009 年 5 月正式对外开放。2013 年 11 月 28 日，“南海 I 号”的全面发掘工作启动。

“南海 I 号”是一艘南宋时期福建泉州特征的木质古沉船，整艘商船长 30.4 米、宽 9.8 米，船身(不算桅杆)高约 4 米，排水量估计可达 600 吨，载重近 800 吨。专家从船头位置推测，当时这艘古船是从中国驶出，赴新加坡、印度等东南亚地区或中东地区进行海外贸易。令人惊奇的是，这艘沉没海底近千年的古船船体保存相当完好，船体的木质仍坚硬如新。这艘沉船的出现对中国古代造船工艺、航海技术研究以及木质文物长久保存的科学规律研究，提供了最典型标本。同时，它也为复原海上丝绸之路的历史、陶瓷史提供了极为难得的实物资料。

博物馆海滩船模——宋船“南海 I 号”

“南海 I 号”出水瓷器汇集了德化窑、磁灶窑、景德镇、龙泉窑等宋代著名窑口的陶瓷制品，不但品种多，而且有大量精品可被定为国家一级、二级文物。许多出水瓷器带有明显的异域风格，被认为是宋代接受海外订货“来样加工”的产品。

“南海 I 号”沉船点发现铜钱已

达上万枚。其中，年代最老的是汉代的五铢钱，年代最晚的是宋高宗主政期的绍兴元宝。这么多的货币一方面可能表明当时中国的国力之盛，除了陶瓷这类人们熟知的中国特产，那时科技领先的中国，还向世界输出铁器，800 多年后，它们已经面目全非。“南海Ⅰ号”船里面有两样比较大宗的东西，就是铁锅和铁钉，铁锅跟海水发生作用后，一摞一摞地变成了铁疙瘩；铁钉个体较大，20 多厘米长，铁钉都是拿竹篾进行包扎的，数量非常多。而在宋朝，广东正是铁器盛产地。在“南海Ⅰ号”装载的货品当中，除铁锅外，出水的还有不少金属制造的商品，如铜环、铜珠等。

“南海Ⅰ号”出土的铜钱

景德镇窑青白釉印花葵口碟

龙泉窑青釉刻花菊瓣碟

兔毫盏

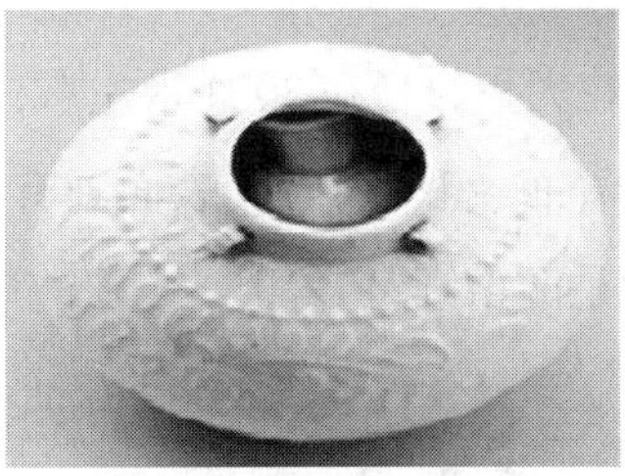

陶瓷器·青白釉印花四系罐

磁灶窑绿釉印花花卉纹碟

磁灶窑点褐彩梅瓶

陶瓷器·黑釉瓷盏

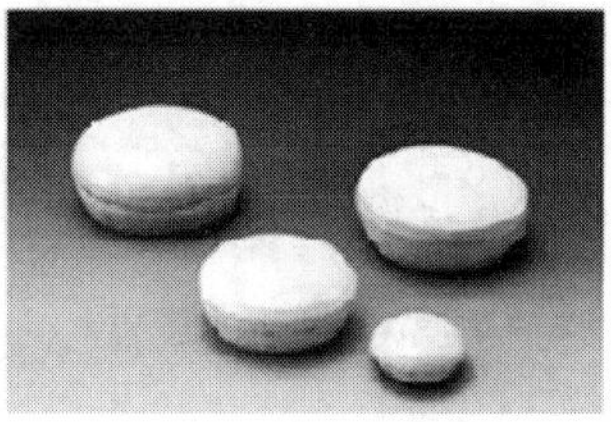

陶瓷器·青白釉粉盒

陶瓷器·青白釉刻划花带盖碗

“南海Ⅰ号”船上瓷器类文物

六、“南澳Ⅰ号”

“南澳Ⅰ号”，原名“南海Ⅱ号”，2009年9月25日改称“南澳Ⅰ号”。它是一艘明朝万历年间，向外运送瓷器而失事沉没于中国广东省汕头市南澳县附近海域的商船。它最初于2007年5月25日被发现，船上装载的文物有盘、碗、罐、碟、瓶、盖盅等，横跨宋、元、明三个朝代。

水下考古专家经过勘探发现，“南澳Ⅰ号”沉船保存较好，船体大部被泥沙覆盖。根据暴露出来的隔舱板和船体上部凝结物的状态判断，古船处于正沉状态，方向接近正南北向。勘探测量数据显示，这艘古沉船上货物散布范围长约28米，宽约10米。古船的上层结构已不存在，但隔舱和船舷保存状况较好，由于船体表面覆盖有泥沙和大块凝结物，船体和文物受腐蚀和人为因素破坏较小，除船体中部的两三个舱体外，沉船其他部分及舱内货物保存较好。

2009年9月26日开始，按照国家文物局批准的打捞方案，根据“南澳Ⅰ号”沉船的特点和环境状况，对“南澳Ⅰ号”进行考古发掘。

“南澳Ⅰ号”上的文物基本上为漳州市平和窑克拉克瓷的瓷器，此外还有景德镇产的彩釉瓷器以及金属器等。瓷器的主要类型包括青花瓷大盘、碗、钵、杯、罐、瓶等，此外还有釉陶罐、铁锅、铜钱、铜板以及锡壶等。在出水瓷器的纹饰中有人物、花卉、动物等图案以及汉字，如用莲花代表“廉政”的“廉”，用鹿代表仕途的“禄”。纹饰中同时还有绶带鸟、十八学士登瀛洲、米芾拜石的典故等。数量最多的青花大盘直径在30厘米左右，内壁绘麒麟、牡丹、仕女、书生与花草等。代表性文物为玉壶春瓶、双龙罐(其表面画有两条龙，罐的顶部有四个柄)、彩釉瓷器、双鱼大盘(图案画的是两条鲤鱼)等。

“南澳Ⅰ号”出水瓷器

南澳为海上丝绸之路的要冲，汕头南澳岛地处闽、粤、台三省海面交叉点，辽阔的海域是东亚古航线的重要通道，海上交通十分方便，向北航行可到日本、朝鲜各国，向东可抵达菲律宾群岛，向南越过南海，直达爪哇、印度尼西亚等南洋各国。优越的地理位置和交通条件，使南澳海域不单为国人南船北上或北船南下必经之中转站，更是外国船舶来华于粤海入闽海或闽海入粤海之门户，其“为诸夷贡道所必经”。史载，“郑和七下西洋，五经南澳”。南澳在明朝有“海上互市之地”之美誉。“南澳Ⅰ号”的发现证明了汕头南澳海域在明代已是中外舶商进行贸易的重要场所，也是当时海上丝绸之路(或叫陶瓷之路)的重要通道之一，是国际贸易货物的转运、集散中继站与必经之路。

七、“苏哈尔”号

在广州洲头咀码头，矗立着一座“阿曼苏哈尔号木帆船马斯喀特—广州航行纪念碑”。1980 年 11 月，没有安装现代航海设备的仿古“苏哈尔”号船自阿曼首都马斯喀特起航，8 个月后，安全抵达中国广州。

广州洲头咀和“苏哈尔”号纪念碑

这段现代冒险之旅，重现了近 1300 年前阿曼航海家阿布·奥贝德穿越海上丝绸之路抵达中国的情形。

阿布·奥贝德当年从阿曼北部有着“通向中国门户”美誉的苏哈尔港出发，和同伴驾驶着双桅木船，凭风力驱使前进，靠日月星辰导航，与波涛礁石鏖战，经过整整两年，航行近万千米，最终驶抵中国广州。

据阿拉伯和中国的历史档案记载，“阿曼人于公元 8 世纪中叶到达中国，而完成这一旅程的第一人就是阿布·奥贝德”。而在陪伴无数中国孩童成长的阿拉伯名著《一千零一夜》中，那个航海冒险的勇士辛巴达，也正是取材于阿布·奥贝德。

阿布·奥贝德的壮举印证了中阿两国交往历史之悠久，不单如此，还有两位阿曼人到过中国，还因有所贡献被“加官晋爵”。一位叫辛押陁罗，曾出任广州蕃坊蕃长，因“尝诣阙庭，躬陈珍币，开导种落，岁致梯航”，在宋神宗熙宁年间被封“归德将军”；另一位叫蒲罗辛，在宋高宗绍兴年间被封“承信郎”。更有意思的是，阿曼萨拉拉的博物馆里，还特意用中文介绍此二人的事迹。

阿曼“苏哈尔”号

“苏哈尔”号模型

为了缅怀两国人民的交往历史和深厚情谊，1980 年阿曼政府决定再造古船，并重走先辈的历程再赴中国。

“苏哈尔”号古船仿自阿布·奥贝德当年远航中国时用的双桅三帆木船，木船长 22 米，高 3 米，完全不用一根铁钉，船板用椰棕搓成的绳子连接起来，缝隙间涂以树胶以防渗透。

苏哈尔自古便是海湾地区著名良港，在 18 世纪时曾成为阿曼首都，传说该城是航海家辛巴达的母港，古代阿拉伯与东方贸易的重要港口。

1980 年 11 月 23 日，“苏哈尔”号从马斯喀特港出发，历时 220 天，航行 9500 千米，最终于 1981 年 7 月 11 日抵达广州。广州人民举行了盛大的欢迎仪式，迎接贵客到来。

1995 年，阿曼苏丹国民族遗产文化部在中国文化部协助下，在广州洲头咀公园竖立纪念碑，再现了“苏哈尔”号双桅木帆船的航行图，永志两国友好。据说，洲头咀是当时阿曼航运船舶在广州登陆的码头。

后来，这艘闻名海外的“苏哈尔”号古船回到了出生地苏尔造船厂。如今，它的模型摆放在首都马斯喀特布斯坦宫酒店外，人们时刻都能看到它的身姿。①

---

① 肖之舸、周煦钊：《“苏哈尔”到访洲头咀 纪念碑永志中阿情》，载《南方日报》，2014 年 10 月 27 日第 A3 版。

第三章　广东海上丝绸之路商贸文化

据《汉书·地理志》记载："粤地……处近海，多犀、象、毒冒、珠玑、银、铜、果、布之凑，中国往商贾者多取富焉。番禺，其一都会也。"由于地理、历史和文化因素，广东长期处在中国海上对外经济贸易和文化交流的前沿，创造了多项"中国之最"：先秦时期，岭南已有海外交往，是中国最早与东南亚发生关系的地区；广东徐闻是有历史记载的中国最早的海上丝绸之路始发港口；广东是海上丝绸之路的历史最早、年代最齐、港口最多、线路最长的古代海洋文化大省，有被称为"海上敦煌"的"南海Ⅰ号"宋代沉船和存放"南海Ⅰ号"的广东海上丝绸之路博物馆；番禺(今广州)是秦末、南越国时期南方最大的海洋贸易中心；唐朝在广州设置的市舶使，是中国最早的海上贸易管理机构；唐朝"广州通海夷道"，穿越南海、印度洋，抵达波斯湾和东非海岸，是当时世界上最长的远洋航线；清代广州长期是国内唯一的对外通商口岸，"一口通商"造就"天子南库"；广东人重商务实，粤商是中国古代著名商帮，也是海洋特色鲜明的商帮。长期的海内外贸易，历史悠久的商贸经济传统，历经千百年。因外贸刺激、商品经济发达、商品交换成为社会经济生活中的突出内容，因而商品意识不断发展与强化，重商求利的观念日益成为影响行为的主导因素。可以说，粤地重商精神和传统与海上丝绸之路贸易相得益彰。

一、欲拔贫，诣徐闻

徐闻是中国古代重要的陆路驿站，海道要津，滨海郡县之治和南疆重镇，曾经是雷州半岛和海南岛的政治、经济中心，也是中国古代对外贸易最早的通商口岸之一。徐闻港自汉代兴起，一直到三国、东晋、南北朝时，对外通商贸易都十分发达。由于东汉前期匈奴占领河西走廊以西大部分地区，因此中西方的陆路交通受到阻塞，以至南方海路交通显得更加重要，而徐闻地处琼州海峡，是当时船舶沿广东海岸航行到东南亚各国的必经之地。汉代随着对外贸易的发展，形成了海上丝绸之路。徐闻港是这条国际性贸易交往通道开创阶段的始发港，它既是一个货物集散的中转港口，也是一个重要的军事港口。此后由于陆地的延伸和航海技术的进步，以及陆路交通的发展，徐闻港不再是航行东南亚各国的必经之路，晋代以后，徐闻港开始逐渐没落。①

(一)汉朝海上丝绸之路第一港

汉朝海上丝绸之路以南海为中心，又称为“陶瓷之路”“香料之路”“佛教之路”或“香瓷之路”。徐闻古港位于中国大陆的最南端，凭着其自身优越的地理位置和政治、军事优势，天然地成为了中国古代海上丝绸之路的第一港，也就是人们所说的海上丝绸之路的始发港。②

《汉书·地理志》谓：“自日南障塞、徐闻、合浦船行可五月，有都元国；又船行可四月，有邑卢没国；又船行可二十余日，有谌离国；步行可十余日，有夫甘都卢国。自夫甘都卢国船行可二月余，有黄支国，民俗略与珠厓相类。其州广大，户口多，多异物，自武帝以来皆献见。有译长，属黄门，与应幕者俱入海市明珠、璧流离、奇石异物，赍黄金杂缯而往。所至国皆禀食为耦，蛮夷贾船，转送致之……自黄支船行可八月，到皮宗；船行可二月，到日南、象林界云。黄支之南，有已程不国，汉之译使自此还矣。”

这是中国正史记载有关中国与印度半岛之间海上航线最珍贵的资料，文中所记的是一条完整、畅通的远程海上航线。这条海上通道起止地点明确，自徐闻起航，至东印度洋的已程不国(今斯里兰卡)。

(二)西汉的军事和贸易港口——徐闻

汉武帝平定南越之后，在岭南设置“南海、苍梧、郁林、合浦、交趾、九真、日南、珠崖、澹耳郡”③。南海郡治所在番禺。“合浦郡，武帝元鼎六年开……县五：徐闻，高凉，合浦。”④合浦郡治所在徐闻。汉时的徐闻县辖境雷州半岛大部分地区，即今遂溪、雷州(旧称海康县)、徐闻三县。而“徐闻县城汉元鼎置海滨讨网村”⑤，即今徐闻县五里乡二桥村、仕尾村、南湾村地带。此地是汉军队南渡海南岛的军事基地，亦是西汉出海贸易的出海港，所以当时在此地设置“左右候官”。

---

① 沈荣嵩：《海上丝绸之路——徐闻古港的兴衰》，载《珠江水运》，2001年第4期。
② 申友良：《南海丝绸之路第一港——徐闻港》，载《中央民族大学学报》，2004年第3期。
③ (汉)班固：《汉书》卷六《武帝纪》，北京：中华书局，1962年。
④ (汉)班固：《汉书》卷二十八下《地理志》，北京：中华书局，1962年。
⑤ (明)欧阳保等：《(万历)雷州府志》卷八，北京：书目文献出版社，1990年。

1990 年 5 月，广东省考古学者在徐闻发掘出大片汉代遗址，有大量板瓦、筒瓦和戳印纹陶片，特别是发现的“万岁”瓦当是典型汉代遗物。自 1962 年始，徐闻县先后发现汉墓 290 多座，统称“徐闻汉墓群”。这些汉墓主要分布在县东南、西南沿海地带，华丰、海港、巷头、二桥、仕尾、南山、北潭、新地等地发现尤多，华丰村西南一块约 600 平方米的地段内就有 30 多座。1973—1982 年，曾两次挖掘清理汉墓 90 多座，出土了有文字的“万岁”瓦当、绳纹板瓦、筒瓦、五铢钱、铜剑、石斧、水晶珠、银饰、陶罐等一批文物①，这可以看出，此地在西汉时期是相当发达的港口地区，具备西汉设候官驻骅和南渡海南岛以及出海贸易的条件。正如《汉书 · 地理志》所记：“徐闻南入海，得大州，东南西北方千里”。

有鉴于上述徐闻县治讨网村周围的良好基础，所以自西汉“武帝以来”至“平帝元始中”，由皇帝任命黄门(属少府)中官为译长组织“应募者”(包括官员、商民、船工、水手等)，并身负“欲耀威德”和“市明珠、璧流离、奇石异物，赍黄金杂缯而往”两重任务的官方贸易使团，选择军事港口的徐闻县讨网村出海远航南海诸国访问和贸易，就理所当然了。至于日南、合浦两港口与徐闻一样，同样具有出海港的功能。因为这两个口岸，汉时同样设有关卡的军事港口，正如唐代颜师古所说：“汉制，每塞要处别筑为城，置人镇守，谓之候城，此即障也。”《汉书 · 地理志》中所记的“日南障塞”，即此意。

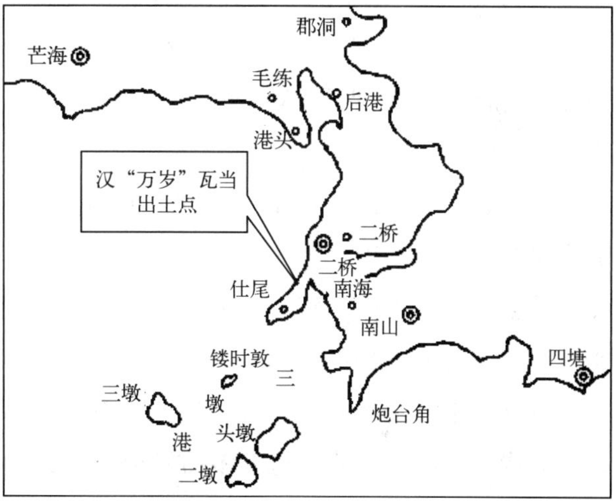

徐闻二桥、仕尾、三墩港示意

(三)汉代的徐闻在中西经济文化交往中的地位和作用

唐代李吉甫《元和郡县图志》记载：“雷州徐闻县，本汉旧县……汉置左右候官在徐闻县南七里，积货物于此，备其所求，与交易有利。故谚曰：‘欲拔贫，诣徐闻’。”用现代的话来讲，就是“想摆脱贫穷，就到徐闻去吧”！汉代商人从全国各地跑到徐闻来做生意，说明当时徐闻已经是一个规模相当大的货物集散地。汉代的徐闻地属骆越，

① 湛江市地方志组委会：《湛江概览》，湛江：湛江市地方志办公室，1991 年。

有悠久的纺织历史，可上溯至新石器晚期。遂溪县东边角村附近的鲤鱼墩贝丘遗址出土的原始纺织工具陶纺轮，证明5000年前雷州半岛的骆越先民已经掌握了纺织技术。1983年在徐闻县华丰岭发掘的7座汉墓中，陶纺轮达13个之多，说明汉代雷州半岛纺织技术已经相当普及。《(万历)雷州府志》中有“唐海康郡贡丝绢四匹”的记载，说明雷州的丝绢能够作为贡品，也表现出当地的蚕织业已经达到了较高水平。《汉书·地理志》中记载，汉武帝时，远洋船队从徐闻出发，“有译长，属黄门，与应募者俱入海市明珠、璧流离、奇石异物，赍黄金杂缯而往”。因为中原、江浙桑蚕养殖业非常发达，故多以为这些“杂缯”都是从北方运到徐闻来的，其实当时岭南境内桑蚕养殖业亦相当发达。雷州半岛南邻海南岛，《汉书·地理志》称海南岛“男子耕农，种禾稻、苎麻，女子桑蚕织绩”。从雷州半岛的经济地理位置及当地土著与海南、贵县同属越族来看，周边都养蚕植桑。也正因为雷州早有养蚕植桑的基础，到唐朝时所织丝绢已成为贡品，因此汉使所携带的“杂缯”及徐闻“左右候官”所积存的杂物中，不乏雷州半岛及周边各郡所产的丝绢。

从《汉书·地理志》的记载中我们知道，从徐闻、合浦出发的汉使船队携带的物品出口的为“黄金杂缯”，从国外带回的为“明珠、璧流离、奇石异物”之类，这些物品虽然多由朝廷黄门经营，但也有少量散落民间，可能是夹带走私所至，近数十年来在徐闻、合浦发掘的汉墓中，都有大量的舶来品出土，印证了上述的观点。也正因为有这些堪称宝物的海内外土特产，各地商人才会到徐闻来交易，将物品销往番禺及国内各大都会，才有这么多的发财机会。由此可见，汉代的徐闻港不是一个简单的停泊港，由于“积货物于此”，在这里装船顺理成章，这里应当是一个真正的始发港。

东汉广州港兴起之后，徐闻作为东西方交往始发港的作用逐渐减弱，但作为中转、停泊港的作用在相当长的一个时期依然存在。《魏略·西戎传》中提到：“大秦道既从海北陆通，又循海而南，与交趾七郡外夷比。”“海北”是相对海南而言，历史上常代指粤西一带，东汉时属合浦郡。活跃在大秦国(古罗马，以下称“大秦”)与东汉间海上丝绸之路上的船舶仍经常取道徐闻港。20世纪70年代在徐闻华丰港与沓磊浦之间，曾出土过东汉五铢铜钱和骨珠、玛瑙、琉璃、水晶等洋货，反映了徐闻港在东汉时仍与东南亚及西方保持频繁交往的历史状况。当时的徐闻港还是海南岛船舶与大陆间运输的中转港，又是交趾七郡中交趾、九真、合浦、日南四郡运送贡品的海路停泊港。

二、南疆第一商埠——广州

位于中国南部沿海的广东省省会广州，地处南海之滨，太平洋、印度洋的航道要冲，自秦汉时起即为中国重要的对外贸易港口城市，历久不衰，尤以唐宋为盛。广州古称“番禺”，历代为岭南地区的政治、经济、文化中心。南越国都、南汉国都、南海郡、广东道、广东路、广州府、广东省、广州市治所均设于此。其内临珠江，外接南海，数千年来广州港作为河港兼海港，利用江海联运的方式，既对内沟通了内陆各地，又对外开辟了东南亚和印度洋沿岸的航线。从广州出发入南海，西行经印度洋、波斯湾，可与西亚、北非和南欧诸国联系；南行直通东南亚；东行可至吕宋(今菲律宾)。

由古岩画、出土文物可知，广州的珠江和海上航运与渔业生产年代久远，其到达东亚、东南亚和印度洋沿岸等国家和地区的海上交通与文化交流形成于秦汉时期，发展于三国、两晋；隋唐时期日趋成熟，达到全盛；经唐末中衰后，宋代复苏，持续繁荣；元代为过渡期；明初为官方的对外贸易港口，即使是在明清海禁时期，广州也被特许对外通商，是由汉代至清代中国沿海唯一一个从未中断海洋贸易的海上丝绸之路港口城市。

广州是中国最早形成的沿海对外通商港口城市之一，至唐宋时期成为中国海外贸易的第一大港，明代海禁政策下为官方朝贡贸易的重要港口城市，曾一度出现外国商使来华贸易“俱在广州”的局面。广州市舶贸易历来受到朝廷关注，唐代首次在广州设置市舶使，宋、明又设市舶司，且长期固定，不像浙、闽等地时有变动。港口贸易的繁荣也促进了经济和文化的发展，使广州成为岭南文化的中心，并在中国伊斯兰教和佛教禅宗的传播上具有重要的地位。

(一)海上交通和海洋贸易重镇

由汉代至清代，广州日渐成为中国南方经济重地，尤其是海洋经济和海洋贸易方面一直位居中国南大门的地位，特别是明清时期以广州为对外贸易枢纽，甚至出现“一口通商、独领风骚”的局面。

古代中国与西方各地的海上交通，主要通过南海与印度洋航路连接。位于南海之滨的广州，因其独特的地理位置，较早开始对外贸易，自汉、唐、明、清直至现代，一直是中外海上贸易的枢纽，东西方文明交汇的口岸，也是中国走向世界的门户，世界透视中国的窗口。

岭南地区濒临南海，海岸线长，大小岛屿星罗棋布。早在四五千年前的新石器时代，居住在南海之滨的南越先民就与海洋结下了不解之缘，他们择水滨而居，始以采贝类为业，继以舟楫捕鱼为生，而特擅“涉游利舟”，他们以“舟楫为食”，常年生活在烟海浩瀚的海洋河川之上，如此水上世家，其航运造船，业专技精。他们以海为家，在海上进行着各种作业，世世代代传递，这使得岭南地区海洋发展的传统得到强化。先秦时期岭南的越人已穿行南海，与东南亚各地有贸易往来。据《竹书纪年》卷上记载，在周成王(约公元前 11 世纪)时期，就有“越裳氏来朝”。而在史书中，越裳氏位于马来西亚半岛的南部。同样，《史记》上也说，在春秋战国时期，与沿海的齐、吴等国一样，处在百越之地的广州已有船舶在海上航行。另外，根据《宋代之市舶司与市舶条例》的记述，在战国时期，广东已经开始从马来西亚进口各种农作物，如甘蔗、槟榔等，并在广州移植。

秦汉时期是开发海上贸易，将航海向远洋发展的重要时期。据史书记载，秦始皇平定岭南时期，当时处在番禺(今广州)的一支秦军，专门建造了大量的船只，供平定瓯越所需。秦汉以来，海上航行和海上贸易逐步发展，航路在逐步扩展和延伸。《汉书 · 地理志》记载，汉代中国的航海者已懂得驾驶着海船沿着北部湾和中南半岛(今越南海岸线)南下，并穿过马六甲海峡，西北经缅甸，再向西到达印度、斯里兰卡。[①]在广州西汉南越王墓出土的文物里，有一捆五支原支的非洲象牙。同墓出土的还有一只银盒，与伊朗出土的波斯薛西斯王银器极其相似，这是迄今发现最早的海上舶来品。秦汉时期广州已是当时非常重要的海外贸易中心及“犀角、象牙、珠玑和翡翠”等舶来品的集散市场、岭南之大都会，并且是最早的港市。在《史记 · 货殖列传》中提到了全国 19 个城市，番禺列为一大经济都会，是珠玑、犀、玳瑁、果、布等物品的聚集地。《汉书 · 地理志》里亦写到番禺“处近海，多犀、象、毒冒、珠玑、银、铜、果、布之凑，中国往商贾者多取富焉。番禺，其一都会也”，其大意是广州靠近海边，是犀、象、玳瑁、珠玑、银、铜、果、布的聚集地，中国去广州做买卖的商人，大多数都获得了财富。著名史学家吕思勉指出：《史记 · 货殖列传》以上所言，“可见陆梁之地未开，蛮夷贾船，已有来至交、广者矣”。其中“果、布”一词，有论者认为不是水果和葛布，而是马来西亚对龙脑香的音译，全称为“果布婆律”。在广州汉墓出土的众多熏炉是用来燃烧香料的器具，这说明东南亚一带香料已经开始从南海输入广州，再转送全

① 高惠冰：《对“广州通海夷道”有关问题的探讨》，见《广州——海上丝绸之路的发祥地》，香港：中国评论学术出版社，2007 年。

国其他地区。

两汉时期，广州的海外贸易主要是与印度、东南亚诸国的贸易，在《汉书》和《后汉书》中记载有印度、柬埔寨、缅甸、苏门答腊等地诸国使者到中国来的情况。不过，当时由于航海技术和造船技术还较落后，航船较小，还不能从广州直穿海南岛东南海面深水区，而要绕北部湾浅海区航行，有些航段还需“蛮夷贾船，转送至之”①。

陶熏炉(西汉后期，广州西村石头岗出土)

洋人形象陶俑座灯(1956年广州西汉墓出土)

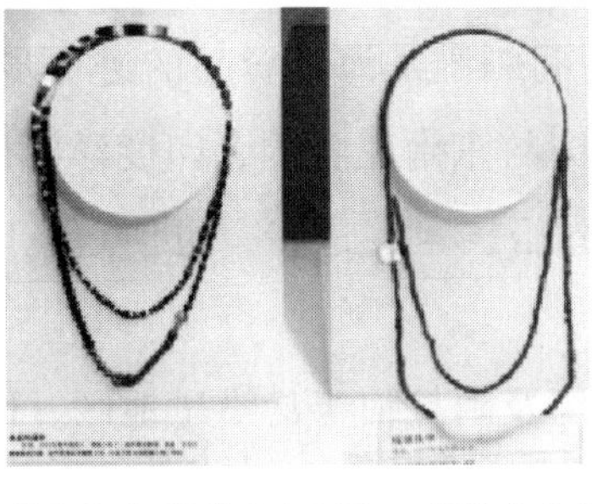

水晶玛瑙串和琉璃珠串(东汉，广州龙生岗出土)

珠饰(西汉，广州恒福路银行疗养院出土)

三国东吴时期，孙权接受了吕岱“分交州置广州”的建议，黄武五年(公元226年)置广州(郡治今广州市)，并任命吕岱为第一任广州刺史。从此，番禺正式定名为广州，广州作为岭南地区政治中心的作用得到强化，也成为岭南的经济文化中心，拉开了以广州为起点、中国南海为中心的海上丝绸之路序幕。海上丝绸之路，不仅对中国南海

① (汉)班固：《汉书》卷二十八下《地理志》，北京：中华书局，1962年。

地区，而且对中原及全国商贸文化产生了重大而深远的影响。有史料可稽，东晋时期广州成为海上丝绸之路的起点，对外贸易涉及 15 个国家和地区，不仅包括东南亚诸国，而且西到印度和欧洲的大秦。三国时广州出海航道东移，海船从广州起航后，可经海南岛东南海面进入西沙、南沙群岛水域，驶往东南亚各地，而不必再绕北部湾航行。在三国康泰的著作中，记载了关于南海的一些情况。

三国至隋朝的 400 多年间，是海上丝绸之路的拓展时期。此时，广州至大秦的海上丝绸之路已经形成。那时，从那婆提(今爪哇)至广州，定期航船的航班期是 50 天。东晋末年，高僧法显大师去天竺(今印度)取经，就是从这条海上丝绸之路回国的。同时，远航亚洲、非洲、欧洲国家的这条航路越走越远。中国商船从广州起航，远航南海、太平洋、印度洋、波斯湾，把丝织品、陶瓷、茶叶输往国外，又将金、银、琉璃、象牙、沉香等输入中国。当时通过广州来华经商的国家和地区大为增加，有 15 个之多。尤其隋朝建立之后，隋炀帝十分重视对外贸易，开辟了海上丝绸之路的新航线：从广州出发，沿安南(今越南)海岸航行，通过真腊①海岸，最后到达马来半岛北部东岸。

两晋南北朝时期，广州已能造出载人五六百、载货万斛的船舶，而最壮观的是广州的楼船，有四层，楼高三四米，抵御风浪的能力强，可把大量的丝绸运到外国去。

南朝时，由于分裂割据，各政权财政收入大为减少，海外贸易成为重要的财政来源。南朝梁武帝得到广州的蓄货时曾说："朝廷便是更有广州。"②各级官员也从海外贸易中得到极大的好处，"商舶远届，委输南州，故交、广富实，牣积王府"。③有些官员得一箧珍宝，便"可资数世"。④ 丰厚的利润刺激了海外贸易的进一步发展。从《宋书》《南齐书》《南史》等史籍的记载来看，中国与东南亚各国、印度洋沿岸地区各国及西亚的波斯等国都有频繁的往来，而此时造船技术的进步，也使远航印度洋及波斯湾成为可能。

南朝时期，广州对外贸易的范围扩展到了波斯湾及阿拉伯半岛沿岸地区。1960 年 7 月，广东省文物管理委员会与华南师范学院历史系组织发掘队，在英德县浛洸镇郊石礅岭发掘清理南朝古墓时，发现了 3 枚波斯萨珊王朝银币。⑤ 1973 年 3 月，在曲江县南华寺东南山坡的南朝古墓中，发现 9 片剪割开的波斯银币。⑥ 1984 年 9 月 29 日，在遂

---

① 真腊(kmir)，又名占腊，为中南半岛古国，其境在今柬埔寨境内。
② (唐)李延寿：《南史》卷五十一《吴平侯景传附萧劢传》，北京：中华书局，2011 年。
③ (南朝梁)萧子显：《南齐书》卷五十八《东南夷传》，北京：中华书局，2011 年。
④ (唐)房玄龄等：《晋书》卷九十《吴隐之传》，北京：中华书局，2011 年。
⑤ 杨豪：《广东英德连阳南齐和隋唐古墓的发掘》，载《考古》，1961 年第 3 期。
⑥ 杨少祥：《广东曲江南华寺古墓发掘简报》，载《考古》，1983 年第 3 期。

溪县附城区边湾村南朝窖藏发现了一批金银器和波斯银币。广东出土的波斯银币说明了当时波斯与广州等地贸易往来的频繁，一条从广州出发，穿过马六甲海峡，驶入孟加拉湾、阿拉伯海，到达波斯湾及阿拉伯半岛的航路在南朝时已存在。

隋唐时期，广州成为唐“通海夷道”南海道的起点和南海诸国从海上进入中国的门户，以广州为中心的世界贸易圈逐渐形成。为了管理海外贸易，唐代开始在广州设立市舶使，掌管市舶贸易。

宋代时期全国各地商品经济的进步促进了广州市舶贸易的发展，而市舶贸易的发展又有力地推动了各地商品经济的繁荣，二者相辅相成。宋太祖开宝四年(公元 971 年)，在广州设立市舶司，广州外贸繁荣①，是海外贸易第一大港。在朝廷逐渐放宽政策和经济招徕下，当时南洋诸国的朝贡使节均由广州登陆，所入国有交趾、勃泥、真腊、占城、三佛齐、大食等 50 余国，有“万国衣冠，络绎不绝”之盛。当时中国与南洋和波斯湾地区有 6 条定期航线，这些航线都集中到广州。由大食国(指阿拉伯半岛以东的波斯湾和以西的红海沿岸国家)经故临国(今印度半岛西南端的奎隆)，又经三佛齐国(经印度尼西亚苏门答腊岛东部)，达上下竺与交洋(即今奥尔岛与暹罗湾、越南东海岸一带海域)，“乃至中国之境。其欲至广(广州)者，入自屯门(今香港屯门)。欲至泉州者，入自甲子门(今陆丰甲子港)”，这就是当时著名的中西航线。这条主干道的航线除了向更远伸展之外，还有许多支线。当时广州的贸易额在全国各口岸总贸易额中占绝对优势，“广州自祖宗以来兴置市舶，收课入倍于他路”。清朝梁廷枏《粤海关志》中说：“三州市舶司乳香三十五万四千四百四十九斤，其内明州所收惟四千七百三十九斤，杭州所收惟六百三十七斤，而广州所收者则有三十四万八千六百七十三斤，是虽三处设司，实只广州最盛也。”由此可看出宋代广州海外贸易的利润非常之大，外商来此经营者获利甚多，所以外商来广州者不仅人口众多，而且非常富有。故宋设置蕃坊专供外国商人居住；设蕃学，供信奉回教不吃猪肉者入学读书；设蕃市，又名蕃巷，以供外商从事贸易。就贸易结构看，中国输出商品多半是加工制造过的手工业产品，如五金、布帛、瓷器、漆器及以食品为代表的茶、酒、石蜜等，而蕃商输入中国的商品主要是以珍珠、犀角、象牙、香料为主，多属于原料的性质，甚少有加工的制造品。从性质上看，宋代广州对外贸易是封建经济手工业发达的国家与经济落后手工业不发达国家间的相互交易。但因所进口商品大多属于价值高昂的奢侈品，所以造成贸易的不平衡，宋政府不得不输出大量金、银以弥补贸易逆差。在宋代以陶瓷为主流贸易商品和海外

---

① 姚培锋、金毅：《试论宋代浙东沿海市镇的海外贸易及其影响》，载《绍兴文理学院学报(哲学社会科学版)》，2005 年第 5 期。

交通繁荣的刺激下，为满足对外贸易的需要，广州的陶瓷业得到了空前的发展。据宋汝适的《诸蕃志》记载，当时中国与外国贸易用青、白瓷器的有勃泥、占城、三佛齐、单马令、凌牙斯、佛罗安、蓝无里、南毗、三屿等国家。到了南宋末年，泉州超越广州，成为中国以至东方第一大港。元代时广州降格，但仍保持繁荣的局面，“广为蕃船凑集之所，宝货丛聚”“象、犀、珠玑、金贝、名香、宝布，诸凡瑰奇珍异之物，宝于中州者，咸萃于是”。陶瓷器仍然是广州港对外输出的主要商品。当时广州商业繁盛，附近建有许多大陶瓷器场，所产的陶瓷器远销国内外。

明代，海禁时松时紧，其他各处市舶司时有罢革，但广州市舶司一直未曾关闭。明初实行“有贡舶即有互市，非入贡即不许其互市”，以及“不得擅出海与外国互市”的政策。但对广东则特殊：一是准许非朝贡国家船舶入广东贸易；二是唯存广东市舶司对外贸易；三是允许葡萄牙人进入和租居澳门。当时的“广州—拉丁美洲航线”(1575 年)由广州起航，经澳门出海，向东南航行至菲律宾马尼拉港。继而，穿圣贝纳迪诺海峡进入太平洋，东行到达墨西哥西海岸的阿卡普尔科(Acapulco)和秘鲁的利马港(Lima)。

明朝还在广州、泉州、宁波三地建造驿馆。广州叫怀远驿，泉州叫来远驿，宁波叫安远驿。广州的怀远驿有房子 120 间，外商入住之后，一切的食宿、交通、医疗、文娱皆由驿馆负责，以示“怀柔远人”之意。此制度延续了 100 多年。

准确地说，怀远驿设于明永乐四年(1406 年)，在城外蚬子步，即今西关十八甫路附近。怀远驿由专门负责管理海外贸易的官方机构市舶司来管理。中国官吏在这里检查外国船只运来的货物，并进行征税和收购。有时还把国家的有关规定在这里张榜公布。而外国人员在这里通过从事中介贸易的商人(“牙人”)，把中国官方收购后剩下的货物卖出，买回中国产品。

明代专供外国贡使和商人居住和交易的驿馆——怀远驿

到了清康熙年间，随着珠江北岸向南延伸，原位于江边的怀远驿已远离江岸，在其南面则出现了十三行夷馆。从此，怀远驿被十三行夷馆所取代。

明代的海外贸易，以隆庆元年(1567 年)部分开放海禁为界，大体可分为两个时期，即前期(1368—1566 年)的贡舶贸易和后期(1567—1644 年)的商舶贸易。贡舶贸易是明朝官方直接控制海外贸易的一种制度，它与明朝前期实行海禁政策是分不开的。实际上，贡舶是以贡为名，行市之实。明初在广州设立市舶司，广州也被指定为占城、暹罗、南洋诸国的通贡地点。明代中期以后，广州的对外贸易发生了根本的转变。随着政治的腐败，中央控制力下降，社会经济向商品经济倾斜发展，东南沿海地区形成了民间性、地方性的海上势力。朝贡贸易的日益衰落，促使商舶贸易一天天形成起来①。所谓“商舶”贸易，实际上就是私人经营的海外贸易。这种经营方式在一定程度上从未间断，属于非法贸易，而且不是主要的贸易形势。海禁开放后，海盗与海商二位一体的海上走私贸易更加发达，趋向高潮，实质上已经是对外贸易的主要形式。在海上走私贸易的带动下，民间违禁制造大船，造船业在偏僻海域发展起来，不少海岛也得到开发，成为走私的基地。东西洋航路在官方停止下西洋活动后，由民间私人贸易继承，并得到大部分的恢复，海洋贸易活动和海外移民更成一股势不可挡的潮流，使海洋经济和海洋社会组织在传统体制的空隙中孕育兴起，这给广州的贡舶贸易体制带来了巨大的冲击。同时葡萄牙、西班牙、荷兰、英国等非指定朝贡国接二连三地前来“扣关索市”也改变了贡舶贸易的格局，这就迫使广州市舶司制度从政治性向经济性转变。正德年间，政府财政拮据，入不敷出，所以明政权不得不采取抽分制，允许非贡船和原来不许贸易的商舶纳税入关，同时设牙行，与民贸易。由于经济性和民间性市舶制度的增加，最终导致了贡舶贸易的瓦解。随着私人海上贸易的发展和市舶制度的经济性、民间性的增强，商业资本的运动由以往封建阶级消费需求为前提转变为更多地以商品生产为前提，越来越多的产品被卷入市场流通，使生产日益从属于交换价值，从而促进商品生产的发展，进一步沟通了国内市场与进出口贸易的联系，把原来相对独立运行的两个市场连成一体，从而开始改变广东对外贸易的单纯性过境贸易的性质，改变了长期以来广东地区的产品很少加入进出口贸易的格局，广州的对外贸易发生了意义深远的转变。首先贡舶贸易到商舶贸易，由以亚洲各国为主要对象发展到以欧洲商人为主要对象，构成这一时期广州海洋经济的重要组成部分。其次是澳门的崛起，分享了广州对外贸易的利益。② 葡萄牙人利用与广州贸易获取的大量中国商品，开展澳门—果阿(属印度)—里斯本、澳门—长崎、澳门—马拉尼—墨西哥三条国际贸易航线，使澳门迅速发展为国际贸易的中转站和广州海外贸易的外港。最后，距广州不远的佛山成为当时广州的最大内港。佛山是“天下四大镇”或“天下四大聚”之一，在明朝景泰年间已具城市雏形，到明末已发展成为岭南商贸繁盛的一大都会。

---

① 陈新冬：《明代海外贸易对广州的影响》，载《中外社科论丛》，2013 年第 3 期。

② 李宽柏、凌文峰：《鸦片战争前英国散商对广州贸易体制的冲击》，载《郧阳师范高等专科学校学报》，2007 年第 5 期。

(二)唐代“通海夷道”和海洋贸易

唐代时广州港是全国最大的贸易港，海外贸易的繁荣超过以往任何一个朝代，远航能力有了重大的突破。以先进的工业产品——陶瓷等为实质内涵的强势海路贸易甚至已到达非洲大陆。唐朝时期，广州与阿拉伯地区的贸易继续发展，航路进一步扩展，广州“通海夷道”成为中国与东南亚、印度洋和阿拉伯地区友好往来的纽带，中外航船更频繁地航行于这一航路上，广州港和广州“通海夷道”被载入史册而得以永传。

唐代中后期，广州有了大规模的造船业，能造楼船、斗舰、游艇等6种船只，在性能、设备、载重、动力、作战能力各方面，已列入世界的前列。《中国印度见闻录》中写到：“只有庞大坚固的中国渔船，才能抵御波斯湾的惊涛骇浪，而畅行无阻。”

唐贞观年间，广州海上交通空前频繁，广州实际已成为世界著名的港口，每年来广州的外国商船多达40艘，广州与南海、波斯湾的船舶往来如梭。唐贞元年间，对地理学很有造诣的宰相贾耽在《海内华夷图》中记录了几条主要的对外交通路线：①营州(今辽宁朝阳)入安东(今辽东)道；②登州(今山东烟台)海行入高丽渤海道；③夏州(今陕北横山)塞外通大同云中(今山西大同)道；④中受降城(今内蒙古包头)入回鹘道；⑤安西(今新疆焉耆、和田、喀什一带)入西域道；⑥安南(今越南河内)通天竺道；⑦广州通海夷道。其中尤以第5道和第7道，即“陆上丝绸之路”和“海上丝绸之路”最为重要。

“广州通海夷道”，《新唐书·地理志》中详细写道：“广州东南海行，二百里至屯门山，乃帆风西行，二日至九州石。又南二日至象石。又西南三日行，至占不劳山，山在环王国东二百里海中。又南二日行至陵山……经小国十余，至拔离诃磨难国。又一日行，至乌剌国，与东岸路合。”据《新唐书·地理志》记载，“广州通海夷道”的具体走向如下：从广州起航往东南方向200里至屯门山(今广东深圳南头、香港一带)，这里是珠江口海防重镇，唐朝驻有水师；出屯门，扬帆向西，2天后到九州岛岛石(今海南东北海域七洲列岛)；转而向南，2天后至象石(今海南东南海域独珠石)；又向西南航行3天，到达中南半岛的占不劳山(今越南岘港东南占婆岛)；又南行2天，至陵山；又航行1天，抵达门毒国(今越南归仁)；又航行1天后，到达古笪国(今越南芽庄)；再航行半天，可以抵达奔陀浪洲(今越南藩朗)；又航行2天后，到达军突弄山(今越南昆仑山)；又航行5天，进入马六甲海峡，海峡南北百里，北岸有罗越国(今马来西亚南端)，南岸有佛逝国(今印度尼西亚苏门答腊东南部巨港)；由佛逝国往东，航行四五天，至诃陵国(今印度尼西亚爪哇)。出马六甲海峡往西航行，3天到达葛葛僧祇国(今印度尼西亚苏门答腊东北岸伯劳威斯)。从葛葛僧祇国出发，航行四五天，至胜邓洲(今印度尼西亚苏门答腊日里附近)。又往西航行5天，至婆露国(今印度尼西亚苏门答腊北部西海岸大鹿洞附近)，6天后至婆国伽蓝洲(今印度尼科巴群岛)。转向北方，航行4天，至狮子国(今斯里兰卡)。又西行4天，经没来国(今印度西部阔伦)，到达南天竺的最南端。又往西北航行，经过10多个小国，至婆罗门(属印度)西部。又过10天，经天竺西境5个小国，至提国(今巴基斯坦卡拉奇)。从提国向西航行20天，经过20多个小国，至提罗卢和国(今伊朗阿巴丹附近)。又向西航行1天，至乌剌国(今伊拉克奥波拉)。海船到这里需要换乘小船，溯河而上，2天后到末罗国(今伊拉克巴士拉)，这是大食国的重镇。又往西北陆行千里，抵达工都缚达城(今伊拉克首都巴格达)。从婆罗门南境、没来国至乌剌国，都是沿着大海东岸航行。大海西岸以西，是大食国的领土。大食以西，最南的国家叫三兰国(今坦桑尼亚桑给巴尔)。从三兰国往正北方向航行20天，经过10多个小国，至设国(今也门席赫尔)。又航行10天，至萨伊瞿和竭国(今阿曼马斯喀特西南)。又往西航行六七天，至没巽国(今阿曼苏哈尔)。又往西北航行10天，至拔离诃磨难国(今巴林)。再航行1天，至乌剌国，与东路汇合。

这条漫长的海洋航线始于广州，沿着传统的南海海路，穿越南海、马六甲海峡，进入印度洋、波斯湾，如果沿波斯湾西海岸航行，出霍尔木兹海峡后，可以进入阿曼湾、亚丁湾和东非海岸，途经90余个国家和地区，航期89天(不计沿途停留时间)，是公元8—9世纪世界最长的远洋航线，也是东西方最重要的海上交通线。

唐代“广州通海夷道”远及印度洋、波斯湾和东非沿岸，贸易地域远较前代有所扩大。广东海商与阿拉伯商人左右了当时东西方海上贸易，形成东方以唐朝广州为中心，西方以大食巴士拉、西拉头、苏哈尔诸港为中心和主要起讫点，联结东南亚诃陵、室利佛逝、南亚狮子国、印度河口等重要海上贸易枢纽的海上丝绸之路。唐代与广东贸易往来的国家和地区有林邑、真腊、堕和罗、哥罗舍分、丹丹、盘盘、罗越、婆利、诃陵、波斯、大食等。

由于通海夷道的开辟和畅通，广州通商地区日益扩大，对外贸易空前繁荣，广州对外商贸文化进入了鼎盛时期。《旧唐书・王方庆传》记载：“广州地际南海，每岁有昆仑乘舶以珍物与中国交市。”《唐国史补》记载：“南海舶外国船也，每岁至安南、广州。狮子国舶最大，梯而上下数丈，皆积宝货。至则本道奏报，郡邑为之喧阗。”为了便于管理，蕃坊设蕃长，同时《唐律》规定：“诸化外人，同类自相犯者，各依本俗法。异类相犯者，以法律论。”为了加强对外贸易的管理，唐朝在广州设立“市舶使”，处理对外贸易事务、加强海外交通管理，最重要的是还同时征收关税。市舶给政府带来了大笔的财政税收，据说黄巢起义军占领广州，一度导致唐王朝国库空虚，这表明了广州对外贸易对国家财政的重要性，也表明了广州外贸地位的上升。广州的对外贸易不仅带来丰富的物质财富，而且带动城乡商业的繁荣，刺激城市扩张，引发经济制度的变迁，一是城市商业空间繁荣，二是农村市场组织发育加快，出现专业性圩市。广州作为岭南最大的中心城市和全国外贸中心，经济功能和经济实力进一步增强，城区面积出现扩张，传统的市场制度不断被冲破，并产生新的市场组织和市场制度，展现了大唐帝国国门气派和海上丝绸之路东方大港风采。

（三）广州“十三行”和“一口通商”

清政府建立之后，为了对付占据东南沿海的南明反清势力、打击海上抗清势力，分别于顺治十二年（1655 年）、顺治十三年（1656 年）和康熙元年（1662 年）、康熙四年（1665 年）、康熙十七年（1678 年）五次颁布禁海令①。海禁政策实行之后，阻断了与海外经贸往来，严重阻碍了海外贸易发展，影响政府财政收入，也给沿海人民造成了巨大的痛苦和灾难，使得沿海各省官员和人民纷纷上书要求废除海禁，实行开放贸易。康熙二十二年（1683 年），清军攻下台湾。次年，清政府决定正式废止海禁。此后广东的广州、江苏的松江、浙江的宁波、福建的厦门为对外贸易港口，陆续设立粤海关、江海关、浙海关和闽海关四个海关，负责管理对外贸易和征收关税事务②。中国海外贸易进入设关管理时期，广州对外贸易得以持续发展，开始出现对外贸易的专业商行，又称洋货行、洋行、外洋行、洋货十三行，也就是著名的“广州十三行”。

十三家牙行有：①伍秉鉴的怡和行，商名浩官；②卢继光的广利行，商名茂官；③潘绍光的同孚行，商名正官；④谢有仁的东兴行，商名鳌官；⑤梁亟禧的天宝行，商名经官；⑥严启昌的兴泰行，商名孙青；⑦潘文涛的中和行，商名明官；⑧马佐良的顺泰行，商名秀官；⑨潘文海的仁和行，商名海官；⑩吴天垣的同顺行，商名爽官；⑪易元昌的学泰行，商名昆官；⑫罗福泰的东昌行，商名林官；⑬容有光的安昌行，商名达官。

广州十三行行名、本名、商名与籍贯

行名	本名	商名	籍贯
怡和	伍秉鉴	伍浩官	福建
广利	卢继光	卢茂官	广东
同孚	潘绍光	潘正官	福建
东兴	谢有仁	谢鳌官	福建
天宝	梁亟禧	梁经官	广东
兴泰	严启昌	严孙青	福建

① 蒋贤斌：《论鸦片战争前清政府对澳门的经济政策》，载《江西社会科学》，2000 年第 3 期。
② 李登峰：《简论明清时期广东对外丝绸贸易》，载《五邑大学学报》（社会科学版），2002 年第 1 期。

续表

行名	本名	商名	籍贯
中和	潘文涛	潘明官	福建
顺泰	马佐良	马秀官	福建
仁和	潘文海	潘海官	福建
同顺	吴天垣	吴爽官	福建
学泰	易元昌	易昆官	广东
东昌	罗福泰	罗林官	福建
安昌	容有光	容达官	福建

资料来源：引自《广东十三行考》，广州：广东人民出版社，1999年。

十三行具体行名

年份	行名
乾隆三十年(1765年)	潘同文、颜泰和、陈广顺、邱义平、蔡聚丰、陈源泉、蔡逢源、张裕源、陈远来、叶广源
乾隆四十一年(1776年)	丰进行、泰和行、同文行、而益行、逢源行、源泉行、广顺行、裕源行
乾隆六十年(1795年)	万和行、同文行、而益行、源顺行、广利行、怡和行、义成行、达成行、东升行、会隆行
嘉庆十六年(1811年)	广利行、怡和行、丽泉行、东生行、义成行、福隆行、同泰行、东裕行、万源行、天宝行
道光十七年(1837年)	广利行、怡和行、东兴行、天宝行、兴泰行、中和行、顺泰行、仁和行、同顺行、学泰行、东昌行、安昌行
道光十八年(1838年)	广利行、怡和行、东兴行、天宝行、中和行、顺泰行、仁和行、同顺行、学泰行、安昌行

十三行名义上虽称“十三”，其实并无定数。

广州十三行在创建时，广东官府规定它是经营进口洋货和出口土货(包括广货、琼货)的中介贸易商行。最初指定十三行经营的贸易对象是洋货，实际包括外洋、本港和海南三部分内容①。乾隆十八年(1753年)，业务曾一分为二，专营外洋各国来广州贸易的叫外洋行，经营出海贸易的称为海南行。自乾隆二十五年(1760年)起，外洋行不再兼办本港贸易的事务，另由几家行商专营暹罗(今泰国)贡使及其商民贸易税饷事宜，称为本港行。而海南行又改称福潮行，经营包括广东潮州及福建商民往来买卖税务。这时来到广州海口的商船渐多，随着贸易的发展，各行口商人资本稍厚者经办外洋货税，其次者办本港船只货税，又次者办福潮船只货税。

① 齐书春：《十三行：中国首家外贸街的风雨百年》，载《知识窗》，2006年第5期。

1785年贸易季度广州贸易的主要项目

国家		船只数	棉花进口(担)	茶叶出口(担)	生丝出口(担)
英国	东印度公司	19	17 389	103 834	525
	散商	9	28 690	5113	298
法国		1		3500	423
荷兰		4		33 441	275
瑞典		4		46 593	281
丹麦		3	632	34 336	51
普鲁士		1	983	5213	
西班牙		4	798		452
合计		45	48 492	232 030	2305

资料来源：引自《东印度公司对华贸易编年史》，广州：广东人民出版社，2016年，第432页。

广州十三行作为官设的对外贸易的洋货特许商，其特点是代海关征收进出口洋船各项税项，并代官府管理外商和执行外事任务。在乾隆二十二年(1757年)，英国商人置清政府禁例于不顾，多次违反，并有“移市入浙”的趋势，企图让宁波成为另一个澳门，直接打开中国丝茶产区的市场。这一形势引起了清政府的不安和恐慌，他们害怕外国势力的入侵会对其统治不利，而且江浙本是一个华夏礼教之乡，物产丰富，自给自足。相比之下，广东的海关海防比浙江的要坚固，这有利于防范外商和保证税收。因此，清政府宣布封闭闽、浙、江三海关，仅保留粤海关对外通商。① 从那以后，偌大的清帝国只剩下广州一个口岸延续对外贸易往来，全国上下的进出口货物一下子全都汇集到广州内外，因此造成广州口岸的事务繁杂，而此时十分需要有一个统一的组织来管理这些繁杂的事务，广州十三行应运而生。该组织成为了清政府指定的专营对外贸易“半官半商”的垄断机构。直到1842年中英签订《南京条约》时，广州独揽中国外贸长达85年。由于洋船到广东的数目会直接影响广东海关的税收，而海关贸易的税收一向是清政府的可观收入，因此清朝皇帝每年都会亲自过问洋船到粤的税收情况。乾隆二十二年(1757年)以前，在海关贸易最旺的一年，洋船到港仅27艘，税银仅52万两。而乾隆五十五年(1790年)，洋船增至83艘，税银达到100万两。在鸦片战争之前，洋船则多达年200艘，税银突破180万两，为广州地方财政收入的60%，清政府关税虽然是一种贸易上的束缚，但它在客观上却孕育了十三行这一著名的中西贸易中心和盛清时期富饶的“天子南库”。

① 王询、许晓冬：《清代广州通商及其十三行制度》，载《东北财经大学学报》，2013年第6期。

屈大均在《广东新语》卷十五《货语》里写道:“洋船争出是官商,十字门开向二洋。五丝八丝广缎好,银钱堆满十三行。”1850 年,广州在世界城市经济十强中名列第四,1875 年仍列第七。

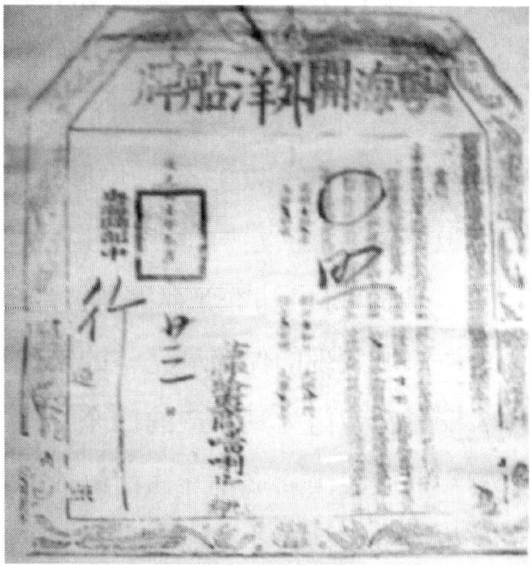
粤海关外洋船牌

作为对外贸易的物流中心,十三行为皇家提供了大量的珍奇洋货。清代帝王的宫廷生活无不奢靡铺张,地方大吏每逢元旦、万寿、端阳各节,都要按时进献当地物产,以博皇帝的欢心与信任,达到加官晋爵的目的,这在清代实际已成惯例。皇帝及其后妃对舶来品的欲望,刺激了广州督抚、粤海关监督依靠十三行这一洋货市场,竞相采购进口货,从而带来宫廷内的洋货热。①

雍正十一年(1733 年),广东海关税务毛克明向皇家进献洋货的宫中清单包括千里镜、自鸣报时钟、益达联规矩、鼻烟、鼻烟盒、玛瑙等。

乾隆四十九年(1784 年),刚刚结束独立战争的美国商人便组建船队首航广州,标志着中美直接贸易的开始。

鸦片战争以后,《南京条约》规定,废除中国对外贸易中的公行制度,开放五口通商,废止十三行独揽中国对外贸易的特权,允许英国商人在各口岸任意与华商交易。名为“交易”,其实是外国入侵者对中国的肆意劫掠。

咸丰六年(1856 年),十三行毁于广州西关大火。

十三行在历经沧桑之后归于终结,但东西方文明在广州的交汇、融合以及不断扩散,却深刻影响着中国的经济发展和社会文化生活。十三行代表了一个时代、一种制度、一种情结,承载着丰富的政治、经济、历史、文化内涵,十三行的沧桑是广州乃至近代中国历史变迁的一个缩影。十三行的意义,至今仍在延续。

三、“南海 I 号”沉船见证海上丝绸之路的辉煌

1987 年 8 月,广州救捞局与英国海洋探测打捞公司合作在广东省台山上下川岛海

① 覃波:《清宫广州十三行档案的珍贵价值》,载《历史档案》,2003 年第 4 期。

域进行沉船调查施工过程中，意外地发现一条满载中国宋元时期瓷器的沉船，其被命名为“南海Ⅰ号”。“南海Ⅰ号”沉没的地点，正是位于自古以来形成的海上丝绸之路航线上，从沉船所在的海域出发，向东北方向，经过川山群岛，可以航运至阳江、广州、潮州、泉州和厦门；向西南方向，可以驶达雷州半岛、琼州海峡，进而穿越南海乃至印度洋。2001年、2003年，中国水下考古学者对沉船进行发掘，发现沉船船体保存较好，虽然船的上层建构已经不存在，但主甲板及其以下的船舷、隔舱以及支撑结构(如龙骨、船肋)等，基本保存完整，船舱内放置着整齐的瓷器和其他船货，是迄今为止中国南海海域发现的保存最完整的宋代沉船。2007年，“南海Ⅰ号”被成功地整体打捞出水，安置在专门为其建造的广东海上丝绸之路博物馆中。发掘表明这艘海船可能是南宋初年一艘装满商货，开往南海或印度洋国家的商船，长30.4米、宽9.8米，船体庞大。考古专家估计，“南海Ⅰ号”沉船遗物总量估计有6万~8万件，主要分为瓷器、铁器及其他金属制品、钱币、生活用品等。

“南海Ⅰ号”中的遗物情况

遗物分类	基本情况
瓷器	年代从北宋中晚期至南宋早期的福建德化窑、磁灶窑、景德镇的窑系、龙泉窑及广州民窑，包括影青瓷、青瓷、青白瓷和铅绿釉的碗、盘、碟、壶和大小不一、形状各异的粉盒、瓶等
铁器及其他金属制品	铁质凝结物(铁锅)、铁钉，还有银锭、铜环等
钱币	最早为东汉的货泉，其次为隋唐时期的五铢钱和开元通宝；少部分为五代十国钱币，如后周周元通宝、后唐唐国通宝；绝大部分为北宋各年号铜钱，最晚的为南宋绍兴元宝。前后出水6000多枚，其中钱文清晰的有4000多枚
生活用品	鎏金银腰带、鎏金虬龙纹环、金戒指、方楞金环、铜镜、石砚、石雕佛像、石雕观音坐像、朱砂、粉盒、纤细卷曲的金条，亮丽精致的漆器残片、石枕等
其他	眼镜蛇骨、人骨(或动物头骨)、橄榄核、荔枝核

宋代是中国对外贸易的繁荣时期，进出口商品种类繁多，《宋会要辑稿》记载南宋初年通过海道进口的货物有400余种。而输往海外诸国的货物有如下几类：一是纺织品，如锦缎、绢、帛等；二是陶瓷，如青白花碗、水坛、大瓮、小罐、盆、钵、水埕等；三是金属及其制品，如铁(铁条、铁块)、铁器(鼎、锅、碗)、金银器皿、铜器(鼎、锅)等；四是各种日常用品，如漆器、草席、雨伞、针、帘子、木梳、绢扇等；五是农产品、副食品，如粮食、酒、盐、茶、糖；六是药材，如大黄、干良姜、川芎、白芷、樟脑等；此外，还有染料(朱砂)、玩具、马匹、武器等。①

① 陈高华、吴泰：《宋元时期的海外贸易》，天津：天津人民出版社，1984年。

从“南海Ⅰ号”沉船打捞上来的瓷器看，出水瓷器主要来自宋代江西、浙江、福建的窑场。

一是江西景德镇窑产品。“南海Ⅰ号”沉船出水的影青瓷，有划花瓶、小瓶、葫芦形瓶等。其中湖田窑青白釉葵口碗、青白釉页脉纹芒口碗，与传世的景德窑青白釉瓷器大不一样。其中一款青白釉葵口碗口径 17.5 厘米，底径 4.66 厘米，高 3.5 厘米，呈葵花瓣形，胎质轻薄，青白釉，釉色晶莹，盘心模印花卉纹。另一款青白釉葵口碗，口径 12.3 厘米，底径 3.7 厘米，高 5.1 厘米；花口，呈菊瓣形，弧壁，平底；釉呈影青色，胎体轻薄，釉色莹润，积釉处青翠。碗内外根据口沿的花瓣形状突起，筋脉呈直线。在釉色深浅变化下，形状像一朵盛开的菊花，更富有立体感。

二是浙江龙泉窑产品。“南海Ⅰ号”出水龙泉窑产青瓷，如划花的碗、盏等。青釉菊瓣纹碗，釉色莹润丰厚，有“千峰翠色”“如玉似冰”神韵，为国内首见。另一款龙泉窑产青釉划花瓷碗，高8.5厘米，口径 18.8 厘米；施青黄釉；敞口，弧壁，圈足；内壁划缠枝花卉，内底为莲花或花卉。

三是福建窑产品。①德化窑。“南海Ⅰ号”沉船出水德化窑印纹白瓷，有四耳罐、小盒等。碗坪仑窑产白釉小瓷瓶，一款高 10.8 厘米，口径 5.2 厘米；喇叭形口，鼓腹，圈足，腹部印有重瓣莲花纹，其中足底有墨书。②泉州磁灶窑。“南海Ⅰ号”沉船出水多款磁灶窑产品，其中一款绿釉长颈瓷瓶，高 8 厘米，口径 2.4 厘米；细长颈，鼓腹，圆饼形底；肩上无周弦纹。另一款绿釉小瓷盘，高 1.5 厘米，口径 10.5 厘米；莲瓣形口，宽折沿，沿上引缠枝菊花；内壁呈花瓣状，内底印折枝花卉。

“南海Ⅰ号”沉船出水的福建窑产品数量种类都很多，有些有墨书。除德化窑、磁灶窑产品外，还有福建闽清义窑产青白釉瓷碗。一款口径 17 厘米，底径 5.8 厘米，高 7.4 厘米；产品敞口，外折沿，圈足，内壁划刻出水莲花，碗心刻划一圆形状，外壁刻划纹，施青釉，青中泛绿，釉质莹润，胎体厚重。

在以往的水下考古研究中，除了钱币之外，其他金属器物似乎没有受到太多关注。然而，在古代海外贸易中，金属原材料或金属制品是国际市场的重要商品，用以制作武器或农具；同时，金属也是上佳的压舱物。由于商货质地或耐侵蚀性不同，沉船所载船货由于在海水中长期浸泡而消失，商船本身也经常销蚀坏朽，销声匿迹，但是成块的铜、铅、锌还是经常出现在古代沉船遗物中。在 2004 年对“南海Ⅰ号”沉船的探察中，发现为数不少的铁质凝结物按口径大小层摞套叠堆放，从船头到船尾，连续有规律分布，高度 80~100 厘米。在 2011 年试掘中，在沉箱西南角船头附近 TN4E7 探方，也发现大量铁制品凝结物。这些凝结物主要是因为自身锈蚀和海洋生物附着的共同作用，使得铁器互相凝结，形成大块凝结物。另外，铁钉则用竹篾圈捆成扎，成束放置。

2011 年试掘发现的铁钉钉身呈方柱体，钉帽部分基本为平面，钉尖残。① 沉船还发现一些铜环，套装于青瓷釉粉盒中。初步辨识，这些铁质凝结物为铁锅、铁锄，估计是运往海外销售的，说明金属材料及其制品在南宋也是重要的出口产品。宋代铁矿采冶主要集中在京东路、河北路、江南西路和福建路。② “南海Ⅰ号”沉船发现铁质凝结物等遗物，为探讨宋代采矿业及其产地分布、产品出口提供了有价值的信息和线索。

“南海Ⅰ号”沉船发现不少属于生活用品的遗物，这对了解南宋异彩纷呈的海洋社会生活很有帮助。例如，1987 年打捞出水的鎏金银腰带，长 179 厘米，具有波斯风格，有可能为船主或船员所用，暗示沉船或许与南亚或东南亚存在联系。

沉船出水鎏金虬龙纹环，长径 11 厘米，短径 2 厘米，环体直径 1.5 厘米，重约 4 两；镯体粗壮，两端呈龙头形，可以放大或缩小。

此外，还有金戒指、铜镜、石砚、石枕、朱砂、粉盒、纤细卷曲的金条、亮丽精致的漆器残片等，有可能是运往海外的商品，但比较可能是船上人的日常用品遗物，令人猜想宋代“水上人家”的某些起居场景。

四、广东古代海洋贸易管理

市舶制度是我国古代一项重要的海上对外贸易管理制度。汉代官方组织海上丝绸之路贸易，见诸史籍的有徐闻“黄门译长”“左右候官”等官员驻督，是海洋贸易管理的早期形式。自唐朝以来，政府除以陆地管理为中心的政治、经济体制外，开始正式设置海洋贸易管理官员和机构，此间经历了由唐及宋，继而元朝、明朝、清朝，一直到近代，对海洋贸易管理和关税征收发挥作用。

(一) 市舶使

唐朝是中国封建社会发展的全盛时期，在对外发展的过程中，尤其是海路贸易的迅速发展，迫切需要建立专门的贸易管理机构和管理制度。广州市舶使的设立，标志着中国古代对外贸易管理制度——市舶管理制度的创设。广州是中国最早设立市舶管理机构的城市，也是唐朝全国唯一设立市舶使的地方。在其他的古籍中，市舶使又被

① 广东省文物考古研究所：《2011 年“南海Ⅰ号”的考古试掘》，北京：科学出版社，2011 年。
② 汪圣铎：《两宋货币史》(下册)，北京：社会科学文献出版社，2003 年。

称为押蕃舶使、监舶使、结好使。唐朝文献所记，市舶使最早者为开元二年（公元 714 年）的周庆立。《旧唐书》卷八《玄宗本纪上》记载：开元二年时，“右威卫中郎将周庆立为安南市舶使，与波斯僧广造奇巧，将以进内，监选使、殿中侍御史柳泽上书奏谏，上嘉纳之。”

李庆新指出，上文中“安南市舶使”为“岭南市舶使”之误。有关记载亦见《新唐书·柳泽传》和《唐会要》“御史台”条。周庆立是第一位见诸史载的市舶使，右威卫中郎将官阶从四品，为禁军将领，可见官位不低。①

关于设立的时间，黎虎指出，论者或将唐代市舶使始置年代提早至唐贞观十七年（公元 643 年）。此说肇端于顾炎武。日本学者桑原骘藏已指出此乃误将《宋会要》关于宋绍兴十七年（1147 年）之记事，张冠李戴为唐贞观十七年（公元 643 年）事。桑原氏所论甚是，毋庸赘述。亦有将市舶使始置年代定于唐高宗显庆六年（公元 661 年），此说所据乃高宗于该年发布的《定夷舶市物例敕》。《唐文拾遗》卷一记载此敕曰：“南中有诸国舶，宜令所司，每年四月以前，预支应须市物，委本道长史，舶至十日内，依数交付价值，市了任百姓交易。其官市物送少府监，简择进内。”认为“所司”即指市舶使，此说不确。实则敕文中之“所司”乃指中央有关部门，由他们造好预算，然后委托夷舶所至之地方长史负责采购。②

如果说，首任市舶使周庆立是派往安南的，那么唐朝的市舶使就有一个从安南到广州，后即常派往广州的发展变化过程。市舶使由安南到广州以及后来常驻于广州的原因，首先是因为广州为岭南政治、经济中心，其地位较安南更为重要。唐“永徽后，以广、桂、容、邕、安南府，皆隶广府都督统摄，谓之五府节度使，名岭南五管”。随着政治、经济中心从交州向广州转移，蕃舶聚集港口亦呈由南而北转移之势，广州遂取代交州而成为最重要的海外贸易中心。③ 其次与航海技术的进步有关。在航海技术较低的汉魏时期，海船一般循沿岸航线而行，东吴以来随着航海技术的提高，逐渐开辟了横渡南海直航广州、不必停靠交州沿岸的航线④。航海技术的进步和横渡南海航线的开通，导致广州在海外贸易中的地位超过安南，成为最大的海上贸易中心。到唐德宗时，贾耽所总结的“入四夷路”，以安南为通往东南亚、南亚的陆上交通门户，而以广州为通往南海、印度洋、波斯湾的海上交通门户⑤。因此，开元十年（公元 722 年）之后，

① 李庆新：《唐代市舶使若干问题的再思考》，载《海交史研究》，1998 年第 2 期。
② 黎虎：《唐代的市舶使与市舶管理》，载《历史研究》，1998 年第 3 期 。
③ 刘文波：《唐五代泉州海外贸易管理刍议》，载《泉州师范学院学报》，2005 年第 3 期。
④ 彭德清：《中国航海史〈古代航海史〉》，北京：人民交通出版社，1988 年。
⑤ ［日］真人元开：《唐大和上东征传日本考》，汪向荣校注，北京：中华书局，2000 年。

市舶使便一直是派往既是岭南的政治、经济中心，又是唐代最大的海外贸易中心的广州了。

唐代在海外贸易的管理中，朝廷派遣市舶使负责有关市舶事务，但是地方长官却始终控制着市舶的管理大权。唐太宗贞观元年(公元627年)置岭南道，唐肃宗乾元元年(公元758年)罢岭南道采访使，改设岭南节度使，治所广州辖广州、安南。岭南节度使及其属下的广州刺史、安南都督对其境内的市舶贸易施行监管。①

市舶使以“市舶使院”为办事机构，主管东南海路的邦交和贸易，代表朝廷管理海外各国朝贡事务；总管海路通商事务。其职责是：对来华船舶征收关税；代表朝廷选购舶来品。具体职能为“奏报阅货”。蕃船到港后，管理市舶的官员负责及时向朝廷汇报商舶情况并检查入港的海舶、货物，对来广州贸易的外商实行款待，规定广州市舶使每当“蕃舶之至泊步，有下碇之税，始至有阅货之燕”，然后按规定由外商在“广州择首领一人，左右二人入朝”，每当外商返航归国时，又在珠江河畔的海阳旧馆举行饯别宴会，“征收下碇税”。

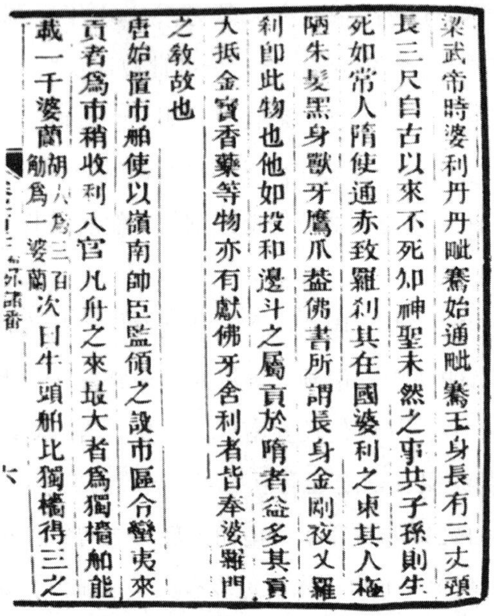
梁武帝時婆利丹丹毗騫始通毗騫王身長有三丈頭長三尺自古以來不死如神聖未然之事其子孫則生死如常人隋使通赤致羅刹其在國婆利之東其人極陋朱髮黑身獸牙鷹爪蓋佛書所謂長身金剛夜叉羅刹即此物也他如投和邊斗之屬貢於隋者益多其貢大抵金寶香藥等物亦有獻佛牙舍利者皆奉婆羅門之教故也
唐始置市舶使以嶺南帥臣監領之設市區令蠻夷來貢者爲市稍收利入官凡舟之來最大者爲獨檣舶能載一千婆蘭胡人爲三百斤爲一婆蘭次曰牛頭舶比獨檣得三之

《天下郡国利病书》书影中关于市舶使和外船的页面

唐政府对市舶贸易具体的管理内容也有一个前后变化过程。高宗时，唐政府对市舶贸易的管理内容即是官市。德宗、顺宗、宪宗三朝时期，唐政府对外商“籍其名物，纳舶脚，禁珍异”，这比高宗时期的管理内容多。后来到文宗时期，唐政府对市舶贸易规定了纳舶脚、收市和进奉的三项具体管理，制度上的规范更加明确。

从设置市舶使开始，中国海上贸易逐渐走向规范化的管理，这是一套全新的市舶管理制度与经营方式。如果说周庆立到任的地方是岭南而不是安南，那么广州是唐代唯一设立市舶使的城市。

① 梁军：《浅议唐代市舶制度》，载《甘肃政法成人教育学院学报》，2007年第5期。

唐代市舶使一览

时间	姓名	任职	地点	身份	资料出处
玄宗开元二年(公元714年)	周庆立	市舶使(兼右威卫中郎将)	安南	朝官	《旧唐书》卷八《玄宗纪》
玄宗开元十年(公元722年)	韦某(姓韦名某)	市舶使	广州	宦官	《全唐文》卷三七一于肃《内给事谏议大夫韦公神道碑》
玄宗天宝初(公元742—756年)	不详	市舶使	广州	宦官	《新唐书》卷一二六《卢奂传》
代宗广德元年(公元763年)	吕太一	市舶使	广州	宦官	《旧唐书》卷一一《代宗纪》
德宗初(公元780—805年)	王虔休	市舶使(以岭南节度使兼任)	广州	宦官	《全唐文》卷五一五王虔休《进岭南王馆市舶使院图表》
宪宗元和八年至十一年(公元813—816年)	马总	市舶使(以岭南节度使、广州刺史兼任)	广州		《全唐文》卷五八〇柳宗元《岭南节度飨军党记》
宪宗元和九年(公元814年)	马某	专任押蕃舶使	广州		《全唐文》卷八五九《唐故岭南经略副使御史马某墓志》
文宗开成元年(公元836年)	不详	市舶使	广州	宦官(监军)	《旧唐书》卷一七七《卢钧传》
宣宗大中四年(公元850年)	李敬实	市舶使	广州	宦官(监军)	《西安东郊出土唐李敬实墓志》《唐故宣义郎行内待省内仆局丞员外置同正员上柱国李府君墓》

(二)市舶司

宋代传承与发展了唐代的市舶制度，把市舶使上升为市舶司，使市舶制度更趋向成熟和完善。

宋代全面总结了唐代的市舶管理经验，在对外贸易管理组织上创立了以市舶司为主的管理体制。广州市舶司是北宋政权建立的第一个市舶管理机构。在对外贸易法律制度上，制定了《广州市舶条》，使中国市舶管理制度走向成熟。宋代从唐朝市舶之利的历史启示中认识到对外贸易的巨大利益，立国之初就着手重建市舶制度，以期“岁获厚利，兼使外蕃辐辏中国”。

宋开宝四年(公元971年)，宋太祖下令在广州设立市舶司。这是中国历史上第一个专司对外贸易的管理机构。

宋元丰三年(1080 年)，朝廷正式修订了《广州市舶条》，并向全国推行，这更充分说明宋代广州在海外贸易中的重要地位。当时广州已是“万国衣冠，络绎不绝”的一个著名对外贸易港。《萍洲可谈》中有关于市舶司的记载。

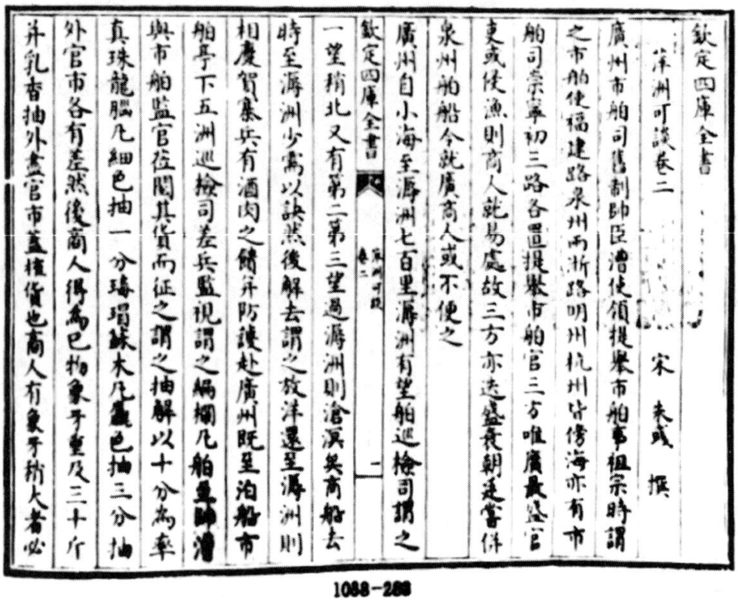
欽定四庫全書
萍洲可談卷二　　宋　朱彧　撰
廣州市舶司舊制帥臣漕使領提舉市舶事祖宗時謂
之市舶使福建路泉州兩浙路明州杭州皆傍海亦有市
舶司崇寧初三路各置提舉市舶官三方唯廣最盛官
吏或侵漁則商人就易處故三方亦迭盛衰朝廷嘗併
泉州船舶令就廣商人或不便之
廣州自小海至溽洲七百里溽洲有望舶巡檢司謂之
欽定四庫全書　萍洲可談　卷二　二
一望稍北又有第二第三望過溽洲則滄溟矣商船去
時至溽洲少需以訣然後解去謂之放洋還至溽洲則
相慶賀寨兵有酒肉之饋并防護赴廣州既至泊船市
舶亭下五洲巡檢司差兵監視謂之編欄凡舶至帥漕
與市舶監官莅閱其貨而征之謂之抽解以十分為率
真珠龍腦凡細色抽一分瑇瑁蘇木凡麤色抽三分抽
外官市各有差然後商人得為已物象牙重及三十斤
并乳香抽外盡官市蓋榷貨也商人有象牙稍大者必

1038-288

《萍洲可谈》书影中关于市舶司的页面

在宋朝 300 余年的历史中，对市舶司的机构屡设屡废，如杭州市舶司，曾于太宗淳化年间一度罢废，移司址于明州定海县。真宗咸平二年(公元 999 年)为了蕃商的方便，又于杭、明分别置司，但是到了神宗元丰三年(1080 年)又罢杭、明二司，直至崇宁元年(1102 年)才恢复设置。高宗建炎元年(1127 年)，又与福建市舶司同时罢废，并其事于转运司，后来虽然很快又恢复了这些市舶司的建制，但反映出这些舶司是很不稳定的。广州市舶司虽然于神宗熙宁七年(1075 年)因“亏岁课二十万缗”准备撤销，并入当时的市易务，但并未付诸实施。而且在今后一连串裁撤市舶司的行动中，广州市舶司均未受到影响，机构一直没有变动，说明其地位的重要，与一般市舶司不同。

市舶司的职能是“掌蕃货海舶征榷贸易之事，以来远人，通远物”①。也就是说，市舶司的职能包括检查进出境船舶有无禁品、保管进出口货物、征收关税、政府专买、招待外商等。具体来说，包括四个方面。一是对出口商船进行管理和提供服务。包括发放中国商船出口许可证，检查有无夹带违禁物品，除了按章呈报所载的货物、船员

① (元)脱脱、阿鲁图：《宋史》卷一百六十七，北京：中华书局，1985 年。

姓名、人数、前往地点，经市舶司检验属实，发给“公凭”后方可成行。护送商船到珠江口，给前往国内其他港口的商船以“防船兵仗”等。[①] 船舶出港时，不仅要有市舶官员会同转运司的官员进行检查，而且还要派遣与市舶没有关系的官员复检，方准放行。放行时要派官员随船出港，复检官员也要目视船舶离港后方准回归。二是对进口商船的管理与服务。包括船只到达之前的祈风祭神，检查进口商船有无带违禁物品，进出口货物的抽解、博买，接待外商、贡使等。抽解又叫抽分，即征收实物税的意思，最初是“十征其一”，即 10%的税率。禁榷就是政府垄断和专卖的意思。三是向朝廷报告贡船到岸消息，向汴京纲运船货，出卖船货等。[②] 四是负责市舶的招徕和外事活动。宋朝政府鼓励外商来华贸易，宋朝初期便派出负责市舶的使臣，往东南亚各地“招诱”外商来华经商贸易，繁荣市舶。在招徕的工作中，市舶司于每年十月，蕃舶回国之前，还要设宴慰劳欢送。除了纲首被邀参加外，还有主要舶员如作头、梢士等。此外，市舶司还担负贡使的接待工作。贡使到达广州后，由市舶司收受表文，接待至来远驿安置，然后奏明京师，听候指示。关于外侨管理，市舶司亦有责任。宋代广州有蕃坊之设，大量的外商在此侨居。蕃坊虽有蕃长具体管理蕃坊事务，但市舶司对居住在中国的蕃商，却负有监督的责任。蕃商在华犯罪，市舶司有参与审判定罪的权力；有受理蕃商申诉的权力；有代为保管死亡外商财产并按法律处理这些遗产的权力。对于蕃商在华的商务活动，市舶司也有监督的责任。

（三）粤海关

清朝时的粤海关

18 世纪是中国海洋经济社会经历重大变化的历史时期，中国封建社会进入最后一个鼎盛时期——康乾盛世，而西方资本主义国家对外扩张已经从 17 世纪的沿海岸殖民扩张过渡到全球性商业扩张，并建立起世界性贸易网络。西方主要国家在完成对美洲、非洲、中西亚的殖民统治和商务扩张后，先后在 18 世纪叩开中国商贸大门。而迅猛发展的中西贸易也使中国产品成为全球性商品，中西关系步入大规模、全方位的交往与冲突时期。西方对

① 龚绍方：《宋代海上丝路源头新探》，载《中州学刊》，2008 年第 5 期。
② 黄启臣：《广东海上丝绸之路史》，广州：广东经济出版社，2003 年。

中国的商务扩张受到清政府的全力抵制，清政府一方面防范沿海人民出海与海外势力交接，另一方面加强对来华的外国商船、商人的管理，改行广州一口贸易管理体制。广州制度由粤海关和十三行构成，并受督抚的节制。

唐朝以后，中国经营和管理海外贸易的机构是市舶司，宋、元、明时期都订有市舶条例管理对外贸易。康熙二十四年(1685年)，清政府在广东、福建、浙江、江苏四省设立海关以后，即由海关代替历代市舶司负责管理四个港口的海洋对外贸易和征收关税事务。这是清朝对外贸易管理制度上的一大进步，是中国海关制度的开端。在四个港口通商的年代，由于历史地理等方面的原因，粤海关是四个海关中最重要的一个。广州作为粤海关的关部，对外贸易发展迅速，逐步成为中外贸易的一个集结点，特别是一口通商贸易制度实施以后，广州垄断了中国与西方的贸易，而管理广州贸易与征税的粤海关，地位就显得格外重要。粤海关机构庞大，管理范围大。粤海关大关衙门设立在广州外城五仙门内，在澳门设有监督行署，为监督外出稽查进驻停留之用。按其行政关系，可分为“总口”与“小口”两类，以省城大关为总汇。粤海关下设总口7处，其中以大关和澳门最为重要。“以省城大关为总汇，稽查城外十三行及黄埔地方各国夷船进口出口货物；以澳门为夷人聚集重地，稽查进澳夷船往回贸易。”总口设有旗员、防御两员，一驻大关总口，一驻澳门总口，每年由将军衙门派员前往弹压。两总口的关税事务又分为附省十小口，向由监督及奉旨兼管关务之督抚分派家人，带同书役管理。此外，惠州、潮州、高州、琼州及雷廉五总口，并分隶五总口之各小口四十余处，负责稽查内地、本港船只出入。各大小口岸又可区分成“正税之口”“挂号之口”和“稽查之口”。其中挂号与正税两种口岸负责报关登记、填写税单和收纳关税，故又合称收税口岸。稽查口岸负责对船只、货物出入的稽查。鸦片战争前夕，粤海关共设有75个子口，其中正税口31处，挂号口22处，稽查口22处。①

粤海关还设有海关监督，统管海关全部事务。粤海关的首任监督设于康熙二十四年(1685年)，是由清政府吏部郎中伊尔格图改任的。海关监督的全称为“钦命督理广东沿海等处贸易税务户部分司”，担任监督的多是内务府满员。它由皇帝简派，权力甚大。《粤海关志》记载：“我朝厘定关榷，官制有兼管，有简充。天下海关，在福建者，辖以将军；在浙江、江苏者，辖以巡抚；惟广东粤海关专设监督，诚其重任也。”②

单就粤海关管理制度的形式而言，清政府建立了一套比较完整的管理规章制度。这些制度主要包括以下几个方面。

---

① (清)梁廷枏：《粤海关志》卷五《口岸·一》，广州：广东人民出版社，2014年。

② (清)梁廷枏：《粤海关志》卷七《设官》，广州：广东人民出版社，2014年。

一是等级分明的传统吏治机构。粤海关的管理者和服务者按照古代传统社会的等级制度构筑成了一整套完备的官僚机构。最高领导者为海关总督，其他的关员按照地位高下和工作性质分为官、吏、役三个阶层。关员是海关的实际领导者，分工直接管理海关的一应事务。人员建制包括粤海关七处总口的管理委员七员：大关旗员、澳门总口旗员、惠州府同知、潮州府海防同知、雷州府同知、琼州府同知和高州府同知。总口委员为各大关之最高行政长官。此外，还有一些副职的设置，以辅助海关七员管理关务。处在第二等级的是海关关吏，计有编制书吏七名、经制书吏七名、案书吏六名、柜书吏十名。他们专门负责承办海关各种具体公务，一般涉及文稿的拟定、仓库的管理以及货税的检查等具体事务。实际上，关吏的主要任务绝大多数是相对较为轻松的书案文字工作。而处在最下层的役则名类更为繁杂，包括水手、水火夫、火夫、大关轿伞扇夫、库丁、杂役等，他们主要从事诸如引水、装卸、丈量和缉私等一些繁重的体力劳动。[①] 这三层自上而下、自成一体、等级森严的官僚机构完全借鉴了中国古代社会完备的文官制度，从表面上看，这是一套体系严密而又完整的人事管理制度，在特定的历史时期对海关的正常运营确实起到了一定的积极作用。[②]

二是对外贸易税册的制定和颁行。一般而言，海关贸易税册的内容依据税则而定。中国设立正式海关以后，通行的第一部税则便是粤海关税则。这一税则的内容及形态和此后被西方列强强迫签订的协定关税税则大不相同，其最大的特点是税则制定的随意性，课税类目繁多、沉重以及核税不科学，但却拥有完全的主权行为。总体来看，粤海关税则划分课税的类目共分正税、比例、估值三种。此外，还有船钞、杂税的征收。正税细分为四类，其下总计 452 项；比例税和估值税均没有细分，分别为 470 项和 401 项。粤海关税则是中国第一部较为正式的税则则例，虽然有许多缺陷，但较之以前海关没有正式税则通行的状态自然有很大的进步。对外贸易税则推行的最重要目的是对海关关员进行有效的监督并保障税收顺利地课入。这一制度在当时得到了一定程度的执行，为增加大清帝国的收入发挥了积极的作用。

三是推行新的关税征收办法——商人亲输。在执行关务的过程之中，拥有实际管辖权的各级关员总是想方设法凭借一些管理上的漏洞而中饱私囊。清廷意识到这种情况后，于是采取推行“商人亲输”的办法以杜绝此种非正常状况的滋生。具体做法是：由商人亲自在专门设立的柜台填写税单，税单一式两份，一份由商人自己保存，一份送海关最高管理机构备案以备核查。同时制定了针对营私舞弊关员的一系列惩处法令。

---

① (清)梁廷枏等：《粤海关志》，台湾：文海出版社，1975 年。

② 李世荣：《清代粤海关一口通商时期财政管理体制论析》，载《宁夏师范学院学报》，2012 年第 5 期。

由于政府缺乏有效的监督管理机制，官商之间往往达成私人协议进而避开政府的控制，贪污腐化之风依然不能有效遏制，所以成效并不是很显著，但此方法的推行在一定程度上还是起到了阻止和震慑的作用。

四是推行严格的多重核查登录关税的管理制度。关税的登录环节往往是关员贪污的一种重要而又隐蔽的手段和途径，他们往往采取一以贯之的多收少登录的办法蒙蔽朝廷，从而中饱私囊，严重影响了政府关税的收入。针对这种不利境况，清政府制定了多种监核制度希望达到减少或杜绝关员贪污的目的。其具体做法是："各关商填、循环、稽考三簿，令各关照依部颁册式事由刊刷装订，于页面上钤盖官印，检差送部，由部钤盖堂印，给发粤海关，限关期未满九月之前赴部请领，如有请领违限及关期已满册档未到，擅用本关印簿登填者，照例严参，分别议处。"① 此外，清廷为了更好地监督海关事务的运行和防止关员的贪腐，规定由广东督抚负责监察海关关税征收情况，并将监察结果额外造册，提呈中央。这一套监核制度虽然严格和复杂，但在实际的运行中也并非无隙可乘，这恰恰反映了海关关员腐败之风的浓烈使朝廷不得不以此复杂的手续实施监核，以防海关收入的非正常流失。

五是对官员腐败的惩处制度。治理腐败最有力的武器就是必须要有严厉的针对腐败官员的一系列惩处制度。为此，清政府明确规定："各关于额设口岸以外，有滥差多役于近关水岸各口四处扰民者，该督抚查实题参。其管官人役有巧立名色、需索饭钱、重戥苛收者，严拿就治，计赃论罪。监督纵容、袒护，督抚即行严参。督抚徇隐，一并议处……各省商税银两均令按照额征数目照例征收，造册报部。其有监收官员横征勒索及隐匿侵蚀者，即行参处。"② 单单就这个规定的内容来看，对官员的惩处办法显得很是笼统和盲目，实际效果估计也是微乎其微。不管这一惩处制度在实际运行中起到的作用有多大，但对官员的贪污腐败之风起到了震慑的作用。

六是关于进出口货物一系列禁令制度的颁行。为了不影响清朝统治的安定大局，自开放海禁以来，清政府就对商人和进出口货物持有特殊谨慎的态度，这方面的禁令是非常严格的，尤其是针对商人偷税漏税和隐瞒不报的做法令行禁止。同时也严格规定了进出口货物的种类，例如火药军器、金银铜铁、粮食布帛等涉及国计民生的货物概不得出口，而对危害国家稳定和民众身心健康的鸦片等物品同样明令禁止。这些禁令的颁布，目的显然在于维护国家的整体安全、利益以及维持现有中外贸易体制的稳定。③

---

① ［英］魏尔特：《赫德与中国海关》(上册)，厦门：厦门大学出版社，1993 年。
② (清)梁廷枏等：《粤海关志》，台湾：文海出版社，1975 年。
③ 李世荣：《清代粤海关一口通商时期财政管理体制论析》，载《宁夏师范学院学报》，2012 年第 5 期。

粤海关是广州海关的旧称。粤海关旧址俗称大钟楼，位于中国广州市荔湾区沿江西路，建成于1916年，是中国首批海关口岸之一，原正中拱券门上“粤海关”三字，1949年后曾改为“广州海关”，经修复后现改回“粤海关”，可能受建筑风格影响，英文名称上故意以V代U变成CVSTOM HOVSE字样，现为全国重点文物保护单位。

第四章　广东古窑址与外销瓷生产

中国瓷器在唐代晚期成熟，至宋代瓷业迅猛发展，在世界上处于领先地位，深受世人喜爱。当时中国政治文化中心南迁，南方瓷业异军突起。为适应对外贸易需要，位于南海丝绸(陶瓷)之路要冲的广东地区的瓷窑纷纷建立。

唐宋时期广东陶瓷生产遍及各地。匣钵装烧和龙窑的普及标志着工艺技术的空前进步。梅州水车窑、潮州笔架山窑、广州西村窑、雷州窑等是当时较有影响的本土窑场，产品也大量外销到东南亚、中西亚各地。明清时期，石湾陶器和广彩瓷器以质优物美而名扬海内外。

中华人民共和国成立以后在潮州、南雄、遂溪等十多个市县都发现了古代瓷窑遗址，其中唐宋时期的窑址占绝大多数。据不完全统计，广东省 42 县市共有宋代瓷窑址 612 处，出露窑床近千座，形成专备出口的三大窑系：广州西村窑，潮州笔架山窑、雷州窑，充分反映出广东地区是中国古代瓷器重要产区这一历史事实。

一、笔架山窑址和潮州瓷

潮州，是国家历史文化名城，素有“海滨邹鲁”的美称，亦是海上丝绸之路始发港口之一。几千年来，在延续中原文化的基础上，逐渐形成了独特的地方文化内涵，如潮州话、潮州戏、潮州刺绣、潮州木雕、潮州菜等。“潮州窑”的形成亦历史悠久，著名窑址有笔架山窑、九村窑、枫溪窑等。

1954 年，在潮安县城北，距县城约 3 千米的北堤头就发现了一处唐代青瓷窑址。烧制器物以平底盘碗为主，形制与韶关唐墓出土器物基本相同，说明潮州在唐代就已建窑烧瓷了。

到了北宋，随着需要量的加大，瓷器生产必须为适应时代的需要而迅速发展起来。瓷器的发展除了必须有较好的技术条件以外，优质的瓷土也是必不可少的。潮州笔架山既产优质的瓷土，同时又位于韩江东岸，水上交通十分便利，可说是建窑烧瓷的良好地方。

遗址位于原潮州市郊东桥乡韩山，又名笔架山。由笔架山东南山脚至西北涸溪塔山脚约四五千米均属窑址的范围，笔架山的山坡一带是窑址的集中地，遗址范围很广，碎片与残破的匣钵广泛散布。可见当时瓷窑之多，这与韩山地区在宋朝时有窑 99 个，旧有百窑村之名的府志记载相符。

潮州烧瓷被记录于文献的有很多，比较有代表性的有三个：明嘉靖黄佐《潮州府志》卷九中提到：长史庄典墓在韩山东白瓷窑山；清《砚山斋杂记》卷四中提到：广东窑出潮州府，其器与饶器类；《韩山志》中提到：宋明人称韩山附近制陶地“白瓷窑”。从这些片断的记载，我们可以明确以下两点：①潮州窑窑址位于韩山东；②潮州窑烧制白瓷与江西景德镇窑的影青之类的瓷器类似。

北宋是潮州陶瓷生产的黄金时代，其产量与工艺技术水平均居岭南前列。这一时期潮州陶瓷的生产以规模大、质量优、出口外销为主要特点。潮州宋瓷主要分为三大区，即韩江东岸的笔架山窑区、韩江西岸的附城窑区和今澄海程洋岗一带的港口窑。以上三处以笔架山窑区最大，南北 3 千米，民间传说笔架山有窑 99 条，窑长 2 丈 8 尺（约为 9. 3 米）。《三阳志》记载：“郡以东，其地曰白窑瓷。”民间俗称“百窑村”。中华人民共和国成立后，在笔架山发掘清理超过 10 座古窑灶，对其中一座大型龙窑加以复原，围护盖顶以供参观研究。该窑残长 79. 5 米（缺炉门火膛），据专家估算，该窑每年可烧制碗、碟类皿器 60 万件以上，火候可达到1250～1300℃。

在笔架山 8 号古窑遗物中，发掘出几百件瓷器和窑具。其中有一件瓷佛像座，上有铭文曰：“潮州水中窑甲弟子刘用同男刘扶”“治平三年丙午岁九月三日题”。早在 1922 年今潮州市北郊的象鼻山地方就出土过 4 尊佛像，分别印有“治平四年”“熙宁元年五月”“熙宁元年六月”和“熙宁二年”等字样，佛像连座高 31 厘米，神态端详，属潮州水中窑产品。建于唐代重修于宋代的潮州开元寺，有一个宋政和四年（1114 年）铸的铜钟，上有铭文曰“白瓷窑子弟刘竞、王满、王长慎、郑一娘各舍钱五贯文，各祈平安”。水中窑即白瓷窑，是笔架山窑场的总称。这些出土的瓷器和开元寺铜钟，与《潮州志》的记载互相印证，说明潮州东门外的笔架山，是宋代的一个窑业基地。此外，在原潮安县磷溪镇仙田村的钵仔山，澄海隆都镇的前埔、程洋岗等地，都属宋代古瓷群的遗址。在笔架山窑的遗物中，还发现宋代军持，这是一种长颈、圆腹的瓷瓶，东南亚各地土著居民用它来装水或在祭祀时用。特别是笔架山古窑中，还发现了一些深目高鼻的洋人造像和短脚垂耳的哈巴狗瓷像，都是仿自西洋形象，也是专为外销而制作的。这都证明了早在北宋时期，潮汕地区就已经有数量很多的瓷器外销了。在世界各地博物馆中，有不少唐宋时期潮州的瓷器精品，如美国克利夫兰艺术馆，藏有一件北宋时期潮州窑出产的人形水注；在英国大不列颠艺术馆，藏有唐代潮州青釉曲柄壶和一件南宋时期的青釉双鱼大盘；在日本还珍藏着南宋时期潮州窑产的青花瓶。

笔架山宋代窑址属于龙窑，窑身长几十米至上百米，这样的窑装瓷器的数量相当多。磷溪仙田村钵仔山的早期宋代瓷场，占地面积达 50 亩(1 亩≈666.7 平方米)，这些宋代古窑生产了极多的瓷器，除销售国内外，大部分出口外销。在马来西亚、文莱、巴基斯坦等地，都出土有笔架山宋代青釉瓷器。1981 年 10 月，中国古外销瓷研究会和十几个省市的文物、科研部门、高等院校参加的“古代外销陶瓷学术会”上，确认潮州在唐、宋时代，就已经是广东外销陶瓷的主要产地。

潮州笔架山窑是北宋时期广东重要的外销瓷窑之一，其产品以青白釉为主，器形规整，胎体轻薄。潮州窑瓷器的壶口许多呈喇叭口形状，长流瓷身、瓜棱腹瓷体也是经久不衰、流行畅销的式样。在纹彩装饰上，多采用刻花、划花的手法，而这与北宋时期的越窑、定窑、耀州窑非常相似，因为此时期许多名窑生产的瓷器也多用刻花与划花的装饰，它的这一特点与宋同时期的景德镇的影青瓷器非常类似，因此我们可以推断，笔架山窑诞生与兴盛的时代应为北宋，除了从出土文物本身的艺术和造型特征等来判断窑址的时代之外，窑瓷本身镌刻的具有确凿年可考的墓葬出土物，也是帮助我们确定文物年代的可靠资料。

据《潮汕史话》记载：汉末两晋南北朝时期，陶瓷工艺已经有较大的提高，这从出土的陶瓷中得以证实。潮州出土的长 14 厘米的青釉陶灶，釉质碧绿晶莹；在揭阳仙桥九座南朝墓出土有青釉鸡首壶、青釉小碗；潮阳县铜盂孤山南北朝墓出土了青釉鸡首壶、青瓷羊等。这些出土的陶瓷都是造型多样，雕塑精巧，青釉纯净，胎骨坚硬，瓷化程度较高，显示了这一时期潮州陶瓷制作技术的飞跃。自唐代以后，随着经济繁荣，手工业非常发达，潮州人民不仅懂得了制瓷的奥妙，而且已作为一种手工业经营起来，规模颇大，潮城四郊皆有陶瓷作坊和窑场。① 北宋时期的笔架山麓的陶瓷基地已扩展到窑床连亘数华里(1 华里=500 米)，号称“百窑村”，笔架山位于古城一江之隔的东岸，窑床依山傍水，水陆交通方便，加上后面又有天然飞天燕瓷土矿，是一个得天独厚的陶瓷基地。当时已大量生产精致陶瓷工艺品，产品除壶、罐、杯、盘、碗、碟等器型外，还有人物、动物瓷塑，并且出现了镂空产品，瓷质有青瓷、色釉等。

1922 年，在潮州城外西南约五千米的羊皮岗，掘出了影青瓷造像四座和瓷香炉一

---

① 杨光远：《被忽略千年的潮州青瓷——兼谈“潮州窑”在中国陶瓷史的“地位”论》，载《中国陶瓷》，2001 年第 5 期。

件。这四座造像均刻有烧制的年月、工匠的姓名以及烧制的地点，这就为我们解决潮州窑遗址的时代提供了可靠的科学依据，其中一座为治平四年(1067 年)，两座为熙宁元年(1068 年)，还有一座为熙宁二年(1069 年)。因此，可确定该出土瓷器是属于北宋中期的产品。同时，四座造像均刻有“潮州水东中窑甲”的铭文，进而又证明它们是潮州窑的制品。[①]

二、广州西村窑

广州西村窑是北宋时期广东著名的外销瓷窑址之一，以青釉和青白釉为主，纹样以刻花、划花、印花为代表，在东南亚各国均有发现。

广州西村窑始于晚唐，盛于五代和北宋，为北宋时广州规模较大的民间瓷窑址。以烧外销的青白瓷为主，产品输往南亚各地。在广州市西村增涉河东岸岗地上，遗址南北长逾 1 千米，残存的 3 处堆积以“皇帝岗”最大，是西村窑的主要遗存。“皇帝岗”堆积高约 7 米，略近圆形，在堆积的东南角发现一座龙窑残址，残长 36. 8 米，拱形窑顶已塌，窑身中宽 4 米，首尾稍收窄，窑床铺细砂，坡斜 13 度。窑前有圆形坎穴，窑首火门、炉膛都伸入地表之下。窑具有大量垫饼、垫环及泥团，匣钵有漏斗形和平底直筒形两种，前者用于装烧碗，盆、碟、盏等食具，后者用于执壶、罐等高身的器物。

西村窑瓷器胎色白中显灰，胎质坚致，器物造型多样，有盘、碗、壶、杯、盆、盒和玩具等。凤首壶及刻花折沿大盘可代表其特色。装饰以印花、刻划花及彩绘为主，青白瓷刻花加褐色彩绘是其特有品种。由于西村窑产品以外销为主，有两个主要的特征：一是器物造型多样，西村窑产品器类有碗、盏、碟、盆、执壶、凤首壶、军持、罐、盒、唾壶、注子、灯、炉、烛台、枕等日常生活用器 29 种，还有雀食盅、碾轮、漏斗、埙、狗、马等杂器玩具。一个窑场生产 40 多种产品，每种又有多样的型款与釉色，这在宋窑中是较为突出的。有一类橄榄青釉印团菊或缠枝菊纹的碗、盏、碟、盒，是仿耀州窑的制品；刻划花青白釉精瓷碟、碗、盏，明显是受景德镇窑影响。二是装饰手法多种多样，有刻划花、印花、彩绘、点彩、镂刻等。刻划纹饰被广泛应用于各种类型的器物上，较多的是碗、茶盏、碟、盆和瓷枕。刻划的线条刚劲有力，纹样构图有繁有简。西村窑瓷器的釉分为青釉、黑酱釉和绿釉三大类，其中青釉是最主要的，

① 李辉柄：《广东潮州古瓷窑址调查》，载《考古》，1979 年第 5 期。

其次为黑酱釉，绿釉数量很少。根据器物造型、装饰手法和釉色，我们可以断定其产品风格显然受到耀州窑的影响。

西村窑产品分粗瓷和精瓷两类，前者为主，后者属青白瓷，其中以青釉最多，黑酱釉次之，还有少量低温绿釉器。胎色白，釉色以青釉为主，也有米黄色、黑色、酱色和褐色等。有青白瓷、青瓷及黑瓷三种，以青白瓷为主，器物造型繁多，凤首壶及刻花折沿大盘可代表其特色；青瓷印花缠枝菊纹碗与陕西耀州窑风格相同，显系受后者影响。

西村窑的产品宋代大量外销，在国内很少流传，近年来在中国的西沙群岛及东南亚地区都有出土，印度尼西亚、菲律宾等地还有不少西村窑的传世品。

在器形上，因产品主要销往东南亚，产品就必须适应东南亚国家的生活需要，小型杯、瓶、罐等器的出现与大量生产与此不无关系。西村窑器物中也反映了一些外来影响，凤首壶是其中的一例。凤首壶在唐代比较盛行，三彩、白瓷与青瓷的凤首壶在北方地区常有出土，它接受了波斯金属器鸟形壶的形制，但陶瓷匠师们赋予中国传统风格的凤首形象，创烧了具有中国民族风格的凤首壶。

北宋西村窑凤首壶

广州博物馆收藏了一件西村窑凤首壶，高 18.1 厘米、腹径 12.5 厘米、足径 7.5 厘米，壶上端作凤首状，凤首顶作花瓣口行，束颈，鼓圆腹，浅圈足，腰部一侧显弯曲管状流，另一侧从颈至腹部贴有绶带柄，颈部凸起两道铉文，腹部划花卉纹，腹下部近底处划莲瓣纹，灰白胎，通体施青釉，底无釉。凤首壶造型别致，装饰繁缛，是一件精品。

西村窑的另一代表作是宋代西村窑浅青釉划花大盘，高 7.3 厘米、口径 33 厘米、底径 9 厘米。撇口，弧腹，圈足。内壁刻饰一周对称分布的六朵菊花纹饰，并辅以篦划纹，纹饰简练写意；外壁光素无纹。全器胎体较厚，造型大方得体，实用性强。

西村窑的装饰技法也多种多样，有刻花、划花、刻划花、印花、彩绘、点彩、浮雕、捏塑八种，在一件器物上有兼用两种或三种装饰方法的，在宋代其他瓷窑也有此

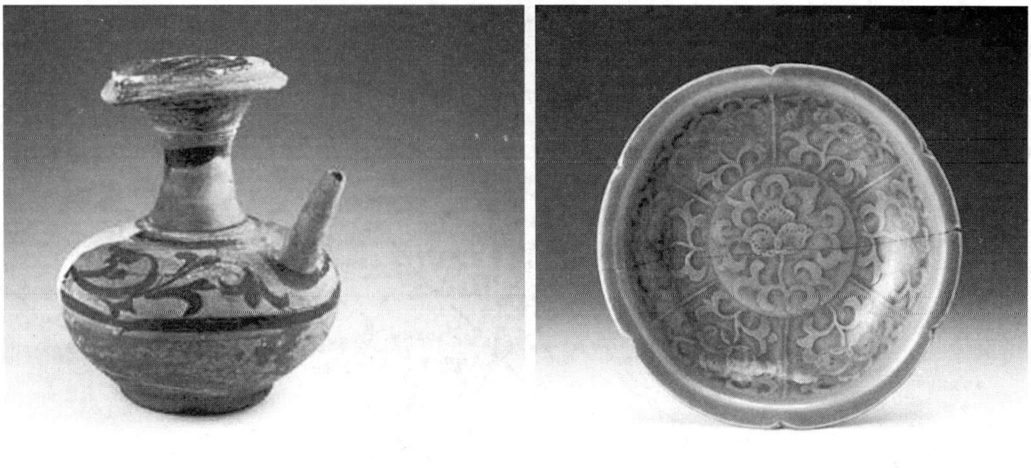

西村窑青釉褐彩纹军持和青釉印花碗

情况，八种装饰技法之中最具西村窑特色的为彩绘和点彩。

三、雷州半岛古窑址与外销瓷生产

雷州窑主要分布于今雷州市与遂溪县。经长期的考古发掘与研究证明，宋元时期雷州窑外销瓷器，多为南宋至元代延烧，统称宋元窑址，主要分布在雷州半岛中部、南渡河中上游的两岸以及东西两侧滨海地区。据 2002 年统计，该地区仍遗存宋元窑址 150 多处(窑址群作一处计算)，是广东省内宋元窑址面积最大、窑口最多的瓷窑遗址。

湛江雷州古窑多见于唐朝以来，而专供外销的雷州瓷器多为南宋至元代延烧，统称宋元窑址，主要分布在雷州半岛中部、南渡河中上游的两岸以及东西两侧滨海地区。雷州是广东省内宋元窑址面积最大、窑口最多的地区。

雷州市纪家镇、杨家镇以及遂溪县杨柑镇等几个镇的古窑较具代表性。

雷州窑生产的瓷器种类主要以碗、盘、碟、炉、杯、钵、壶、瓶、罐、枕等为主。其色彩形状、纹样装饰多呈现胎灰白色，施青白釉或酱褐釉，还有的呈冰裂纹。部分碗的内底模印莲花纹、菊花纹。而瓷器中又以釉下褐色彩绘最具特色，如有的罐类的肩部与腹绘莲瓣纹、钱纹、卷草纹、折枝菊花纹等，还有口部绘卷草纹的钵、口沿点褐彩的碗，有的还在瓷身题写“金玉满堂”“积善之家必有余庆”等吉祥语。而枕类则多作如意形，取吉祥如意之意，边饰卷草纹、钱纹，中部饰折枝菊花或花鸟。器形敦厚古朴，在北非及亚洲等地均有发现。

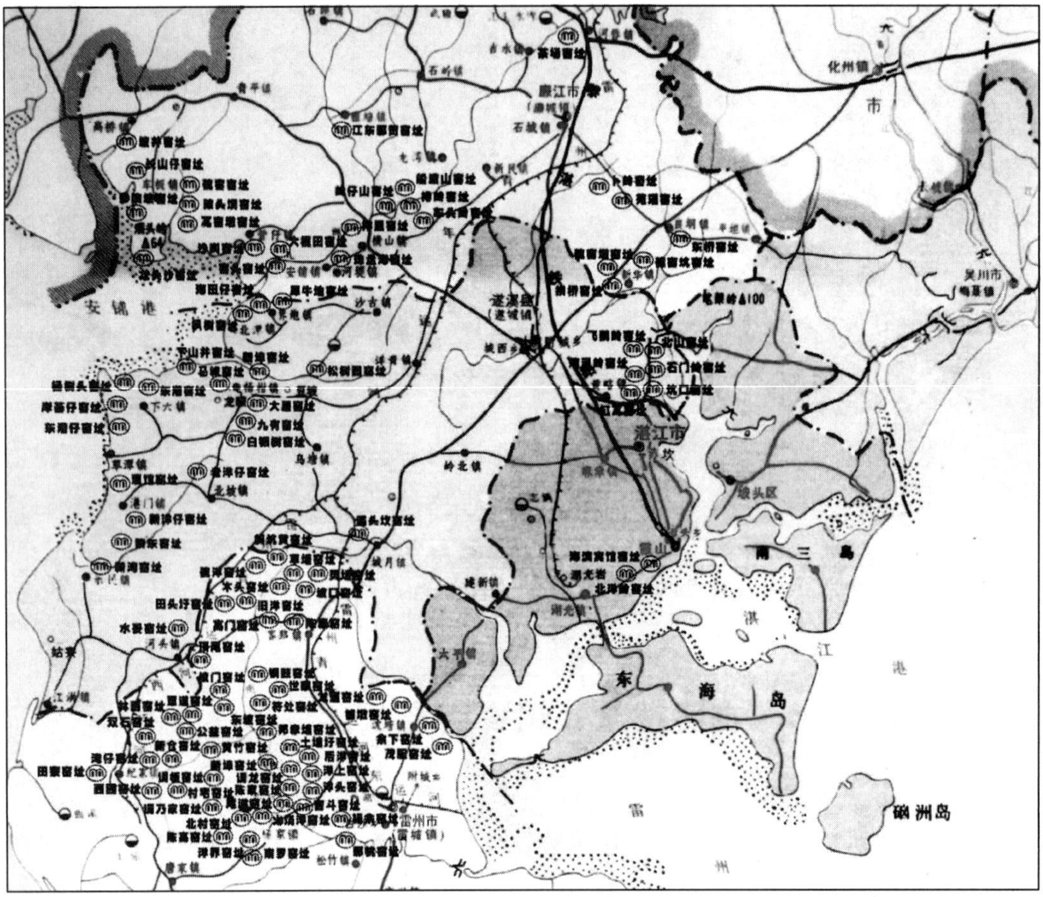

雷州半岛古窑址分布图(源自杨晓东、邱立诚:《雷州窑瓷器》，广州：岭南美术出版社，2002 年)

湛江雷州窑品(据广东省博物馆)

在考古调查、发掘的地区，发现规模庞大的窑群遗址。具有代表性的有余下村窑址、旧洋窑址、号称“二十里窑场”的遂溪古窑址。遂溪古窑址是由杨柑镇马城、科港、海田等八大窑址群组成，其中规模较大的是杨柑镇新埠窑址群、下山井窑址群以及东港仔窑址群，在约 900 米海岸线现仍可辨见宋元窑 45 座，连绵不断，十分壮观。

窑址群文化遗存丰富，陶瓷制品繁

多，有碗碟、杯盏、壶罐、钵盆、瓶、枕、砚、炉、网坠等十多种，出产瓷器以青瓷为主，釉下彩赭褐彩绘图案与字样。其中一碗刻有“大德九年”字样，故进一步证实该窑群的生产时代是宋元时期。

遂溪县下山井窑址历史堆积

雷州窑出土宋元青釉日用瓷器及窑具

宋元时期，供外销的雷州窑瓷品采用本地特有的高岭矿土作为优质烧瓷原材料。窑口多采取坐北朝南、坐西北朝东南、坐西朝东的坐向，一方面避开风口，另一方面充分利用当地东北—西南季风特点，以风助烧，节约燃料；同时稳定窑内温度，控制火候，提高烧瓷效果。窑口多采用龙窑设计，瓷窑长度一般在 20~25 米之间，宽 1. 2~2 米，多以匣钵叠烧技术扩大窑室空间，产量相当巨大。

1986 年 10 月，广东省博物馆考古队鉴定已发掘的纪家镇公益圩等两处窑址及杨家镇土塘圩窑均为同时期窑口。前者窑长 25 米，宽1. 2~1. 88 米，窑壁用长方形窑砖结砌，窑底呈橙红色，坡度为 20 度，前部火膛长 2. 68 米，前窄后宽，高不过 1 米，窑向 85 度，窑底铺有沙层，火膛、火道斜度也为 20 度，存火保温，确保烧瓷火力覆盖全窑，火候适度。火膛与窑室相接处建有一堵防火墙，墙上有两排共 18 眼火孔，有效控制进风量，真实反映宋元时期中国南方陶瓷窑炉设计技术，烧瓷工艺先进。

位于广东省湛江市雷州市杨家镇宅湾村委会吉斗村东北向约 500 米处的吉斗村窑址，靠近土塘河支流，为宋元年间所建。坐西北朝东南，四座并列，有序排列，均为龙窑，长条形，西高东低，西高约15米，长约200米，宽约60米，面积约3万平方米，原为杂树丛生，现已清为空地。遗址文化堆积层达3米，现尚存分布钵、擂钵、罐等碎片，考古鉴定为宋元民窑。其生产的瓷器产品，大部分凭借雷州半岛位于中国大陆最南端、面向南海、是海上丝绸之路前沿地段的地理优势，输出海外。该窑址为研究广东陶瓷史及海上丝绸之路的历史提供了重要的实物资料。

下山井窑、新埠窑等也是利用海上丝绸之路前沿地段的地理优势，把窑品输出海外。

在这些窑址出土的窑具有圆筒形平底匣钵、石碾槽、碾轮、压锤、垫环、印花磨具等。瓷器采用泥块垫烧，器物有垫烧痕，由此可知烧制过程采用大小器物叠置方式，在匣钵内烧制，较大器物则单个装烧。窑址建筑设计显示出了宋元时期雷州窑高超的建窑技术与精湛的烧制工艺。窑址周围瓷片堆积厚达3.36米，可见当时该窑大规模生产的场景。

雷州窑窑址在史书典籍里少有记载，国内也少有流传下来的雷州窑瓷器，但是作为宋元时期广东海上丝绸(陶瓷)之路外贸重镇，雷州窑窑口密集，产量极大，该窑所产标志性瓷器——青釉下赭褐色彩绘瓷器，在广东沿海丝绸之路航线、海南岛沿海、西沙群岛、东南亚诸国甚至埃及均有出土。资料显示，雷州窑主要外销。例如，成书于北宋的《萍洲可谈》描述南海航运陶瓷盛况为“船舶深阔各数十丈，商人分占贮货，人得数尺许，下贮货物，夜卧其上，货多陶瓷，大小相套，无少隙地”，从侧面证明雷州窑作为广东外销瓷的主要生产基地。因航线距离近与滨海地缘优势，雷州窑生产瓷器专供外销的性质十分明确，是中国陶瓷参与海上丝绸之路文化交流的有力证据。

宋元时期雷州窑外销瓷代表性窑址有余下村窑址、旧洋窑址、下山井窑址、新埠窑址、东港仔窑址，现均已列为文物保护单位。

余下村窑址(余村窑址)遗产区保护范围：位于广东省湛江市雷州市沈塘镇茂胆村委会余下村前蛮群坡，东部经铺墩村达通明河口，西接昌辉村，北为茂胆村。

旧洋窑址遗产区保护范围：湛江市雷州市客路镇迈坦村委会旧洋村南部，四周为广阔农田。

下山井窑址遗产区保护范围：西起遂溪县杨柑镇下山井村林地，东至该村大路边，东西总长284米，南北以崩坎线为基点，向南耕地延伸20米，向北延伸50米至海滩。

新埠窑址遗产区保护范围：东起遂溪县杨柑镇坎头村下海小路，西至永安村下海水泥路，东西总长近600米，南北以崩坎线为基点，向南耕地延伸20米，向北延伸50米至海滩。

东港仔窑址遗产区保护范围：西起遂溪县草潭镇东港仔村下海路边，至东部林地，总长 166 米，南北面以崩坎线为基点，向南（林地与墓地）延伸 20 米，向北延伸到排管渠边。

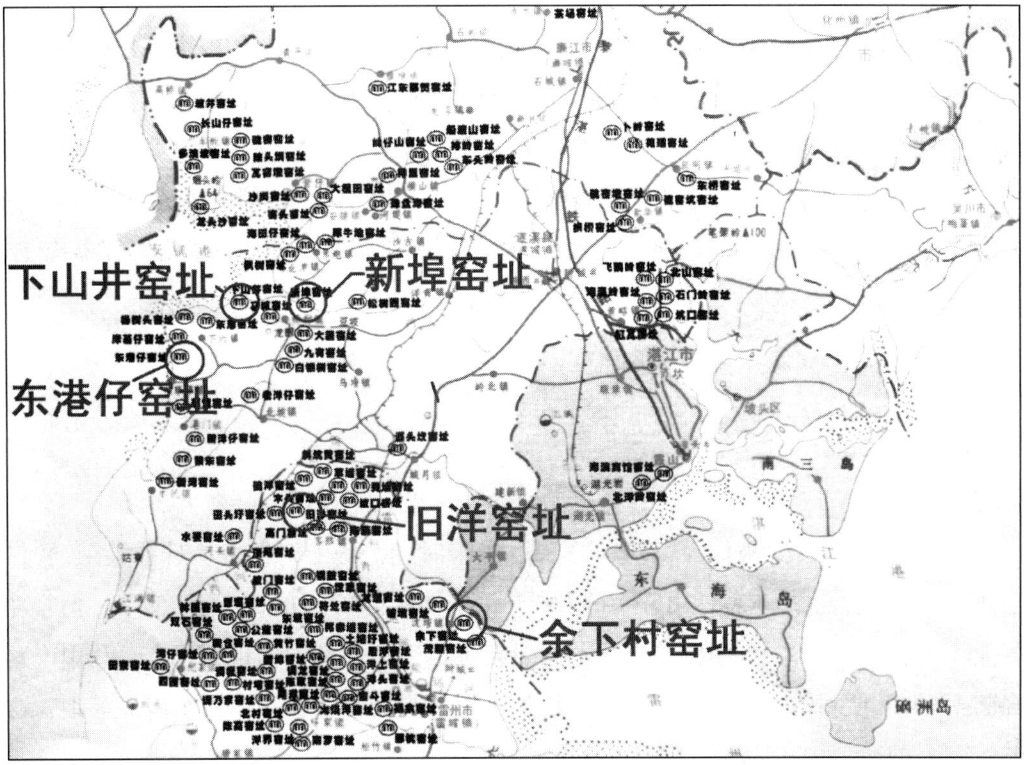

宋元时期雷州窑外销瓷窑址保护区位置图

宋元时期，雷州窑生产的陶瓷曾远销日本、东南亚等国家和地区，例如旧洋村古窑址成名已久，而后宋元时期这里的陶瓷业突起，窑址都是傍山靠河，顺着连绵的山势而筑龙窑，明初也仍在烧制。早在 1983 年，就有日本专家来此调研。自宋元时起，雷州半岛的港口业、制陶业、糖业、渔盐业、饲养业就开始了全面发展，呈现一派繁忙景象。[①] 另据出土文物考证，遂溪陶瓷业始于中唐。到宋代，中国的陶瓷业迅猛发展，瓷器扬威世界，宋瓷深受世人喜爱，故因此外销的需求量很大。这一机遇对地处海上丝绸之路要冲的遂溪发展陶瓷业是十分有利的。此外，雷州半岛蕴藏丰富的高岭土，易于开采，更有唐代陶瓷生产积累下来的丰富经验，促使宋元两代遂溪的杨柑、下六、界炮等沿海地段形成了十分壮观的“十里窑厂”景象。宋代时中国陶瓷深受海外

① 周文硕、陈纪臻、陈则晓：《雷州古窑址为“海上丝路”提供历史佐证》，载《湛江晚报》，2015 年 3 月 15 日第 3 版。

追捧，即便是民间窑厂制品也不愁销路，人们为了方便，将陶瓷卖向东南亚，直接在遂溪沿海建成许多窑厂，传说共有 99 座民窑同时开工，绵延十里，制出以后立即搬上货船运走，是名副其实的海上丝绸之路的体现。而杨柑镇村的“前世”曾经是宋元时期“十里窑厂”的其中一段。

自唐代至元代的 750 年间，雷州港慢慢成为了海上丝绸之路的前沿地段，雷州半岛的第二个出口主港，贸易的兴荣以及交易量的剧增大大促进了雷州当地社会经济的发展，尤其是陶瓷业的发展。宋元时期雷州窑烧制的瓷器，已发展成为海上丝绸之路的主要交易物品。近些年来在雷州半岛周围海域、海南岛保亭、琼山海域和西沙群岛，以及越南、泰国、印度、埃及的一些地方，都不断有雷州窑生产的青釉褐彩瓷器出土、出水或传世。[①]

四、新会古窑址

海上丝绸之路，又被称为“瓷器之路”。唐宋时期，海上瓷器贸易日趋繁荣，“广窑”成为外销主力，广东各地出现一批生产外销瓷器的窑场，分布于潭江两岸，由官冲窑、北门窑、洞北窑、小泽窑等组成的新会窑址群，正是其中的重要代表。利用丰富的原料资源和便利的水运条件，新会窑场生产出大量的青瓷器，销往东南亚等地，这些至今仍保存完整的遗迹。

江门是海上丝绸之路的重要地区之一，其中存在官冲窑址、洞北村窑址、马山窑址等新会窑址群，馒头窑的数量多达 30 座，其保存较为完整，是目前国内罕见的唐代馒头窑址群。

新会唐代馒头窑群由官冲窑址、北门窑址、洞北村窑址、小泽窑址等几个规模较大的窑址组成，几处窑址各具特色，相辅相成，构成了新会窑群独特的历史风貌。

就新会窑瓷器的烧造年代和性质而言，官冲窑址应建于中晚唐至宋初，废窑堆积丰富，是以烧日用青瓷器为主的窑场，也有部分产品外销。北门窑址年代或在唐中晚时期，有一定比例外销。洞北村窑址应为唐代窑址，以烧日用青瓷为主，部分外销。

就出土器物而言，官冲窑址出土了数千件陶器，产品以碗、盆、罐为主，其中碗的数量最多。北门窑址 1995 年采集酱黄色釉三足炉一件。洞北村窑址在 2004 年初步勘查，清理出瓷器 24 件，周边一带出土大量唐宋瓷器及碎片。

---

① 胡敏丽：《宋元磁州窑、吉州窑、雷州窑釉下彩绘瓷器比较研究》，景德镇：景德镇陶瓷学院，2013 年。

就形成条件而言，各窑均背山面水而建，以解决燃料及运输问题，其中官冲窑址地处崖门水道，产品更方便外销。原料以潭江中下游两岸分布的大量瓷土(白泥)和塑性黏土(黑泥)为主。新会的陶瓷原料，还销往佛山、潮州等陶瓷产地。①

新会官冲窑在今广东省新会古井官冲村，瓷器始烧于唐，终于北宋，为唐代广东著名的外销瓷窑之一。烧瓷品种有青釉和黑釉两类，以青釉为主，施釉厚薄不均，一般不到底。器物有碗、盆、碟、杯、豆、罐、盂、壶。青釉釉面多开片，釉质光亮；黑釉釉面无光泽。其中罐的造型各不相同，有四系、八系、无系者，在遗物中有一件刻有“政和二年”铭文的黑釉罐残片，为断代提供了依据；杯以双联杯较为独特，在双杯相连处一面饰羊首，一面置杯柄。官冲窑品在一些东南亚国家遗址有出土。

1996—1997 年间，在新会县古井镇所属的官冲村，土名叫作皇帝碗碟山和瓦片岩的地方，出土了多座唐代古窑和 4000 多件唐代中晚期陶瓷器物。考古发掘队在瓦片岩编号为 T101 探方东南角，深约 75 厘米的第二层土层中发掘出一长宽分别为 1.3 米和 1.2 米的砖层，层面上有盆和炼釉石等物，估计可能是一个古陶瓷作坊台。另有大批古陶瓷在瓦片岩的 2 个探方中出土，其种类主要有碗、碟、豆、杯、盆、罐、釜、盂、砚、二足器等 20 多个大种类，其中有些古陶瓷器物是成层出现。大量重叠着的完整碗碟、盆盅相继被发掘。在瓦片岩 T102 探方中出土了完好的双嘴提梁壶、瓜形壶和鸡首把壶，这是广东省首次发现的珍品，具有很高的研究价值。1997 年为期 33 天的发掘，共发掘和采集到各类唐代陶瓷器物 4000 多件，如此大量成摞堆放整齐的陶瓷器物，而且地点紧靠崖门出海水道，此地疑似古代当地陶瓷水运出口的一处码头旧址。

北门窑址，原称“古窑群遗址”，位于新会区会城旧城区北门，包括金山和马山两部分。北门窑群的烧造年代应在唐代左右，它们保存比较完整，分布又密集，这在国内比较罕见。1981 年，北门窑址在第二次全国文物普查时被发现；1995 年，入选新会第三批县级文物保护单位。北门古窑群遗址保存完

新会官冲窑出品(据广东省博物馆)

① 王亚方：《新会窑址群外销窑场见证“海上丝路”》，载《江门日报》，2014 年 9 月 5 日第 A5 版。

整，它依山而建，上下多层，窑炉分布密集，面积约占2万平方米。

在金山的窑址，仅地面可见的残窑就有十多座。山脚下有一座保存完好的古窑，由窑门、火膛、窑床和烟道组成。这也是附近古窑的基本建筑结构。在离此处窑不远的鹿场内，还有大约8处残窑遗迹。虽然窑壁已塌，但仍可见椭圆形的窑床和存下半截的窑脚，窑群四周还有少量陶瓷碎片散落。鹿场东南的马山北部窑址，则约有10座窑炉，呈两层分布，其中一座窑顶呈穹状，从顶部往下看，烟道仍然清晰可见。

整个北门窑址共分布有21个古窑群。这些窑炉形制如馒头状，学界又称馒头窑。专家推断，北门窑群烧造年代应在唐代左右，馒头窑主要分布在南方，五邑地区的窑群大多属于这种窑型。但唐代馒头窑群保存比较完整，分布又如此密集的，国内都比较罕见。

在北门窑址，有几处窑顶都被熏成烟黑，而窑壁也呈现火红色。马山附近的几处窑口，甚至裸露的泥土都已暗红，这叫红烧土，是只有在持久高温熏烧的情况下才会出现的现象。北门窑址生产的青瓷除供应城区人的生活用瓷外，有一定比例外销。这些外销瓷正是沿着海上丝绸之路的航线，销往东南亚等地，从这个意义上说，包括北门窑址在内的新会窑群，作为唐代外销瓷的重要基地，是海上瓷器贸易重要的货源地，见证了江门海上丝绸之路的发展。

瓦窑口窑址位于广东省江门市新会区南部崖门镇洞北村瓦窑口山脚，西倚古斗山脉，东为稻田。窑址于2008年6月文物普查时被发现，暂时发现有窑炉4座，围绕山脚分布，形制一致，均为馒头窑，由窑门、窑床、烟道、窑壁、窑顶等部分组成，窑床平面为半椭圆形，火膛均残损，仅存窑床部分，后壁可见三条烟道，窑口大致向东。其中Y1窑残长4.35米，窑床内高2.6米，窑床最宽处为2.7米，分上下两层，相间灰色黏土，可能为两次使用。窑址出土有残缺的匣钵、黑釉炉和青釉碗。窑炉的形制与新会官冲唐窑、北门窑址相近，附近一带采集较多唐宋瓷片，但出土文物均为宋代，窑址年代下限为宋代，使用时间或会上溯至唐代。该窑址年代远古，形制和出土文物明确，具有重要文物价值。

五、广彩

广彩，是在五彩、珐琅彩和粉彩的基础上发展起来的又一彩瓷品种，是“广州织金彩瓷”的简称。具体而言，广彩指广州烧制的织金彩瓷及其采用的低温釉上彩装饰技法，在各种白瓷器皿上彩绘而烧制而成的汉族传统工艺品。始于明代的广州三彩，到清代发展为五彩，并在乾隆年间逐步形成独特的艺术风格。当时广州工匠借西方传入的“金胎烧珐琅”技法，用进口材料，创制出“铜胎烧珐琅”，后又把这种方法用在白瓷胎上，成为著名的珐琅彩，这是广州彩瓷的萌芽。广彩以“绚丽华丽，金碧辉煌”而闻名于世，并深受欧美等西方国家人民的喜爱和欣赏。

广彩山水人物龙纹盘
（清雍正，1723—1735 年，据广东省博物馆）

广彩人物故事图大碗
（清同治，1862—1874 年，据广东省博物馆）

广彩的诞生和发展与广州所处的地理位置、对外贸易的经济便利地位有密切关系。广州作为对外贸易的港口历史悠久，并且广州自宋代起就成为最大的对外贸易口岸。广州本地区外商云集，繁华的对外贸易与商业发展也使一些商行可直接接受外商的订货，这一打破间接贸易的快速贸易形式给国内贸易的大量外销和产品商品化创造了绝佳的条件，并且给广彩的产生和发展铺垫了物质基础。康熙二十三年（1684 年），清政府下令解除海禁，外国商船大量来华贸易。当时的欧洲人非常珍爱中国瓷器，因此或在广州订货，或是来样加工，极大地刺激并促进了广彩瓷器的生产和发展。

至清朝中后期，约在乾隆、嘉庆时期，广彩瓷已慢慢显现出其特有的风格，并逐渐得到了社会上的普遍承认，也开始在一些著作中出现，并将它们“广窑仿洋瓷烧者，甚绚彩华丽”的基本特征记载下来。这一时期的色彩主要使用了广州所制的西洋红、鹤春色、茄色、粉绿等，这几种彩料就将广彩瓷与其传统模仿的景德镇瓷器、其他瓷器区分开来，显得多姿多彩了。在画面方面，除参考传统绘画瓷外，为了扩大销路，广彩瓷器较多地仿照西洋画法，或选择来样加工的订购方式，时间长了就形成了广彩特有的中西合璧、色彩鲜丽的风格。

广彩瓷器的产生，是从中西贸易的外销瓷中，逐步适应国外市场的购买需要而发展起来的。因此，它和外销的关系极为密切，它的生产亦是为了外销，所绘彩绘亦是为适应外商的需要和所好，因而广彩被视为一种以国外市场需求为动因而逐渐发展起来的一种独特的艺术彩绘瓷。

为适应西方需求，广彩出品了许多以古希腊神话、圣经故事为题材画面的瓷器，如“广彩墨彩描金耶稣受难图盘”等。广彩还出品针对个别客户要求的纹章图案瓷器。例如，广彩花卉纹章酱汁盖盆连托碟(清嘉庆，1796—1820 年)这套餐具绘有英国 Nelson 家族纹章，该家族分布在约克郡和伦敦。广彩花卉纹章纹狮钮八角形带盖汤盅(清乾隆，1736—1795 年)为长方八角形，盖上以大红狮子为钮，上饰花卉纹及英格兰 Wilson 家族纹章。广彩纹章纹盘(清乾隆，1736—1795 年)盘上绘纹阿卓安·渥肯尼尔(Adrian Valckenier)家族纹章，边饰是三组精美金色的折枝花卉，这种边饰流行于 1730—1740 年之间，盘边通常有两道细的边饰。

广彩墨彩描金耶稣受难图盘
(清乾隆，1736—1795 年)

广彩花卉纹章酱汁盖盆连托碟
(清嘉庆，1796—1820 年)

广彩花卉纹章纹狮钮八角形带盖汤盅
(清乾隆，1736—1795 年)

广彩纹章纹盘
(清乾隆，1736—1795 年)

广彩既有中国传统彩绘艺术的风格与技艺，又吸收了欧美的艺术精华，可以说是中西文化交流的结晶，是数百年来广彩艺人们辛勤劳动的硕果。它已赢得国内外人士的赞誉，当今销售遍及世界五大洲，100 多个国家和地区，名副其实地承担起了传播中国特有的陶瓷文化的重任。

六、石湾窑和石湾陶瓷

石湾窑亦称“广窑”，特指广东佛山石湾窑，创烧于唐代，极盛于明清两代，石湾窑生产的产品通称石湾陶，其产品胎质厚重，胎骨暗灰，釉厚而光润。釉色以窑变釉、雨淋墙为代表，因善于仿钧釉，俗称“广钧”，又因其胎为陶胎，故亦称“泥钧”。广钧釉以蓝色、玫瑰紫、墨彩、翠毛等色为佳。其釉色窑变的原理，是先后施两种不同的釉汁，在焙烧过程中互相交融而形成。产品主要有日用器、文房用具、仿古器皿和陈设品。此外，还生产大量的瓦基等建筑用陶，以及以“渔、樵、耕、读”或佛道内容为主题的人物陶塑和各种动物陶塑，其鲜活灵动的石湾公仔受到海外市场欢迎。明清时期的产品往往带有陶瓷店号名和制品作者名等印章款。明清石湾陶大量出口到东南亚各地。

石湾是中国南方有着 4000 年历史的制陶区域。明末屈大均的《广东新语》中称：“石湾之陶遍二广，旁及海外之国。”清雍正时的范端昂在《粤中见闻》中也有记载：“南海之石湾善陶，备极工巧，通行二广。”清道光时的阮元在《广东通志》中说：“石湾所制陶器，形制古朴，群人有‘石湾瓦，甲天下’之谚。”① 石湾地区的自然地理环境最大的特点是四处遍布着延绵起伏的台地、丘陵，方向由东南至西北，沿东平河北岸的狭长地带，连绵不绝，前后相续约十数里。石湾就位于其中，石湾镇内有大帽岗、小帽岗、显庙岗、宝塔岗、千秋岗、石子岗、章岗、老鼠岗等大大小小许多山岗。这些山岗大多为第四纪时形成的红土岗，红土的土质优良并且在这一地区的蕴藏十分丰富，是特有的优良制陶原料，为制陶所用的陶泥及岗沙提供了丰富的资源。镇内山岗的居民以其靠近河边及陶工聚居之便，在百年中曾相继建立了 100 多座龙窑。这些陶窑沿岸分布，绵延蜿蜒，烟火袅袅，成为兴盛一时的制陶业生产基地。到清中叶时，石湾的制陶业得到进一步发展，因此出现了每日诸岗之上，常有几十座陶窑同时冒出阵阵烟火的壮观景象。绵延的高低山岗上烟火此起彼伏，逐成石湾一景——“陶窑烟火”。

---

① 刘东：《石湾地理环境与陶瓷文化》，载《佛山陶瓷》，2003 年第 9 期。

陶窑煅烧之后，多于早上开窑验品，产品出窑时，需要通过窑工逐件敲击以检验成品的优劣，其声犹如钟鸣，被当地人俗称“宝器晨钟”。历经数百年，这些山岗历经沧桑，风景也一变再变，它既是历史的见证，也是勤劳智慧的石湾人民创造光辉灿烂陶瓷文化的物质见证。

石湾古貌和密布的窑场

另一说法是，远在唐代，南海境内就同时有石湾、奇石、官窑、皇帝岗等窑，沿东平河石湾镇与奇石窑一线已形成了当时的制陶系统。有说法是，北宋以后其他各窑相继衰落，唯独石湾窑得佛山航运之便，不但得以保存，而且在明清时期经过不断发展，而后成为一个巨大的综合性陶瓷基地。唐宋时期石湾窑的范围包括现在的石湾镇、奇石村等地。至明代时，由于潭洲水道淤浅，因此奇石窑至广州这一水路的主航道功能被弱化，运输量也大减，因而被东平河及沙口分汊之汾江两条水道所取代。东平河的河岸因为水流冲击开始逐渐向外推移，水上交通变得更为方便，因此石湾窑处在比奇石窑更为有利的地理位置上，制陶的中心便由奇石转向石湾，石湾窑自此取代奇石窑，并开始了自己的辉煌历程。令人惊奇的是，自明代后石湾镇陶土、木柴等原材料逐渐缺乏，竟然还可以支撑一个陶业基地，而且越来越成熟化和规模化，究其根源，它依赖的便是东平河。利用东平河水运的便利从上游运来木柴，从下游运来陶土，同时因东平河的出口贸易补偿了不断增大的制作成本，使石湾在制陶资源匮乏之时仍能继续发展下去。①

石湾地区虽然制瓷业发达，但历朝历代都没有在此设立过官窑，因而保留下比较

① 刘东：《石湾地理环境与陶瓷文化》，载《佛山陶瓷》，2003 年第 9 期。

纯粹的民间私营陶瓷生产基地的经济风貌。后来的考古研究也发现，唐宋时期的生产规模及瓷器风貌都印证了这里大部分陶窑都采用小型圆窑烧制陶瓷，而这是典型的民间小规模经营的特点。①

在今佛山城有古窑遗址——南风古灶和高灶。南风灶建于明代正德年间，有近500年的历史，是全国重点文物保护单位，它是世界上现存的一条还在使用的最古老的柴烧龙窑。该窑依山而建，窑身全长34.4米，内长30.87米，犹如一条巨龙从天而降一般，所以当地居民就把它叫做"龙窑"。但是石湾的居民又称龙窑为"灶"，因为窑头烧柴的地方像旧时家里烧柴做饭的灶头一般，而且陶工都是靠龙窑烧产品养家糊口，他们觉得龙窑就像家的"灶"一般重要，加上这条龙窑的灶口正对着南方，而且灶尾榕树成荫，每到夏天凉风习习，故称"南风灶"。

高灶建于明朝万历年间，高灶全长32米，结构和烧造方法与南风灶一致，因建在高庙后面而得名。

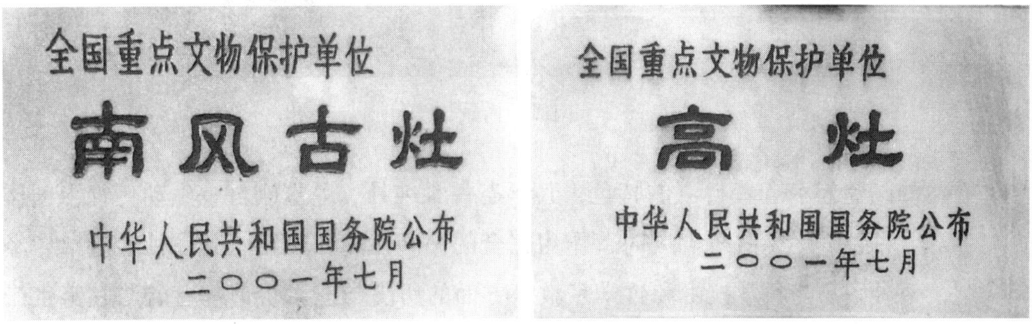

全国重点文物保护单位南风古灶和高灶

南风灶(右)和高灶(左)

① 陈智亮：《广东石湾古窑址调查》，载《考古》，1978年第3期。

南风灶内景

石湾的陶瓷艺术有着自己的特色，其形态古雅纯朴、厚重刚健、生动传神，创作题材广泛、釉色绚烂，等等。同时，作为完全的民间性私营磁窑，其在社会生活、经济文化、对外贸易与科学技术和哲学宗教等方面的历史与艺术价值都有着与官窑生产的瓷器不可比拟的历史地位。

尽管石湾艺术陶产量非常少，并且以出口为主，导致现有的可考实物非常匮乏，但仍能明显地看出它表达出来的艺术风格有着强烈的民族性，也具有十分鲜明的地方特色，它作为一种历久弥新的艺术载体，体现了当时南中国平民百姓的爱憎好恶和感情丰富的一方民风，反映了岭南地区的社会文化风貌、风土人情，也深深地凝聚着中、下层劳动人民的智慧与风情，是中国岭南人民文化的纪实。特别是被人们称为“石湾公仔”的陶塑人物①，以其独特强烈的艺术个性，使人们在将它与其他地区产出的窑瓷艺术品加以比较的时候能体会到独特的艺术韵味。它表现出的盎然的生命意趣，每一个陶塑人物都姿态各异又蕴含着无尽的神韵，堪称是中国陶瓷艺苑中的一块珍宝。

① 黄修林、张景辉：《谈“石湾的陶瓷古窑”》，载《中国陶瓷》，2004年第5期。

第五章　广东海上丝绸之路与中外文化交流

1987年，联合国教科文组织决定对“丝绸之路”进行国际性的全面研究，并实施1987—1997年《“丝绸之路”：对话之路综合考察》(Integral Study of the Silk Road：Roads of Dialogue)十年规划大型项目。在制定这项研究考察规划的时候，对以“丝绸之路”命名曾进行过讨论和争论。其中，大多数国家的专家学者认为，古代东西方国家之间经此路往来者不仅仅是商品贸易，而且有广泛的文化交流，如，佛教、基督教、伊斯兰教、聂思脱里教的东传，中国印刷术、指南针、造纸术、火药等的西传，就是中西文化交流的体现。假若将十年规划定名为“瓷器之路”或“香料之路”，则限制了项目自身的含义。经过讨论和争论，最后一致认为，“丝绸之路”是以中国丝绸贸易为开始的，影响颇大，而且能够涵盖东西方国家之间的物质的、文化的交流的丰富内容，最后为各国学者所接受。于是联合国教科文组织采用了“丝绸之路”的名称①。可见，在海上丝绸之路中，中外文化交流也占据了重要的部分，作为海上丝绸之路重地的广东，尤其是其省会广州，在海上丝绸之路的文化交流中具有重要地位，留下丰富的历史遗产。

一、广州蕃坊和蕃学

广东是古代海上丝绸之路商贸重地和中外文化交流重地，留下丰富的文化遗存，诸如蕃坊和蕃学、基督教教堂、佛教和伊斯兰教寺庙等。

(一)蕃坊

唐宋期间，广州对外贸易繁荣发达，留居广州的外国商人为数众多，为了方便管理，政府在广州口岸和外国商人的集中住地设置蕃坊，由蕃商推荐蕃长负责管理其内

① 见《广东海上丝绸之路史》前言，http：//www.crntt.com/crn-webapp/cbspub/secDetail.jsp？bookid=4903&secid=4953。

部事务和招徕外商来华，各民族在蕃坊中可以保持自己的信仰，如佛教、伊斯兰教、祆教、景教及摩尼教等。

早在南朝萧梁时期，南海诸国商人就“久停广州，往来求利”。[①] 有部分定居下来，成为早期的外国侨民。唐代来华的外国商民越来越多，海路来华者大多在广州上岸，有些就地居留，有些到各地经商游历，久而久之，广州等沿海地区就聚集了为数众多的外国侨民。顾炎武云：“自唐设结好使于广州，自是商人立户，讫宋不绝，诡服殊音，多流寓海滨湾泊之地，筑石联城以长子孙。”[②] 广州等地形成“与夷人杂处”[③]、“与海中蕃夷、四方商贾杂居”[④]的人口国际化特色。

作为全国对外贸易中心，广州外侨之多，居国内各大城市前列。唐初，波斯、阿拉伯国商民在广州已形成相当势力。武后光宅元年(公元684年)，商户不堪官吏侵扰，大闹广州都督府，杀死都督路元睿及左右十余人，扬长而去，登舟入海，官府追之不及。乾元元年(公元758年)十月，广州大食人、波斯人暴动，攻入城内，“劫仓库，焚庐舍”，然后“浮海而去”。[⑤] 开成年间，卢钧为岭南节度使，其时广州“蕃獠与华人错居，相婚嫁，多占田营第舍；吏或挠之，则相苾为乱”[⑥]。外国侨民的势力已发展到可以抗拒官府，甚至制造动乱的地步。唐后期阿拉伯人多次宣称：广州是“阿拉伯商人的荟萃之地”“尸罗夫商人聚集之地”[⑦]。唐末，广州外侨据说达到12万人(一说20万人)，虽属夸大，但说明其人数确实不少。

外国商民主要居住在广州城外西部商业区，官府按照里坊制度，于该区设置蕃坊，加强管理。关于“蕃坊”，首见于明人顾炎武《天下郡国利病书》卷一百四引《投荒录》，该书云：“顷年在广州蕃坊，献食多用糖蜜、脑麝，有鱼俎，虽甘香而腥臭自若也。”《投荒录》应即《新唐书》卷五十八《艺文志》所载之《投荒杂录》。

蕃坊究竟创于何时有待深究。日本学者石见清裕指出，蕃坊的原型在开元初之前应当出现。[⑧] 刘臣邻于天宝六年至八年(公元747—749年)为岭南采访使兼南海太守，其时广州贸易已盛，“师子国、大石国、骨唐国、白蛮、赤蛮等往来居[住]，种类极

---

① (梁)释慧皎：《高僧传》卷一《晋江陵辛寺昙摩耶舍》，北京：中华书局，1992年。

② (明)顾炎武：《天下郡国利病书》卷一百四《广东·波斯传》，上海：上海科学技术文献出版社，2002年。

③ (后晋)刘昫：《旧唐书》卷一五一《王锷传》，北京：中华书局，1975年。

④ 《海上丝绸之路申遗之广州怀圣寺及光塔》，载《亚太日报》，http://www.apdnews.com/msr/wenhua/208003.html。

⑤ (后晋)刘昫：《旧唐书》卷十《肃宗记》，卷一九八《西戎·波斯传》，北京：中华书局，1975年。

⑥ (北宋)宋祁、欧阳修等：《新唐书》卷一八二《卢钧传》，北京：中华书局，1975年。

⑦ 穆根来等译：《中国印度见闻录》，北京：中华书局，1983年。

⑧ [日]石见清裕：《唐代外国贸易·在留外国人诸问题》，见《魏晋南北朝隋唐时代基本问题》，日本：东京汲古书院，1997年。

多”①。天宝初年广州已形成外国侨民聚居区，委任蕃客大首领以自治；蕃客大首领又作“蕃长”“蕃酋”。李肇《唐国史补》卷下称：“南海舶，外国船也。每岁至安南、广州……有蕃长为主领。”刘恂《岭表录异》卷中“波斯枣”条谓：“恂曾于番酋家食本国将来者，色类沙糖，皮肉软烂；饵之，乃火烁水蒸之味也。”有蕃长当即有蕃坊，蕃坊之置，当在天宝六年至八年。

宋人朱彧称蕃长由朝廷从蕃客中简择充任，“管勾蕃坊公事，专切招邀蕃商入贡”②。石见清裕把蕃长职能归纳为三项：一是“纳泊脚，禁珍异”等贸易事务；二是指导宗教祈祷、仪式、寺院建设等宗教管理；三是处理诉讼等司法活动等③。由于蕃坊中阿拉伯人、波斯人占多数，因而作为蕃坊领导者的蕃长一般在外国穆斯林居民中选出。唐朝通过市舶使联系蕃长，实施蕃坊管理。

蕃坊位于广州城外西郊，范围包括今广州市中山路以南、人民路以东、大德路以北、解放路以西一带，以光塔街及其附近为中心。这里居住着阿拉伯人、印度人、南洋诸国人，实行某种程度的民族自治，保持着各自的生活习惯和宗教信仰，所以伊斯兰教、佛教、摩尼教、祆教皆有流传。在这里，你会发现信奉正统宗教的外国人与信仰异教的外国人之间相处得也很融洽，例如“印度的佛教僧侣和什叶派穆斯林之间的关系就是如此”④。

(二)蕃学

北宋大观、政和年间，在广州、泉州设立的蕃学，是指对“蕃客”“胡商”子弟进行文化教育，传播中国文化的阿拉伯语学校。“大观、政和之间，天下大治，四夷向风，广州泉南请建番学。高丽亦遣士就上庠，及其课养有成，于是天子召而廷试焉”⑤。因此，宋朝政府很注意了解海外各国的风土人情、地理概貌。

二、中学西传、西学东渐在广东

经由海上丝绸之路的中学西传和西学东渐，广东起着重要作用。

---

① ［日］真人元开：《唐大和上东征传日本考》，汪向荣校注，北京：中华书局，2000年。
② （宋）朱彧：《萍洲可谈》卷二，北京：中华书局，2007年。
③ ［日］石见清裕：《唐代外国贸易·在留外国人诸问题》，见《魏晋南北朝隋唐时代基本问题》，日本：东京汲古书院，1997年。
④ ［美］谢爱华：《唐代的外来文明》，吴玉贵译，北京：中国社会科学出版社，1995年。
⑤ （宋）蔡絛：《铁围山丛谈》卷二，北京：中华书局，1983年。

(一)中学西传在广东

沿中国南海丝绸航线向东来到广东以及中国各地的西方耶稣会士，十分努力学习中国的语言文字，研究中国儒家哲理，这样中国古典经籍、儒家思想、科举制度、科学技术、工艺美术、音乐曲艺和风俗等优秀文化西传欧美各国，在当地传诵一时，并激起这些国家知识分子的“中国热”，产生了所谓“中国风”。欧洲人研究汉学顿时兴起，出现了研究汉学的组织，使汉学在欧美各国文化学术界中独树一帜，并广为传播，产生了强烈而深远的影响。

1. 儒家哲理学

耶稣会士来华传教，十分重视研究儒家的哲学，崇拜儒家的自然神观，并向欧洲国家介绍。比利时耶稣会士柏应理于 1681 年著《中国之哲学家孔子》一书。[①] 接着，比利时耶稣会士卫方济著《中国哲学》并翻译“四书”(即《大学》《中庸》《论语》《孟子》)及《孝经》《幼学》等书，向欧洲国家介绍自己研究儒学的心得和体会。18 世纪中叶，德国传教会士魏继晋编辑出版《德汉字典》，帮助德国人学习汉字。

把儒学引进德国而创立德国古典哲学的是著名哲学家莱布尼兹。他虽然未到过中国，但他深受来华耶稣会士的影响，对中国儒家文化十分感兴趣。1687 年，他阅读过孔子、老子的翻译著作。1689 年，他在罗马游览时邂逅在中国担任过钦天监的意大利会士闵明我等人，以后从与他们的通信中获得更多关于中国文化的知识。从此，他发奋研读儒家经典译著与耶稣会士撰写的关于中国文化的著作。后来他根据这些著作提供的资料，于 1697 年编辑出版了《中国近事》，全面地向欧洲国家介绍中国儒家文化。

2. 中国的重农思想

中国以农立国，历代君主实行重农政策。这种重农的经济思想传至欧洲后，为马克思所说的向“现代政治经济学的真正鼻祖”——18 世纪法同重农学派学说的形成提供了养料。被誉为“欧洲的孔子”的重农学派创始人魁斯奈从澳门传至欧洲的中国经籍中，研究伏羲氏、尧、舜和孔子的思想，深受中国古代自然秩序思想的影响，并将自然秩序视为法则加以具体化，于 1758 年撰著《经济表》，1767 年著《中国的专制制度》《自然法则》两书。《经济表》把中国《易经》的六十四卦内容“巧妙地译成为数学的公式”。在《中国的专制制度》一书中，他系统地介绍中国文

① 张允熠：《关于 16 至 18 世纪之“中学西渐”的反思》，载《高校理论战线》，2004 年第 9 期。

化，呼吁欧洲国家学习中国，遵循自然法则，建立重农制度，提倡以农为本，并指出只有农业才能增加财富，要求政府改变轻视农业的观念，改变束缚农业的政策。他希望法国政府倡导“中国化”。他利用担任御医之便，鼓动法王路易十五（1710—1774年）于1756年效法中国皇帝举行春耕“籍田大礼”的仪式。他受《周礼》一书中关于均田贡赋法的启示，主张法国应该像中国一样向土地所有者征收田赋，以提供国家财政的需要。

3. 中国的古典经籍

耶稣会在中国传教过程中，在攻读和研究中国儒家经典之余，又将这些经典译为西文，经中国南海出海传往欧洲各国出版。1593年，利玛窦率先将“四书”翻译成拉丁文，从澳门寄回意大利出版发行。1626年，比利时会士金尼阁将《诗》《书》《易》《礼》《春秋》译成拉丁文在杭州出版。1752年，孙璋翻译《礼记》出版。1770年雷孝思将《易经》翻译为法文出版。直至今天，在梵蒂冈图书馆还可以看到当时耶稣会研究《易经》的中文著作稿本14种，即《易考》《易引原稿》《易经一》《易经外篇》《总论布列类洛等方图法》《据古经考天象齐》《天象不均齐考古经籍解》《大易原义内篇》《易钥》《释先天未变》《易经总说稿》《太极略说》等。19世纪中叶后，法国神甫顾赛芬编译了法汉对照的“四书”及《诗经》《尚书》《礼记》《左传》《春秋》等书，更加方便法国学者攻读中国古典经籍，深受各界人士欢迎。据有关统计，16—18世纪耶稣会士翻译中国古典经籍及撰写汉学著作的有27人78种，涵盖哲学、史地、文学、舆图、历史、字典、兵法、名人传记等，洋洋大观，集中国历史典籍之大成。①

4. 中国的语言文字

进入澳门及岭南其他地区传教的传教士为传教需要，努力学习中国语文，并根据自己学习汉语的经验，编写了不少字典、词典寄回欧洲出版，为欧洲各界人士学习汉语提供方便。1584年，利玛窦和罗明坚在肇庆传教时，合编了一本《葡华字典》，在中文字旁注上罗马字母拼音，见其字即能读其音，这是以西文字母拼汉字之始。1626年，金尼阁在中国学者王征、吕维祺、韩云等的帮助下，完成了拉丁化拼音汉字的著作《西儒耳目资》。1687年，白晋编写了一本《中法小词典》。在此基础上，马若瑟于1728年编成《中文概说》一书，分析汉字的结构与性质，被誉为欧洲国家研究和学习中国语文的“鼻祖”。后法国学者傅尔孟据此书编成《中国文典》一书，在马六甲英华书院印行。1894年香港纳匝肋书局重印，发行甚广，至今仍流行于欧洲国家。其他国家的会士也

① 黄伟宗、司徒尚纪：《中国珠江文化史》，广州：广东教育出版社，2010年。

纷纷编写各种字典，方便其本国人士学习中国语文之用。计有：1732 年，卡塔利娜编写《拉意中字典》；1733 年，格拉蒙纳编写《中拉字典》；1762 年，罗马教廷出版奥斯定会士编写的《藏文字典》；1789 年，钱德明编写和出版《满法辞典》；19 世纪初，马礼逊编写和出版《中英字典》等。这些字典，成为欧洲人学习中国语文和中国文化很好的工具书。

5. 中国的古典文学

明末清初，中国流行一部才子佳人小说《好逑传》，又名《侠义风月传》，曾被列为“第二才子书”，书中描写青年男女铁中玉和水冰心的婚姻故事。1719 年，一个在澳门、广州做生意的英国商人魏金森率先将《好逑传》翻译为英文(其中 1/4 被译为葡萄牙文)。1761 年，汤姆士・潘塞将其中的葡萄牙文译为英文，并调整了全书，加上副标题“好逑传——愉快的故事”并附加注释，出版发行。①

元人纪君祥著的《赵氏孤儿》戏剧也西传欧洲。先是耶稣会士马若瑟于 1732 年将《赵氏孤儿》翻译成法文，取名为《中国悲剧赵氏孤儿》；1734 年被译为英文出版；1744 年被译为俄文出版；1749 年被译为德文出版。于是，《赵氏孤儿》剧本流行欧洲，风靡一时。1753 年，法国著名作家伏尔泰将《赵氏孤儿》改编为《中国孤儿》，于 1755 年 8 月 20 日在巴黎上演，引起强烈反响，并于同年在巴黎出版发行。1759 年，英国谐剧作家阿瑟・谋飞又将《赵氏孤儿》改编后在伦敦上演，使其成为显赫一时的悲剧作家。《赵氏孤儿》不断在欧洲国家上演，引起了欧洲文艺界的关注和好评。

6. 中医学和中药学

外国传教士经澳门入中国内地传教，对中医治病均感到神奇，纷纷加以研究，并把中医术、中草药向西方国家传播，产生深远影响。

把中医术介绍到欧洲国家的首功者是波兰会士卜弥格，他于 1658 年著《中医津要》，译出晋代医学家王叔和的《脉经》和中医以舌苔、气色诊病法，并列举中药 289 味。该书于 1688 年出版后，又被译为欧洲各国文字相继出版。该书原由柏应理带回欧洲，中途交给巴达维亚耶稣会士，被荷兰的外科医生克莱耶据为己有，于 1682 年改名为《中医临床》出版，并附有木刻插图 143 幅，铜版图 30 幅。从此，中医学在欧洲广为流传。1671 年，在广州居住的法国人又将王叔和的《脉经》译为法文，名曰《中国脉诀》，寄往格莱诺布尔出版。

对中医传至欧洲做出突出贡献的应是法国会士巴多明。他科学地评价中医，认

① 黄启臣：《澳门：16 至 19 世纪中西文化交流的桥梁》，载《比较法研究》，1999 年第 1 期。

为中医在治疗方面效果是显著的，但在理论方面不如西医，表现在解剖学落后。这个结论后来为伏尔泰所接受，他在《论各民族风俗精神》一书中论及中医学时说："在他们(中国)那里，医学理论仍属无知和错误，但中国医生在实践上却是相当成功的。"① 巴多明还从澳门给法国科学院寄去用阿胶治疗肺结核病的医术资料。他又在《北京教士报告》中，选择了宋慈《洗冤录》为世界首部法医著作。韩国英在《北京教士报告》第四册中也介绍了中国治疗天花病的方法和病理。此后，中医术在欧洲开始流行起来。

传教士对中草药能治百病感到不可思议，但毕竟又是事实，于是，他们亦注意研究中草药，并与植物学联系起来，促进了欧洲国家植物学的进一步发展。英国伟大的生物学家达尔文著《人类的由来》一书时，就引用了《本草纲目》一书中关于金鱼颜色形成的资料来说明动物有人工选择的问题。他在另一本著作《动物和植物在家养下的变异》第二章"人工选择"中，一再提到《本草纲目》。据统计，在达尔文的著作中，提到中草药、中医学的地方多达 104 处。②

7. 中国的数学

《易经》经耶稣会教士雷孝思于 1770 年翻译西传欧洲后，对欧洲的数学也产生了良好的影响。作为微积分创始人之一的莱布尼茨受到《易经》影响，发明了二进制数学。他在给普鲁士国王的一份备忘录中说，中国两千多年前的《易经》的一些古老的符号虽然现在鲜为人知，但其中确实保存了某种"新的数学钥匙"，这里已涉及他的《函数论》的思想。他认为《易经》中的六十四卦的符号含有二进制数学的因素。这一现象事实正好证实东西文化既相似，又互成倒影，犹如照镜一样。他认为，对他来说，从《易经》中可以得到另一个有力的证据，表示精神方面的真理亦可以由数学的发现加以证实；而数学的真理，是不可否定的。于是他给二进制数学以一种宗教的意义，"所有的结合都始自'壹'与'零'。这等于是说，神造万物于'无'；而世上只有两项第一原则：神与'无'。"这就是说，《易经》的易卜序列和莱布尼茨于 1679 年发明的二进制数学原则是吻合的——《易经》含有二进制数学的因素。

8. 中国的工艺美术

16—19 世纪中叶，由澳门起航经过果阿到里斯本，再运往欧洲国家贸易的中国丝织品、瓷器、漆器等商品，既是精湛的高级消费品，又是优美绝伦的工艺品，深受欧

① [法]伏尔泰：《论各民族风俗精神》，见黄伟宗、司徒尚纪：《中国珠江文化史》，广州：广东教育出版社，2010 年。

② 潘吉星：《中国文化的西渐及其对达尔文的影响》，见黄伟宗、司徒尚纪：《中国珠江文化史》，广州：广东教育出版社，2010 年。

洲人民的欢迎和称赞，特别是各国国君均酷爱中国的瓷器。法王路易十四命令其首相马扎兰创办中国公司，派人经澳门入广州订造标有法国甲胄纹章的瓷器，运回巴黎凡尔赛宫设专室陈列展览。德国一些洛可可式的宫殿也以收藏陈列华瓷炫耀一时。英国女王玛丽二世(1662—1694年)更醉心于中国瓷器，在宫内专设玻璃橱窗陈列各色华瓷。有鉴于此，欧洲各国纷纷掀起仿造中国瓷器的热潮，并有专家对瓷器进行研究，撰写专著加以诠释和宣扬，使中国的工艺美术得以在欧洲广为传播和影响。1677年，法国人查尔定在希撒诺开设瓷厂，仿造中国清华软质瓷。1750年，英国在斯特拉福设立瓷厂，仿制出首批中国软瓷；1760年，又在博屋建立"新广州瓷厂"，招收工匠300多人，利用广州运去的制瓷设备，仿制出中国硬质瓷器。

与此同时，欧洲国家也不断仿制中国的漆器。其中耶稣会士汤执中十分注意研究中国漆器的工艺美术，于1760年撰写和发表了题为《中国漆考》的论文，附有中国精美漆器图片多幅。英国商人为了满足英国人酷爱中国漆器的需要，先是到广州购买大块漆器运往英国，然后改制各种规格的屏风出售。有时甚至将英国的木制家具运来广州，请广州漆师上漆加工，然后运回英国出售。①

中国的壁纸(墙纸)亦于16世纪中叶由西班牙、荷兰的商人从广州购买后经澳门运往欧洲销售，深受英国、法国顾客欢迎。不久，欧洲国家也仿制中国墙纸，生产大批中英、中法混合式墙纸，于1688年仿制成功。虽然如此，英法所制墙纸仍逊色于中国墙纸。因此，直到1766年，英国商人仍从广州、厦门等地贩运大批中国墙纸供其本国需要。今天伦敦古斯银行客厅内还保留着当年英国特使马夏尔尼觐见乾隆皇帝后带回去的花墙纸，上面绘有302个栩栩如生的各不相同的人物，表现了中国极高的工艺美术水平。中国丝绸的工艺美术更为欧洲人(特别是妇女)所艳羡。①

9. 中国的风俗

中国饮茶的风俗也是从中国南海海路传到欧美国家的。多明我会最早派来亚洲传教的会士、葡萄牙人加斯帕·达·克路士于1556年到达广州，并在中国沿海一带游览数月，然后回国。他根据在广东及沿海地区的所见所闻撰著《中国志》，在他于1570年病逝后16天，该书在他的故乡里渥拉出版发行，书中首次向欧洲介绍中国的饮茶风俗，说："如果有人或有几个人造访某个体面人家，那习惯的做法是向客人献上一种他们称为茶的热水，装在瓷杯里，放在一个精致的盘上(有多少人便有多少杯)，那是带红色的，药味很重，他们常饮用，是用一种略带苦味的草调制而成。他们通常用它来

① 黄启臣：《澳门：16至19世纪中西文化交流的桥梁》，载《比较法研究》，1999年第1期。

招待所有尊敬的人，不管是不是熟人，他们也好多次请我喝它。”①

1606—1607 年，荷兰东印度公司从澳门首先贩运中国茶叶到巴达维亚（今印度尼西亚雅加达），约于 1610 年贩运到欧洲。于是荷兰人于 1637 年开始饮茶。中国茶于 1636 年传至法国巴黎，1650 年传至英国，从此，英国、法国逐步兴起饮茶风。1660 年 9 月22 日，英国人塞缪尔 · 佩庇斯记述：“我要了一杯茶，那是我以前没有用过的中国饮料。”②

与此同时，中国人乘轿及轿式马车的风俗也传到欧洲。法王路易十四（1643—1715 年）和贵族官吏出行时，已有乘轿的习惯，轿顶围被的质料和颜色，按官吏等级高低严格规定，轿身以漆油绘，一般流行芍药和牡丹等中国的花卉色。但法国抬轿不像中国人那样用肩抬，而是用手举抬，法语称为“抬椅”。

（二）西学东传

文化交流是双向的，沿海上丝绸之路的文化传播既有中学西传，又有西学东传。

1. 西方宗教文化传入

15—19 世纪，西方宗教文化沿海上丝绸之路传入中国。尤其是近代，欧美各国天主教、基督教教徒一批接一批地来到广东，传教活动逐渐达到高潮。在人口稠密的珠江三角洲和沿海一些通商口岸，几乎每个镇都有教堂，宗教生活成为一种社会风气，尤以珠江三角洲地区为盛，宗教文化和影响几乎达到无处不在的地步，这充分显示近代西洋宗教在广东的流布是全国其他省区难以相比的。

基督教在沿海和内地的传播可谓无所不至，除了利用各种方式进入山区以外，还特别注重利用华南河网稠密的特点，进行水上传教。

广东是天主教传入中国最早的地区，19 世纪中叶以来，天主教开始大规模渗入岭南城乡。天主教非常注重在贫困落后地区的发展，靠施以小恩小惠网罗教徒，形成全家、全村入教的风潮，故不少村庄成为清一色的教友村。

2. 西方文化科学典籍的传入和译介

伴随着海上丝绸之路的发展，中外文化交流在岭南也日益频繁，其中就表现在文化和科学典籍的翻译和介绍。在古代主要是宗教经典的翻译和介绍，到了近代则主要是中国学者对西方近代先进文化与科学知识的翻译和介绍及西方传教士对中国文化典籍的翻译和介绍。

---

① ［英］C. R. 博克舍：《十六世纪中国南部行记》，何高济译，北京：中华书局，1990 年。

② 范存忠：《中国文化在启蒙时期的英国》，南京：译林出版社，2010 年。

近代先进的中国人认识到，西方史地知识对了解外部世界和认识中国国情非常重要，于是在这一时期出现翻译西方地理著作的高潮，成为近代中国地理学发展史上重大事件①。

林则徐到任广州后，为了解外部世界状况，亲自和派员到澳门考察、收集资料，整理后形成了《海外图说华集》。保存至今的《洋事杂录》就是当时收集翻译的世界地理资料，其中内容以地理为主，包括欧美诸国特别是英国疆域、历史、军事、政治、风土人情和国际关系等，已成为珍贵的历史地理文献。1841 年由译员梁进德将英国人慕瑞于 1843 年在伦敦出版的《世界地理大全》译成《四洲志》重版，概述了世界五大洲 30 多个国家的地理、历史概况，是中国近代第一部系统介绍世界史地的译作，开起了中国人翻译、研究西洋史地风气之先河。1841 年，林则徐又委托好友魏源在《四洲志》的基础上增补多种外国人所写材料，编成《海国图志》100 卷，80 万言，被誉为"国人谈瀛海故事开山之作"，也是中国第一部介绍世界地理知识的地图集。

在翻译西方地理学著作的同时，广东学者也在吸收西学的基础上进行地理研究和绘图，颇有成就，代表人物有南海人、著名科学家邹伯奇，他 25 岁时即用近代绘图法绘制了一幅全国地图《皇舆全图》②。此外，他又将西方的《地球正背两面全图》用"圆周视圆法"加以改造，绘成"地球图"，即世界地图，在当时也是凤毛麟角之作。清同治年间，他运用西洋绘图的知识并参考西洋人用外文绘制的广东沿海地图，曾协助广东巡抚郭嵩焘绘广东地图。邹伯奇还编辑有《测量备要》4 卷，介绍西方近代测量方法、用具等要义。他还指导弟子罗照伦、族弟邹景隆绘制《浔冈洲图》，被陈澧誉为"山水形势，无不毕肖，地图至此，精密极矣"。另绘柳叶格星图及黄道经纬格，时人冯焌光称为"千古绝作""可作数千年星图""嘉惠后学于无穷"。对于家乡南海县县志地图，也是他"手定义例"，被赞为"跬步实测，密合无憾，虽以西人为之，微妙不是过也"②。曾任职于粤海关的顺德人梁廷枏，致力于研究外国地理、历史和中外交往，写有《粤海关志》，书中涉及中外地理内容也不少；鸦片战争后，目睹国是日非，遂将收集到的《美理哥合省国志略》一书，参考他过去参编的《广东海防汇览》，以及有关报刊资料，著成《合省国说》；1845 年又将关于英国的资料，著成《兰仑偶说》；1846 年又著《粤道贡图说》，详论南海诸贡国和一些西方国家在广州通商的情况，后将《合省国说》《兰仑偶说》《粤道贡图说》和《耶稣教难入中国说》四书辑

---

① 邹振环：《晚清西方地理学在中国》，上海：上海古籍出版社，2000 年。

② （清）诸可宝：《畴人传三编·邹俾奇传》，见《丛书集成续编》第 36 册，上海：上海书店，1994 年。

成《海国四说》，弥足珍贵。

据统计，1819—1840 年西方人传入中国的世界史地译著约 13 种，1840—1860 年新增 12 种[①]。

3. 新式报刊

近代报刊在中国的出现以 19 世纪西方传教士的东渐为触媒。第一家中文近代报刊是英国传教士马礼逊主持创办的，即 1815 年 8 月 5 日在马来西亚的马六甲出版的《察世俗每月统计传》，其写作格式和编排技术成为其后传教士所办中文报刊的基本模式。因其首受者主要为广东华侨，故该报可视为广东文化在报刊上体现的开端。该刊还由专人带往广州，和其他宗教书一起分送给参加县试、府试和乡试的士大夫知识分子。担任该刊刻印、发行工作并参与为该刊写稿的是广东高明人梁发。

第一个在中国境内出版的近代中文报刊，是德国传教士郭实立于 1833 年创办的《东西洋考每月统计传》，该刊创办于广州。

鸦片战争前，外国人共创办了 6 种中文报刊，除了上述两种外，还有 1823 年创办于印度尼西亚的《特选撮要每月统计传》、1828 年创办于澳门的《依泾杂说》、1828 年创办于马六甲的《天下新闻》、1838 年创办于广州的《各国消息》。报主人是外国人，但发行地都主要在广东，影响也在广东，是当地文化的一部分。

与此同时，外文报纸也陆续在广东出现，如 1822 年创办于澳门的葡萄牙文报《蜜蜂华报》、1827 年创办于广州的英文报《广州记录报》、1832 年创办于广州的英文报《中国丛报》、1834 年创办于澳门的葡萄牙文报《澳门钞报》、1841 年创办于香港的英文报《香港钞报》等。

由此可见，广东堪称中国近代报刊的滥觞之地。

4. 西方工业技术的传入

15 世纪地理大发现和西方文艺复兴运动后，欧洲步入近代社会。工业革命和近代科学技术体系的建立使西方国家迅速崛起，固守封建统治和农业经济的中国没有跟上时代步伐而渐渐落伍。通过海上丝绸之路，西方相对先进的科技文化经由广东传入中国。

西洋武器、电报、船舶、机器、冶炼、摄影等器艺和技术，因其实在、直观、直接验证、效果明显等特性首先为岭南人民所欣赏、接受和仿造，成为最早传入岭南的

---

① 邹振环：《晚清西方地理学在中国》，上海：上海古籍出版社，2000 年。

西方文化最重要的一部分。

在广州期间，林则徐上奏朝廷，并积极在广州开展学习和模仿制造西洋新式武器和建设新式海军。由于林则徐的这些开先河之举，在广东先后掀起了一股仿造西洋火器高潮，这也是一种强有力的西方军事文化输入。其中，著名的代表人物有粤闽籍人士潘仕成、丁拱辰、潘世荣、梁汉鹏等。如十三行商人潘仕成，史称其1841年投资造战船一艘，这只船后来“调拨水师营弁兵驾驶，逐日演放大炮……炮手已臻娴熟，轰击甚为得力”。潘仕成后“续又造成新船一只，照旧船加长，工料亦仍旧坚固”①。此外，潘仕成还向洋人学习配火药，制造水雷。在广州的福建人丁拱辰，精于炮术，曾向道光皇帝进献《演炮图说》一书，介绍西洋制炮之术，为朝廷重视，传旨各地“悉心核酌，按式铸造”。丁拱辰还著有《西洋制火药法》《西洋炮台图说》《铸造洋炮图说》等书。按其说法，所造火药“药力竟与洋药相等，烟亦白色，见火即燃”②，其所设计炮台建筑，仿自英国，广布于广东沿海。另一位广东绅士潘世荣，战时曾仿造小火轮一艘，在省河内行驶，引人注目。又有番禺人梁汉鹏，“善铸西洋枪炮，并合造西洋火药”③。

在购置、仿效西洋火器的同时，西方医学、摄影术等也通过西方传教士和其他渠道传入中国，使人耳目一新，为岭南文化增添新的一笔。1569年，卡内罗在澳门开设中国第一所西医院，分内外两科和化验，甚有疗效。此后西式医院在澳门相继兴起，还办起专门性的眼科医院，如1827年英国东印度公司医生郭雷枢（又译哥利支），在澳门开设第一家眼科医院。④ 1835年，美国传教士医生伯驾在广州也开设一所眼科医局，招收了几个中国学生传授医疗知识并担当助手，这是中国人学习西医之始。同时，英国医生琴纳于1781—1800年向中国介绍牛痘接种法，以防治天花。1805年，英国医生皮尔逊在澳门种牛痘获得成功，并著《牛痘奇书》，后被译成中文出版。此后，种牛痘医术传入广州等地，首先在广州十三行接种，30年间，累计有100万儿童接种，效果甚佳，很快推广至全国，深受中国老百姓欢迎和赞扬。

西医传入广东，建树很大的还有英国医生合信和美国医生嘉约翰。1847年合信到广州，在西关开设惠爱医院，其医术高明，医德高尚，深受病人欢迎，时有“合信

---

① （清）文庆：《筹办夷务始末》（道光朝）五，北京：中华书局，1964年。
② 转见刘圣宜、宋德华：《岭南近代对外文化交流史》，广州：广东人民出版社，1996年。
③ 赵春晨：《论鸦片战争期间以岭南为中心的“借取”西洋武器浪潮》，载《历史教学》，2003年第3期。
④ 罗三洋：《当中国商人主宰地球时〈广东十三行史话〉之十三》，载《中国民商》，2014年第2期。

氏之名遂遍粤东(广东)人士之口”[1]。合信还编译了5种西学书籍，4种是医书，合称《西医五种》，其中《全体新论》为一部人体解剖学概要医书，弥补了中医对人体解剖的欠缺；另有与管嗣复合译的《医学略论》《妇婴新说》和《内科新说》三种，皆针对各科而作，既有医理又有实证，非常实用。1858年合信将他的译书使用医学术语汇编成《医学英华字释》出版，为中国最早的英汉医学术语词典。此外，合信编译的《博物新编》介绍许多科学常识，对时人了解近代科学知识、启迪民智、开阔视野，贡献很大。

1855年5月嘉约翰来到广州，接替伯驾主持广州眼科医局工作，并积极推广接种牛痘，将眼科医局改为博济医院，并培训医生。著名戊戌变法六君子之一的康广仁即为这所医院的学生，国父孙中山先生也曾在此学医。嘉约翰在医务之余，还努力撰写著作，期间有20多种西医著作面世，内容包括基础医学和临床医学等方面。比较重要的有《化学原理》《生理学手册》《药物学手册》《西药略释》《论梅毒》《割症全书》《各种器官疾病论说》等，这些论著对传播西医文化具有重要贡献。

19世纪初，摄影术在欧洲被发明，据悉在1846年才传入香港。自此，摄影成为中外文化交流的重要手段，也是真实、准确反映岭南文化风貌最有效的形式。现存最早一张有关中国的照片是1850—1855年间拍摄的广州五层塔[2]。到第二次鸦片战争时，随英法联军进入广州的摄影记者罗西尔和贝多拍摄了战争给广州造成的断壁残垣，包括英军占领的宝塔、珠宝街、妓院，以及都市其他景色，还有澳门、香港、广州其他景观。这些照片1858年由那格提与尚巴拉公司出版，并以《中国风景集》为题作为商业照片出售，对中外人士了解粤港澳历史文化提供了可靠资料，也是摄影融为岭南文化一种艺术形式最早的社会文化效应。

博济医院

① 颜泽贤、黄世瑞：《岭南科学技术史》，广州：广东人民出版社，2002年。
② 刘圣宜、宋德华：《岭南近代对外文化交流史》，广州：广东人民出版社，1996年。

三、基督教在中国的重要登陆地——广东

(一)海路来华的西方传教士——沙勿略

沙勿略以教宗钦差大使的名义从里斯本登上了每年定期开往印度的皇家舰队，前往印度，开始了其传教生涯。在印度及南亚、东南亚的一些岛国传教取得成功之后，沙勿略前往日本进行传教，返回印度后总结在日本传教的时候发现中国在整个东方具有无上的权威，这让他坚定了一定要到中国传教，然后再从中国影响整个亚洲的决心。但是当时的中国正处于明朝闭关自守时期，严禁外国人入境，谁想偷渡便得冒生命危险，而这些都无法阻止沙勿略，他决心跟着葡萄牙的使节一起到中国。当时他曾写信说："我们仰赖天主的护佑，要向前去，我们深信，耶稣基督的圣名将来有一天必要进入中国，我很高兴是去给不怕牺牲生命的人开路。"

当时马六甲的葡萄牙总督反对派遣使臣到中国，因此不能公开地进入中国，而意志坚定的他选择了冒险偷渡。他登上了一艘载着私货开往中国广东的葡萄牙商船，到达广东距海岸90里的上川岛。当时上川岛只是一个荒岛，是中国官吏暗通走私商人的地点，中国帆船常来岛上与葡萄牙商船私通进行商品交易。沙勿略就在上川岛苦苦等待机会，希望有人把他偷偷地带进大陆，但是一直都没有人肯冒这个风险。等了两个多月，心力交瘁的沙勿略终于病倒了。1552年12月3日黎明时分，他咽下了最后一口气，享年46岁。① 今日的上川岛上留有沙勿略墓园和教堂。

(二)西方汉学之父罗明坚

罗明坚，意大利人，是最早在中国传教的天主教传教士。罗明坚经澳门到肇庆、韶州、广州、南昌、南京、北京等地传教，期间非常重视研究儒家的哲学，崇拜儒家的自然神观，并向欧洲国家介绍。

明万历七年(1579年)，罗明坚到达澳门后，首先学习中国的语言和典籍，然后利用广州每年开放两次集市贸易的机会，随同葡萄牙商人进入广州，结识了海道副使和总兵，还给总兵馈赠了一块用许多金属安装成套的计时表。之后，又把总值超过1000金币的特别宝贵的东西送给两广总督陈瑞，目的是希望能被批准在大陆上得到一个永久居

---

① 李丹萍：《艾儒略与晚明福建结社运动》，福州：福建师范大学，2009年。

留地。陈瑞是个贪官，因而也就答应了他这一要求。[①] 此后，罗明坚便在肇庆住了四五个月，还分到了一座宽敞的住宅。后来陈瑞被明政府解除职务，罗明坚等人又重新返回澳门。尽管如此，耶稣会士在广东陆地上打进了一个楔子，罗明坚也就成为第一个进入肇庆的传教士。万历十年（1582 年），利玛窦从印度的果亚来到澳门。第二年罗明坚偕同利玛窦又重来肇庆，受到肇庆知府王泮的礼待。经过两广总督的批准，终于在肇庆四城外西江的岸边建立起第一座天主教堂——仙花寺。

为了有效地开展传教和科学宣传活动，罗明坚努力学习中国文化并融入中国社会，与官民关系融洽。他不但学习中国语言、书法和风俗习惯，而且还采用服式、饮食和礼仪。在家庭教师的帮助下，罗明坚用中文写下《天主教实录》一书，成为耶稣会士到中国后写的第一部中文书，广为流传。

罗明坚在中国传教的另一项成就，就是借传教之机，向中国传播西方近代最新的科学成就和科技知识，同时把中国文化向西方介绍。

罗明坚向中国介绍西方的科技成就和知识，包括天文、地理、数学、物理学、机械力学、西医学、农业科学、语言和韵学、美术学、音乐十大类。罗明坚研究中国儒家哲理，翻译诠释中国经籍，向欧洲国家介绍，也使中国优秀的传统文化在欧洲广为传播，产生强烈而深远的影响。

（三）热心中西文化交流的利马窦

16 世纪欧洲殖民主义东来之前，影响岭南海洋文化的主要是印度文化、波斯文化、阿拉伯文化以及东南亚各国文化等海外文化，此后，它们才渐渐被欧洲文化取代。在这两类海外文化地位的转变时期，被后人誉为“沟通中西文化第一人”的利玛窦，登陆广东传教 20 年，将文艺复兴以后的西方科技文化首先传入广东，继而又扩散到其他省区，岭南海洋文化自此被注入新的养分和活力。

利玛窦，意大利人，青年时期攻读神学和自然科学，学识渊博，笃信耶稣，决心献身基督传教事业。[②] 明万历十年（1582 年），利玛窦奉教会之命由印度来到当时已被葡萄牙租占的澳门，接受了中国文化的各种训练，为在华传教做了充分准备。如，学习汉语和地方语言，起中国名字，穿汉服，阅读古汉书，了解俗情，适应中国人生活，践行中国礼节等。第二年九月，利玛窦随同传教士罗明坚从澳门来到广州，住进专为外国人来华居住的江边怀远驿。他们送给当地官员一幅世界地图和一些西方新式器物，

---

① 蒋祖缘、方志钦：《简明广东史》，广州：广东人民出版社，1993 年。

② 汪泉清：《“弟兄之辩”：近代福州天主教与新教传播之比较》，福州：福建师范大学，2011 年。

使广州人耳目一新。

时明朝政府实行闭关锁国政策，利玛窦深感在广州传教有诸多困难，继而选择当时的两广总督驻地，政治、经济和军事重镇，西江下游的肇庆作为传教落脚点。在肇庆，利玛窦受到当地知府王泮的礼遇和支持，传教活动得以开展。万历十三年(1585 年)，利玛窦在西江河边的崇禧塔附近兴建了中国第一座天主教堂——仙花寺。教堂落成以后，利玛窦在内开辟了一个图书仪器室，展出精致的西文图书、天文仪器、世界地图和各种西洋物品，利玛窦亲自演示和讲解天体运行、日食月食等原理，并使用粤语讲解，特别是当场用象限仪测量崇禧塔的高度、井深和路长被验证准确无误时，受到人们赞誉。教堂中厅悬挂的西文世界地图，是最早传入中国的世界地图，与中国过去的地图完全不同。利玛窦带来的这幅世界地图把地球五大洲、子午线、赤道、经纬度和五带等都标示出来了，为参观者展现了一个从来没有见过的地球，人们了解到世界如此之大，国家如此之多，中国仅占地球东方的一角。这在当时引起很大反响，相信者固然不乏其人，而怀疑者也有不少。后来利玛窦应王泮的要求，将这幅地图译制成中文世界地图，并迎合中国人的心态，把中国放在地图中央，取名《山海舆地全图》，使其成为世界上第一幅中文世界地图。利玛窦在肇庆演示、解释天体运行规律时，实际上已经把“地圆说”传入中国，动摇了中国自古以来流行的“天圆地方”说。

利玛窦在肇庆传教布道，发展教徒 80 多人，这些人成为中国最早的天主教徒。与此同时，他还做了一些沟通中西文化的事。如他和罗明坚合编了中国第一部中西文字典《葡华字典》，首创了用拉丁文注汉字语音。中华人民共和国成立之初，中国文字改革委员会曾介绍过利玛窦的这一贡献，指出：这是中国第一个拉丁字母的拼音方案。利玛窦和罗明坚还合译《天主十诫》和《天主实录》等，这些都是在中国出版的最早一批基督教(天主教)教义书籍。利玛窦前后在肇庆传教六年，经常往来于澳门和肇庆之间，使肇庆成为继澳门之后西方文化在内地传播最早的基地。

万历十七年(1589 年)，由于遭到当地一些士绅的排斥反对，利玛窦离开肇庆，取道北江到达韶州(今韶关)传教。利玛窦到了韶州，住进广东名刹南华寺，在韶州建立起内地第二所天主教堂，在那里传教也有 6 年之久。在传教之余，利玛窦将中国儒家经典“四书”译成拉丁文，使中国传统文化传播到欧洲，在他的其他著作中还向外国人介绍了广东的特产龙眼、荔枝以及柑橘等水果。

利玛窦在韶州传教 6 年之后，决心把宣扬基督天主福音的工作深入到京城。万历二十三年(1595 年)，他离开广东北上京城继续进行传教活动。

利玛窦在传播西方的科学知识的同时，也把中国的传统文化向西方传播，传播的内容广泛，包括古典经典、儒家思想、科举制度、数学、中国语言文字、科学技术、工艺美术、音乐、民风民俗九大类。其中，对古典经典著作和儒家文化的传播尤其重要。

（四）官至一品，葬于北京的汤若望

耶稣传教士汤若望原名约翰·亚当·沙尔，德国科隆的日耳曼人，在中国生活47年，利用其天文历法知识，在清廷的钦天监任职，被雍正封为“光禄大夫”，官至一品，死后安葬于北京利玛窦墓旁。

1608年7月在罗马德意志学院学习，成为耶稣会士。1613年入罗马学院学习，研究神学和数学。在这里他了解到利玛窦等先行者在中国的业绩，引起兴趣和向往。1618年4月，他随耶稣会士金尼阁来华，漂洋过海于第二年7月抵达澳门，1623年1月来到北京。他遵循已故耶稣会先辈意大利人利玛窦的做法，结交中国士大夫，学习中文和儒家文化，并且利用天文运算等实用知识以取得统治者的赏识。如1623年10月8日将有月食发生，当时的吏部尚书张向达曾经询问汤若望月食发生的准确时间，汤若望观测的结果与实际完全相符，故张向达赞誉他是继利玛窦之后的又一位大师。1627年，汤若望到西安传教。1630年，经徐光启推荐，汤若望奉召入京参加明历局修历。①

汤若望利用其掌握天文历法的优势，深得顺治皇帝赏识，被清廷任命为钦天监监正，并多次被加衔进级，官至通政使，赏一品顶戴，免三拜九叩，可直接入朝面君。

（五）基督新教传教士马礼逊

马礼逊，英国人，1798年加入长老会。1804年5月，他向伦敦传教会报名，要求接收他为传教士。伦敦传教会同意了他的申请，命他再接受两年更为严格的训练，然后派往中国开辟新的传教区。作为英国派赴中国的第一个传教士，马礼逊在1807年5月12日搭乘美国货船“三叉戟”号，从纽约启程，经爪哇、澳门，经过近四个月的海上颠簸，于同年9月8日到达广州。作为第一位来华传教的基督新教传教士，他在华传教25年，在许多方面都具有开创性的贡献。

鸦片战争以后，欧美各国天主教、基督教徒一批接一批地来到广东，传教活动逐渐达到高潮。但鉴于清政府禁止洋教传播的政策，基督教只能在澳门和广州秘密传播。基督教（新教）就是1807年由传教士马礼逊秘密传入广州的，被认为是基督教传入广东

---

① 陈久金：《北京观象台》，太原：山西教育出版社，2008年。

之始。他先是潜居在美国的商馆里，学习中文一年，再转移到澳门，潜居在东印度公司里，嘉庆十二年(1809年)，被英国东印度公司聘为翻译，取得了在华居留的合法身份，得以来往于广州、澳门之间，以撰译作为传教的入手工作，他把《圣经》翻译成汉文，取名《神天圣书》共21卷出版，为第一部中文版《圣经》。1814年译成《新约圣经》在广州出版，接着又与米怜译成《旧约圣经》，在马六甲出版，这使得基督教经典得以完整地被介绍到中国。嘉庆二十二年至道光三年(1817—1823年)编纂成6卷本的《华英字典》在广州出版，为中国第一部英汉字典，起到了沟通中英文化的桥梁作用。创办的《察世俗每月统计传》，为第一家中文近代报刊。开办“英华书院”，开了传教士在华办学校的先河。此外，马礼逊还和英国东印度公司医生在澳门开设眼科医馆，首创医药传教的方式。马礼逊所开创的译经、编字典、办刊物、设学校、开医馆、印刷出版等事业，使其成为促进近代中西文化交流的先驱。

(六)中国传教士梁发

梁发，广东高明人，是基督教的第一位华人牧师、第一位中国传教士和第一个参加近代中文报刊编辑、出版工作的中国人。

嘉庆十八年(1813年)，伦敦教会传教士米怜在南洋马六甲开辟传教基地时吸收其入教。1822年米怜病死后，梁发便继承了他在马六甲的传教工作。1824年马礼逊返回英国之后，梁发承接和主持了他在广州、澳门的传教工作。1826年，马礼逊重返中国期间，由于仍然不敢公开传教，于是和梁发二人编写传教小册子，如《救世录撮要略解》《劝世良言》《天国之道》等进行散发，宣传基督教义。马礼逊死后，梁发继续进行发书传教工作，期间被清政府下令通缉，在裨治文等传教士的帮助下逃往新加坡、马六甲等地。1839年他又回到广州传教，直到1854年死去。[①] 梁发身体力行著书游说，宣传基督教十诫，劝善黜恶、戒烟赌嫖迷信等，在近代中国社会里积极倡导西方文化的“自由、平等、博爱”等观念，起到了思想启蒙作用。

梁发1832年所写的《劝世良言》，内容主要是由从《圣经》的《旧约全书》《新约全书》的教训中筛选出来的部分和基督教的教义组成，浅显易懂，后来对洪秀全创立拜上帝会，建立太平天国影响很大。

(七)广州石室圣心大教堂

广州石室圣心大教堂亦称圣心大教堂，是中国现存最大的花岗石构筑的哥特式天

---

① 蒋祖缘、方志钦:《简明广东史》，广州：广东人民出版社，2007年。

主教堂，被誉为“东方巴黎圣母院”。作为中国最负盛名的哥特式天主教堂，广州石室圣心大教堂兼具中国文化和西方哥特式建筑的特点，高耸入云的尖塔及屋脊和弯而高的拱门，象征升向天堂，皈依天主；大门的宏伟雕刻、廊柱上逼真的浮雕，墙壁、屋穹上那缤纷多彩、风格严谨的壁画，以及色彩美丽的玻璃镶嵌，都造成特殊的宗教气氛。中国元素包括糯米桐油代替水泥、出水口用狮子造型，地板用广东大阶砖、门上的广式木雕等。它占地2700平方米，高57.95米，塔尖上嵌大时钟，报时时远近可闻。石室东侧石角上，刻有拉丁语“JERUSALEM 1863”，而西侧的角石上刻有“ROMA 1863”，意为天主教创立于东方耶路撒冷，而兴盛于西方罗马。当年修建石室时，曾分别从两地取1千克泥块作奠基用，这也是东西方文化在广州移植、生根的一段佳话。

广州石室圣心大教堂

四、佛教海路传入的首途之区

隋唐高度开放政策和宽松环境，使各种宗教来华达到高潮，除伊斯兰教以外，祆教、摩尼教、景教也先后从南海海上丝绸之路传入中国，首途之区为广东，只是时间久远，至今在广东未能留下多少痕迹，反倒是佛教自东汉转入岭南以后，到唐代达到传播的高峰。基于广州巨港地位，不少自南海来华的外国高僧大多在广州登陆，再转往内地。

(一)昙摩耶舍和光孝寺

昙摩耶舍曾在晋隆安年间从海上丝绸之路到达广州，入住白沙寺(今广州光孝寺)，并创建大殿。因耶舍擅长背诵《毗婆沙律》，故人称之为“大毗婆沙”，他有徒众85人。晋义熙年间来到长安，弘扬佛法，并与天竺僧人昙摩据多共同翻译《舍利弗阿毗昙》。后又南游江陵，住在辛寺，弘扬禅法，教徒众多。南朝宋元嘉年间，返回西域。

昙摩耶舍一弟子名法度，精通梵语和汉语，从耶舍承受经法，常帮助耶舍翻译佛经。史称“交州刺史张牧女普明尼，初受其法”，张牧自泰始元年(公元465年)任交州刺史，泰始四年(公元468年)三月病死，其女张鲁明，曾在广州白沙寺受昙摩耶舍讲解《佛生缘起》，后入法乃改名普明尼。

光孝寺大雄宝殿

昙摩耶舍还曾在季华乡(今佛山南海一带)讲经说法、言传身教，影响巨大。

(二)菩提达摩和西来初地

在广州西关下九路有一块石碑，上书“西来古岸”，这是为纪念印度菩提达摩(简称“达摩”)禅师东渡来华传教而立。

广州下九路“西来古岸”石碑

菩提达摩，南天竺人，达摩是南天竺香至国香玉王的第三王子，生于公元4世纪，姓刹帝利，本名菩提多罗。此后，达摩之侄加冕为王。梁武帝天监十六年(公元517年)，达摩秉承般若多罗的遗训，东渡中国，到达南朝宋境番禺，沿途化缘招募弟子。即“结草为庵”，开坛讲经、弘法度人，之后辗转中原传教，广播衣钵，这一带后来被称为“西来初地”。

穿过“西来古岸”小石碑旁边的一条小巷(西来正街)，就是“西来初地”。至今广州仍存“西来庵”遗址。由于有西来庵的法门宝地，故有后来清初宗符禅师兴建的华林寺，当时的华林寺规模宏大，与光孝寺、海幢寺、大佛寺并称为广州的四大丛林。《广州城坊志》称：“自萧梁普通七年，达摩泛海至粤城西南登岸，后人名其地曰西来，建庵曰西来庵，历千三百余载，传灯弗绝。”所说的西来初地，其实就包括了下九路以北、康王路以南、长寿路以西、文昌路以东范围内近 2/3 面积的地区。

据清道光《南海县志》记载："……地曰西来初地，南朝梁武帝普通七年达摩尊者自西域航海而来，登岸于此，故名。至今三摩地、西来古岸遗迹犹存。"

华林寺位于广州市荔湾区下九路西来正街，始建于南朝梁武帝普通八年(公元 527 年)，其前身是西来庵。梁武帝普通七年(公元 526 年)，印度僧人达摩遵从师父训谕来华弘法，从海上到达广州城外的珠江北岸(今下九路)，"结草为庵"，建西来庵潜心苦修并广传佛教。西来庵建成后，历隋、唐、宋、元、明、清诸代多次修葺，并经多次改建为砖木结构，"传灯不绝"，长盛不衰。该庵始建 1100 多年后，于清顺治十一年(1654 年)，庵的住持宗符禅师募资扩建，增设了禅房、僧房、大雄宝殿，又开拓庭院，广植树木、引入流水，营造起一座颇具规模的佛教丛林，面积达 3 万平方米，并将西来庵改名为华林寺。

广州五眼古井

华林寺由五百罗汉堂、舍利塔、达摩堂等建筑群组成。五百罗汉堂内，除供奉三宝佛外，还陈列着神态各异的泥塑五百罗汉像，其中有一尊意大利旅行家马可·波罗的木雕像。

广州市荔湾区下九路西来初地后街华林禅寺牌坊入口处有五眼古井，是广州九大名井之一，已有上千年历史。据清《番禺县志》记载，相传五眼古井为菩提达摩居留西来初地时带领开挖的，因有五个泉眼，通称"五眼井"，又名"达摩井"。又传说五眼井水能止烦渴，疗疾患，颇为神异。据说当年附近华林寺的僧人便曾汲取此井的水，配上丹药替人医治眼疾，甚有成效。为了方便多人同时取水，建造时将井口分设五个孔。

五、伊斯兰教海路传入的首途之区

唐代，西亚的伊斯兰教、祆教、摩尼教、景教等也随着海上丝绸之路传入中国，广州是主要传播通道和流行地区。

随着阿拉伯帝国的扩张，伊斯兰教迅速向世界传播。据威尔士《世界史纲》宣称，穆罕默德于628年向当时世界上最强大的三大帝国——拜占庭、波斯、唐朝——派遣使者，传播伊斯兰教。派往唐朝的使臣在麦地那的扬布起航，由海路来到广州，受到官方热情接待。唐朝对"其科学之见解，颇加赞许，并助建一清真寺于广东，以备阿拉伯商人之用"。这是伊斯兰教传入中国之始。①

伊斯兰教在广州率先传播，是因为广州是唐朝海上丝绸之路的始发港和东方大港，也是阿拉伯人、波斯人的主要聚居地，教众最多，基础雄厚。

(一)艾比·宛葛素和怀圣寺

1. 艾比·宛葛素

艾比·宛葛素，全名为赛义德·艾比·宛葛素，是伊斯兰教创始人穆罕默德的大弟子，据说当年穆罕穆德对古老的中国文化十分景仰，于是派遣弟子艾比·宛葛素于唐朝贞观初年沿着海上丝绸之路从波斯湾来到中国奉命传教。艾比·宛葛素在广州登陆上岸后，先是在珠江北岸阿拉伯商人聚集的"蕃坊"立足，并在阿拉伯商人的资助下建立了怀圣寺进行传教并供阿拉伯人、伊斯兰教徒做礼拜，这所伊斯兰教寺庙后来被誉为中国古代四大清真寺之一。该寺建成后不久，艾比·宛葛素去世，教徒们将其葬于广州，现被称为清真先贤古墓。

2. 怀圣寺

怀圣寺世传建于唐朝，是中国最早的伊斯兰教寺院。位于广州老城厢中部偏西即现在的越秀区光塔路56号。古代在广州蕃坊，每逢节日，蕃长就要"带领全体穆斯林做祷告，宣讲教义，并为穆斯林的苏丹祈祷"②。这些活动都在怀圣寺举行。广州怀圣寺是伊斯兰教的活动场所，它是中国最早的伊斯兰教建筑，关于怀圣寺的始建年代，现存寺内的元代至正十年(1350年)郭嘉从的《重建怀圣寺碑》及南宋方信孺的《南海百咏》、南宋岳珂的《桯史》都认为是始建于唐代，比较可信。宋人方信孺在《南海百咏》中谓：怀圣寺内有番塔，唐时怀圣将军所建，"轮囷直上，凡六百十五丈，绝无等级。其颖标一金鸡，随风南北。每岁五六月，夷人率以五鼓登其绝顶，叫佛号，以祈风信。下有礼拜堂"③。明人严从简亦谓："今广东怀圣寺前有番塔，创自唐时，轮囷直上凡十六丈有五尺，日于此礼拜。"④

怀圣寺寺院坐北向南，由礼拜大殿、看月楼、碑亭和东西长廊等组成，与光塔一

① 转引自金吉堂：《中国回教史研究》，台湾：珪庭出版社，1971年。
② 穆根来等译：《中国印度见闻录》，北京：中华书局，1983年。
③ (宋)方信孺：《南海百咏》"番塔"条，香港：香港大东图书公司，1977年。
④ (明)严从简：《殊域周咨录》卷十一《默德那》，北京：中华书局，1993年。

起构成一大建筑群。大殿形式类型穹庐，有西域风格，而其顶与看月楼一样，为重檐歇山顶，形式与中国南方干栏式建筑相同，说明它们是结合岭南地理特点兴建的。光塔又称怀圣塔，以青砖砌筑而成，塔底的直径为 7.5 米，由下向上逐渐收分，塔的总高约为 36.3 米。外表以蚬壳灰批覆，平面呈圆形，外观不分层级，饱经千余年的风摧雨荡，至今仍然保存完好。

建设怀圣寺和光塔一是为了宣礼，二是为了导航。寺内要聚礼祈祷时，选弟子中高音声美者，登于塔顶，按照唤礼词呼唤，以让寺周围甚至船上的穆斯林都能听见。怀圣寺光塔建于城西，濒临珠江，远航而来的船舶远远就能眺望到耸立于城中高处的光塔，便有了方向和目标感。宋代文献记载每年的五六月间，教徒们便登塔临顶、祈盼风汛，遥望阿拉伯商旅海船乘风而至。光塔“昼则悬旗，夜则举火”以起“导航归浦”的作用。至正三年(1343 年)怀圣寺毁于一场火灾，唯有光塔避过此劫，历经千百年沧桑风雨保存至今。

光塔高 36.3 米，底径 8.85 米，塔身呈圆柱形，青砖砌筑，向上渐有收分，外表以蚬壳灰批覆。底面约低于今天地面 2 米，墙砖现存有唐初、宋等不同历史时期，应重建于历代塔楼的基础之上。塔顶原有金鸡，可随风旋转以示风向，明初为飓风所坠。除塔顶为后期改造较大外，对比宋代相关记载，光塔基本样式未发生大的变化。①

怀圣寺看月楼和光塔

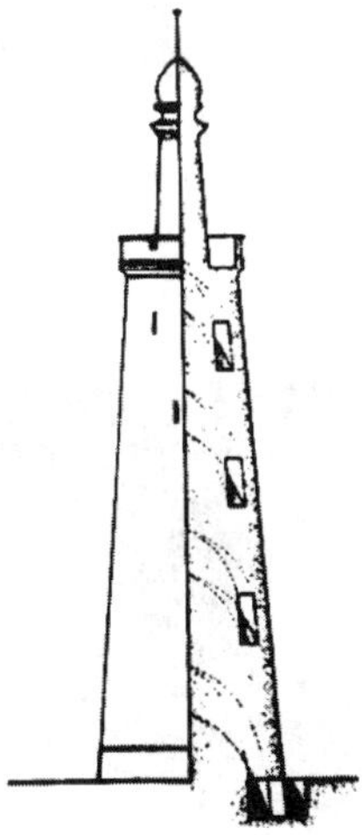

广州怀圣寺光塔立面图(据《广州市文物志》)

① 宋岳珂所著《桯史》中记载：“高入云表，式度不比它塔……望之如银笔。”

（二）广州清真先贤墓

清真先贤墓是以艾比·宛葛素为首的 40 多名阿拉伯著名伊斯兰教教士的墓地。相传艾比·宛葛素于唐贞观初年到广州传教，建清真寺传教并供侨民礼拜。他归真后，教徒们将其营葬于此，至今已逾 1300 年，是一座名副其实的古墓。现今，古墓是一座园林式的墓园，四周绕有墙垣，内有拜殿、方亭、厢房，穿过一座悬有“高风仰止”大牌楼而入，沿着一条两侧设有石栏杆的石路，便可步入先贤古墓。墓室中空外圆，形如悬钟，先贤的坟墓就设在里面。因为墓室内呈拱形，教徒或游人在此凭吊先贤，诵经祈祷或讲话时，声音特别的响亮，且有回响，故此墓又有“响坟”之称。古墓位于广州市解放北路兰圃西侧。明清时期，中国学者称伊斯兰教义为“至清至真”，因而伊斯兰教又被称为“清真教”，其墓地就被称为清真先贤古墓了。现从伊斯兰教的创立、传播及其与中国的友好交往的历史考证，认为该墓地不太可能建于唐朝。墓园内现存的殿堂及其建筑，均为明代风格。

广州清真先贤墓

广州清真先贤古墓园宛葛素墓正面

广州清真先贤古墓园宛葛素墓背面

20世纪50年代广州市政府曾多次拨款对墓园进行修葺、绿化。今天墓园树木繁茂，环境幽雅，庄严肃穆，被国内外穆斯林视为伊斯兰教圣地，每年均有大批穆斯林前来凭吊瞻仰。墓园里还有数十座外国建筑风格墓葬，墓主人来自海外。这显示出海外文化也在这里占有一席之地。1955年在广州新市镇附近另建回族牧场，墓碑林立，分别用阿拉伯文、波斯文或英文书写，为外来文化与岭南文化相结合的另一个场所。

第六章　广东海洋移民文化

一、广东人足迹遍五洲

广东人从海洋走向世界，移居海外年代久远，近代以后逐渐发展成为重点侨乡。广东籍人士移居海外，不计史前的话，据有关史料记载，大概始于唐代至宋初。早期的移民，常常是出海经商贸易的商贾，因故而滞留海外，他们主要聚居在交通和贸易比较发达的印支半岛、马来半岛、印度尼西亚各岛、吕宋岛等东南亚沿海地区各个港口。也有部分因避战乱而移居海外的。还有就是出洋务工的劳工。现当代中国移民多为求学和经商而留居海外。

宋代开始广东有商人外出经商而定居国外成为移民，明代广东的海外移民有所增加，但规模仍较小，主要是移居邻近的东南亚国家。清代广东向海外移民逐步形成高潮。[①]

近代广东移民主要移去东南亚地区、北美洲和大洋洲。这几大地区的粤籍华侨，占当时移民海外广东人的70%~80%，其余的则散布世界各国，世界大部分国家都有广东籍移民。

有关统计显示，20世纪80年代初的广东籍华侨华人为2000万人，多于福建、广西和海南三个主要出国大省的海外华侨华人人数。[②] 广东籍华侨华人分布在世界各地，其中亚洲约1580万人(在东南亚1480万人)，主要分布在泰国、马来西亚、印度尼西亚、新加坡、柬埔寨、菲律宾、越南等国；欧洲约50万人，主要分布在法国、德国、英国、荷兰等国；北美洲约200万人，主要分布在美国、加拿大；南美洲约50万人，主要分布在巴西、阿根廷以及中美洲各国；大洋洲约30万人，主要分布在澳大利亚、新西兰；非洲约4.5万人，主要分布在南非、马达加斯加、毛里求斯等国。[③] 2010年前

---

① 黄启臣：《广东海上丝绸之路史》，广州：广东经济出版社，2014年。

② 方雄普：《中国侨乡的形成与发展》，见庄国土：《中国侨乡研究》，厦门：厦门大学出版社，2000年。

③ 黄昆章、张应龙：《华侨华人与中国侨乡的现代化》，北京：中国华侨出版社，2003年。

后，海外华侨华人4500万~5000万，广东籍华裔估计占50%~60%，遍及世界100多个国家和地区，主要聚居东南亚、北美洲和大洋洲等传统移民地区，但移民世界其他各国的人数也不少。广东籍的华侨华人占世界华侨华人的2/3多，成为在世界各地华侨华人社区中的主体。他们漂洋过海将中华文化传播海外，又受海洋文化的影响，形成了独特的华侨文化。[①] 如今，海外广东同乡在世界五大洲落地生根，建功立业，融入主流社会，贡献卓著。

二、侨乡江门和开平碉楼

江门市素有“中国第一侨乡”的美誉，位于美丽富饶的珠江三角洲，濒临南海，毗邻港澳，水陆交通方便。现辖蓬江、江海、新会(三区)，代管台山、开平、恩平、鹤山4个县级市，俗称“五邑”。作为“中国第一侨乡”，祖籍江门五邑的华侨、华人和港澳台同胞遍布全世界五大洲100多个国家和地区。历史悠久、独具特色的移民文化给江门印上了深深的烙印。从建筑、饮食、服饰、风俗习惯等方面，随处可见中西交融的痕迹。

开平锦江里雕楼

在江门，最出名的莫过于开平碉楼，开平碉楼是早年沿着海上丝绸之路远涉重洋的华侨归国所建，是汲取西方文化并中西结合的建筑，是海洋文化在中国生根落户的铁证，它又是中国侨乡文化的一大特色。开平海外移民在国外艰苦拼搏，经过几十年的奋斗，渐渐有了积蓄，他们寄钱回乡赡养双亲和妻儿，也希望家里的财产安全有所保障，能够回家乡安度晚年。尤其在这段时间里，侨乡匪患扰民，为了自保，村民只得加强村庄的防卫，为保障家乡财产安全，华侨捐资在村中建碉楼，购置枪械以自卫。华侨还出资建筑防御和民居两

① 周義：《海上丝绸之路的研究开发》，广州：广东经济出版社，2014年。

用碉楼，让自己的亲人住进去以保平安。由于长期生活在国外，受西方建筑文化的影响，他们从国外聘请建筑师代为设计建筑样式并带回家乡，这些建筑样式自然带有浓郁的欧美风格。同时，20 世纪初期开平拥有一批较早掌握西方建筑工艺和建筑构件的工匠，从而也促进了大量的风格各异、融汇中西文化的碉楼出现，形成了碉楼建设的繁盛时期。第二次世界大战爆发后，由于局势动荡，侨汇不断减少，侨房、碉楼的建设也停顿下来，最后一座碉楼建成于 1947 年。开平碉楼类型多样，“按建筑材料分类，有石楼、砖楼、夯土楼和钢筋混凝土楼四种”。① 可以说，开平碉楼是大规模移民带来的产物。在这片土地上，鼎盛时期曾有碉楼 3000 余座，现尚存 1833 座，分布在 15 个乡镇。2007 年，开平碉楼与村落被联合国教科文组织列入《世界遗产名录》，成为中国第 35 项世界遗产，也是广东省第一处世界文化遗产。

开平马降龙雕楼

三、侨乡潮汕和“侨批文物馆”

20 世纪上半叶，广东侨乡流行着这样的歌谣：“一溪目汁一船人，一条浴巾去过番。钱银知寄人知返，勿忘父母共妻房。”②这里的“寄钱银”，也就是侨汇。由于家庭的主要劳动力移民海外，侨汇成为广东侨乡侨眷的主要生活来源，侨汇是早期海外粤籍华侨与家乡亲人经济的主要联系之一。

---

① 梅伟强：《凤岗碉楼与开平碉楼比较研究》，载《五邑大学学报（社会科学版）》，2010 年第 2 期。
② 广东省地方史志编纂委员会：《广东省志 · 华侨志》，广州：广东人民出版社，1996 年。

广东华侨人数众多，侨汇数目可观，占全国侨汇的80%以上。如1931—1940年的侨汇统计，广东侨汇占全国侨汇的比重，从1931年的82.2%提升到1940年的85%。1931年全国侨汇总额为4.22亿元，广东侨汇为3.452亿元，1940年全国侨汇总额提升到12亿元，广东侨汇总额也提升到10.2亿元。[①]

随着侨汇的出现与增加，侨批业也应运而生。华侨汇款的主要方式经历了由贸易商人带递、水客递送、批信局带递，再到通过银行和邮局汇寄等过程。侨批本来是指早期海外华侨寄回家乡赡养家人和禀报平安的"银信合封"的一种民间寄汇形式，即在托人带钱回家时，附上书信、家书，潮汕地区属闽南语系，闽南方言称"信"为"批"，这种海外华侨的民间寄汇便称为"侨批"，早期东南亚地区的粤籍华侨，大部分通过这种方式汇款回家。

19世纪中期以前，侨汇主要由华侨自身携带返乡或委托归国亲友转交。后来移民出国的逐渐增多，寄款回国的需求大大增加，随之便出现专门为侨民捎带银信的人，他们经常随轮船往返国内与南洋之间，俗称"水客"。随着侨汇业务的不断扩展，还产生两类水客：国内水客和国外水客。在潮汕地区，国外水客称"溜粗水"，国内水客称"吃淡水"；在五邑一带，国内水客称"巡城马（或巡马）"。水客深入各锡矿山、橡胶园、烟草园等地，收集侨民委托带递的汇款及书信，遇到文盲者水客还代笔书写家信，名为"收批"。水客将收集的批款整理妥当后，在外国银行或邮局换成香港、汕头等地汇票或直接随身携带外国钞币，回到国内，再去兑汇票或换成国内钞币。因国内侨眷大多散居于穷乡僻壤，水客同样要按地址四方寻觅，到达每个村庄角落一一递送，并收取回执（回批），下次到南洋再一一登门送还寄批人。水客带递信款收取2%～10%不等的手续费[②]，虽然寄批人数众多，款额大小不一，业务冗繁琐碎，投递范围遍及各城乡村镇、荒村陋巷，但不少水客都尽心尽力，及时递解，很受欢迎。

最初，水客一年往返南洋两三次，往往需经过三个月至半年时间才能将侨汇送到侨眷手中，随着侨批增加和近代交通方便，水客每年可往返多次，侨眷很快便可以收到汇款。原来水客主要是单干，在南洋无固定住所，工作不方便，华侨托寄汇款也十分麻烦，出现遗失、匿交或侵吞款项的情况也很难查找、追责。为了赢得海外华侨的信任，拓展侨批业务，南洋地区逐渐出现有固定场所，专门带递海外华侨信款的民间机构，一般称为"侨批局"，他们在广东侨乡设立相应的联网机构。

---

① 广东省地方史志编纂委员会：《广东省志·华侨志》，广州：广东人民出版社，1996年。

② 钟运荣：《近代侨汇与国家控制》，广州：中山大学，东南亚研究所馆藏，2002年。

早期“侨批局”不少是由水客创办。专业水客利用小店铺为收集汇款的地点，该店铺逐渐成为一般华侨汇款回国及询问国内信息的地方。有些店铺信用比较好，深得侨民信任，于是他们每有积蓄，就先存放在店铺里，店铺一俟集得相当数量，即派人将款项一道寄回国内。同时，店铺为了招揽生意，也有先代顾客垫汇寄乡。店铺这种寄递款项的业务，实质就是侨批业，而店铺也成了侨批局的前身。

广东潮汕地区是中国著名侨乡之一。潮汕人移居海外始于宋元之际，目前分布在世界各地的潮汕侨胞已逾千万。“潮侨”是中国华侨的重要组成部分，其移民历史悠久，且移民数量众多，与潮汕本土人口总数相当，故有“海内一个潮汕，海外一个潮汕”之说。

最能反映潮汕华侨移民史、创业史的物证之一就是侨批，其是旅居海外的华侨与祖国大陆往来信件、汇款的通称。

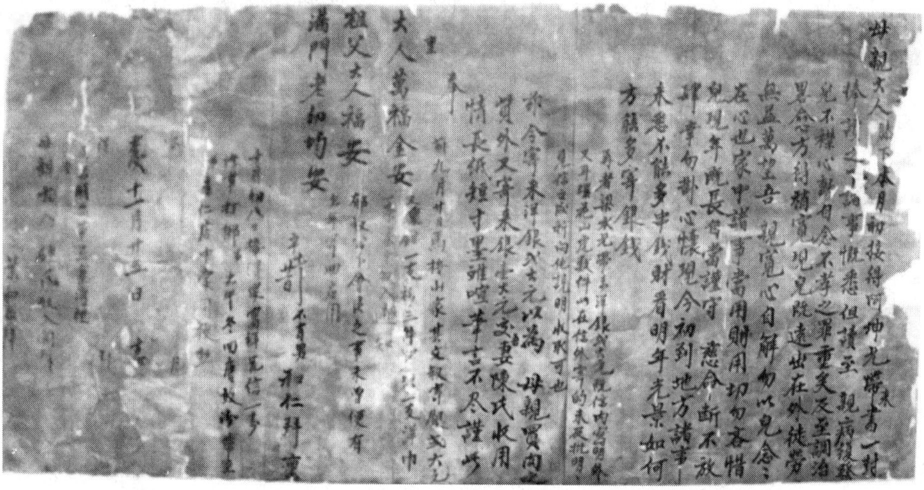

珍贵的侨批文物(据汕头侨批文物馆)

侨批是华侨史上具有独特文化色彩的文物，它不仅历史跨度大，而且对当时、当地社会有着深远的影响。正如饶宗颐教授所说：“侨批可以看出那个时候潮人在哪些国家及其活动，还可以从潮人活动看那个国家的经济和政治。”[①] 2004 年，汕头市潮汕历史文化研究中心建成国内首家以侨批为主题的文物馆——侨批文物馆。

2013 年 6 月“侨批档案”正式被联合国教科文组织列入《世界记忆遗产名录》。侨批文化记录着昔日华人移民的拓殖史，记录着华人在异国他乡艰苦创业、开拓拼搏的艰难历程，记录着海外华人思乡思亲、寄钱回家赡养家人的浓重情结，记录着东南亚以

---

① 饶宗颐：《在潮汕历史文化研究中心的潮学讲座》，载《潮学通讯》，2000 年第 20 期。

汕头侨批文物馆

至世界各国与中国的经济往来。侨批作为一种具有超越国界价值的文献资料，给当代人留下关于海外华人艰苦创业、开拓拼搏、热爱家乡、惦念亲人的历史记忆，也为历史与现代架起一座文化的桥梁，是名副其实的世界记忆遗产。[①]

四、三水籍妇女华工“红头巾”

“红头巾”是20世纪新加坡对当地做建筑粗工的广东三水县籍华人妇女的一种称谓。由于她们在穿戴上富有特点，习惯头裹红头巾进行劳动，故人们称之为“红头巾”。

“红头巾”从20世纪20年代开始成为新加坡建筑业中的一支重要力量，20世纪50年代起因不再有新的人数补充而逐减，到20世纪80年代几近绝迹。[②] 这些到新加坡谋生的妇女大多命运坎坷。当年的红头巾都有着类似的命运：嫁人之后，丈夫或是早亡，或是不思进取，女人无法谋生，迫于生计跟随“水客”远走他乡寻口饭吃。到新加坡谋生的三水籍妇女，多数为赊单工，是靠“水客”带路并垫支“水脚”的，以后在做工收入中逐月扣还。“从来三水女工的苦干和节俭生活，都给予人们非常深刻的印象。这一种勇于同严酷的生活斗争的精神很值得现在很多人深思。近年来三水

---

① 陈汉初：《从“尺素雅赎”到世界遗产——略论潮人对侨批历史文化价值逐步深化认识的漫长之路》，载《韩山师范学院学报》，2014年第4期。

② 徐霞辉、蔡丽云：《广东三水籍赴新女华工“红头巾”研究》，载《广州大学学报(社会科学版)》，2008年第10期。

女工吃苦耐劳的精神，博物馆里可以看到，艺术舞台上可以看到，电视连续剧里可以看到，三水会馆实在可以深深地引以为荣。可是，最值得注意和欣慰的是，人们并不单纯地只把她们看做是祖籍三水的劳动妇女，人们敬重和希望加以发扬的是她们的精神。”①

在新加坡戴红头巾劳动的三水妇女

五、广东著名华侨华人故居

（一）陈慈黉故居

陈慈黉是泰国著名华侨巨贾，在家乡汕头建造了许多建筑，为近代汕头的城市发展作出了重要贡献。陈慈黉故居位于汕头澄海区隆都镇前美村，是中国罕见的侨房建筑群。始建于清宣统二年（1910 年），集陈家几代人的心血，堪称史诗式的家族工程。陈慈黉故居现存面积 25 400 平方米，共有厅房 506 间，被誉为“岭南第一侨宅”。建筑风格中西合璧，总格局以传统的“驷马拖车”糅合西式洋楼，点缀亭台楼阁，通廊天桥，萦回曲折，进之如入迷宫，既有潮汕式平房、亭台楼阁，又有西式阳台、拱门、圆窗。据说当年陈家有专门开关窗的佣人，每天早上开窗开到中午吃饭，下午关窗关到晚上睡觉，开关窗刚好一天。

---

① 三水县妇女联合会编写组：《三水县妇女志》，三水县地方志编纂委员会办公室，1992 年。

陈慈黉故居

（二）龚氏大围屋

梅县南口红星乡客属龚氏所建大型围屋是客家建筑的典型代表。1931—1940 年是梅县当地客家华侨修建房屋最多的时期，其中面积最大的就是南口红星乡龚氏家族的大围屋，占地 40 多亩。龚氏所建围屋又叫围龙屋，因为整个围屋沿山坡而建，前低后高，自成阶梯形，最外围墙筑得很高，窗子开得很小，显得壁垒森严。从低处往上看，围屋层层叠叠，有盘龙之状，故称。围龙屋的设计与建造，融科学性、实用性、观赏性于一体，与北京的四合院、陕北的窑洞、广西的“干栏式”、云南的“一颗印”并列一起，被中外建筑学界称之为中国五大特色民居建筑物。龚氏大围屋的建筑和设计艺术之独特，给当地侨乡带来浓郁的乡土风情。①

（三）陈芳故居

陈芳，珠海市前山梅溪村人，中国驻夏威夷第一任领事、华人商董。陈芳故居建

① 广东百科全书编委会：《广东百科全书》，北京：中国大百科全书出版社，2008 年。

于1891—1896年，包括1座陈公祠、3座大屋、1座洋楼和1座花厅，建筑面积2495平方米，占地面积5742平方米，结合了西方文化及中国建筑传统，整座建筑雕梁画栋，具有浓郁的岭南风格。此外，门前，屋巷，铺设石板、青砖，种有白玉兰、九里香等百年以上珍贵花木，周围筑砖墙，东西两角设置哨楼，组成陈氏家庭庄园工匠建筑群。陈芳故居内的“中国牌坊精品展”“珠海名人蜡像展”“陈芳家史展”“文宝斋书画院”等展馆展现了建筑学、人文纪念、民俗展览、华侨创业史、文物书画等方面内容。[①] 1987年陈芳故居被珠海市政府列为重点文物保护单位，1989年被广东省列为重点文物保护单位。

六、粤籍著名华侨华人

（一）罗芳伯

罗芳伯，原名罗芳柏，1738年出生于广东梅州市梅县区石扇堡一耕读之家。自小就学文习武，是同辈中的佼佼者，生活勤俭，勤奋好学。1772年，罗芳伯因多次乡试不中，于是和百多名亲戚朋友漂洋过海，到达婆罗洲，起初以教书为生，他发现婆罗洲的华人非常贫穷，衣食不足，更有甚者流浪街头，生活十分困苦。于是，罗芳伯就着手组建了“采金公司”，开发金矿，为改变人们的生活而努力。1777年，以东万律为首都的“兰芳大统制”共和国建立，这一年定为兰芳元年。罗芳伯担任首任国家首脑“大唐总长”，并被当地人尊称为坤甸王。[②] 在他管辖下的11万民众一致拥戴他，称他为“大唐总长”，敬称为“芳伯”。1795年，因病在坤甸逝世，终年58岁。罗芳伯等所建立的丰功伟绩，一直为后人所敬颂。为纪念他，坤甸建有罗芳伯纪念厅和墓园，东万律有“芳伯公学”，他的家乡今梅州市梅县区石扇梅北中学内建有“罗芳伯纪念堂”。

（二）胡亚基

胡亚基，字璇泽，号琼轩，1816年出生于广东黄埔。他15岁到达新加坡跟父亲做生意，父亲去世后，他子承父业，并有扩展，生意越做越大，居当时新加坡华商之冠。因其经营的商店名为“黄埔公司”，故人们称他为黄埔先生。他热心公益事业，经常捐

---

① 焦洋：《走进珠海大宅门——梅溪牌坊》，http：//special. dbw. cn/system/2006/12/20/050644297. shtml。

② 史海烟云：《1777兰芳共和国，华人建立亚洲首个共和国》，载《科学大观园》，2006年第15期。

钱兴建桥梁、庙宇、会馆等，注重华人子弟教育，特别出资捐助女子受教育，是新加坡提倡女子教育的先驱。他鼓励家长送女孩子到学校读书，凡是进学校读书的华人女孩，他都给每人每月补助4元学费。他热心园林事业，为发展新加坡园林业，他将自己地段非常好的60亩土地私产让给新加坡政府，换回一块沼泽地，使政府得以将这60亩地辟为植物园，成为新加坡当今的旅游景点之一。1877年10月5日，胡亚基正式担任中国驻新加坡第一任领事，也是中国第一任驻外领事。后来，胡亚基又被俄国政府和日本政府相继任命为他们驻新加坡的领事，一人兼任三国领事，这是外交史上的奇迹，一度传为佳话。胡亚基于1880年去世，届时，新加坡各政府机关和中国、俄国、日本领事馆均降半旗致哀。他临终前留有遗言"死后归葬故乡"，以表他眷恋祖国故乡之情。他葬于广州，清朝政府给他加赠了"太仆寺卿"衔。新加坡至今尚有黄埔路、黄埔河、黄埔中学等称谓，以示对胡亚基的纪念。①

（三）叶亚来

叶亚来，大马首都吉隆坡发展史上重要的先驱者，本名茂兰，字德来，原籍中国广东省惠阳县淡水镇周田乡，客家人。17岁随同乡只身南渡到马六甲在锡矿厂工作。1860年胆识过人又精明能干的叶亚来被推荐为双溪乌绒华人甲必丹。1862年初他放弃双溪乌绒华人甲必丹，到吉隆坡协助吉隆坡第二任甲必丹刘壬光处理行政及管理锡矿厂，此后开始发迹成巨富，自己也经营两家矿场。1864年创设"惠州公司"，安置由家乡抵达的同乡及供贫病同乡食宿。1865年娶马六甲华人女子郭庚娇为妻。1868年，刘壬光不幸逝世后，叶亚来代执行甲必丹任务，1870年受封为第三任华人甲必丹。

从1870年至1873年，吉隆坡因战乱两次失守、三度被焚。吉隆坡光复后，雪兰莪州苏丹再次任命叶亚来为吉隆坡华人甲必丹兼吉隆坡行政长官。从此，叶亚来开始了近10年的吉隆坡重建工作②，使吉隆坡从一个战乱的废墟发展成为雪兰莪的经济和政治中心，奠定了叶亚来在吉隆坡发展史上的地位。1885年4月15日，叶亚来鞠躬尽瘁，病逝吉隆坡，年仅48岁。

（四）张振勋

张振勋，近代华侨资本家，张裕葡萄酒创始人，字弼士，号肇燮。1841年出生在广东潮州府大埔县（今梅州市大埔县）。1856年赴荷属巴达维亚（今印度尼西亚雅加达）

---

① 吴钟华：《胡亚基——中国第一任驻外领事》，载《人民政协报》，2002年7月26日第B2版。

② 潭江：《叶亚来重建吉隆坡》，载《人民日报海外版》，2007年1月26日第6版。

谋生。后获准承包酒税、典当税及一些地区的鸦片烟税，获巨利。从1866年起，先后开办裕和、亚齐、笠旺、万裕兴垦殖公司，东兴矿务公司，广福、裕昌轮船公司等，成为南洋巨富。1892年后历任清政府驻槟榔屿首任领事、新加坡总领事、中国通商银行总董、粤汉铁路总办、佛山铁路总办。1894年后在国内投资兴办烟台张裕葡萄酿酒公司、广厦铁路公司、广西三岔银矿、惠州福兴玻璃厂、雷州垦牧公司等。1903年获赏侍郎衔，三品京堂候补。主张抵制洋货，以商战收回利权。1905年赏头品顶戴，补授太仆寺正卿，继任商部考察外埠商务大臣、督办铁路大臣。1910年任全国商会联合会会长。1912年后，历任袁世凯总统府顾问、工商部高等顾问、南洋宣慰使、华侨联合会名誉会长等。1915年发起组织赴美实业考察团，筹办中美银行。此外，他还热心捐资办学。1916年9月12日病逝于巴达维亚。

张振勋开办的烟台张裕酒厂

（五）陆佑

陆佑，著名华侨实业家、金融家，慈善家，字弼臣，号衍良。广东江门鹤山雅瑶镇黄洞村人。16岁时被卖“猪仔”到马来亚（旧指马来西亚联邦的西部土地）谋生，后在新加坡开设小商店“兴隆号”。接着往马来亚开拓创业，承顶他人废弃之“旧龙口”锡矿，使锡矿恢复生机，并发展成颇具规模的大矿。后发展橡胶业、椰子业、咖啡业，集种植与制炼于一体，兼营水泥业等，成为马来亚有名的“锡矿大王”和“橡胶大王”。1913年在吉隆坡开设广益银行发行银票，同政府发行的钞票同等价值，在南洋马来亚各地流通，一跃而成“金融巨子”。陆佑富而好善，热心社会公益事业，举凡交通、医疗卫生、文化教育、慈善福利，无不慷慨捐助，以造福社会，造福人民。孙中山先生为推翻清王朝到南洋宣传革命、筹募经费时，他解囊支持革命运动，并资助开办宣传革命的《星州晨报》。

新加坡陆佑街

中华民国成立后，国民政府曾颁授陆佑六等嘉禾章。①

(六)司徒美堂

司徒美堂，祖籍开平赤坎。1880 年到美国谋生，后加入当地华侨组织的洪门致公堂，投身孙中山领导的民族民主革命运动，曾任洪门致公堂门总监督。1937 年全国抗日战争爆发后，他发起组织“纽约华侨抗日救国筹饷总会”，为祖国抗战筹措经费约 330 万美元。1941 年初皖南事变后，致电国民党政府，代表美洲华侨洪门致公堂，要求举国团结抗日，反对分裂。1941 年冬，受聘国民参政会参政员，自美回国参加抗日活动。1942 年，他又专程前往南美洲各国，向华侨宣传祖国抗战。抗战后期，他还鼎力支持国内经济建设事业，在重庆等地设立华侨兴业银行。1945 年当选为中国洪门致公党全美总部主席后，被推举为联合国大会中国代表团的华侨顾问。抗战胜利后，反对蒋介石集团的内战政策。中华人民共和国成立前夕，司徒美堂应中共中央和毛泽东邀请，回国参加中国人民政治协商会议，并于会后留居北京，其间，曾担任中央人民政府委员会委员、全国政协委员、全国人大常委会委员、中央华侨事务委员会委员等职，为祖国建设贡献了自己的力量。他一生经历了中国近现代史上几乎所有的重大历史事件，从反清复明到辛亥革命，从支持辛亥革命到拥护中国共产党的领导，司徒美堂终其一生追求光明、进步，赢得“爱国旗帜，华侨楷模”之美誉。②

(七)冯如

冯如，广东恩平人，中国首个飞行家和飞机设计师，有中国“航空之父”之誉。冯如生于一个贫农家庭，他从小喜欢制作风筝和车船等玩具，对神话故事尤其是飞天故事，更是满心向往。12 岁随亲戚漂洋过海到美国谋生，他目睹美国先进工业，认为国家富强必须依靠工艺的发达，改变中国贫穷落后面貌非学习机械、发展工艺不可。1903 年得知莱特兄弟发明飞机后，决心要依靠中国人的力量制造飞机。1909 年冯如完成了中国人自己设计制造的第一架飞机“冯如 1 号”，并亲自试飞成功。1911 年 1 月冯如又设计制造了一架新型飞机“冯如 2 号”，首次试飞大获成功，被中西报纸竞相报道。同年 2 月他断然拒绝了各国的聘请，与助手朱竹泉等携带着自制的两架飞机以及制造飞机的机器，踏上了归国的航程。辛亥革命爆发后，冯如毅然参加革命军，被委任为陆军飞机长。1912 年 3 月，冯如又制成一架飞机，这是在中国国内制成的第一架飞机，

---

① 温志光:《华侨巨富慈善楷模——华侨实业家陆佑传略》，载《五邑大学学报(综合版)》，1990 年第 Z1 期。
② 宋湑知:《司徒美堂一生爱国的洪门元老》，载《中华儿女》，2014 年第 19 期。

揭开了中国航空工业史的第一页。[①] 同年8月25日，冯如在广州燕塘的一场飞行表演中不幸失事牺牲，被追授为陆军少将，遗体安葬在黄花岗，并立碑纪念，被尊为“中国首创飞行大家”。

（八）邓荫南

邓荫南，广东开平人，被称为华侨革命第一人。少年时代即与其兄同赴美国檀香山谋生，不仅事业有成，还因其善良慷慨在华侨中威信颇高，深得华侨和当地人敬重，与孙眉交往甚密。1894年与孙中山见面，加入兴中会。次年变卖家财充革命经费，回国参与筹划广州起义，失败后避居澳门。1898年与宫崎寅藏等在广州设东亚同文会，以为继续开展革命活动作掩护。1899年协助陈少白在香港创办《中国日报》。辛亥革命爆发后，邓荫南受到极大鼓舞，他在新安发难，是广东最早响应武昌起义的地方。[②] 1919年，他奉孙中山之命组织军队讨伐桂系军阀。1920年夏，粤军陈炯明自漳州回广东，邓荫南复编义勇队响应。桂系军阀队伍退出广东后，孙中山返回广州，次年就任非常大总统，邓荫南曾任总统府谘议、内政部农务局长，多有建树。后以民选先后出任东莞、开平两县县长，政绩显著。1922年陈炯明背叛孙中山，时局有变，但邓荫南仍拥护孙中山，最终因忧愤国事成疾，于1923年卒于澳门。

（九）郑潮炯

郑潮炯，广东新会大泽区人。因家境贫穷，17岁时即往香港谋生，之后转往马来西亚等地从事小贩生意。1937年抗日战争爆发后，海外爱国华侨纷纷响应，郑潮炯亦抱有为国家民族出力的决心。1939年会城沦陷后，传来老父被日寇剑杀身亡的噩耗。国仇家恨，更激发他的抗日救国热情。在山打根华侨团体的帮助和配合下，他到南洋各埠进行筹款活动。到1941年止，他将义卖瓜子筹集的18万余元义款全数交给以陈嘉庚先生为主席的“南洋华侨筹赈总会”，汇回祖国。他的爱国行为受到华侨的称赞。更令人感动的是，他征得妻子同意，将刚出生40天的男婴，以80元的代价卖给山打根一位华侨商人，而将这卖子钱捐给祖国抗日。他的卖子救国义举，轰动了南洋的华人社会，带动了华侨捐款抗日救国的热情。抗日战争胜利后，郑潮炯继续从事社会福利事业，受到当地华侨团体的表彰。1965年，他在中国人民政府侨务部门帮助下，在广东肇庆地区找到当年卖掉的儿子。1984年2月5日，郑潮炯病逝，终年80岁。

---

① 沈淦：《中国航空之父冯如》，载《文史天地》，2013年第8期。

② 刘丹：《华侨革命第一人——邓荫南》，载《团结报》，2000年7月1日第3版。

（十）刘光福

刘光福，祖籍广东台山，著名华人社会活动家。出生于澳大利亚悉尼，母亲为英国移民，幼时曾返乡就读于私塾。1908 年返澳，任职于当地中文报馆。后加入中国国民党。1911 年至墨尔本，任中国驻澳大利亚总领事馆秘书，积极投入反对袁世凯的运动。1914 年入股永生公司，1917 年与友人集资 1008 万英镑组织中澳轮船公司。1921 年，刘光福曾返中国谒见孙中山。回澳后，任国民党党部英文秘书及悉尼华人商会副会长。1934 年任上海大新公司秘书。1936 年在澳经商，任职永生公司。1947 年与友人合营香港楼菜馆。1950 年，他同一些朋友发起建立澳中友好协会，开展各种宣传活动，希望通过它来加深澳洲人民对中华人民共和国的了解，加强两国人民的友好往来，促使两国早日建交。① 1982 年，他因对发展中澳人民友谊和中澳贸易的杰出贡献被英皇授予勋衔。同时他为澳大利亚华人的权益据理力争，获得华人的普遍尊敬，被尊称为澳大利亚“华人社会之父”。1983 年 5 月 25 日，刘光福因病于悉尼逝世，享年 91 岁。出殡之日，华侨团体、中外友好人士为之举行追悼会，备极荣哀。他的一生，古道热肠，刚正不阿，是爱国华侨之楷模。

七、广东华侨华人社团和会馆

华侨华人社团是维系华侨华人社会的重要支柱，是血缘、地缘、业缘的组织和联系华侨华人的重要纽带和桥梁。这些世界性的粤籍华人社团目前已达数十个，对促进沟通和加强同中国的联系等方面发挥了重要的作用。

（一）国际潮团联谊大会

世界祖籍潮州华人社团的国际性联谊大会。祖籍潮州的华人分布在世界各地，1980 年 8 月 18 日，马来西亚潮州公会联合会在吉隆坡举行庆祝成立 46 周年大会庆典，与会的世界各国潮州籍社团代表倡议每两年轮流在各地召开国际潮团联谊会议。从 1981 年 11 月起，每两年召开一次年会，由各国各地区潮团轮流主办，参加的代表团逐年增加。目前已经成功举办 17 届。情浓于血，花开于丛，血缘、地缘、乡亲、族亲，使来自天南海北从未晤面的潮人相见如故，相聚如亲。这一在世界上有重大影响的国

① 黄昆章：《澳籍华人领袖刘光福》，载《华侨华人历史研究》，1989 年第 3 期。

际性潮人盛会，对于全球潮人敦睦乡谊，增强凝聚力，加强经济文化交流，促进潮汕和海外潮人所在地区经济贸易的发展，都起着重要的作用。

（二）世界客属恳亲大会

世界客属恳亲大会是客家人的国际性联谊大会，是海内外客属乡亲联络乡谊和进行跨国跨地区交往的重要载体，也是各国各地区客家人开展经济合作和文化交流的重要舞台。世界客属恳亲大会缘起于1971年9月28日香港崇正总会举行的第一届世界客属恳亲大会，20世纪基本上每两年举行一届，21世纪以来每年举办一届，目前已成功举办27届。盛会期间来自世界各地的客属同胞恳亲联谊，交流合作，共谋发展，对于沟通世界客属联系，增强中华民族凝聚力，促进对外开放有着重要的意义。

（三）世界广东同乡联谊大会

全球广东籍华人同乡的国际性联谊大会，简称“世粤联会”。2000年7月，由新加坡广东会馆和马来西亚广东会馆联合发起举办广东同乡联谊大会，获得世界广东同乡的热烈响应。联谊大会的宗旨是把分布在世界各地的广东乡亲联系在一起，敦睦乡谊，加强团结，从而促进商机、互惠互利，为广东人谋福利，促进世界的和平与发展。大会决定今后每两年轮流在各地举办大会。目前已成功举办7届。

（四）世界惠州同乡恳亲大会

世界惠州籍华人同乡的国际性联谊大会。大会旨在全世界联系乡亲，敦睦乡谊，增强凝聚力。第一届世界惠州恳亲大会于1994年4月在新加坡举行，由新加坡惠州会馆主办，与会有来自30多个国家和地区的300多名代表参加，之后每届大会规模不断扩大，均得到当地政府的高度重视，得到海外惠州古籍社团的积极响应，大会一贯坚持亲善、敦睦、联谊、共进的主线。目前已成功举办8届。

（五）世界中山同乡恳亲大会

世界中山同乡的国际性联谊大会。1996年在吉隆坡举办第一届中山乡亲恳亲大会，宗旨是联络乡亲，加强世界各地中山同乡社团和乡亲的沟通了解，增进相互间的合作，宣传主办机构所在国和地区的经济、文化和风土人情，扩大中山籍乡亲在当地的影响力和凝聚力。世界中山同乡恳亲大会每两年一届，加强了中山的对外宣传，增强了海外乡亲对家乡的认识、了解及信心，提高了中山对旅外乡亲和全市人民的凝聚力，促进了中山经济、教育、文化、公益、对外交往等各项事业的发展。目前已成功举办10届。

(六)世界越柬寮华人团体联合会

世界各国各地区的越南、柬埔寨和老挝华人国际性组织，于2002年在美国洛杉矶成立，目前拥有超过200个会员团体，150余万名会员，遍布全球70余个国家和地区。宗旨是团结越、柬、寮华人，加强社团联系，宣扬中华文化，增进权益福祉，扩展自由民主力量，总部设在台北。每两年举行一次会员代表大会。其为推动世界各地经济文化交流做出了积极贡献。目前已成功举办6届。

(七)世界大埔同乡联谊会

世界大埔籍华人的国际性联谊组织，于1995年在广州成立，宗旨是通过多渠道、多层次的联络活动，增进亲情乡谊，提高大埔人的知名度，共同促进大埔与各地区大埔人经济的发展，为社会进步而努力。1995年10月上旬在埔县举行首届世界大埔同乡联谊会，以后每两年举行一届，轮流由各国各地区乡会主办。目前已成功举办8届。

(八)世界丰顺同乡联谊大会

世界丰顺籍华人的国际性联谊组织。海外丰顺华人达40余万人，1990年7月新加坡丰顺会馆举行庆祝成立119周年会庆时，与会各地乡亲社团代表经协商，决定举行首届世界丰顺同乡联谊大会，经讨论章程等，宣告成立世界丰顺同乡联谊会。宗旨是追根溯源，广开凝聚渠道，敦睦乡谊，促进文化交流，提高丰顺人之社会地位和声誉。决定每两年轮流在各国和地区召开一届联谊大会。目前已成功举办8届。

(九)世界顺德联谊总会

世界顺德籍华人的国际性联谊组织。1994年6月在顺德举行建市两周年庆祝大会，应邀出席会议的各国和各地区的同乡决定成立世界顺德联谊总会。1995年10月，在顺德举行总会成立大会，来自世界16个国家和地区的社团代表和乡亲100多人与会，通过章程和选举首届领导机构，总会设在顺德。下设秘书处、财务部和联络部，并设立世界顺德联谊总会基金。现已有遍布世界各国和地区(包含港澳)的团体会员60多个，每两年举办一次恳亲大会。目前已成功举办9届。

(十)世界番禺乡亲联谊会

世界番禺籍华人的国际性联谊组织。1994年10月在广东省番禺市举行首届番禺乡亲恳亲大会，由番禺市人民政府主办。与会番禺社团代表经协商，决定成立世界番禺乡亲联谊会，拟订章程，旨在进一步加强世界各地番禺同乡的联系，增进友谊，协助推动番禺市的经济建设。联谊会每三年举行一次，在各国和地区轮流举行。目前已成功举办5届。

（十一）泰国潮州会馆

泰国潮州籍华人社团，为泰国规模最大的华人团体，成立于1938年2月14日，发起人为蚁光炎、赖渠岱、郑子杉、陈景川等55人。宗旨是联络乡谊，团结图存，热爱故土，敬重桑梓，协助同乡排忧解难，发展乡亲福利事业，促进中泰亲善。会馆组织健全、机构庞大，设会产收益促进委员会、校务促进委员会、医务促进委员会等8个委员会，以及福利股、文教股、宣传股、妇女股等10个股组。由于潮州会馆人数众多并颇具经济实力，因此在九属会馆中被尊为老大。多年来，该馆为敦睦乡谊、服务社会、繁荣泰国经济、弘扬中华文化，以及促进国际潮人大联合作出了很大的贡献。

（十二）马来西亚广东会馆联合会

马来西亚广东籍华人社团联合组织，为当地粤籍华人社团的最高领导机构，简称“马广联会”。1947年2月22日在吉隆坡成立，其宗旨为联合马来西亚各地广东会馆，促进粤籍乡亲的团结，增进侨胞福利。作为较有影响的侨团组织，在当地政治、经济、文化、教育、公益事业等领域发挥着积极作用。马来西亚广东会馆联合会推崇爱根爱族，长期与祖国保持友好。曾多次组团来华观光、考察、旅游，中国改革开放以后，不少成员致力发展中马经贸、文化、科技交流与合作，取得一定成效。

（十三）新加坡广东会馆

新加坡广东籍华人社团，1937年9月25日成立，宗旨是联络粤籍华人社团和人士的感情，为粤人谋福利，为社会服务，为国家效力。成立后曾大力支持中国抗日战争。1942年新加坡沦陷，会务停顿。1946年复办后，致力于团结粤、潮、客、琼四属方言群社团和人士，为粤籍人士谋福利。积极参与新加坡人民争取民族独立斗争，恢复当地经济，为新加坡的经济腾飞做出了应有的贡献。新加坡广东会馆一向与祖国友好，赞成祖国统一，反对分裂，关心家乡建设，致力增进中新政府间和民间友好交往与合作。不少成员在华投资兴办实业。多次组团来华访问、考察、观光、旅游，受到各级政府的热情接待。

（十四）菲律宾广东侨团总会

菲律宾广东籍华人社团联合组织，简称“广总”，成立于 1950 年，会址在马尼拉市托马斯 · 马坡亚街，前身为 1950 年 12 月 4 日成立的菲律宾广东会馆总会。菲律宾广东侨团总会与菲律宾政经各界关系融洽，不少成员在菲经济界具有举足轻重的作用和影响力，其上层人物如陈武虎、黄锡堃等曾受到中国领导人的亲切接见，该总会多次热情接待了广东省和广州市领导及广州市侨办领导赴菲访问团组，并数次组团来华考察、观光，加强了联系与交流。

（十五）美国中华总会馆

美国广东籍华人社团联合组织，全称是驻美国旧金山中华总会馆（简称“美国中华总会馆”），又称旧金山中华总会馆，1862 年成立。最初由三邑、阳和、人和、宁阳、合和、冈州 6 个会馆联合组成，1878 年肇庆会馆加入，遂成为七大会馆。主要工作是处理全侨性社会性福利事宜，如教育、慈善、救济、移民、调解、卫生、诉讼等事宜。凡遇涉及全侨界重大事件，由总会馆召集各会馆举行联席会议，共同做出决定。致力于对外反对美国排华逆行，保护华侨正当权益，对内排解侨社纠纷，兴办各种公益福利及慈善事业。

第七章　广东海上丝绸之路古埠及周边古墓

广东是古丝绸之路的重要发祥地，海上丝绸之路在广东留下了不计其数的珍贵文化遗产，既有徐闻、黄埔、合浦、樟林等古港，又有因港而兴的徐闻、合浦、番禺等丝绸之路古城。这些名城古埠因是当时的经济、政治和文化中心而人兴业旺，留下许多珍贵的历史文化遗存，其城区和周边往往有大量古墓葬群，保留有不可多得的珍贵文物。这些文化遗产资源丰富、种类多样，涵盖面广泛，从不同的侧面显示了中国海上丝绸之路沿海经济、文化、社会的发展和变化，以及世界多种文明的交流的轨迹，印证了人类各种文明和多元文化和平共处、相互交融、共同繁荣的光辉历程。

一、汉徐闻城和合浦郡

(一)汉徐闻城

1. 汉徐闻城旧址及沿革

徐闻古港遗址位于徐闻县西南五里乡的二桥、南湾、仕尾村。清宣统三年(1911年)《徐闻县志》记载："前临海，峙三墩，中有淡水，号龙泉，天旱祈雨取此勺水，甘雨立至。"此地既是汉军南渡海南岛的基地，亦是西汉海外贸易的出海港。有"黄门译长""左右候官"驻督，《元和郡县图志》称："雷州徐闻县，本汉旧县……汉置左右候官在徐闻县南七里，积货物于此，备其所求，与交易有利，故谚曰：'欲拔贫，诣徐闻'。"此史料反映了徐闻县在当时海外贸易的重要地位及贸易繁盛情况。二桥、仕尾一带既是汉代海上丝绸之路古港，也是合浦郡治、徐闻县治所在地。

徐闻南临琼州海峡，与海南岛隔海相望，直扼大陆通往海南和东南亚之咽喉，东濒南海，西濒北部湾，北与雷州市接壤，自古以来为兵家驻防和商旅贸易之要地，故苏东坡曰："四州之人以徐闻为咽喉"。

徐闻县地，在虞舜时属扬州徼外，夏禹时为荆(州)扬(州)南裔，商时属南越，周时属扬越，春秋战国时属楚国百越、扬越，秦时归象郡，秦末汉初属南越国。

汉武帝元鼎六年（公元前111年），伏波将军路博德率师平南越，建置徐闻县，辖全雷州半岛地，隶于合浦郡，徐闻县治、合浦郡治均设在徐闻县西南海滨讨网村（今徐闻县南山镇二桥村）。

据《汉书·地理志》卷二十八下记载，合浦郡，县五：徐闻、高凉、合浦、临允、朱卢。

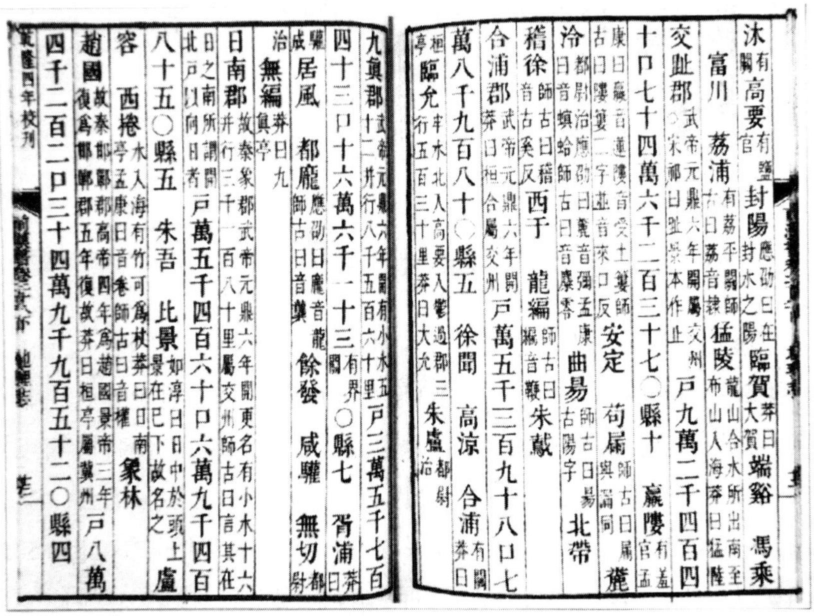
乾隆四年校刊
九眞郡武帝元鼎六年開有小水五十二并行八千五百六十里 戶三萬五千七百
四十三口十六萬六千一十三有界關○縣七 胥浦莽曰
驩成 居風 都龐應劭曰龐音龍師古曰音龔 餘發 咸驩 無切都尉
治 無編莽曰九眞亭
日南郡故秦象郡武帝元鼎六年開更名有小水十六并行三千一百八十里屬交州師古曰言其在日之南所謂開北戶以向日者 戶萬五千四百六十口六萬九千四百
八十五○縣五 朱吾 比景如淳曰日中於頭上景在已下故名之 盧
容 西捲水入海有竹可為杖莽曰日南亭孟康曰音卷舌之卷師古曰音權 象林
趙國故秦邯鄲郡高帝四年為趙國景帝三年復為邯鄲郡五年復故莽曰桓亭屬冀州 戶八萬
四千二百二口三十四萬九千九百五十二○縣四
前漢書卷二十八下　地理志

沐有關 高要有鹽官 封陽應劭曰在封水之陽 臨賀莽曰大賀 端谿 馮乘
富川 荔浦有荔平關師古曰荔音隸 猛陵龍山合水所出南至布山入海莽曰猛陸
交阯郡武帝元鼎六年開屬交州○宋祁曰阯景本作止 戶九萬二千四百四
十口七十四萬六千二百三十七○縣十 羸𨻻有羞官孟
康曰羸音蓮𨻻音受土簍師古曰𨻻簍二字並音來口反 安定 苟屚師古曰屚與漏同 麊
泠都尉治應劭曰麊音[illegible] 曲昜師古曰昜古陽字 北帶
稽徐師古曰稽音古奚反 西于 龍編師古曰編音鞭 朱䳒
合浦郡武帝元鼎六年開屬交州莽曰桓合 戶萬五千三百九十八口七
萬八千九百八十○縣五 徐聞 高涼 合浦有關莽曰
桓亭 臨允牢水北入高要入鬱過郡三行五百三十里莽曰大允 朱盧都尉治

《汉书·地理志》卷二十八下书影

又据《后汉书·郡国一》：“前志有县名……凡县名先书者，郡所治也。”据此可知，徐闻实为县治并为郡治。

据考证，“徐闻”为古越语地名，意思是“泉水村”。东汉时仍属合浦郡，县治不变，光武帝建武二十年（公元44年），郡治迁往合浦县（今广西浦北县南部的旧州古城头）。三国初属蜀国，后归吴所辖。三国吴黄武七年（公元228年），改合浦郡为珠官郡，徐闻隶之。三国吴赤乌五年（公元242年），属珠崖郡，珠崖郡治、徐闻县治均在讨网村。晋平吴后，太康元年（公元280年），废珠崖郡，徐闻属合浦郡，后在徐闻设珠官县，徐闻县治、珠官县治均在讨网村，珠官县辖朱崖洲（今海南岛）。南北朝宋文帝元嘉八年（公元431年），复置珠崖郡，徐闻隶之，郡治、县治仍设在讨网村；宋明帝泰始七年（公元471年），珠崖郡并入合浦郡，属越州，徐闻隶之；齐高帝建元元年（公元479年），合浦郡治从合浦移来徐闻县讨网村，仍属越州。齐武帝永明年间，徐

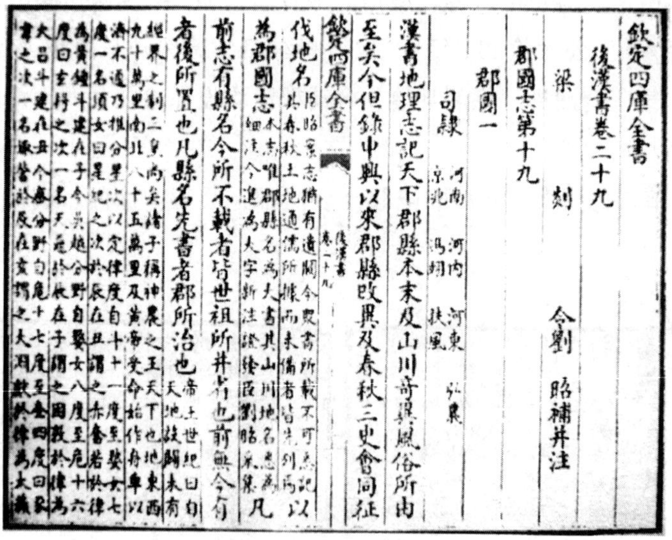
欽定四庫全書
後漢書卷二十九
梁 剡 令劉 昭補并注
郡國志第十九
郡國一
司隸 河南 河內 河東 弘農 京兆 馮翊 扶風
漢書地理志記天下郡縣本末及山川奇異風俗所由
至矣今但錄中興以來郡縣改異及春秋三史會同征
欽定四庫全書 後漢書 卷二十九
伐地名……以
為郡國志……凡
前志有縣名今所不載者皆世祖所并省也前無今有
者後所置也凡縣名先書者郡所治也

《后汉书·郡国一》书影

闻县先改名乐康县，后又改为齐康县，并置齐康郡领之，隶于广州，县治、郡治均设在讨网村。梁武帝普通四年(公元523年)后，齐康县先后析地置齐康、扇沙、椹县、模落、罗阿、雷川六县，隶属齐康郡、齐康县治，郡治均设在讨网村。梁武帝普通六年(公元525年)，齐康县复名徐闻县，始设合州，徐闻、扇沙、椹县、模落、罗阿、雷川六县隶之，徐闻县治、合州州治均设在讨网村。梁武帝大同末(公元545年)，以合肥为合州，以雷州半岛地为南合州，徐闻、扇沙、椹县、模落、罗阿、雷川六县隶之，徐闻县治、南合州州治均设在讨网村。陈永定年间，徐闻县又改名齐康县，齐康、扇沙、椹县、模落、罗阿、雷川六县并隶南合州，齐康县治、南合州州治均设在讨网村。隋开皇九年(公元589年)平陈，齐康县改名隋康县。隋康县析地始置海康县，此时齐康郡废，隋康、扇沙、椹县、模落、罗阿、雷州、海康七县均隶属合州，合州州治移至海康县境内。隋炀帝大业元年(公元605年)，模落、罗阿、雷川三县废入海康县，椹川县废入扇沙县，隋康、海康、扇沙、铁杷四县并存，并先后隶属禄州、合州、合浦郡；大业三年(公元607年)，置徐闻郡，辖隋康、海康、扇沙、铁杷四县，隋康县治、徐闻郡治均设在徐闻县讨网村。唐高祖武德四年(公元621年)，废徐闻郡，复置南合州，领隋康、海康、扇沙、铁杷四县，州治在今海康县境内。唐太宗贞观元年(公元627年)，改南合州为东合州，隋康县隶之；贞观二年(公元628年)，隋康县复名徐闻县，隶属东合州，县治由讨网村迁麻鞋村(今南山镇芒海村)；贞观八年(公元634年)，改东合州为雷州，徐闻县隶之。唐玄宗天宝元年(公元742年)，扇沙、铁杷合并为遂溪县，徐闻、海康、遂溪三县并隶海康郡。唐肃宗至德二年(公元757年)，徐、海、遂三县并存，隶属岭南道雷州。唐懿宗咸通三年(公元862年)，徐、海、遂三县并存，隶属岭西道雷州。五代时期，徐闻县属南汉，隶于雷州。宋太祖开宝四年(公元971年)，雷州改称雷州军。次年徐闻并入海康县，称为时邑乡，治在递角场。南宋孝宗乾道七年(1171年)，复置徐闻县，治在递角场，隶于雷州军。元朝时属雷州路；元至元二十八年(1291年)，县治迁宾朴村(今县城署前路)。明英宗天顺六年(1462年)，县治迁海安所城；明孝宗弘治十四年(1501年)，县治复迁宾朴村。明、清时属雷州府。

徐闻县建置沿革简表

时间	国(帝)号纪年	沿革	县治驻地	辖地变化	隶属政区	隶属政区治驻
公元前2100年—前770年	夏、商、西周	未建县			夏为荆扬南裔，商属南越，周属扬越	
公元前700年—前222年	春秋战国	未建县			楚百越、扬越	
公元前221年—前207年	秦	未建县			象郡	临尘(今广西境内)
公元前203年—前111年	南越国	未建县			象郡	同上
公元前111年	西汉武帝元鼎六年	始建徐闻县	讨网村(今徐闻县南山镇二桥村)	全雷州半岛地	合浦郡	讨网村(今徐闻县南山镇二桥村)
公元44年	东汉光武帝建武二十年	徐闻县	讨网村(今徐闻县南山镇二桥村)	全雷州半岛地	合浦郡	合浦县(今广西浦北县南部的旧州古城头)
公元228年	三国吴黄武七年	徐闻县	同上	同上	珠官郡	同上
公元242年	三国吴赤乌五年	徐闻县	同上	同上	珠崖郡	讨网村(今徐闻县南山镇二桥村)
公元280年	晋武帝太康元年	徐闻县，后在徐闻设珠官县	同上，也是珠官县治	同上，珠官县辖朱崖洲(今海南岛)	合浦郡	合浦县(今广西浦北县南部的旧州古城头)

续表

时间	国(帝)号纪年	沿革	县治驻地	辖地变化	隶属政区	隶属政区治驻
公元431年	宋文帝元嘉八年	徐闻县	讨网村(今徐闻县南山镇二桥村)	全雷州半岛地	珠崖郡	讨网村(今徐闻县南山镇二桥村)
公元471年	宋明帝泰始七年	徐闻县	同上	同上	合浦郡	合浦县(今广西浦北县南部的旧州古城头)
公元479年	齐高帝建元元年	徐闻县	同上	同上	合浦郡	讨网村(今徐闻县南山镇二桥村)
公元483—493年	齐武帝永明年间	先后改名乐康县、齐康县	同上	同上	齐康郡	讨网村(今徐闻县南山镇二桥村)
公元523年后	梁武帝普通四年后	齐康县	同上	先后析地置齐康、扇沙、椹县、模落、罗阿、雷川六县	齐康郡	同上
公元525年	梁武帝普通六年	复名徐闻县	同上	始设合州，徐闻、扇沙、椹县、模落、罗阿、雷川六县隶之	合州	讨网村(今徐闻县南山镇二桥村)
公元545年	梁武帝大同末	徐闻县	同上	以合肥为合州，以雷州半岛地为南合州，徐闻、扇沙、椹县、模落、罗阿、雷川六县隶之	南合州	讨网村(今徐闻县南山镇二桥村)
公元557—559年	陈永定年间	改名齐康县	同上	齐康、扇沙、椹县、模落、罗阿、雷川六县并隶南合州	南合州	同上
公元589年	隋开皇九年	改名隋康县	同上	隋康县析地始置海康县	合州	今海康县境内
公元590年	隋开皇十年	隋康县	同上	扇沙、椹县析地置铁杷县	合州	同上

续表

时间	国(帝)号纪年	沿革	县治驻地	辖地变化	隶属政区	隶属政区治驻
公元598年	隋开皇十八年	隋康县	同上	椹县改名椹川县	合州	今海康县境内
公元605年	隋炀帝大业元年	隋康县	同上	模落、罗阿、雷川三县废入海康县，椹川县废入扇沙县，隋康、海康、扇沙、铁杷四县并存	禄州、合州、合浦郡	合浦县(今广西浦北县南部的旧州古城头)
公元607年	隋炀帝大业三年	隋康县	同上	隋康、海康、扇沙、铁杷四县隶之	徐闻郡	讨网村(今徐闻县南山镇二桥村)
公元621年	唐高祖武德四年	隋康县	同上	废徐闻郡，复置南合州，隋康、海康、扇沙、铁杷四县隶之	南合州	今海康县境内
公元627年	唐太宗贞观元年	隋康县	同上	改南合州为东合州，隋康县隶之	东合州	今海康县城
公元628年	唐太宗贞观二年	复名徐闻县	徙治麻鞋村(今徐闻县南山镇茫海村)	隋康、海康、扇沙、铁杷四县并存	东合州	同上
公元634年	唐太宗贞观八年	徐闻县	麻鞋村	改东合州为雷州，隋康、海康、扇沙、铁杷四县并存	雷州	同上
公元742年	唐玄宗天宝元年	徐闻县	同上	扇沙、铁杷合并为遂溪县，徐闻、海康、遂溪三县并存	海康郡	同上
公元757年	唐肃宗至德二年	徐闻县	同上	徐、海、遂三县并存	岭南道雷州	同上
公元862年	唐懿宗咸通三年	徐闻县	同上	同上	岭西道雷州	同上

续表

时间	国(帝)号纪年	沿革	县治驻地	辖地变化	隶属政区	隶属政区治驻
公元907—960年	五代时期	徐闻县	同上	同上	雷州	同上
公元972年	北宋太祖开宝五年	废徐闻县为时邑乡	递角场(今南山镇港头村)	徐、遂二县并入海康县	雷州军海康县	同上
1171年	南宋孝宗乾道七年	复置徐闻县	递角场(今南山镇港头村)	徐、海、遂三县并存	雷州军	同上
1278年	元世祖至元十五年	徐闻县	递角场(今南山镇港头村)	徐、海、遂三县并存	雷州路	同上
1291年	元至元二十八年	徐闻县	徙治宾朴村(今县城署前路)	同上	雷州路	今海康县城
1368年	明太祖洪武元年	徐闻县	宾朴村	同上	雷州府	同上
1462年	明英宗天顺六年	徐闻县	徙治海安所城(今海安镇城内村)	同上	雷州府	同上
1501年	明孝宗弘治十四年	徐闻县	复治宾朴村	同上	雷州府	同上
1644—1911年	清代	徐闻县	宾朴村	同上	雷州府	同上
1913年	民国2年	徐闻县	同上	同上	广东省高雷道	茂名
1926年	民国15年	徐闻县	同上	同上	广东省南路行政委员公署	梅菉
1932年	民国20年	徐闻县	同上	同上	广东省南区绥靖员公署	梅萘

续表

时间	国（帝）号纪年	沿革	县治驻地	辖地变化	隶属政区	隶属政区治驻
1936 年	民国 25 年	徐闻县	同上	同上	广东省第八区行政督察专员公署	合浦
1938 年	民国 27 年	徐闻县	同上	同上	广东省南路行政公署	茂名
1939 年	民国 28 年	徐闻县	同上	同上	广东省第八区行政督察专员公署	合浦
1945 年	民国 34 年	徐闻县	同上	同上	广东省第九区行政督察专员公署	合浦
1949 年	民国 38 年	徐闻县	同上	同上	广东省第十四区行政督察专员公署	湛江
1949 年	中华人民共和国	徐闻县	同上	同上	广东省南路专区专员公署	湛江
1950 年	同上	徐闻县	同上	同上	广东高雷区专员公署	湛江赤坎
1952 年	同上	徐闻县	同上	同上	广东粤西区行政公署	同上
1956 年	同上	徐闻县	同上	同上	湛江专区专员公署	同上
1958 年	同上	改置雷南县	1957 年年底县治从宾朴村旧城内迁至今县城德新一路县政府大院	徐、海、遂三县废并为雷南、雷北两县	湛江专区专员公署	同上
1960 年	同上	复名徐闻县	县城德新一路县政府大院	徐、海、遂三县并存	湛江专区专员公署	同上

续表

时间	国(帝)号纪年	沿革	县治驻地	辖地变化	隶属政区	隶属政区治驻
1967 年	同上	徐闻县	同上	同上	湛江地区军事管制委员会	同上
1968 年	同上	徐闻县	同上	同上	湛江地区革命委员会	同上
1973 年	同上	徐闻县	同上	同上	湛江地区行政专员公署	同上
1983 年	同上	徐闻县	同上	同上	湛江市	同上

资料来源：引自《大汉徐闻两千年》，北京：商务印书馆，2014 年。

2. 二桥生活和郡县府治遗址遗物与典籍相呼应

二桥南端的仕尾岭遗留有丰富的汉文化资源。20 世纪 80 年代起，专家学者开始对古港遗址以及附近的大量汉墓群进行挖掘、整理和研究，出土了板瓦、筒瓦、“万岁”瓦当，铜质龟钮十字格“臣固私印”等重要文物，为典型的汉代遗物，这些遗物以陶器为主。

《汉书·地理志》《元和郡县图志》等历史文献的记载得到了湛江徐闻、雷州、遂溪等地文物考古的证实。

徐闻县汉代遗址分布于二桥村及紧挨的南湾村和仕尾村一带。徐闻二桥遗址是广东发现的十个汉代建筑遗址之一，也是四个出土瓦当的遗址之一。二桥村、仕尾村地处海湾，临海不远处即可望到海上的三墩，地理位置与《徐闻县志》中：“徐闻城，汉元鼎置县，海滨讨网村。讨网村，前临海，峙三墩”“讨网港，县西南三十五里”的史料相吻合。该地附近山岭上有被称为东营和西营之二地，营者，驻兵营地也，与史料“汉置左右候官”呼应。2002 年 12 月 9 日至 2003 年 1 月 17 日，在高台遗址的探沟里发现相对完整的卷云箭镞纹瓦当、绳纹瓦当，出土铁器、铜器、怪兽纹小铜铺首、陶罐等高级别的西汉早期文物，疑为汉代驻军兵房。

1993 年发掘时发现的遗迹有墓葬、灰坑、房屋、水井、烧土面及柱洞等。具体来说，清理出灰坑 20 个，出土大量瓦绳、纹瓦片、瓦当碎片、素面带釉陶片和小方格纹戳印陶片、水波纹陶片。房屋遗址 4 个，出土大量瓦片和火烧土。柱洞 6 个，分别位于 T104、T105、T204 及 T205 各方，均为圆形洞，直径 45～60 厘米不等，深度 30～70 厘米不等。有的洞内垒出一圈石头，明显是用来加固木桩的。出土遗物以陶器为主，另有少量铜器、铁器和石器。在遗址周围还采集到与遗址年代相当的“万岁”瓦当及龟钮铜印等。

陶制品可以分为生活用具、生产工具及建筑材料，其中又以绳纹板瓦和筒瓦为主，占所有出土遗物的96%以上。生活用具以釜、罐类为主，还有瓮、盆、钵、碗、器盖、器座及陶棒等。

代表性陶器为白陶盆，代表性建筑构件为"万岁"瓦当和卷云箭镞纹瓦当。"万岁"瓦当属于官府的建筑构件，可知在汉代确有朝廷派出的、级别较高的官员在徐闻管理海外贸易。徐闻出土了不同类型的汉代瓦当，年代最早的是卷云箭簇纹瓦当，属西汉时期；"万岁"瓦当、灵芝纹瓦当、吉羊纹瓦当均属西汉。"万岁"瓦当的出土可以确认汉代徐闻的方位及使用"万岁"瓦当的"黄门译使""左右候官"的品位。[①] 汉朝廷黄门曾在徐闻二桥、南湾一带建置行官之类官署，其级别相当于州郡之治。

代表性铜器为西汉窦固私印，为龟钮铜印。长方体，长2.5厘米，宽2厘米，通高1.3厘米。印钮为一伏龟，"田"字印面刻阴文"臣固私印"四字。经鉴证，该印属西汉早期，北京故宫博物院朱家溍认为印主身份应是"郡太守属下，主簿从事"。查《汉官仪》和《汉书历官公卿表》，铜官印是秩在二百石至千石官。在二桥、南湾发现"帝君百石"印纹砖，可相互印证。

汉徐闻城堡高台遗址位于原五里乡二桥村西高以崖壁，临港头湾，落差约10余米，全长500多米。崖上高台自西向东倾斜，方圆25万平方米，坐北向南，不筑城垣，只堆土垒石为基，崖壁发现明显的泥、砂、石合筑的夯土层，类构山寨，以为镇守。地段表层散布各种汉陶汉瓦碎片——方格印纹加戳印陶罐片、绳纹残瓦片、米字纹砖块等，地表上随处可见。

2002年对二桥、南湾一带有文化遗物分布的25万平方米范围进行密集钻探，在此基础上选取二桥村三处地点进行试掘，其中两个点各布5米×5米探方两个，第三处布1米×10米探沟一条。

本次勘探发掘出土遗物丰富，发现灰坑和柱洞较多，出土物主要是建筑构件绳纹板瓦、筒瓦、瓦当等，生活用具罐、盆、釜、壶等，生产工具铁器、纺轮和网坠，长47厘米、宽20厘米绳纹筒瓦的发现，证明该处曾有大型的高级别建筑物存在。结合出土的"万岁"瓦当、"宜官"砖、"臣固私印"等遗物，都为二桥、南湾一带是西汉徐闻县治所提供了较充分的考古学资料支持。

---

① 王俞春《中国历代官署官名辞典》谓："黄门，官署名。汉代置，黄门之署。职近亲近以供天子，百物在焉。""黄门侍郎。官名，沿秦置黄门侍郎，其职担任皇帝传达诏令，处理宫中杂事。由宦官担任，可出入宫禁。""译长，官名，汉时黄门所主持传译与奉使的职官称为译长。"

从二桥遗址出土的遗物可知，在汉武帝建徐闻县治之前，二桥一带已有较为频繁的人类活动和定居生活，从而说明汉政府在此设县治和官港是有一定基础的。一般来说，古代官营对外贸易是在民间贸易的基础上发展起来的，只有民间对外贸易在长期的航海中形成港口，官府才会派遣官吏从这些港口起航出海贸易。

(二)徐闻二桥周边汉墓群丝路文物丰多

徐闻汉墓的发现始于20世纪60年代，到21世纪初，共发现300多座。这些墓呈群体分布，反映汉代“聚族而居，合族而葬”的风俗。已发现的汉墓集中分布于县西南部沿海一带，二桥及其以北、以西、以东。比较集中的墓群有四个：一是华丰岭；二是二桥村及邻近的那干、港头、南山；三是县城华建糖厂、贵生路附近及城南槟榔埚村；四是龙塘红坎村一带。

徐闻汉墓形制有：①土坑墓；②单室券顶长方形砖室墓；③无封土。另有珊瑚石室墓。广安汉墓有墓主。

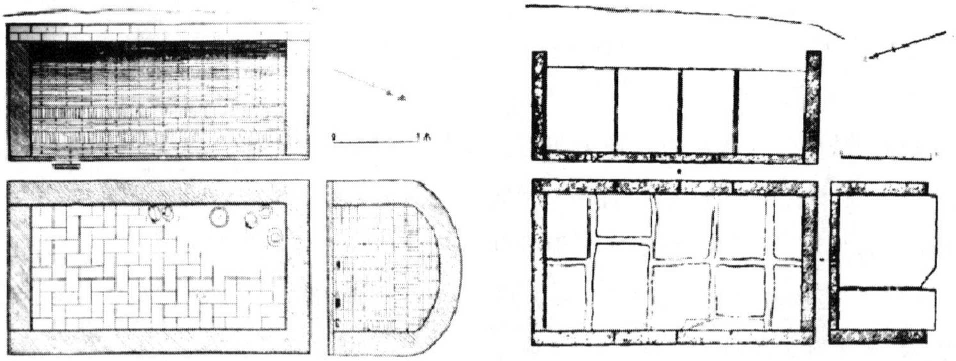

徐闻汉砖室墓(左)和石室墓(右)平剖面图

徐闻汉墓随葬品主要是陶器，另有石器、金属器和珠饰等。

徐闻出土珠饰等为海外“舶来品”。徐闻汉墓中出土的各种珠饰，形状大小不一，种类主要有琥珀、玛瑙、琉璃、水晶、紫晶、银珠、古玉、玉石、青金石和檀香珠等共368粒。当时汉船携带黄金和丝绸，前往东南亚诸国进行贸易，购回“明珠、璧流离、奇石异物”，作为朝廷贡品献给皇室、王公贵族、地方富豪官宦玩赏。这些海外珠饰的出土，不但反映了汉代徐闻的经济繁荣，而且折射出两千多年前汉港徐闻的外贸景象。

徐闻出土的波斯蒜头壶见证了中外贸易文化的交流。

徐闻二桥那涧堰闸东坡汉墓出土一对铜铺首，是汉代岭南铸造艺术的珍宝。铺首是中国古代传统建筑物门上的具有装饰性的建筑构件，主要用于启闭门和叩门。徐闻二桥那涧堰闸东坡汉墓出土的一对铜铺首置于墓中封门前，为兽面衔环式样，兽面纹双目突出，环形鼻衔铜环，器体完好，器形厚重端庄华贵，怪兽纹造型生动，纹饰图案精美。

徐闻二桥那涧堰闸东坡汉墓出土一座陶屋，灰陶土烧制，通高23厘米，宽21.5厘米，属于典型的悬山顶曲尺陶屋，有门窗、围墙和狗洞，上为茅屋，下设畜圈。

徐闻二桥村后灰场汉墓形制为长方形券顶，长4.7米，北端宽2.3米，南端宽2.2米，用23厘米×13厘米×1.8厘米小薄红砖构砌。该墓陪葬器物包括20种54件汉代陶器和铜器，有陶壶、陶瓿、陶罐、陶樽、陶三足釜、陶熏炉、陶钵、陶灶、陶屋、陶井、陶杯、陶器盖、陶纺轮、铜墩、铜镜、铜钱、珠饰等。

徐闻二桥村后灰场汉墓出土陶熏炉一件，残，通高17厘米，底径8厘米、腹径11厘米，盘足，施青釉，是一件用于熏香的器皿。海上丝绸之路又被称为陶瓷之路、香料之路，而陶熏炉既是陶瓷之路的证物，又是香料之路的证物。

（三）汉合浦郡

汉武帝元鼎六年（公元前111年），伏波将军路博率师平南越，建置徐闻县，辖全雷州半岛地，隶于合浦郡，徐闻县治、合浦郡治均设在徐闻县西南海滨讨网村（今徐闻县南山镇二桥村）。[①] 元封五年（公元前106年），西汉设置交趾刺史部，合浦郡隶属于交趾刺史部。据《汉书·地理志》记载，合浦郡，户万五千三百九十八，口七万八千九百八十。县五：徐闻、高凉、合浦、临允、朱卢。汉代的合浦与当时中国发生在南方的许多重要事件密切相关。元鼎四年至六年（公元前113—前111年），南越宰相吕嘉反汉，汉派兵于元鼎六年冬平定南越，划出南海与象郡交界的地方设置合浦郡，同时设置合浦县。建武十六年（公元40年）二月，交趾郡征侧、征贰起兵反汉，攻城略地，自立为王。翌年，汉光帝派遣伏波将军马援率军汇集合浦西进征交趾。建武十九年（公元43年）交趾平定。合浦郡治由徐闻迁至合浦境内的旧州（今属浦北县）。关于汉代合浦郡的郡治所在地，最流行的说法见阮元《广东通志·郡县沿革表二》："合浦郡下记作元鼎六年置，治徐闻县，后汉徙合浦县。"[②]永建年间，合浦地方官员对于采求珍珠贪得无厌，并禁止民间进行珍珠贸易，致使商旅不通，贫者饿死于道。孟尝任合浦太守后，访求民病，革易前弊，大弛珠禁。于是货物流通，百姓复业，几年间使合浦珍珠资源得到繁殖，故有"合浦还珠"的传说。[③] 东汉汉献帝建安十五年（公元210年），孙权派步骘任交州刺史，率

---

① 徐闻县历史文化研究领导小组办公室：《徐闻县及隶属政区建置沿革》，载《海上丝绸之路》，2015年第1期。
② 梁旭达、邓兰：《汉代合浦郡与海上丝绸之路》，载《岭南考古研究》，2001年第3期。
③ （南朝）范晔：《后汉书·循吏列传》卷七六，北京：中华书局，2000年。

兵进入岭南，原合浦太守士壹等人表示拥护，岭南便属于孙吴管辖范围。① 汉代时合浦的社会文化情况，《汉书·地理志》记载："粤地，牵牛、婺女之分野也。今之苍梧、郁林、合浦、交趾、九真、南海、日南，皆粤分也……处近海，多犀、象、毒冒、珠玑、银、铜、果、布之凑，中国往商贾者多取富焉。番禺，其一都会也。"②

汉朝时期合浦港的地理位置十分优越，不仅具备了水深、避风、便于船舶停靠的有利条件，而且还有以南流江水系构成的货运通道。"合浦"一名也是因其地理位置而得，因其境内有南流江、在州江分五条支流入海，故其含义是江河汇集于海的地方。③汉武帝统一岭南后设置了合浦等郡后，以环北部湾沿岸的合浦、徐闻两县和位于今越南中部的日南等地为始发港，开辟了远洋贸易的海上丝绸之路。在这三个港口中，合浦港因为有南流江交通之便和居于环北部湾沿岸的中心位置，而成为最重要的港口。④汉代的海上丝绸之路关于合浦的文字记载，最早是《汉书·地理志》所录的文字："自日南障塞、徐闻、合浦船行可五月，有都元国；又船行可四月，有邑卢没国；又船行可二十余日，有谌离国；步行可十余日，有夫甘都卢国。自夫甘都卢国船行可二月余，有黄支国，民俗略与珠厓相类……自黄支船行可八月，到皮宗；船行可二月，到日南、象林界云。黄支之南，有已程不国，汉之译使自此还矣。"②

合浦物产丰富，是丝绸、陶瓷、珍珠、茶叶等商品的产地和集散地。据史籍记载："合浦的桑蚕半稼，其织半耕……煮橡实之冠为色，登机而织……一亩之桑，获丝三十八斤，为缫丝二十疋……"由于桑蚕获利，所以合浦中部地区的农民普遍种桑养蚕，缫丝织布。汉初的合浦不但生产大量的彩陶和乌金釉陶，还生产大量的白瓷和青白瓷。无论是造型、彩绘或釉彩等方面都有很大的改进和提高。西汉元封元年(公元前110年)，汉武帝在海南岛设立珠崖郡，建武十九年(公元43年)设为珠崖县，属合浦。合浦在汉代以前便开始茶叶生产和应用茶叶。海上丝绸之路始发港的开辟使合浦茶叶出口量逐年增长。为适应出口的需求，合浦附近地区的灵山、博白一带的茶叶也从南流江南下至廉州集散。外国商人云集廉州，以其本国的玛瑙、琥珀、璧琉璃、奇石异物交换茶叶。中原商人的船队沿南流江而下，在廉州采购茶叶、珍珠、丝绸和陶瓷等商品，出口东南亚等国。汉武帝平南越设置合浦郡县以后，合浦郡的经济、文化发展迅速，达到前所未有的鼎盛时期。岁月流逝，沧海桑田，古合浦港口由于南流江入海泥

---

① 雷州半岛海上丝绸之路文化课题组：《合浦郡及其隶属政区的建置沿革》，载《海上丝绸之路》，2015年第2期。

② (汉)班固：《汉书》卷二十八下《地理志》，北京：中华书局，1962年。

③ 合浦县志编纂委员会：《合浦县志》，南宁：广西人民出版社，1994年。

④ 廖国一：《汉代合浦郡与东南亚等地的"海上丝绸之路"及其古钱币考证》，载《广西金融研究》，2005年第390期。

沙的淤积，港口变浅，船舶进出困难，已为新兴的北海及其他港阔水深的港口所替代。

合浦郡治驻变更

年代	国(帝)号纪年	政区	政区治驻
公元前 221—前 207 年	秦	象郡	临尘(今广西境内)
公元前 203—前 111 年	南越国	象郡	同上
公元前 111 年	西汉武帝元鼎六年	合浦郡	讨网村(今徐闻县南山镇二桥村)
公元 44 年	东汉光武帝建武二十年	合浦郡	合浦县(今广西浦北县南部的旧州古城头)
公元 228 年	三国吴黄武七年	珠官郡	同上
公元 242 年	三国吴赤乌五年	珠崖郡	讨网村(今徐闻县南山镇二桥村)
公元 280 年	晋太康元年	合浦郡	合浦县(今广西浦北县南部的旧州古城头)
公元 431 年	宋元嘉八年	珠崖郡	讨网村(今徐闻县南山镇二桥村)
公元 471 年	宋泰始七年	合浦都	合浦县(今广西浦北县南部的旧州古城头)
公元 479 年	齐建元元年	合浦郡	讨网村(今徐闻县南山镇二桥村)
公元 483—493 年	齐永明年间	齐康都	讨网村(今徐闻县南山镇二桥村)
公元 523 年后	梁普通四年后	齐康郡	同上
公元 525 年	梁普通六年	合州	讨网村(今徐闻县南山镇二桥村)
公元 545 年	梁大同一十一年	南合州	讨网村(今徐闻县南山镇二桥村)
公元 557—559 年	陈永定年间	南合州	同上
公元 589 年	隋开皇九年	合州	今海康县境内
公元 590 年	隋开皇十年	合州	同上
公元 598 年	隋开皇十八年	合州	今海康县境内
公元 605 年	隋大业元年	禄州、合州、合浦郡	合浦县(今广西浦北县南部的旧州古城头)
公元 607 年	隋大业三年	徐闻郡	讨网村(今徐闻县南山镇二桥村)

资料来源：引自《大汉徐闻两千年》，北京：商务印书馆，2014 年。

二、古城番禺和南海郡

(一)古城番禺(广州)

广州，在三国之前称为番禺，而番禺在秦以前已形成都会。《汉书·地理志》记载："处近海，多犀、象、毒冒、珠玑、银、铜、果、布之凑，中国往商贾者多取富焉。番禺，其一都会也。”[①]徐俊鸣在《岭南历史地理论集》中指出：“在秦汉时代，广州的对外交通已经打通……广州附近地区发展起来，同时这里的海上交通和贸易也得到一定程度的发展。”[②]陈柏坚等分析了《史记》指出，秦汉时番禺便是中国海外贸易的枢纽，输出丝绸等，输入海外特产。[③] 唐代“广州通海夷道”远及印度洋、波斯湾和东非海岸，贸易地域远较前代扩大，“通海夷道”通达九十多个国家和地区。唐开元二年(公元714年)，在广州设市舶使，加强了对广州港的管理。北宋时期广州是对西方进行航海贸易的唯一港口。南宋初，广州仍然保持着最大航海贸易港的地位。到元代，广州港虽一度有所衰落，但到明清时期，广州又重拾中国第一大港的地位。今日广东，对外贸易占全国的1/3，仍是中国重要的对外贸易大港。

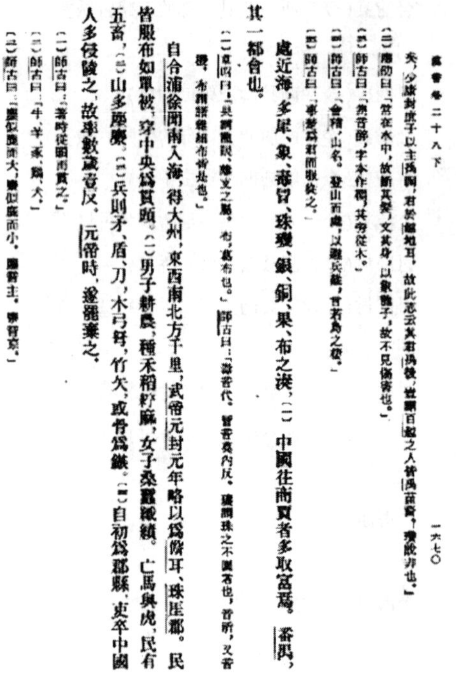
漢書卷二十八下　一六七〇

矣，少康封庶子以主禹祠，君於越地耳。故此志云其君禹後，豈謂百越之人皆禹苗裔？瓚說非也。」
[二] 應劭曰：「常在水中，故斷其髮，文其身，以象龍子，故不見傷害也。」
[三] 師古曰：「[illegible]音[illegible]，字本作[illegible]，其旁從木。」
[四] 師古曰：「會稽，山名。登山而會，以避兵難，言若為之稽。」
[五] 師古曰：「[illegible]君而殺之。」

處近海，多犀、象、毒冒、珠璣、銀、銅、果、布之湊，[一] 中國往商賈者多取富焉。番禺，其一都會也。

[一] 韋昭曰：「[illegible]，[illegible]文之屬。布，葛布也。」師古曰：「瑇音代。冒音莫內反。璣謂珠之不圜者也，音祈，又音機。布謂諸雜細布皆是也。」

自合浦徐聞南入海，得大州，東西南北方千里，武帝元封元年略以為儋耳、珠厓郡。民皆服布如單被，穿中央為貫頭。[一] 男子耕農，種禾稻紵麻，女子桑蠶織績。亡馬與虎，民有五畜，[二] 山多麈麖。[三] 兵則矛、盾、刀，木弓弩，竹矢，或骨為鏃。[四] 自初為郡縣，吏卒中國人多侵陵之，故率數歲壹反。元帝時，遂罷棄之。

[一] 師古曰：「著時從頭而貫之。」
[二] 師古曰：「牛、羊、豕、雞、犬。」
[三] 師古曰：「麈似鹿而大，麖似鹿而小。麈音主。麖音京。」

《汉书·地理志》中对番禺“其一都会也”的记载

明朝以前，广州的主港口不在黄埔村，而在扶胥。南海东庙居“扶胥之口，黄木之湾”[④]，今狮子洋与珠江连接处，东西向珠江漏斗湾到此转向南北向狮子洋大漏斗湾，以南便是“大海”，“自此出海，浩淼无际”[⑤]。南海神是海上交通护卫神，与广州海上丝绸之路的发展有着不可分割的关系。这座古庙地处珠江出海口，庙前波涛浩渺，中外海舶出入广州，都要到庙中拜祭海神，祈求出入平安。南海神庙是中国古代四大海神庙中唯一完整保存的海神庙。1978年，南海神庙被重新核定并公布为广东省文物保护单位。港口是广州海上丝绸之路的载体，南海神庙在一定程度上可以说是港口附属的宗教文化建筑，起着文化上、心理上的慰藉作用。南海神东、西庙分别居广州城东和城西南，除官方祭祀外，中外商人与广大民众亦参与其间。[⑥] 黄埔古港是明清时期广州古港的组成部分，是清代以来广州丝绸之路的必经港口。据考证，黄埔古港遗址所在地黄埔村已有千余年的历史。18世纪

① (汉)班固：《汉书》卷二十八下《地理志》，北京：中华书局，1962年。
② 徐俊鸣：《岭南历史地理论集》，广州：中山大学学报编辑部，1990年。
③ 陈柏坚、容彦：《广州对外贸易史话》，载《广州日报》，1978年10月27日第2版。
④ (唐)韩愈：《昌黎先生文集》卷三一《南海神庙碑》，上海：上海古籍出版社，2013年。
⑤ (唐)李吉甫：《元和郡县图志》卷三四，北京：中华书局，1983年。
⑥ 王元林：《宋南海神东、西庙与广州港、海上丝路的关系》，载《海交史研究》，2006年第1期。

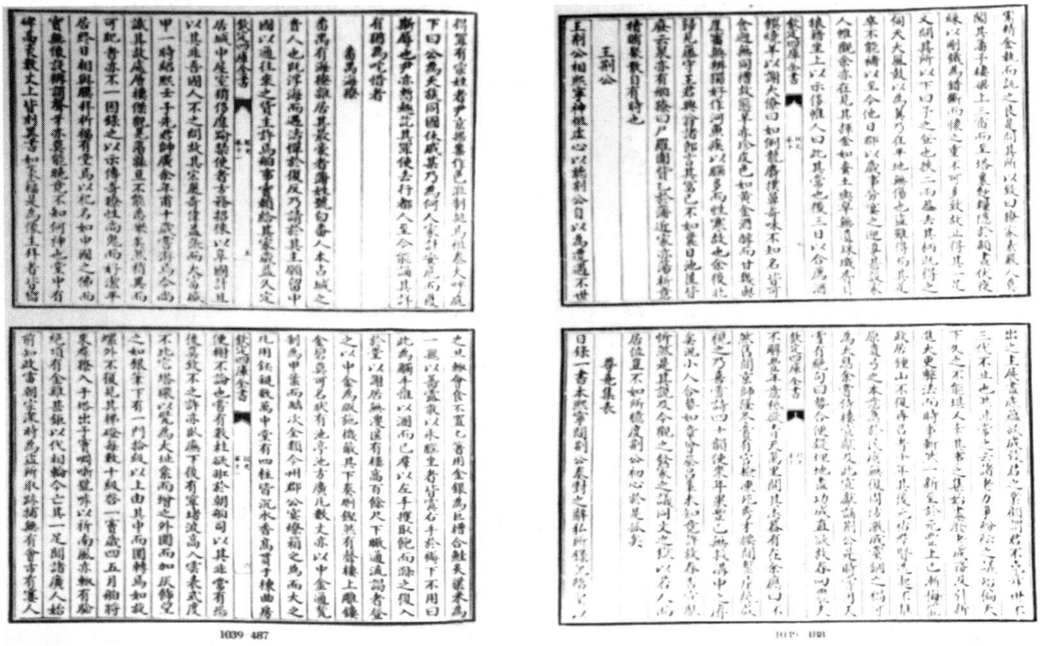

南宋岳珂《桯历》有关“番禺海獠”的记载

中叶，清政府开始实行闭关锁国的政策，在此后的85年时间里，黄埔古港一度成为中国唯一的对外通商口岸。曾有两大著名商船停留在黄埔古港——美国的“中国皇后”号商船和瑞典的“哥德堡”号商船。黄埔村至今仍然保存的古庙宇、古巷道、古城墙、古航道遗迹，都是海上丝绸之路这段辉煌历史的见证。

广州是中国的南大门，濒临南海，背靠白云山，珠江水穿城而过。作为海上丝绸之路起点之一，广州是很早就驰名世界且唯一历久不衰的东方大港。两千多年来，广州一直是华南地区的政治、军事、经济、文化、交通和贸易中心。广州拥有悠久的历史文化，是华南地区最大最古老的千年古都，也是近代革命的策源地和民主革命的大本营，特别是改革开放40年来，广州作为前沿阵地、排头兵，更是取得了焕然一新的成绩，赢得了世人的瞩目。

广州又称“羊城”或“穗城”，据说在周显王(公元前368—前321年)时，曾有五位仙人身穿五色彩衣，骑着嘴衔稻穗的五色仙羊，降临在越秀山山坡下，他们把稻穗送给这里的子民，并祝福此地永无饥荒，然后腾空而去，五羊化为巨石。一向以打鱼为生的子民有了稻种，从此过上了丰衣足食的幸福生活。千年古城广州就这样有了“羊城”和“穗城”之名。

广州曾作为“三朝十帝”的千年古都，具有悠久历史和深厚的文化底蕴。相传，公

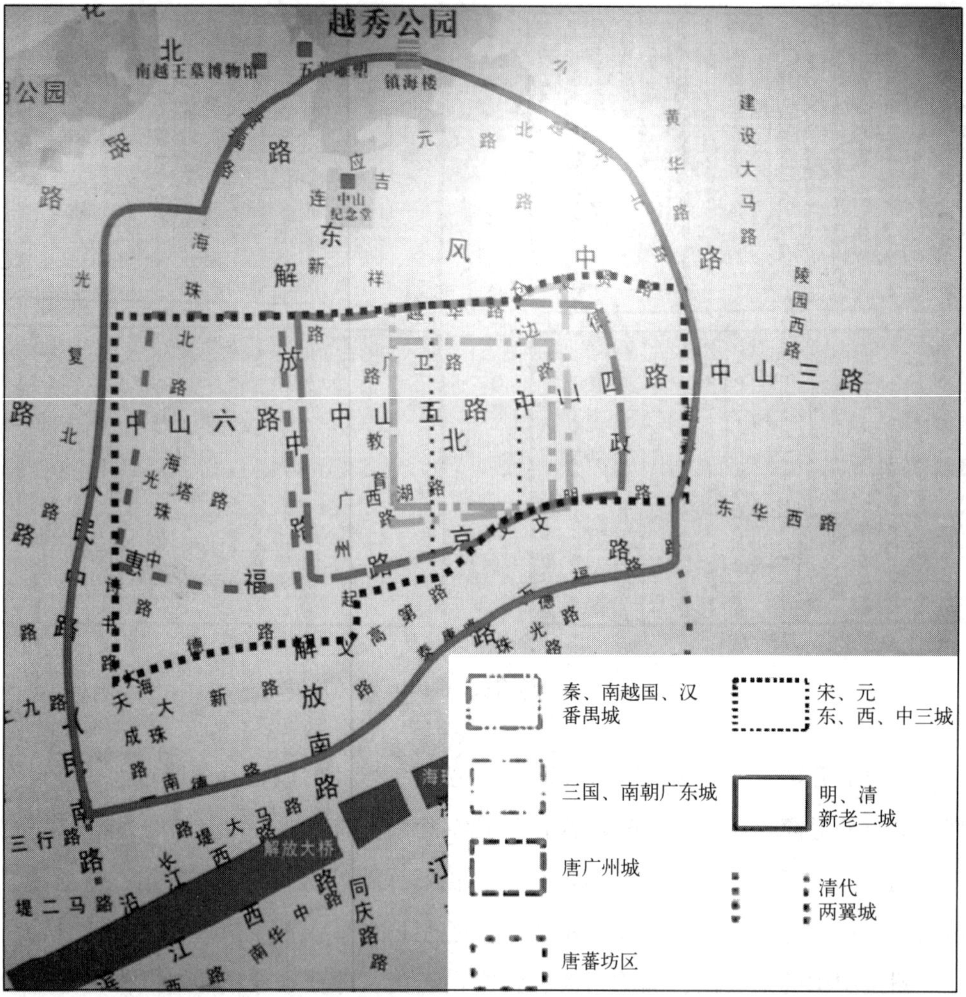

广州历代城区示意

元前 9 世纪的周朝，番禺为楚之藩属，已有“楚庭”之设，后来还建有“南武城”，今在广州市越秀山公园有“古之楚庭”的牌坊。

公元前 214 年，秦始皇统一岭南，设置南海郡，郡治设在番禺。秦王朝任命任嚣为南海尉并建城，史称“任嚣城”，此为广州信史记载的建城之始。

秦末汉初，赵佗在岭南建南越国，定都番禺，奠定了广州在岭南的中心城市地位。

三国吴黄武五年(公元 226 年)，孙权为了便于统治，划合浦以北为广州，合浦以南为交州，实行交广分治。不久交广复合，至景帝永安七年(公元 264 年)，交广再次分治，此后成为定制。交广分治后，将州治从原来的广信(今广西壮族自治区梧州市)迁到番禺，广州之名即取广信的“广”字，广州由此得名。

历史上在广州曾经建立过三个王朝，历经十个皇帝的统治。秦末汉初的南越国、五代十国时期的南汉国、明末清初的南明政权，人称“三南”政权，合计统治 148 年，都是以广州为都城。最早城址至今 2000 余年，其范围都没有超出今天广州城区以外。“三南”政权中，南越国政权对广州的影响时间最早、最长，影响力也最大。

公元前 204 年，赵佗建立了南越国，自称“南越武帝”。赵氏南越国以番禺为都城，扩建城池“周十里”，建赵佗城，这是广州第一次作为都城。1983 年在解放北路象岗山基建工地中发现了西汉南越王墓，是岭南地区发现规模最大、出土文物最丰富多样、墓主人身份规格最高的一座汉墓，该发现被定为中国近代五大考古新发现之一。1995 年和 1997 年，又分别发现了南越国时期的大型地下石构水池和南越国王宫御苑；后在广州市儿童公园发现南越国宫殿遗址，在惠福东路与西湖路之间发现南越国木构水闸遗址。

1. 南海郡和郡治番禺

南海郡是从秦朝至唐朝的行政区划名，治所在今广东省广州市市区。

公元前 222 年，秦王嬴政统一六国后发 50 万秦军攻打岭南，由大将任嚣、赵佗率领。公元前 214 年，秦军基本上占领岭南。随即，秦始皇在所夺取的岭南地区设桂林、象、南海三郡。今广东省的大部分地区属南海郡。这是广东历史上第一次划分行政区。

秦朝南海郡，郡治在番禺，主体范围在今广东、海南和广西东南部，包括香港及澳门。南海郡治番禺县，领番禺、中宿、博罗、龙川、四会、揭阳六县，这是广州历史上最早的行政建置。任嚣出任南海郡尉，他主持在番禺县内修筑城池作为郡治，名为番禺城，史称“任嚣城”。城址在今广州市区仓边路、越华路、豪贤路、广大路、中山四、五路至芳草街一带，此为广州建城之始。

越之犀角象齒翡翠珠璣乃使尉屠睢發卒五十萬為五軍一
軍塞鐔城之嶺一軍守九疑之塞一軍處番禺之都一軍守南
野之界一軍結餘干之水三年不解甲弛弩使監祿無以轉餉
又以卒鑿渠而通糧道以與越人戰殺西嘔君譯吁宋而越人
皆入叢薄中與禽獸處莫肯為秦虜相置桀駿以為將而夜攻
秦人大破之殺尉屠睢伏尸流血數十萬乃發適戍以備之當
此之時男子不得脩農畝婦人不得剡麻考縷羸弱服格於道
大夫箕會於衢病者不得養死者不得葬於是陳勝起於大澤
奮臂大呼天下席卷而至於戲劉項興義兵隨而定若折槁振
落遂失天下禍在備胡而利越也欲知築脩城以備亡不知築
脩城之所以亡也發適戍以備越而不知難之從中發也夫鵲
先識歲之多風也去高木而巢扶枝大人過之則探鷇嬰兒過

《淮南子》中关于秦统一岭南的记载

2. 南越国和都城番禺

秦末南海郡尉任嚣病危，委任龙川县令赵佗代职。任嚣死后赵佗起兵隔绝五岭通中原的道路，攻并桂林、象郡，建立南越国（公元前 203—前 111 年），自称“南越武王”，于公元前 111 年为汉武帝所灭，传五世，历 93 年。国都位于番禺，疆域包括今

事各有序惠被諸產久並來田莫不安所
群臣誦烈請刻此石垂著儀矩因使韓終侯公石生求
僊人不死之藥始皇巡北邊從上郡入燕人盧生使
入海還以鬼神事因奏錄圖書曰亡秦者胡也
始皇乃使將軍蒙恬
發兵三十萬人北擊胡略取河南地
三十三年發諸嘗逋亡人贅壻賈人略取陸梁地
為桂林 象郡 南海
以適遣戍 西
北斥逐匈奴自榆中並河以東

《史记》中关于秦置南海郡的记载

天中国的广东、广西两省区的大部分，福建、湖南、贵州、云南的部分地区和越南的北部。南越国又称为南越或南粤。赵佗是河北省正定(真定)县人。因此毛泽东说赵佗是“南下干部第一人”，他是开发岭南的第一人，创立了“东西万余里”的南越国，是岭南地区第一个封建王国，大量的文字记载和出土文物说明，南越国是岭南文明的奠基时期，赵佗创建南越国使岭南社会经济实现飞跃式的跨越发展，使岭南社会形态从原始社会的分散的部落统治，一跃跨入封建社会的有序发展，为今后的历史发展打下了坚实的基础。

3. 汉交趾、交州治下的南海郡和郡治番禺

元鼎六年(公元前 111 年)，汉武帝以路博德为伏波将军，杨仆为楼船将军，率兵 10 万分兵数路征讨南越国。次年冬，两支主力部队抵达番禺城外围，攻破设置在石门一带的防线后，两军会合一起从东南、西北两个方向攻入城内，纵火烧城，位于今中山四路的南越国宫署及御苑园林毁于战火，历经 93 年的南越国灭亡。

西汉绥和元年(公元前 8 年)改为交州，南海郡隶交州。

4. 东汉番禺为交州州治

东汉时岭南隶属交州管辖，州治设在广信(今梧州、封开)。

东汉末年，赤壁之战后逐渐形成魏、蜀、吴三国鼎立的局面。汉献帝建安十五年(公元210年)，孙权任步骘为交州刺史，略定岭南。步骘来到南海郡治番禺，见巨海浩荡，原野殷阜，大为赞赏，认为其自然、经济和政治条件均适合设立州治。于是报请孙权批准，修筑城郭，于建安二十二年(公元217年)把交州州治由广信东迁于番禺。

5. 三国至唐代置广州

三国吴黄武五年(公元226年)，孙权因交州辖区过于辽阔，不易管理，乃分合浦郡以北的地方为广州，辖南海、苍梧、郁林、合浦四郡，治所番禺。任命吕岱为广州刺史，这是广州得名之始。之所以称广州，是因为州治从广信迁来之故。此制实行一年即被取消，复合交、广为一。

三国吴永安七年(公元264年)，交、广再次分治，仍置广州，辖南海、苍梧、郁林、高凉四郡，州治番禺。此后交、广分治成为定制。

西晋时，今广东省腹地属当时的广州，粤北属荆州，雷州半岛和海南岛属交州。

中褚逢齊以就遜及諸葛瑾意所不安令損益之是歲
分交州置廣州俄復舊
六年春正月諸將獲彭綺閏月韓當子綜以其衆降魏
七年春三月封子慮為建昌侯罷東安郡夏五月鄱陽
太守周魴偽叛誘魏將曹休秋八月權至皖口使將軍
陸遜督諸將大破休於石亭大司馬呂範卒是歲改合

《三国志》中记载交、广分志与广州得名

隋文帝开皇十年(公元590年)，撤销南海郡，改番禺县为南海县，隶属广州总管府。仁寿元年(公元601年)，改广州为番州。隋炀帝大业三年(公元607年)，改州置郡，恢复南海郡。今广东省境分属10郡、74县。

唐高祖武德四年(公元621年)废南海郡，复置广州。唐太宗贞观元年(公元627年)置岭南道，广州属岭南道。长安三年(公元703年)，置岭南五府经略使，总管岭南五府，复置南海郡。天宝元年(公元742年)改广州为南海郡。乾元元年(公元758年)复郡为州，南海郡又改广州。咸通三年(公元862年)岭南划分东、西二道，岭南东道治广州，西道治邕州(今南宁)。两广分东、西，自此始。

五代十国时期，岭南为南汉王刘氏占据。

6. 南汉和国都兴王府(广州)

唐朝末，农民起义频频，群雄割据。五代梁贞明三年(公元917年)八月，刘隐之弟，清海、靖海两军节度使刘龑(又名刘岩)称帝于番禺，改年号为乾亨，国号大越，次年改国号为汉，翌年改称汉，史称南汉。行政区划基本上继承唐朝的建制。南汉升广州为兴王府，作为国都。在州县稀疏的粤东和粤北，增置1府4州。南汉后期，全境共辖60州、214县。

7. 宋广东路广州府和宋代三城的修建

宋代地方行政制度分路、州(府、军)、县三级。宋太祖开宝四年(公元971年)，灭南汉，废兴王府，改为广南东区，置广州都督府。翌年，撤销番禺县，并入南海县。至道三年(公元997年)分全国为15路，广南路分为广南东路和广南西路，其中广南东路(简称"广东")治所设广州。广东大部分属广南东路。今广东省境包括广南东路14州和广南西路境内的7州，共61县。皇祐三年(1051年)恢复番禺县，县治设城东紫泥港(巷)。乾道六年(1170年)改为广东路广州府。祥兴元年(1278年)广州改为翔龙府，番禺沿为府治。

宋代对广州城进行了多次修建。

宋代广州主要修城活动

时间	活动
景祐四年(1037年)	修补城要处
庆历四年(1044年)	经略使魏瓘修筑子城
皇祐四年(1052年)	修筑东、西、南子城瓮城
熙宁元年(1068年)	吕居简请转运使王靖修筑东城，王靖在城外挖壕环城。在城东、南、北三面依次开振东、迎熏、拱辰三门。
熙宁四年(1071年)	程师孟筑西城，保护城西居民。
元丰二年(1079年)十一月	浚城壕
元丰三年(1089年)	修城垒
绍兴元年(1094年)四月	修补城墙
绍兴二十二年(1152年)	修补三城
嘉泰元年(1201年)	修补城墙
嘉定三年(1210年)	陈岘在州城东南、西南隅筑西翅城，保护城南居民。谓之雁翅城，并维修旧有的城楼。
绍定二年(1229年)	方大琮在广州城旧址创建团楼、炮台，并修葺城门、城墙

续表

时间	活动
绍定三年(1230年)	修补城墙
绍定六年(1233年)	增修三城城墙
端平年间(1234—1236年)	彭铉修葺外城、子城和瓮城
淳祐二年(1242年)	摧锋军修城

资料来源：广州博物馆。

宋庆历四年(1044年)，广州经略使魏瓘修筑子城(又称中城)。

宋熙宁元年(1068年)，广州知州张田在子城东建东城，以赵佗城东部旧址为基础，西接子城，东至芳草街，北至豪贤路，南抵文明路，“环七里”。同年，吕居简、王靖烧砖改建东城和子城，这是广州见诸史志记载的最早砖城。

宋熙宁四年(1071年)，广州经略使程师孟为保护广州的外商聚居地，在子城之西筑西城，“周十三里”。子城、东城、西城后并称为宋代三城。

8. 元江西行省广东道广东路

元朝地方行政制度分省、路、府(州、军)、县四级，另有道，是省以下、路府之上的承转机构。元朝至元十七年(1280年)，改翔龙府为广东道广州路。至元三十年(1293年)改为广东道上路。皇庆元年(1312年)复称广东道广州路。番禺沿为道治、路治。元朝在岭南地区没有单独设置一级行政区划，而是将原来宋代以广州为治所的广南东路辖区归江西行省管辖。江西行省置广东道，辖广州路等14路，道治与路治均在番禺。

9. 明广州府

明洪武元年(1368年)二月，明太祖朱元璋命廖永忠为征南将军，朱亮祖为副将军，由福建海道入广东，与由湖南征广西的杨觍及江西赣州卫指挥使陆仲亨部互为犄角，进军两广。四月，廖永忠率部抵广州，元广东行省左丞何真势穷出降。明朝把广东道广州路改为广东道广州府。洪武二年(1369年)改为广东行省广州府，并将海北海南道改隶广东，广东成为明朝的十三行省之一。而且，过去长期与广西同属一个大区的雷州半岛、海南岛也划拨广东统辖，结束了广东以往隶属不同政区的状况，广东省区域轮廓自此基本形成。洪武九年(1376年)改为广东布政司广州府。广州沿为府治，隶广州府。广州府辖连州、番禺等15县。

终明之世，广东设10府1直隶州，统辖7州75县。其中，属明代新置的有顺德、从化、高明、饶平、惠来、大埔、普宁、澄海等22县。这些新置的县大多集中在粤东地区，基本形成当今县制的分布格局。

明洪武十三年(1380年)，永嘉侯朱亮祖将广州宋代所修的三城即中城(又称子城)、东城和西城联合为一。此后，又进一步扩大市区，对旧城进行一定的改造，拓展城的东部和北部，使广州城东至今越秀路、北抵越秀山，周长21里，史称明代老城或明城。

10. 清广东省广南韶道广州府

清顺治三年(1646年)十月，清廷命佟养甲、李成栋由闽南攻广东。清军趁广州的绍武和肇庆的永历两个南明小政权互相攻伐之机，于十一月取潮州、惠州，十二月攻下广州。同年，在广州外城南面加筑了较小的东西两翼城。

清初承袭明制，地方行政机关分省、道、府、县四级，但将明时的布政使司正式改称为省。“广东省”名称正式使用，所辖范围与明广东布政使司相同。清设总督管辖广东、广西两省，称“两广总督”，初驻肇庆，乾隆十一年(1746年)移广州。清代广东省最南的辖境是南海诸岛的曾母暗沙。西沙群岛(时称“千里长沙”)和南沙群岛(时称“万里石塘”)属于广东省琼州府的万州管辖。广州属广东省广南韶道广州府，沿为省、道、府治。

11. 中华民国广东省和省治广州

1911年，辛亥革命后建立中华民国，广东省的名称和范围与清代相同，但将府直辖地及州、厅皆改为县，成为省、县二级制，并于省、县之间分区设置绥靖区。广州为省治。

12. 中华人民共和国广东省和广州市

1949年10月14日，广州解放；10月28日，广州市人民政府成立；11月6日，广东省人民政府正式成立。1955年，广西的北海市和钦州专区所属各县划归广东省，并更名为合浦专区。1965年，北海市及合浦专区所属各县划归广西壮族自治区。1988年，中央政府将海南行政区从广东省划出，另设海南省。

广州历史大事记

时间	历史事记
五六千年前	广州的先民古越人已在广州繁衍生息，生产工具以石器、陶器、骨器为主，从事渔猎、农业生产
公元前214年	秦始皇平定岭南，将岭南纳入秦帝国版图，设置南海、桂林、象三郡，南海郡治番禺，即今广州，广州建城自此始
公元前204年	赵佗建立南越国，定都番禺，自称南越武王

续表

时间	历史事记
公元前111年	汉武帝平定南越国，分南越国土为南海等九郡，南海郡治番禺
公元226年	三国东吴孙权设交、广二州，合浦以南为交州，合浦以北为广州，广州由此得名
公元917年	刘岩在广州建立大越国，改广州为兴王府，国号汉，史称南汉
1068—1077年	广州大规模修建城垣，修建东、西、子三城
1316年	广州冶铸铜壶滴漏，是我国现存最大、最完整的计时器
1380年	广州扩建城垣，合宋代三城为一体，把广州城北部扩展到越秀山，并建造镇海楼
1646年	朱聿在广州自立为帝，年号绍武，史称南明
1838年12月	林则徐受命为钦差大臣，赴广州查禁鸦片
1840年6月	英国发动对华侵略战争，第一次鸦片战争爆发
1841年5月30日	英军进逼广州城，三元里乡民重创英军于牛栏岗，取得了中国近代史上民众首次自发有组织地反击外来侵略者的伟大胜利
1856年10月	英法联军再次侵占广州，第二次鸦片战争爆发
1911年4月27日(农历三月二十九日)	同盟会在广州发动了辛亥“三二九”起义，又称黄花岗起义，揭开了辛亥革命的序幕
1911年11月9日	广州宣布独立，史称广州光复
1917年	中华民国军政府在广州成立，孙中山就任海陆军大元帅
1918年10月22日	广州成立市政公所
1921年2月15日	广州市政厅成立，广州正式建市，孙科为第一任市长
1923年6月10—20日	中国共产党在广州召开第三次全国代表大会
1924年1月20—30日	中国国民党在广州召开第一次全国代表大会
1925年7月1日	广州国民政府建立，采用委员制取代大元帅府的一长制
1926年	毛泽东主持广州第六届农民运动讲习所
1927年12月11日	中国共产党在广州领导广州起义
1945年9月16日	侵粤日军签字投降仪式在广州中山纪念堂举行，广东人民抗日斗争取得全面胜利
1949年10月14日	广州解放
1949年10月28日	广州市人民政府成立，叶剑英任市长
1978年	广州落实国家改革开放政策
1992年	邓小平南巡，广州加大改革力度

资料来源：广东省博物馆。

(二)南海郡

1. 南海郡的历史变迁

南海郡，是秦朝的郡级行政区，为中国古代行政区划之一，它是秦始皇在岭南地区设置的三郡之一(其他两郡是桂林郡和象郡)，南海郡是当时的三郡中面积最大、物产最丰富、经济最发达的郡，下辖四县(番禺、四会、博罗、龙川)[①]，另一说为五县(番禺、四会、博罗、龙川、浈江、揭阳)[②]。公元前218年，秦始皇"使尉(佗)、屠睢将楼船之士南攻百越"，总兵力达50万。[③] 失利后，公元前214年，又派任嚣、赵佗再次攻越，同时，"发诸尝亡人、赘婿、贾人略取陆梁地，为桂林、象郡、南海，以适遣戍"；次年，"谪治狱吏不直者，筑长城及南越地"[④]。后来，秦始皇又"益发谪戍边"，而赵佗也曾"使人上书，求女无夫家者三万人，以为士卒衣补，秦皇可万五千人"[⑤]。秦末，中原动乱，当时掌握南海郡军政大权的南海都尉任嚣决定拥兵自立。可惜任嚣病重，于是他下令将自己的心腹龙川令赵佗召至番禺，嘱其拥兵自立。既而，赵佗兼并桂林郡和象郡，统一岭南全境，建立南越国，国都番禺。

赵佗，秦汉时期著名的政治家，杰出的爱国将领，真定(今石家庄市东古城)人。他是秦始皇平定岭南的主要将领之一，是秦朝统一岭南的主要功臣，在南征战争中战功显赫。秦在岭南设南海郡、象郡、桂林郡三郡，赵佗为南海郡龙川县县令。他是中国历史上最早在香港、澳门以及广大岭南地区确立政权的秦朝主将之一，是中国历史上第一位维护国家统一的人，是岭南地区最早的"客家人"的组织者，也是秦朝统一以来最早成功地在少数民族地区推行民族亲和政策的杰出政治家，是最早把中原先进文化和生产力传播到岭南的伟大先驱。毛泽东对赵佗给予很高评价，他在中华人民共和国成立前夕，在涿州对准备前往广东主持工作的曾山同志说："你们广东开化很早。秦始皇时代广东就是秦朝管辖的地方。河北人赵佗在广东做官，他对地方治理的不错。秦朝末年，天下大乱，他乘机扩占了粤西、海南岛等地方，自立为王。汉高祖平定天下后，派人去见他。他表示臣服，接受汉朝的管理，维护国家统一。"

南越国从公元前204年建立至公元前110年被汉武帝消灭，共历五代，93年。

---

① 谭其骧：《中国历史地图集》第2册，北京：中国地图出版社，1982年。
② 司徒尚纪：《岭南历史人文地理——广府、客家、福佬民系比较研究》，广州：中山大学出版社，2001年。
③ (汉)司马迁：《史记·平津侯主父列传》，北京：中华书局，1959年。
④ (汉)司马迁：《史记·秦始皇本纪》，北京：中华书局，1959年。
⑤ (汉)司马迁：《史记·淮南衡山列传》，北京：中华书局，1959年。

从岭南政治、经济、文化等方面发展来看，正是在南越国时期，岭南这个原来十分落后的地区接近并赶上了中原地区，创造了岭南经济文化和政治发展的第一个高峰。

汉武帝元鼎六年(公元前 111 年)平定南越国，把岭南三郡析为九郡(南海、苍梧、郁林、合浦、交趾、九真、日南、珠崖、儋耳)，设交趾刺史部。南海郡治番禺县，领番禺、中宿、博罗、龙川、四会、揭阳六县。西汉绥和元年(公元前 8 年)改为交州，南海郡隶交州。

三国吴黄武五年(公元 226 年)，交州分为交、广两州，南海郡隶广州，但不久就撤销了广州，永安七年(公元 264 年)又复置广州。隋开皇九年(公元 589 年)撤销南海郡，置广州总管府，仁寿元年(公元 601 年)改番州，大业三年(公元 607 年)又改为南海郡。唐武德四年(公元 621 年)废南海郡，复置广州。天宝元年(公元 742 年)改广州为南海郡。乾元元年(公元 758 年)复郡为州，南海郡又改广州。

南越国有丰富的海洋渔业文化和海洋商贸文化。南越国的墓葬中出土了大量的水产品，可见当时南越国已经掌握了娴熟的渔业生产技术。①

南越国造船主要采用榫接法拼合，并用木钉、竹钉、铜钉或铁钉钉连。南越国制造的船只已经运用到军事、捕船、交通、娱乐、经商等各方面。②

南越国的海上贸易也有了很大的发展，据广州市的秦汉造船工场遗址的考古发掘证明，南越国的都城番禺已具备了生产大批内河和沿海航行船只的能力。①当时的南越人已经开辟了通过南海与东南亚和南亚诸国进行海商商业贸易的路线，这条路线后来被称为“海上丝绸之路”。在南越文王墓中，就发掘出银盒、象牙、金花泡饰、乳香等与海外贸易密切相关的一些舶来品。③

2. 南越王宫

南越王宫博物馆位于北京路与中山四路交界处，是西汉时期南越国的宫殿御苑所在地，为全国重点文物保护单位。近年来，广州南越国时期考古发现有多处南越时期的遗址。1995—1997 年发掘的南越国宫署遗址中，有一处大型石构蓄水池和长达 180 米的曲流石渠；池中有一根巨型叠石柱和多件门楣石板、八棱石栏杆、八棱石柱、大型石础等构件，石材为砂岩，打制精工，规格多样。④ 1983 年西汉南越王墓发现后，国家

---

① 张荣芳、黄淼章 :《南越国史》，广州：广东人民出版社，2008 年。

② 余天炽、覃圣敏、蓝日勇等：《古南越国史》，南宁：广西人民出版社，1988 年。

③ 彭年：《中国古代海洋文化的先驱——从南越国遗迹看南越文化及其历史地位》，载《南越国史迹研讨会论文选集》北京，文物出版社，2005 年。

④ 广州市文化局：《广州秦汉考古三大发现》，广州：广州出版社，1999 年。

和广州市文物管理部门决定对墓室原地进行保护。广州市府决定划地 1.4 万平方米建立博物馆，分两期建造完成。第一期工程于 1986 年奠基，在山岗东麓建一座三层综合馆舍，期年竣工，1992 年又在古墓之北开工兴建立体金字塔形文物陈列楼，于 1993 年初落成。博物馆内保留有从秦代到民国的十三朝遗迹，如一部反映广州城市建设的实物史书，被誉为“广州历史文化名城的精华所在”，是了解广州城市发展的重要窗口。博物馆展示的内容是 2000 年前的南越国王宫御苑遗迹、遗物，并设有录像和导览系统，帮助观众了解考古发掘的情形，观赏珍贵的出土文物，还可以亲临考古现场感受历史信息。如今以古墓为中心，馆舍依岗而起，上下连通组成整体的古墓遗址博物馆，巍然耸立于象街之上。地下墓室也已整理和修增，全部出土文物展出于博物馆陈列室，分为“文帝金印”“主室瑰宝气”“墓中殉人”“御库藏珍”和“钟鸣鼎食”诸部，供人鉴研。而自博物馆落成开放以来，参观者络绎不绝，成为羊城一大著名景点，人们在此既可获得一般史书中较少着墨的有关南越国的历史知识，又可加深对广州这座具有悠久历史的名城的敬慕之情。

博物馆展馆由综合陈列大楼、墓原址、主体陈列楼三大部分组成。主体陈列楼展示了南越王墓出土的 1000 多件(套)文物珍品。综合陈列大楼展示了中国陶瓷艺术的奇葩——“杨永德伉俪捐赠陶瓷枕展”。另有临时展厅展示国内外大型临时文物展览。博物馆已被列为广东省、广州市首批爱国主义教育基地。此外，博物馆还出售各种有馆藏特色的纪念品。

3. 南越王墓

西汉南越王墓位于广州解放路的象岗山上，是西汉初年第二代南越王赵眜的陵墓。赵眜是赵佗的孙子，号称文帝，公元前 137 年—前 122 年在位。南越文王墓的出土，被誉为近代中国考古五大新发现之一，现已辟为博物馆。1983 年发现的南越王墓，深入地下 20 米，用 750 多块砂岩大石构筑。陵墓面积约 100 平方米，分前后两部分，共有 7 个室。前室居中，室内四面及顶部都绘有朱、墨两色的云纹图案，象征超堂。前、后两部分各设有一道双扇的石门。至今，考古工作者已经发掘南越国时期墓葬 400 余座。

南越王墓是迄今岭南地区发现的规模最大、保存完好、随葬品最丰富的一座汉墓，也是中国考古发现的最早彩绘石室墓，这座墓堪称地下宝库，共出土各类文物 1000 多件(套)，尤以铜、铁、陶、玉四者所占比重最大。西汉南越王墓出土的陪葬器物，品类繁多，共计 100 多件(套)，俨然一座汉代文化宝库，1996 年被国务院公布为第四批全国重点文物保护单位。陵墓深埋在离山顶 20 余米的山腹深处，墓室坐北朝南，按“前朝后寝”的格局建造，内有 7 室，15 个殉葬人，陪葬品达 1000 多件(套)，该墓所出土的器物上多发现文字，有篆文，也有汉隶，如墨字“金滕一口”[1]，这对了解和研究秦汉时期岭南地区经济、政治、文化的发展以及汉、越民族的融合具有非常重要的价值。考古学家从墓中发掘出大量文物，其文化内涵丰富多样，为研究秦汉时期岭南早期开发、广州的早期城市发展和汉、越民族及其文化的融会以及海外交流等提供了丰富多彩的材料，因而具有极其重要的科学价值。这些文物充分反映了早在2000多年前，南越国的农业、手工业已初具规模，为以后本地区经济文化的发展奠定了基础。

“文帝行玺”金印是中国考古发掘首次发现的“皇帝”印玺，甚为珍贵。南越王墓出土的“文帝行玺”金印重148.5克，经考证，此金印是中国迄今考古发掘中所见最大的一枚西汉金印，也是唯一汉代龙钮金印。[2] 在传世或发掘出土的秦汉印章中，未见一枚皇帝印玺，只有文献记载，而且文献讲的帝印是白玉质印、螭虎钮印，印文是“皇帝行玺”或“天子行玺”；而南越国赵眜这枚帝印却是金质、蟠龙钮印，印文是“文帝行玺”。这是金印的独特之处，是南越国自铸、生前实用之印。

南越王墓出土的“文帝行玺”

玉衣是汉代特有的丧葬殓服，东汉灭亡以后，未发现有玉衣。玉衣是有等级规定的，有金镂、银镂、铜镂玉衣，诸侯王多用金镂，也有用银镂的。南越王墓出土的丝镂玉衣为首次发现，也是迄今为止唯一的一件。整件玉衣全长1.73米，共用玉片2291块。用朱红色丝带粘贴，构成多重几何形纹样，色彩鲜艳夺目。墓主人文王赵眜着衣。玉片由丝带串缀，故称“丝镂玉衣”，也是岭南地区首次出土且年代最久并可复原的玉衣。[2]

---

① 广州市文管会等：《西汉南越王墓》，北京：文物出版社，1991年。
② 钱元仲：《西汉南越国和南越王墓》，载《历史教学问题》，1994年第4期。

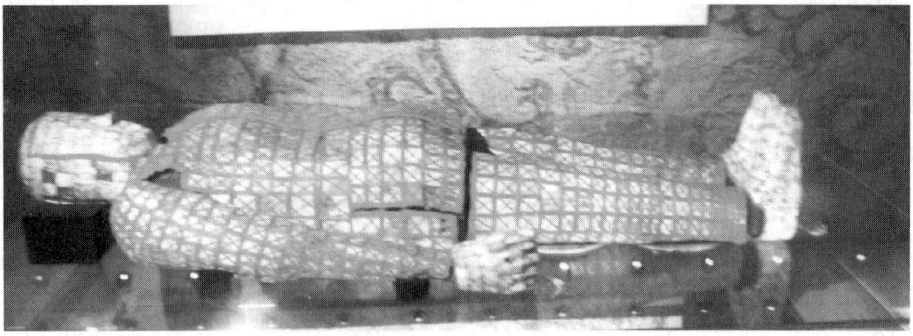

南越王墓出土的“丝镂玉衣”

南越王墓出土各种玉璧56件，仅主棺就有47件，说明墓主人对玉璧的喜爱。其中主棺室出土的一件大玉璧，直径达33.4厘米，是中国已知考古发掘出土玉璧中体型最大、龙纹饰最多的一块。

南越王墓出土的玉饰品有130余件，墓主赵昧的这组玉佩是最大、最豪华的一套。西汉南越王墓出土的透雕龙凤纹重环玉佩中央为一龙，前足上立一凤，造型设计极佳。此器内环有个简化凤纹大小纹斜叠。这种简化凤纹为楚式玉雕流行纹样。[①] 而7属奇数，亦为楚式玉雕象生纹的特点。

在出土的船纹提筒上有四组船纹，船上有扬起的风帆、戴羽冠的武士、裸体的俘虏、满载的战利品以及古代越族部落象征权力的铜鼓等，船的周围以及船底还绘有海龟、海鱼和海鸟，反映的是一只大型古越人船队在战争结束后凯旋归来的场景。这是目前考古发现的规模最大、最为完备的海船图形，对海上丝绸之路的研究具有相当重要的意义。

南越王墓出土的波斯银盒

出土于南越王墓中的波斯银盒备受世人瞩目，它被认为是岭南地区发现的最早舶来品之一。这件银盒造型独特，它出自墓主人棺椁的“足箱”内。整个银盒呈扁球形，通高12厘米、盖径14.3厘米、腹径14.8厘米，重572.6克，盖重243.8克。器身有子口，盖与盒身相合之处的上下边缘各饰有一匝穗状纹带，上有谷粒般的凸起，表面有极薄的鎏金。盒身和盒盖上都有对向交错的蒜头形凸纹，纹样是用模子锤鍱而成的。盖面上分立3个后加的小凸榫，分别刻有“Ⅰ”

① 杨建芳：《楚式玉器的特点》，见杨建芳师生古玉研究会：《玉文化论丛1》，北京：文物出版社，2006年。

“Ⅱ”“Ⅲ”的记号，编号“Ⅱ”的榫旁还有一处铭文：“名曰百卅一”；编号“Ⅰ”的凸榫旁有铭文“一斤四两右游一私官容三升大半口”。银盒器底附近还加了一个鎏金铜圈足，底部原有三处铭文：“之三”“私官容”“名曰”。经专家研究，这件银盒很可能是从安息传入的，并进一步推断在海上丝绸之路开通以前，安息产品要从陆路运到中国困难很大，然而从海路运输却完全有可能。因此，这件银盒也是海上丝绸之路最好的见证。

南越王墓主棺室和西耳室还出土有 4 枚金花泡。泡体为半圆球形，底下焊接一根横梁以供连缀。金花泡的焊花非常复杂，在球面形的泡体上饰有几组图纹，同是用金丝和小金珠焊接而成，以圆圈纹、心形纹和堆珠纹分别构成三等分或四等分。在底口的平沿上还饰有两圈绞索形纹带。这些用金丝组成的图纹，每一圈和每粒小珠都是焊接固定。从传统的金银器加工工艺得知，绞索形纹是用极窄小的薄金片做相对方向搓捻而成，小金珠是用金丝剪成小段高温吹熔凝聚而成。这种焊接工艺在公元前 4000 年两河流域乌尔第一王朝已经出现，随后流行于埃及、克里特、波斯等地，亚历山大东征后流传到印度、巴基斯坦。①

南越王墓中出土的镂空熏炉、象牙、乳香等，都与海外交通有关。

南越王墓中共出土了汉式、越式和楚式鼎 51 件，其中陶鼎 14 件，铜鼎 36 件，铁鼎 1 件。此外，还出土了鍪、釜、甑、烤炉、煎炉、姜礤和铜挂钩等。杰出的造船工艺、精美的银盒、华丽的金花泡饰、幽雅的熏香、珍贵的象牙，形成了先民们与大海勇猛搏斗，以博大的胸怀接纳外来文明的历史画卷，也成为南越国时期，广州与东南亚、南亚印度半岛、西亚及远至非洲沿岸的繁盛海外贸易的有力证明。这些文物目前已在南越王墓博物馆得到妥善的保护，它们身上所承载的价值，为我们研究广东海上丝绸之路提供了坚实的依据。同时也向世人证明了岭南文化的悠久历史，它是中华文化中重要的一部分。

三、樟林古埠

樟林，古时因“遍地樟木，枞灌成林”而得名，位于澄海县东北部，现属汕头市澄海区东里镇辖区。② 樟林古港是古代广东省粤东（岭东）地区著名的海上丝绸之路古港口。它在历史上为东南沿海，特别是潮汕地区的对外移民拓殖，对内繁荣经济作出了

① 李庆新：《海上丝绸之路》，北京：五洲传播出版社，2006 年。
② 陈训先：《樟林古港与红头船》，载《潮州日报》，2010 年 8 月 4 日第 C3 版。

巨大的贡献。樟林地处韩江支流北溪河海交汇之处。此地于隋唐时已有小村浮聚。唐代，樟林港还是汪洋一片，后因韩江泥沙不断冲积才逐渐形成海滩。宋朝时，渔盐鼎盛，是潮州东部的盐业中心。著名的小江盐场使司设立于此。明朝时，樟林是个海防重镇，扼闽粤水陆交通要塞。明洪武三年(1370年)筑成了石城，设立水寨，训练水师，固定海防。古称"万河"的韩江支流——头冲河和义丰河已深入其地，形成了两个天然的出海口，河海交汇，港湾自此形成。

樟林现在是一个内陆村镇，然而在历史上它曾经是粤东第一大港口。清代由于贸易的发展和海外移民的需要，樟林这个滨海村寨逐渐发展成为规模庞大的港口，帆樯云集，货栈林立，红头船扬帆暹罗、新加坡诸邦。樟林港口繁盛长达一个多世纪，被誉为"粤东通洋总汇""海交汇之地""河海交汇之墟"。

樟林古港的繁荣是从渔业港转为商业港，其标志是商埠建设的迅速兴起。乾隆七年(1742年)和五十六年(1791年)批准商民申请，前后共建114间铺屋，沿着内港两侧排列，共组成八条街，外围被东、西、南、北社和塘西、新陇6个村环绕，故有"八街六社"之称。后来由于商业继续发展，又增加了3条街和许多铺屋，这些铺屋各营其业，有海产、渔网、打铁、打石、染织、糖房、火砻、豆行、米行、屠宰、药材行、当铺等。在"八街六社"中，以仙桥街和长发街最盛，"金仙桥，银长发"的美誉一直流传至今。当年的埠镇市容至今仍有遗迹可寻，其中尤以新兴街最具特色。

全盛时期的樟林港商贸繁荣，民宅大兴，到清乾隆年间，樟林港埠已颇具规模，

全盛时期的樟林古埠六社

其中较有代表性的有东社、北社、西社、南社、塘西和新陇 6 个村落，称为“六社”。

樟林八街有长发街、广盛街、仙园街、洽兴街、顺兴街、永兴街、仙桥街、古新街。

樟林从一个渔村发展成为粤东对外贸易的港口，反映了樟林当年所处的地理位置和作用非常重要。清乾嘉年间先后在樟林设置守备营署、巡检司、河伯所、海关税馆、樟林汛急递铺等，以加强对樟林军事、海防、船只税收等的管理。

随着海洋贸易的发展，红头船事业的繁荣，樟林市镇规模逐步形成。

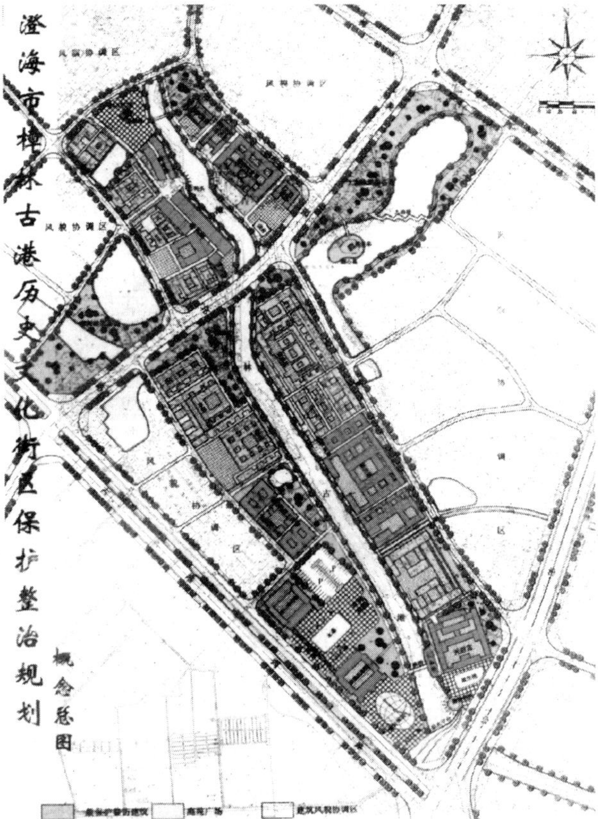

樟林古港历史文化街区示意

樟林风伯庙系清嘉庆二十四年(1819 年)知县尹佩绅捐廉银 200 两，并动员商民共集资 680 两，购买林泮充入官的大夫第改建而成，祭祀风神，其堂额书“时风若顺”四字。樟林古港的历史，是一部在惊涛骇浪中艰苦创业的历史，海上风云变幻莫测，天灾人祸难以抗防，以海为命的人们只能寄命于天，托诸神力。妈祖宫、风伯庙、火神庙的兴建，寄托着人们祈求“恬波迎棹，祥飙送帆，无波陵震谷之灾，倾樯摧楫之惧”

红头船事业繁荣下的樟林城内古民居

的美好愿望。

锡庆堂位于南盛里，是华侨蓝金生建造的南盛里主体“蓝氏通祖祠”。锡庆堂不仅建筑规模宏大，而且建筑工艺十分考究，有精美的石雕、木雕、嵌瓷。祠堂格局为“四马拖车”，以拜亭为中心向东西延伸，极尽儒雅。

从清顺治十二年(1655 年)，清廷厉行海禁政策，到康熙八年(1669 年)清廷正式下令解除迁界令，重新恢复澄海县，14 年间，樟林涉海经济遭受巨大打击。康熙十三年至十八年(1674—1679 年)，樟林又经历了另一次兵乱盗劫，数年连遭灾祸，受到重大破坏。直至康熙十九年(1680 年)后，社会环境才渐趋安定。

在清乾嘉时期，樟林古埠出现了前所未有的繁荣，进入樟林历史的“黄金时期”，樟林古埠成为潮州最大的外贸港口和商贩转运的一个枢纽，是鸦片战争前潮州人出国的主要口岸。这一时期也正是泰国吞武里王朝和内达纳哥信王朝拉玛一世和二世期。这时“八街六社”的港埠格局已经形成。

1842 年，清廷被迫开广州、福州、厦门、宁波、上海五口为通商口岸后，红头船便逐渐被西方的汽轮所替代，樟林港的作用亦逐渐消失，至咸丰八年(1858 年)《天津条约》签订，又规定辟汉口、九江、南京、镇江、牛庄(后改为营口)、登州(后改为烟台)、台南、淡水、潮州等十处为通商口岸(后去掉潮州，另开汕头为商埠)。从此，汕头市便成为中国南方重要的通商口岸。

清光绪元年(1875)英国出版的中国地图上，只见“樟林”的地名，不见澄海的县名。这可以看出，樟林古埠在当时的影响力是世界性的。

如今的樟林，和其他的乡村没什么差别。水泥路面的村道人来车往，沿街的小商品店铺里，人们还在谈论家长里短，几乎不见了昔日古商埠的踪影。

第八章　广东海神信仰民俗

海上风云变幻莫测，天灾人祸难以抗防，以海为命的人们寄命于天，托诸神力。广东妈祖庙、天后宫、南海神庙、北帝庙的兴建，南海观音信仰在海洋人中的存在，寄托着人们祈求“恬波迎棹，祥飙送帆，无波陵震谷之灾，倾樯摧楫之惧”的美好愿望。

一、广利生民——南海神

九州作为中国早期先民对地域的划分，是最初的“天下”概念。除九州之外更有“四海一家”的观念。四海，是指东海、南海、西海和北海。《诗经·商颂·玄鸟》中有“龙旂十乘，大糦是承。邦畿千里，维民所止，肇域彼四海。四海来假，来假祁祁”。与掌管东、西、南、北、中五方的神灵一样，在四海观的引导下，也出现了掌管四海的四位海神，《山海经·大荒东经》曰：“东海之渚中，有神，人面鸟身，珥两黄蛇，践两黄蛇，名曰禺虢。黄帝生禺虢，禺虢生禺京。禺京处北海，禺虢处东海，是惟海神。”《山海经·大荒南经》曰：“南海渚中，有神，人面，珥两青蛇，践两赤蛇，曰不廷胡余。”《山海经·大荒西经》云：“西海都中，有神，人面鸟身，珥两青蛇，践两赤蛇，名曰弇兹。”《山海经·海外北经》曰：“北方禺强(即禺京)，人面鸟身，珥两青蛇，践两青蛇。”在古代神话中，海神多以“蛇”的形象出现，而“南方在《易》为‘离’卦，属火，故践‘赤蛇’”。[①]也有以人为四海神灵的，分别叫祝融、勾芒、玄冥和蓐收。在唐玄宗天宝十年(公元751年)将四海并封为王，各自都有特定的名号，东海称“广德王”，有广布恩德之义；西海称“广润王”、北海称“广泽王”，都有广施恩泽之义；南海称“广利王”，有广利生民之义。[②] 可以看出，南海神突出财利民生，与获取海上贸易利益有着密切的关系。唐

① 戴胜德：《中国南海文化传》，广州：广东经济出版社，2013年。

② 司徒尚纪、许桂灵：《南海海神崇拜的历史文化地理研究》，见徐少华：《荆楚历史地理与长江中游开发》，武汉：湖北人民出版社，2009年。

代文学家韩愈在其《南海神庙碑》中说：在四海海神之中，数“南海神为贵”。这就说明在当时南海神比其他几位海神更具有不容忽视的重要地位。

（一）南海神崇拜

有人认为，汉宣帝时期是中国封建帝国立祠祭奠海神之始。战国时期魏国天文学家石申在其《石氏星经》中提到祝融“其都南岳”“其离宫在扶胥”。隋朝开皇十四年（公元594年），文帝听取大臣的建议，考虑在近海建祠祭祀，以表达对海神的虔诚，于是下诏祭四海。《隋书·礼仪志二》曰：“开皇十四年闰十月，诏……东海于会稽县界，南海于南海镇南，并近海立祠。”

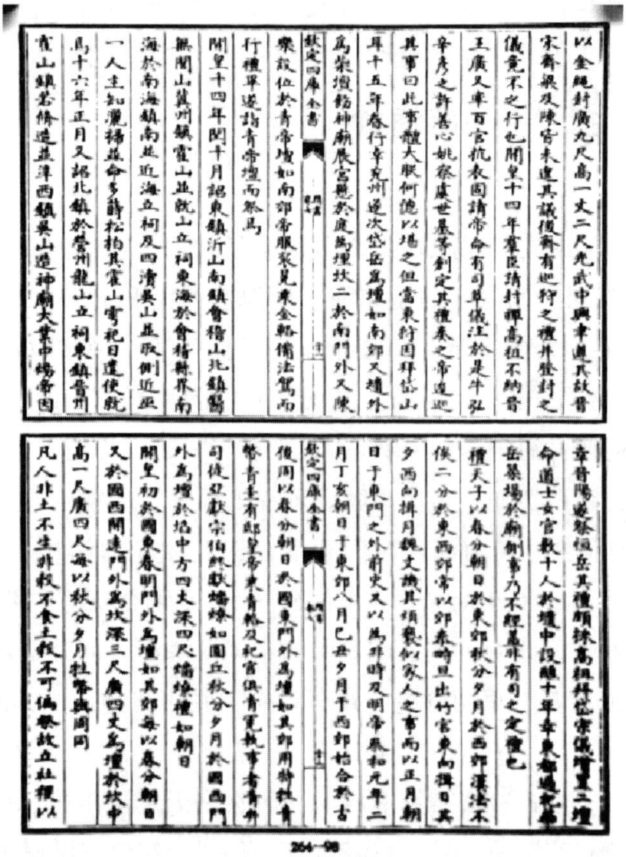
以金繩封廣九尺高一丈二尺光武中興事遵民故晉
宋齊梁及陳皆未遑其議後齊有巡狩之禮并登封之
儀竟不之行也開皇十四年羣臣請封禪高祖不納晉
王廣又率百官抗表固請帝命有司草儀注於是牛弘
辛彥之許善心姚察虞世基等創定其禮奏之帝逡巡
其事曰此事體大朕何德以堪之但當東狩因拜岱山
耳十五年春行幸兗州遂次岱岳為壇如南郊又壝外
為柴壇飾神廟展宮懸於庭為埋坎二於南門外又陳
欽定四庫全書
樂設位於青帝壇如南郊帝服袞冕乘金輅備法駕而
行禮畢遂詣青帝壇而祭焉
開皇十四年閏十月詔東鎮沂山南鎮會稽山北鎮醫
無閭山冀州鎮霍山並就山立祠東海於會稽縣界南
海於南海鎮南並近海立祠及四瀆吳山並取側近巫
一人主知灑掃並命多蒔松柏其霍山雩祀日遣使就
焉十六年正月又詔北鎮於營州龍山立祠東鎮晉州
霍山鎮若脩造並準西鎮吳山造神廟大業中煬帝因

幸晉陽遂祭恆岳其禮頗採高祖拜岱宗儀增置二壇
命道士女官數十人於壝中設醮十年幸東都過祀華
岳築場於廟側事乃不經蓋非有司之定禮也
禮天子以春分朝日於東郊秋分夕月於西郊漢法不
俟二分於東西郊常以郊泰畤旦出竹宮東向揖日其
夕西向揖月魏文譏其煩褻似家人之事而以正月朝
日于東門之外前史又以為非時及明帝太和元年二
月丁亥朝日于東郊八月己丑夕月于西郊始合於古
欽定四庫全書
後周以春分朝日於國東門外為壇如其郊用特牲青
幣青圭有邸皇帝乘青輅及祀官俱青冕執事者青弁
司徒亞獻宗伯終獻燔燎如圜丘秋分夕月於國西門
外為壇於坎中方四丈深四尺燔燎禮如朝日
開皇初於國東春明門外為壇如其郊每以春分朝日
又於國西開遠門外為坎深三尺廣四丈為壇於坎中
高一尺廣四尺每以秋分夕月牲幣與周同
凡人非土不生非穀不食土穀不可偏祭故立社稷以
264—98

《隋书·礼仪志二》书影：“开皇十四年南海于南海镇南并近海立祠”

唐天宝十年（公元751年），玄宗诏封南海神为广利王。唐玄宗曾分别于开元十四年（公元726年）委派名将张九龄、天宝十年（公元751年）派张九章前来广州祭祀南海神。唐玄宗《册南海神为广利王文》有云：“惟南海荡涤炎州，包括溟涨，涵育庶类，以成厥德。朕嗣守睿图，式存精享，神心允穆，每叶休证。今五运惟新，百灵咸秩，思崇封建，以展虔诚。是用封神为广利王。其光膺典册，保寰宇，永清坤载，敷佐邦家，可不美欤。”[①]可以看出，人们对于南海的厚望反映了当时海上贸易对于国家民生的重要意义。五代十国时期，岭南曾短暂出现过南汉国，南汉国以海上贸易立国，所以对南海神特别重视，南汉主刘鋹时期，“尊海神为昭明帝，庙为聪正宫，其衣饰以龙凤”[②]。将南海神诏封为“昭明帝”足见南海神的地位显著，当时广州海上贸易的兴盛情景可见一斑。之后，宋代废除了南汉给南海神的封号。但是，到了宋康定二年(1041年)，仁宗又赐封南海神为“洪圣广利王”，皇祐五年(1053年)宋仁宗又加封南海神为“洪圣广利昭顺王”。南宋绍兴七年(1137年)，又加“威显”封号。到了元代，海运兴隆，广州的对外贸易关系越来越多，南海神作为国家级祭祀之列，于元世祖至元二十八年(1291年)封南海神为“南海广利灵孚王”。“但随着另一位航海保护神天妃出现和地位上升，南海神地位有所削弱，开始走向萎缩。南海神崇拜在中央和地方也日渐式微，到明代则转为衰落，取消前代封号，只称‘南海之神’，到了清代则为它的尾声。虽然在清雍正二年(1742年)，加‘江海大神’封号，南海神加封为‘南海昭明龙王之神’。”[③]鸦片战争以后，广州港逐步沦为半殖民地港口，海上贸易发生根本性的变化，不再是海上丝绸之路的港口。而南海神庙也作为遗址，成为海上丝绸之路上永久的见证。虽然南海崇拜已不如往昔，但是千百年来积淀下来的关于海神的风俗文化被保留下来，物质文化如海神庙宇建筑，非物质文化如“菠萝诞”庙会等民俗活动。

(二)海上丝绸之路的见证——南海神庙

南海神庙创建于隋开皇十四年(公元594年)，至今已有1400余年的历史，是中国古代四大海神庙中唯一遗存下来的完整、规模最大建筑群，也是广州作为海上丝绸之路始发地的一处重要遗迹。

南海神庙坐北向南，规模宏大，庙宇深广，占地面积3万余平方米，深五进，庙外有“海不扬波”的石牌坊，寄托了古代百姓对于大海的厚望。这座古庙位于今广州市黄浦区南岗街和黄埔巷之间的珠江北岸上，地处珠江出海口，庙前波涛汹涌的水域被称为“大海”，广州珠江则称为“小海”。

沿着中轴线向北，可以看到头门上方有“南海神庙”的横匾。左右对联分别是“白浪

① (宋)宋敏求：《唐大诏令集》卷七四，北京：中华书局，2004年。
② (宋)李焘：《续资治通鉴长编》卷十二，北京：中华书局，2004年
③ 戴胜德：《中国南海文化传》，广州：广东经济出版社，2013年。

起时浪花拍天山谷者呼吸雷风”“黑云去后云芽拂渚海怀开吞吐星月”。此联原是由清代林子觉所写，后来也就是现在我们看到的对联是由广东省著名书法家卢有光于1991年重写。这副对联形象而生动地描绘了南海宏伟壮阔、烟波浩渺的景象，也彰显出南海神呼风唤雨、法力无边的神力。

广州南海神庙

值得注意的是，庙宇的门神并不是哼哈二将，而是顺风耳和千里眼，很明显，这也寄托了沿海居民在南海神的护佑之下能耳听八方，预测海上变化从而平安航行和劳作的希望。

神庙的大殿正中位置安放了兼水火两职大神的塑像——祝融。塑像连座高3.8米，他头戴王冠，身披龙袍，手执玉圭，神情安详，一派雍容大度的王者风范。在祝融神像背后的照壁上，一条龙在浩渺的海波之上腾云驾雾，两面的对联是：“顺水千舟朝洪圣”“伏波万里显真龙”。

在大殿前的庭院东西两侧分立着两座御碑。西侧是清康熙四十二年(1703年)由康熙皇帝亲笔所写的四个金色大字“万里波澄”，浑厚刚劲；东侧是明洪武御碑，此碑是洪武三年(1370年)明太祖朱元璋令王玮撰文，意在取消以往冗杂的封号，重新加封南海神为“南海之神”。

广州南海神庙康熙御笔
“万里波澄”碑

大殿的后面是南海神与其夫人的寝宫，叫做“昭灵宫”，也叫“沈氏夫人殿”。南海神夫人在宋朝时期被封为“明顺夫人”。据说她原来是顺德的一个养蚕的女子，温柔善良，后化为神，有“送嗣”的职能，是妇孺的保护神。

庙宇东侧有韩愈碑亭，这是整个庙宇当中保存最早的碑刻。唐代大文学家韩愈当年被贬往潮州时途经广州，恰逢孔子的第三十八代世孙孔戣，二人互相仰慕，结成世友，并一起祭扫南海神，韩愈著文纪念二人修葺之事，于是在碑上留下1000多字的《南海神广利王庙碑》。

神庙西侧的小山岗，有古名曰“章丘”，其上建有“浴日亭”，曾为观海上日出之佳地，“亭内立有苏东坡和陈白沙诗碑各一块。宋元时羊城八景之一'扶胥浴日'，即指此处"。[1] 在北宋绍圣元年(1094年)，大文豪苏东坡被贬途中，慕名前来拜祭南海神，登上浴日亭，身临其境，感叹烟波浩渺，天地宽广，于是写下了感怀自身的诗句：

剑波峥嵘夜插天，瑞光明灭到黄湾。
坐看旸谷浮金晕，遥想钱塘涌雪山。
已觉苍凉苏病骨，更烦沆瀣洗衰颜。
忽惊鸟动行人起，飞上千峰紫翠间。

在南海神庙里，有一个比较特别的地方不能被忽视，这里还供奉着一位印度人的塑像，这位印度人叫"达奚司空"。[2] 相传唐朝时期，一支波罗国(属印度)的商船队因朝贡而来到中国，而达奚司空是朝贡使者。由于流连庙中的景致，他竟错过了返程的航船。他长久驻足海边，伤心欲绝，后来"立化在庙门之东"[3]。"达奚司空望海的时候，正是广州号称'东方第一大港'的鼎盛时期。那时，广州与东南亚及波斯湾地区有6条定期航线，有一条唐人称之为'广州通海夷道'的航线，是当时世界上最长的远洋航线。"[1]由于达奚司空曾在庙宇中种下了两棵波罗树幼苗，其结的果实就是现在我们叫的"菠萝蜜"。当地百姓为感谢他而将之供奉起来以纪念。也因为这样，南海神庙也被称为"波罗庙"，南海神诞也被称作"波罗诞"。

二、海上护航圣母——妈祖

妈祖，又被称为"天妃""天上圣母""天后"。妈祖姓林，宋建隆元年(公元960年)农历三月二十三出生于福建莆田湄洲岛。作为传说中的人物，妈祖的出生也充满神话色彩。妈祖作为"海上救护神"已经名扬四海五洲，是具有国际性的华人信仰。

宋代以后，妈祖信仰随着闽南人从福建向西迁徙而传入广东地区。广东的妈祖庙，以汕尾凤山祖庙和广州南沙天后宫为最。

(一)汕尾凤山祖庙

汕尾凤山祖庙是福建湄洲妈祖庙的分灵行宫。祖庙始建于明崇祯九年(1636年)，

① 张伟湘、薛昌青：《广东古代海港》，广州：广东人民出版社，2006年。
② 闫晓青：《南海神庙——中国古代海上丝绸之路的重要遗迹》，载《南方文物》，2005年第3期。
③ 黄淼章、闫晓青：《南海神庙与波罗诞》，广州：暨南大学出版社，2011年。

清乾隆六年(1742年)扩建。当年福建渔民漂泊到凤山一带定居，开拓基业，同时带来他们千年来信仰的妈祖信仰，并建立了凤山妈祖庙，香火延绵不断。

凤山祖庙位于汕尾市区东面的品清湖畔。天后圣母石像由468块来自妈祖家乡的优质花岗岩雕刻而成，重1000吨，高达16.83米，是全国最高的天后圣母石像，旁有石刻“天后圣母”，是来自妈祖故乡的世纪老人冰心在她94岁高龄的时候题赠的。20世纪80年代以来，通过社会各界人士捐赠对其进行大规模扩建，新建成天后阁、妈祖石像、钟鼓楼以及凤山公园内的妈祖圣迹馆、海陆丰戏剧脸谱园和渔家风情馆及妈祖文化广场。凤山妈祖石像成为汕尾市的新标志，凤山祖庙是粤东最负盛名的妈祖文化传播中心。

汕尾妈祖圣迹造型艺术馆，俗称“地宫”，是中国第一个介绍妈祖生平、传说的造型艺术馆，它采用现代光、电、声自动控制系统，现代装潢设计，再现了妈祖一生动人的美丽传说。

(二)广州南沙天后宫

南沙天后宫依山傍水，紧临珠江出海口伶仃洋，坐落于广州市南沙大角山东南麓。其建筑布局顺应自然地貌，依山势层叠而上，殿宇深广，楼阁辉煌。南沙天后宫始建于明朝，前身是天妃庙，清朝乾隆年间经过修葺之后定名为元君古庙。但是在20世纪40年代因日本侵华而遭到严重破坏。1995年由香港著名实业家霍英东先生捐款，战后被破坏的天后宫才得以重建。重建后的南沙天后宫集北京故宫的风格和南京中山陵的气势于一体，庄严肃穆，极具宫廷气派。南沙天后宫占地100公顷，天后石像高达14.5米，屹立在占地1.5公顷的天后宫广场上，其规模是迄今为止世界同类建筑之最，被誉为“天下天后第一宫”，也是东南亚最大的妈祖庙。

整座天后宫四周绿树婆娑，可分为天后宫广场和宫殿建筑群两个部分。在广场中央我们可以清晰地看到一条中轴线，南沙天后宫的建筑物都是依据这条中轴线而建造。宫殿建筑群呈对称布局，高低错落地排列，依次是牌坊、山门、钟鼓楼、牌亭、献殿、灵惠楼、嘉应阁、正殿、寝殿等建筑，后山上还高耸着一座宝塔——南岭塔。整个建筑群最高点是南岭塔，塔高45米，采楼阁式建筑，一共有8层。在庙宇内有明成祖《御制弘仁普济天妃宫碑》及郑和《天妃灵应之记》两座碑亭，碑文记述了郑和屡屡受到天妃的庇护，顺

广州南沙天后宫

利完成七次下西洋的历史壮举。

南沙天后宫所在的景区有多座大角山炮台，与东莞的沙角炮台遥遥相望。这些炮台经历过硝烟滚滚的鸦片战争，见证了中国人民抗击英帝国主义可歌可泣的一幕。

另外，在通向天后宫建筑群的海滨路上，可以看到各种图文并茂的“天后圣迹图”，如“船搁浅仙浪孚送”“神示梦化险为夷”“占上风反败为胜”“飘红灯陈洵脱险”“拯漕运救船保卒”“逐双龙奉悍竭潦”“护使航朝廷祭祀”“焚祖屋导航番船”等。在天后宫建筑群内还可以看到两幅壁画：“祭上苍雨润百姓”“救商船吹草成木”。

(三)深圳赤湾天后宫

赤湾天后宫(天后古庙)坐落在广东省深圳市南山区赤湾村旁小南山下，依山傍海，风光秀丽。该庙的创建远溯宋代，其营造气势宏伟，明、清两朝曾经多次修葺，规模日隆，成为当时沿海最重要的一座天后庙宇，凡朝廷使臣出使东南亚各国经过这里时，必定要停船进香，以大礼祷神庇佑。

赤湾天后宫始建于何年已不可考，但据明朝天顺八年(1564 年)翰林院学士判广州府事黄谏撰《新建赤湾天妃庙后殿记》中记载，“天妃行祠，海滨地皆有，而东莞则有二：一在县西百余里赤湾南山下……永乐初，中贵张公源使暹罗国，先祀天妃得吉兆，然后辞沙。天妃旧有庙，公复建庙宇于旧庙东南。”这是永乐八年(1410 年)宦官张源出使暹罗，经珠江口的赤湾时祭祀天妃庙，得吉兆。张源出使顺利归国后，为了感谢天妃的庇佑，在原天妃旧庙的东南再建殿宇。由此可见，赤湾天妃旧庙建于明朝以前。

张源于永乐年间重修赤湾天妃庙后，历代屡有商人、宦官或志士捐资重修扩建，使天妃庙越来越大，也越来越堂皇。到民国时期，赤湾天后宫“有屋大小 100 间，里面有许多大小不同的佛像”，计有山门、牌楼、月池、石桥、钟楼、前殿、后殿、正殿、左右偏殿、厢房、长廊、碑亭、角亭等建筑达 20 余处，加上附属建筑、庙产及祀田，占地达 900 余亩，成为当时广东著名的 99 个门的庙宇。

赤湾天后宫正殿相传始建于宋代，自明至清多次修葺。近年按“官式做法、闽粤风格、海神特点”三原则重新修复。

(四)通明港宣封庙

宣封庙位于湛江市麻章区太平镇明清两代雷州水师营地白鸽寨故地——通明港村。

明万历十四年(1586 年)白鸽寨把总童龙建，清康熙年间和民国 36 年(1947 年)续有维修。庙濒雷州湾、通明港，东南向，四合院布局，通面宽 12.3 米、总进深 48.1 米，总面积 591.63 平方米。沿中轴线置三殿二拜亭，依次为前殿、硬山顶拜亭、中殿、歇山顶拜亭、后殿，均为砖柱抬梁式结构，布纹瓦，绿琉璃剪边。前殿廊柱础作八棱花篮形，门置四抱鼓石。两拜亭各以卷棚顶勾连中、后殿，独立成组。庙内现存明清碑刻7通、嘉庆铁钟1个、石雕惜字亭1座。神龛及坛前木雕有透雕、浮雕、圆雕多种，花卉鸟兽形象各异，反映出雷州半岛明清两代木雕工艺特色。

湛江麻章区太平镇通明港宣封庙

宣封庙中、后殿神龛楹联为当地名人手迹。中殿联为清道光三年(1823年)状元林召棠手书，嵌“天后”二字：“海静波恬共仰天恩光普照；民安物阜咸歌后德被无私。”后殿联为清康熙年间台湾知县、福建巡抚陈瑸手书，叙述关羽生平：“生蒲州事豫州战徐州守荆州万古神州有赫；兄玄德弟翼德释孟德擒庞德千秋至德无双。”该庙中殿原祀天妃，清康熙年间晋封天妃为天后，后改庙名为“宣封”。后殿祀关羽。一庙祀此二神，反映出此地原来既是沿海渔村，又是军队驻地的特点。

宣封庙内墙壁上“一百零八宿贺寿图”的泥塑浮雕人物神态各异，形象逼真，巧夺天工。

通明港村因通明港而得名。通明港海路四通八达，水上交通十分方便，是商品聚散经销的好地方。因此，从明万历年起，外地经商者慕名而来，云集此地，建铺筑街，发展商业。

通明港面向雷州湾，遥对东海岛，扼海上至雷州府要冲，被称之为“郡城左臂”。据史书记载，明朝隆庆年间，倭寇贼船侵袭沿海，大肆烧杀掳劫，百姓惨遭匪患。为抵抗防御倭寇，朝廷便在通明港调蛮村沿海驻扎水师，专门负起防御海上倭寇之责。初始阶段，水师各式船只在海边结营为寨，兵不离船。随着海防任务日益重要，驻防水师便

立于清顺治十六年(1659年)的清代驻守水师“钦差分守雷州水师江公去思碑”

在卫所海边筑起军事基地，又称白鸽寨。“召集民居，修屋宇、筑码头，砌石闸以阻海潮，通明一地人烟渐密，商贾渐多……”通明港成为雷州半岛水师重镇，是保护雷州的重要屏藩。

到了清朝中期以后，通明港白鸽寨水师的作用才慢慢削弱。清朝对水师实施屯田制，白鸽寨水师军屯的垦田及兵员征试改由地方管理，这里的水师便“军改地”了。通明港村现有 40 多个姓氏，均是当年水师的后裔，大多成为渔民。

通明港村“六角大井”，始凿于明代，清代乾隆年间重修，井口六角形，最大直径 1.5 米，深 5 米，水清冽，能供全村 6000 至上万人饮水，至今不涸。

始凿于明代的通明港村六角大井

三、佛光照海——南海观音

观音来自印度的佛教，亦称观世音、观自在、观世自在。观世音是鸠摩罗什的旧译，玄奘新译为观自在。观音是佛教中慈悲和智慧的象征，无论在大乘佛教还是在民间信仰中，都具有重要的地位。

在中国的江、浙、闽、广、台，以及南洋华侨间，观音信仰极为普及，广东地处南海之滨，南海观音信仰也深入民心。与观音有关的庙宇和塑像很多，如佛山南海观音寺、东莞观音山、番禺莲花山、深圳东部华侨城大华兴寺等。

(一)佛山南海观音寺

佛山南海观音寺坐落于佛山市南国桃园内的牛牯岗上，始建于宋太宗淳化五年(公元990年)，距今已有1000多年的历史。寺庙坐北向南，风景怡人，实为灵山圣地。南海观音寺庙属于宫殿式的寺宇，占地26 000平方米，建筑面积3600平方米，由天津大学古建筑系设计，北京第一修建工程公司承建。按明、清时期的宫廷式建筑风格(仿北京故宫宫殿式)画栋雕梁。寺分三层，一层比一层高。远观之气余恢宏，近视之肃穆庄严。

广东佛山南海观音寺

寺前莲花池占地30余亩，遍植莲花。由于“荷”与“和”“合”谐音，“莲”与“联”“连”谐音，中华传统文化中，经常以荷花即莲花作为和平、和谐、合作、联合等的象征，以荷花的高洁象征和平事业、和谐世界的高洁，因此，某种意义上说，赏荷也是对中华“和”文化的一种弘扬。寺中建筑主要有观音寺牌坊、土地庙、天王殿、万年宝鼎、御道、钟楼、鼓楼、龟蛇池、鲤鱼池、大雄宝殿、送子殿、财神殿、六组殿、观音殿、功德堂、三圣殿、安乐园；另有独特的自然景观观音泉、瀑布放生池、姻缘树、许愿树等。值得一提的是，观音寺的中轴线上安有汉白玉九龙朝阳及莲花浮雕，名为御道。御道者过去为皇帝所行之道路。按封建王朝规定，不是宫殿不能安御道，不是皇庭不能安龙雕。南海观音寺是宫殿式寺宇，完全可以安上御道和龙雕。每年农历正月二十六日是观音寺庙日，前来朝拜的信徒多达数万人，已经成为南海市最大的佛门圣地。

观音寺牌坊高大宏伟，宫廷式建筑风格设计(仿故宫宫殿式)画栋雕梁，檐廊彩，高13米，宽22米。其正面是原中国佛教协会会长赵朴初先生的题词“南海观音寺”，背面是南海观音寺住持释新成大师亲笔所写“佛光普照”。

牛牯石是牛牯岗重要的标志。这里有一个动人的传说：千百年前，山下牧童赵五仔在此坡看管黄牛牯，山上经常传来观音寺的钟鼓声，黄牛牯逐渐具有灵性，经常吃饱后则跑到寺前伏地听经，久而成道，于是化为牛牯石，保佑这个地方农业丰收，成为老百姓信仰之物。重建观音寺时，把牛牯石略为塑造，保持原貌，并刻上“佛缘”两字，意思是凡到过牛牯石的人都是与佛有缘的。

寺庙都有钟鼓楼，每天早上五时就先撞钟后击鼓半小时之久，而晚上六时后则先擂鼓后撞钟，这就叫晨钟暮鼓。每到佛诞日或国家的重要节日才于零时钟鼓齐鸣。因此，钟鼓之声是庄严的信号。

（二）东莞观音山

东莞观音山位于广东省东莞市樟木头镇境内，占地面积约为 18 平方千米，由于所在地区属于典型的亚热带海洋性气候，所以拥有最为秀茂的原始次森林，森林覆盖率达 99%以上，被誉为“南天圣地、百粤秘境”。

相传观音山是大慈大悲观世音菩萨初抵中土时首处停留之所，后梁时期山顶兴建了一座观音禅寺，至今有 1100 多年的历史，后来因为战乱几经荒废。而为重现古寺的繁盛，在观音山国家森林建成时，人们建成并供奉着一尊世界上最大的花岗岩观世音菩萨圣像。观音广场位于 488 米的观音山顶，占地面积 1 万平方米。观音石像高 33 米，重达 3300 吨，圣像由国家一级雕塑师陈宝如设计，共用 999 块福建福田花岗岩，靠人工雕琢而成，历时三载。观音圣像雄踞观音山顶，端坐须弥莲座之上，头戴宝冠，身着天衣，肩披帔帛，胸饰瓔珞，左手持净瓶，右手结无畏金刚印，古朴典雅，栩栩如生，观音圣像眉眼低俯，普度众生。观音山广场内设景有莲花池、放生池、十八罗汉、吉祥金鼓等，经过不懈的努力，观音山寺逐渐开始呈现出往昔香火不断、青灯不熄的盛景。

（三）番禺莲花山

番禺莲花山位于广东番禺市东部珠江口狮子河畔，莲花山由 48 座红色砂岩低山组成，海拔最高为 108 米，占地 2. 54 平方千米。其中有座麒麟峰，因峰顶上有一块酷似莲花的岩石，所以后人把这座山称为莲花山。莲花石高约 10 米，断面如斧砍刀切般平整。莲花石就“盛开”在“南天门”附近，从这里可以眺望到高耸在山端的莲花塔。莲花塔又名文昌塔，该塔由于雄踞在珠江入口处，是给往来的船只测定方位和指点航向的坐标，故有“省会华表”的美誉。莲花塔是八角形的楼阁式砖塔，高 50 米，外观 9 层，内分 11 层，红色的墙，绿色的琉璃瓦，八角攒尖顶。据说大约在 1785 年，英国画家托马斯·丹尼尔到访这里，被这里美丽而独特的景致所吸引，专门画了一幅《莲花塔和莲花山城》。这幅画现在被珍藏在香港艺术馆，有助于我们了解当时这一带的风物。

位于莲花山广场上的望海观音圣像是港澳知名人士何厚铧先生倡议，何贤社会福利基金会率先捐赠、各界善者齐力协助而建造的，于 1994 年 10 月 23 日建成开光。观音圣像高约为40.88米，用120吨青铜铸成，其外贴有纯金180两，是目前世界上最大的铂金铜像。

（四）深圳东部华侨城大华兴寺

大华兴寺坐落于东部华侨城内海拔约为486米的“观音坐莲”山上，位于大侠谷、茶溪谷、云海谷之间，堪称天造地设的“风水宝地”。整座寺庙占地面积约为12 000平方米，是一处彰显中国传统佛教文化，极具禅意、教化人生的宗教文化旅游园区。该园区自2005年规划到2008年建成，历经三载终成今日之辉煌。寺庙内小巧精致，娴雅清净，主要建筑物包括观音坐莲宝像、大雄宝殿、众香界、香积斋、归一阁、云水堂、妙相禅境等，具有浓郁的唐宋风格，寺庙终日梵音袅袅，香火不断。寺庙山门内广场照壁上的“自在观音”，其字体浑厚悠然，是大德吴立民老先生为天禅圣境所题墨宝。

在大雄宝殿后面，无量云梯通向精美绝伦、法相庄严的观音坐莲宝像。无量云梯上下台阶一共108级，中间石刻《观世音普门品谒》。这座观音像高约为23.3米，由158吨仿金铜铸成，是目前世界上最大也是唯一一座集四尊不同观音像为一体的大型佛像。四尊观音相互靠背盘腿坐在莲花座上。其莲花台的设计是借鉴明清水墨画中精妙的莲花造型，莲花台下层的须弥基座四周雕刻着佛国的格式花纹，暗喻观世音菩萨救济六道芸芸众生的慈悲大愿。四面观音都有各自的蕴意：南面观音是“正观音”，亦为汉地佛教造像史料中广为流传的“圣观音”，北面观音为汉地佛教民间受到爱戴的“送子观音”；西面观音是古印度佛教史料中的古观音“莲华手菩萨”；东面观音是藏传佛教中具有最神圣背景的“圣观音”的主身形之一“世间尊观音”。宝像坐镇东部华侨城的最高处，护佑芸芸众生。

四、海上引航的北极星化身——北帝

北帝全称北方真武玄天上帝，其又被称为玄天、玄天上帝、武大帝、真武大帝、北极大帝、北极佑圣真君、开天大帝、元武神等，俗称上帝公、上帝爷或帝爷公，是汉族民间信仰的神仙之一。其为统理北方、统领所有水族（故兼水神）之道教民间神祇，又称黑帝，为五方之神之北方之神。中国的五方五行理论中北方属水，北帝司水，故广东人祭北帝。但是，明人屈大均将广东人为何将北帝奉为水神的道理讲得更为清楚，他说：“吾粤多真武宫，以南海佛山之祠为大，称曰祖庙。其像披发不冠，服帝服而建玄旗，一金剑登前，一龟一蛇，蟠结左右。盖天官书所称，北宫黑帝，其精玄武者也，或即汉高之所始祠者也。粤人祀赤帝，并祀黑帝，盖以黑帝位居北极而司命南溟。南溟之水生于北极，北极为源而南溟为委。祀赤帝者以其治水之委，祀黑帝者以其司水之源也。吾粤固水国也，民生于卤潮，长于淡汐，所不与鼋鼍蛟蜃同变化，人知为赤帝之功，不知为黑帝之德。家尸而户祝之，礼虽不合，亦粤人之所以报本者也。”①这段文字清楚地说明了广东人祀黑帝(北帝)为水神的原因：一是因为广东为“水国”；二是因为北极是南溟之源。

北帝庙多见于广东各地，诸如广州仁威庙、佛山祖庙等。

(一)广州仁威庙

仁威庙坐落于广州龙津西路仁威庙前街，旧泮塘乡内，占地2200平方米，是一座专门供奉道教真武帝的神庙。它是当时泮塘恩洲十八乡最古老、最大的庙宇。史籍记载：仁威庙始建于宋代皇祐四年(1052年)。明天启二年(1622年)、清乾隆年间和同治年间都进行过规模较大的修建。清乾隆年间重修前，该庙只有中路和西序的前三进房舍，重建时增设了后二进建筑和东序。

仁威庙初建时称北帝庙。据说，因真武帝司水，故人们称他为北帝或水神。又因北方真武玄天上帝素有“神威”，所以后来改称仁威庙。另说岭南水乡泮塘当年有兄弟二人，兄名“仁”，弟名“威”。有一天，兄弟俩去打鱼发现一块怪石，拾回家中立为神像，从此“生活顺景，得心应手”，后传遍乡里，十里之内，参拜者众，到乡里集资修建庙时，乡人便将庙名改为“仁威”。

仁威庙平面略呈梯形，坐北朝南，广三路深五进，另有偏东一列平房。前三进建筑，当中为主体建筑，东、西为配殿，第四进为斋堂，第五进为后楼。沿着南北中轴线，依次为头门、正殿、中殿、后殿和后楼，左右为东、西序。头门面阔11米，深8米。门外两侧各立一花岗岩石柱，柱头雕有石狮子，柱身雕祥云和二龙戏珠，线条流畅，形象十分生动，俗称为“龙柱”。

(二)佛山祖庙

佛山祖庙与肇庆悦城龙母庙、广州陈家祠合称为岭南古建筑三大瑰宝。佛山祖庙位于广东省佛山市禅城区，祖庙从北宋元丰年间始建，至清代初年，这里逐渐成为一座体系完整、结构严谨、具有浓厚地方特色的庙宇建筑。清光绪二十五年(1899年)，祖庙大修，形成今日的祖庙建筑群。

---

① (明)屈大均：《广东新语》卷六“真武”条，北京：中华书局，1997年。

从建筑的角度看，祖庙是一组建筑艺术高超，装饰工艺精美的具有岭南特色的建筑群。南北中轴线由万福台、灵应牌坊、锦香池、钟鼓楼、三门、前殿正殿、庆真楼等建筑物组成，其整体布局规整庄严，疏密有致，亭台廊榭的设置严格遵守中国古代园林建筑的原则，以藏和露的巧妙辩证地让游客觉得其内部空间含蓄、内敛、复杂、神秘继而产生肃然起敬之感。

佛山祖庙，是佛山道教民间信仰的主流，也是佛山道教民间文化价值的一种表现形式。它体现了岭南人的道德观念、宗教信仰、价值取向等，具有广府文化的信仰特征。

下　编

广东海上丝绸之路文化建设

第九章　广东海上丝绸之路古港的开发利用

中国的大陆海岸线长达1.8万千米，加上沿海岛屿岸线，海岸线总长达到3.2万千米①。中国沿海地区是古代东方海洋文明的重要发祥地，勤劳智慧的中华民族早就利用海洋资源，依海为生，不仅捕鱼采贝，进行鱼贝类养殖，而且建港造船，以海为途进行海洋航运，发展海洋贸易，海上丝绸之路由此形成。

一、海上丝绸之路古港是难得的宝贵文化资源

海上丝绸之路绵延千里，连接东西，因有它的存在，世界成为一个整体，走过海上丝绸之路，人们才会发现，海的另一边是如此精彩，不再神秘。贸易的互通使得欧洲人不必再为找不到合适的杯具而发愁，下午茶也变得富有品位；海路的沟通使得神秘的东方揭开了面纱。这条海路见证了东西方文明的交融，而散落在这条海路的港口，是古代海上丝绸之路沧桑巨变的真实写照。两千多年中，这些港口接待着来自世界各地的船舶和人们，或经商，或传道，形成了独特的海上丝绸之路古港文化。港口是船舶进出、停泊和人、物集散、交流的场所，是港口人的舞台。因此港口有文化，诸如航标、灯塔等港口设施是文化；港口的功能和运行机制是文化；港口的历史与变迁是文化；长期积淀形成的港口理念和精神是文化。

广东是古丝绸之路的重要发祥地，在东西方经济文化交流过程中发挥了重要作用。广东的沿海古港，对古代海上丝绸之路的发展做出了巨大贡献。以广州为中心，东起饶平、潮州、澄海、汕头，西至阳江、徐闻、雷州，遍布大大小小的众多港口，这些港口在不同时期曾经是海上丝绸之路始发港或中转港。② 在古时的帆船航行时代，这些港口为航海提供避风防涛、供给淡水食粮、装卸货品等极大的便利和安全。同时，这些港口、港湾又内联广东陆地的千百条河流，保证了海上丝绸之路的生丝、丝织品、

① 李庆新：《海上丝绸之路》，北京：五洲传播出版社，2006年。

② 张伟湘、韩昌青：《广东古代海港》，广州：广东人民出版社，2006年。

陶瓷、茶叶等货源的充足供应。它们见证了海上丝绸之路如日中天的繁荣，也留下了由盛而衰的遗憾。虽然它们已经风光不再，但断壁残垣、寸木片瓦间仍洋溢着历史的温度、蕴含着不绝如缕的诉说。

今天，海上丝绸之路古港多已废置不用，但这些古港区文化资源丰厚，遗存遗址多，应加以保护和开发利用。通常，海上丝绸之路古港区包括以下元素：古港码头、临港商埠、港口和海洋贸易管理管理机构旧址、航标灯塔、古道、海神庙、碑记石刻、淡水补给设施(古井等)、古城池、海防设施(营寨、炮台、烟墩)、古城古港周边古墓群等。

如樟林古港，位于古代的澄海县东北部(现属于汕头市澄海区东里镇辖区)。古时因“遍地樟木，枞灌成林”而得名。[①] 据史料记载，樟林港原本是苏湾都的一个海滨小村庄，隶属几经变动，直至明嘉靖四十二年(1563 年)创置澄海县，隶属澄海县管辖，今属澄海市东里镇。但早在嘉靖三十五年(1556 年)已联寨筑成港口，天启三年(1623 年)兴建埠头。清康熙二十三年(1684 年)后逐渐兴盛，乾嘉年间发展成为潮州最大的贸易港口，是粤东通洋的总汇和枢纽，闻名中外。清代被称为海上雄狮的“红头船”[①]，就是在此港口放洋和返航停泊，呈现一派贸易的繁荣景象。为适应贸易需要，乾隆七年(1742 年)应商民之请，知县杨天德批准在樟林河两岸兴建 102 间店铺在今长发街处，以后又兴建广盛街、山新街、顺兴街、治兴街、永兴街、仙园街等。嘉庆七年(1802 年)兴建的新兴街，现在还保存完好。这是樟林港的货栈街，全长 200 多米，有 54 间两层楼的货栈。[②] 但是好景不长。嘉庆末年始，因为韩江泥沙大量流失、冲积淤塞，樟林港逐渐浅滩，所以体积较大的商船不能直入樟林港，只好用贩艚小船从柘林驳运，史称：闽省大末船俱泊湾饶平县之柘林，地方离东陇水路一万里。闽船甚大，不能进东陇口，现在澄邑任用贩艚小船，每船只装得米二三百包，由柘林转运入口。到了道光年间，樟林港便日益衰落。虽然如此，古樟林港仍为我们留下了不可多得的历史文化资源，诸如古港遗址及标志碑、古港历史文化陈列馆、八街六社古商埠、风神庙、妈祖宫等。

再如徐闻大汉三墩港，其遗迹由港区、地标三墩、古淡水井、导航用八卦纹航标座、古徐闻县和合浦郡治遗址、古道、古汉墓群等组成。

广东雷州半岛最大的千年古城是雷州城。雷州古港位于城南，外港叫港头，内港在今天的城内关部街一带。由于特殊的地理位置，商船从雷州城出发，经水路向东可

---

① 陈静莹、李杨：《樟林古港：一段会呼吸“海丝”的历史》，载《潮商》，2014 年第 5 期。

② 参见 http：//www. crntt. com/crn-webapp/doc/docDetailCreate. jsp？coluid＝56&kindid＝1201&docid＝100151101&mdate＝0911123624。

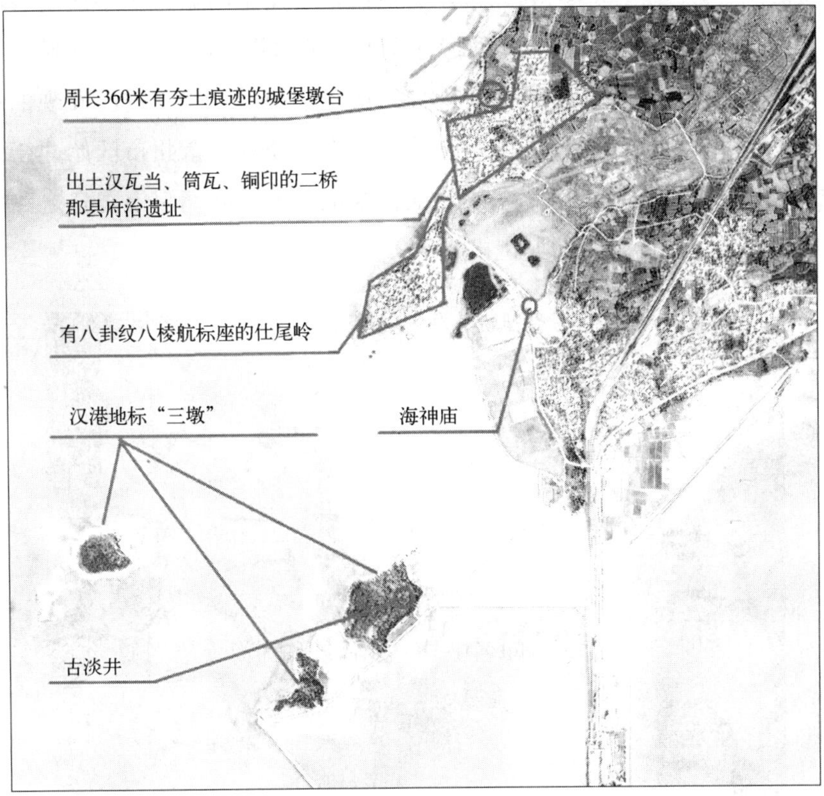

二桥、仕尾村与汉徐闻港旧址卫星图

到达雷州湾，至浙闽，直通太平洋水域。西汉初年，随着“休养生息”政策的实施，岭南一带逐渐繁荣起来，雷州城南出现了雷州港。虽然在唐时广州取代徐闻成为始发港，根据《新唐书·地理志》记载，船舶从广州起航，经海南岛东北部七洲洋南下，往来于印度支那半岛、南洋、东印度洋、波斯湾沿岸诸国和地区，但雷州半岛东海岸仍是这条海上通道的必经之地。① 雷州港在唐、宋、元时期是海上丝绸之路上重要的港口，随着港口繁荣，雷州城的规模也在不断扩大。明清时期，雷州港与其他港口一样，遭遇“海禁”，并逐渐衰落。而今，与古雷州港相关的历史遗迹有港头埠遗址、粤海关雷州口部税馆遗址、雷州关部康皇庙、雷州偃波轩古造船厂遗址、雷州半岛千年牛车古官道等历史文化资源。

宋元时期的雷州港，位于雷州治所海康县20里的南浦津，宋元时期曾经兴盛一时，内接蜿蜒曲折的南渡河，经雷州古城，形成出海口，“自闽、广、高、琼至此泊

① 张伟湘、韩昌青：《广东古代海港》，广州：广东人民出版社，2006年。

舟，乃通郡城”①。另外，港头埠位于广东省湛江市雷州市附城镇墨亭村委会墨亭村雷城南七里南渡河畔，始建于汉代，坐西南向东北，港水深20米，可泊千吨巨轮。该埠是雷州陶瓷外销的重要港口，是雷州对外商贸的货物集散之地。现已发现的一系列窑口，大多选址在南渡河两岸或者海滨，对外贸易十分便利。雷州市区始建于宋，至今尚存的天后宫，正是雷州窑输出海外的见证，这也是宋元时期海上陶瓷之路中国段沿海城市依托港口发展对外贸易的典型模式。

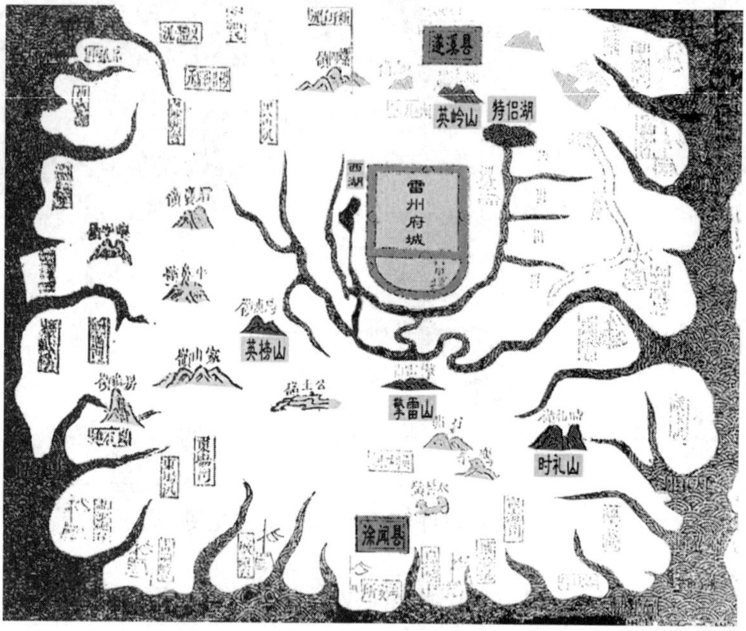

明万历年间雷州城全图(南渡河绕城而过，通向南海)

雷州港头埠遗址和宋元时期雷州南浦津古港

① (明)欧阳保等：《(万历)雷州府志》卷八，北京：书目文献出版社，1990年。

粤海关雷州口部税馆旧址和关部康皇庙

海上丝绸之路贸易与交流的繁荣带来了湛江地区海港城市建设、航运设施体系建设的开展。在雷州半岛兴起了一系列港口城市如徐闻、雷州、海安、湛江、遂溪、吴川等，这些港口城市在基本格局、功能分区、城市建筑等方面均具有与海上贸易、交流相关的特征。如城区临海与港口一体或通过水路连通，城内设有贸易市场区、港口设施(海湾、码头、航标建筑、造船厂、仓库等)、陆域交通运输设施(桥梁、道路)、中国国内和国外客商的居留区(会馆、商馆等)、管理机构和设施(朝廷专员驻地、海关关口、驿站)、祭祀建筑(天后宫、海神庙等)、海防设施等，展现了古代中国航海技术、海港建设的发展水平，以及发达的社会制度、管理机制和文化水平。作为当时世界上最先进的航运设施体系，通过海上丝绸之路与周边民族和地区进行交流，促进了沿线海港城市与航运设施体系建设的发展。

雷州偃波轩古造船厂遗址

湛江海上丝绸之路港口设施遗存

今名	古名	水域条件	码头及其他水工建筑物	陆域基础设施	管理与服务设施	海神祭祀遗存
徐闻大汉三墩港	徐闻港	南海	码头石栏石阶等	八卦纹航标座、古井、广州会馆、潮州会馆	二桥后坡城堡遗址(郡县府治)旧址	三墩圣娘庙
雷州	海康	南海	南浦津古埠、港头埠	偃波轩古造船厂遗址、高州会馆	清粤海关关部(雷州口部)税馆	雷祖祠、南梁广济寺、唐天宁寺、清关部康皇庙

续表

今名	古名	水域条件	码头及其他水工建筑物	陆域基础设施	管理与服务设施	海神祭祀遗存
海安	海安	南海		千年牛车古官道	清海关、海安千户所城	明海宁寺、清天后庙
通明港	通明港	南海	码头			明清白鸽寨、明宣封庙(天后庙)
湛江	赤坎	南海	客货运上船石阶	五大会馆旧址		宋楞严寺、明靖海宫、清关帝庙、清天后庙、清双忠庙

潮州柘林古港遗存包括具导航功能的镇风塔、红塔、蛇塔、龟塔，天后宫和白雀寺，摩崖石刻等。

柘林港及周边文物

古港区的碑刻是重要文物，因为它能留下难得的文字记载。例如南海神庙现存碑刻 45 块，其中唐碑 1 块，宋碑 2 块，元碑 1 块，明碑 17 块，清碑 4 块，其中大多数碑文赋予了南海神在海上丝绸之路贸易中所起的庇护神功能，部分碑文直接刻有海外贸易和外国商人来华贸易的情况。北宋开宝六年(公元 974 年)《大宋新修南海广利王庙碑》谓：“自古交趾七郡贡献上国，皆自海，沿于江，达于淮，逾于洛，至于南河。故砺砥砮丹，羽毛齿革，底供无虚岁矣”。南宋乾道元年(1165 年)《南海广利洪圣昭顺威显王碑》云：“夷舶往来，百货丰盈顺流而际，波伏不兴，自唐迄今，务极徽称。”南宋乾道三年(1167 年)《重修南海庙记》记载：“西南诸蕃三十余国，各输珍赉，辐辏五羊，珍贵之货，不可缕数……廛肆贸易，繁夥富盛，公私优裕，王之力焉。”南宋宝庆元年(1225 年)《转运司修南海庙记》云：“矧可射思，南海最大。外通蛮夷，何啻百十，国神之威灵亦远矣。”南海神庙的御碑则表明该庙的重要历史地位。

除了古港区的不可移动文物和可移动文物外，还有港口历史，与港口有关的文学艺术作品、民间传说，与港口和海上丝绸之路航运有关的节庆和祭祀活动，与港口有关的古代中外船舶、航运史和航运活动、港区水下文物，与港口和航运有关的历史人物及事迹等，这些都是宝贵的历史文化资源，可加以开发利用。如广州南海神庙的“番鬼望波罗”故事和波罗诞庙会、汉徐闻港的汉代城砖和瓦当等。

樟林古港文化中有火帝庙会和二月花灯等。

广州南海神庙的达奚司空和波罗诞庙会很值得一提。

相传唐朝时，波罗国(今属印度)有来华朝贡使达奚，他回程时经过广州到南海神庙，登庙谒南海神，并将从古波罗国带来的两颗波罗树种子种在庙中，因迷恋庙中秀丽的景致，流连忘返而误了返程海船，于是望江悲泣，并举左手于额前作望海状，希望海船回来载他，后立化于海边。人们认为他是来自海上丝绸之路的友好使者，便将其厚葬，并按他生前左手举额前望海舶归状，塑像祀于南海神庙中，还给他穿上中国的衣冠，封为达奚司空，宋高宗绍兴年间封达奚为助利侯。由于他是波罗国来的人，又在庙中植下波罗树，还天天盼波罗国船回来载他返国，所以村民俗称此像为“番鬼望波罗”，神庙也因此被称为“波罗庙”。

南海神庙的助利侯达奚司空雕像

明人郭棐《南海庙志》中的南海神庙

明人郭棐《南海庙志》中的章丘和浴日亭

明代憨山禅师有一首咏达奚司空诗，写得十分生动和贴切。诗云：

临流斫额思何穷，西去孤帆望眼空。
屹立有心归故国，奋飞无翼御长风。
忧悲钟鼓愁王膳，束缚衣冠苦汉容。
慰尔不须怀旧上，皇天雨露自来同。

明人汤显祖有感于达奚司空立南海王庙门外，赋诗云：

司空暹罗人，面手黑如漆。
华风一来觐，登观稍游逸。
戏向扶胥口，树两波罗蜜。
欲表身后奇，愿此得成实。
树毕顾归舟，冥然忽相失。
虎门亦不远，决撇去何疾。
身家隔胡汉，孤生长此毕。
犹复盼舟影，左手翳西日。
嗔匈带中裂，嘲咙气喷溢。
立死不肯僵，目如望家室。
塑手一何似，光景时时出。
墟人递香火，阴风吹崒嵂。
上有南海王，长此波臣秩。
幽情自相附，游魂知几驲。
至今波罗树，依依两蒙密。
波声林影外，檐廊暝萧瑟。

由于达奚司空的缘故，每年农历二月十一至十三举行的南海神庙的庙会也被称为“波罗诞”庙会。作为一种古老的汉族民俗文化，波罗庙会起源于何时，今已难考证，一说是明朝，但从宋代刘克庄《即事》诗中的记载“香火万家市，烟花二月时。居人空巷出，去赛海神庙”可以看出，当时庙会可能已经存在。

在海上丝绸之路古港历史文化中，历史典籍也非常重要，这些典籍留下了古港口历史事实，提供了有力的证据，还有一些历史图片，也具有重要的价值。如汉徐闻港因年代久远，所存遗迹已经很少，但《汉书》等历史典籍却留下了汉代徐闻港在海上丝绸之路中作为始发港的记录和徐闻作为郡县治所在地的记载，还有徐闻繁荣一时的描述等。明人郭棐《南海庙志》中的南海神庙图片和有关记载都十分珍贵。

二、广东海上丝绸之路古港开发利用现状和问题

今天，随着“一带一路”倡议的提出，海上丝绸之路古港文化资源的开发利用引起人们的注意。

(一)以海上丝绸之路和滨海景观为特色的古港景区建设

海上丝绸之路古港多已废置不用，但这些古港区文化资源丰厚，遗存遗址丰多，应加以有效的保护和开发利用。广东海上丝绸之路古港有多个已经进行景区建设，如广州黄埔古港、广州南海神庙和扶胥古港(有明清古港码头遗址遗存)、徐闻大汉三墩港等。

广州黄埔古港已被规划建设成为成熟的海上丝绸之路文化景区——黄埔古港古村历史文化景区，该景区划分为四个功能区，即纪念展示区、古港公园区、栈道餐饮区及村头广场区，是集展示、传播、娱乐、休闲于一体的“文化公园型景区”。其中纪念展示区由黄埔古港遗址、古港遗风牌坊、黄埔税馆、永靖营(兵营)、买办馆、夷务所和展示街组成，景区内还有北帝庙、华侨馆、古栈道、古商业街、祠堂街黄埔古村人文历史展览馆等。黄埔古港的开发注重整体开发，黄埔古港与古村就是一个整体的文化景点。岁月流逝，斗转星移，今天我们依然能在黄埔古村看到古港口、古宗祠、古街道、古庙宇等遗迹，它向人们展示着当年黄埔古港的繁荣与辉煌。

清康熙二十四年(1685 年)，粤海关在黄埔设“挂号口”，管理对外贸易和征收关税。尤其是在 1757 年，清政府宣布封闭江、浙、闽三海关，独留广州一口对外开放后，至 1842 年《南京条约》签订，广州垄断海上贸易 80 多年，当年黄埔税馆作为粤海第一海关，在中西贸易和文化交流上独占鳌头。

粤海第一关纪念馆是依据历史原貌修建的仿古建筑群，也是黄埔古港景观区的主

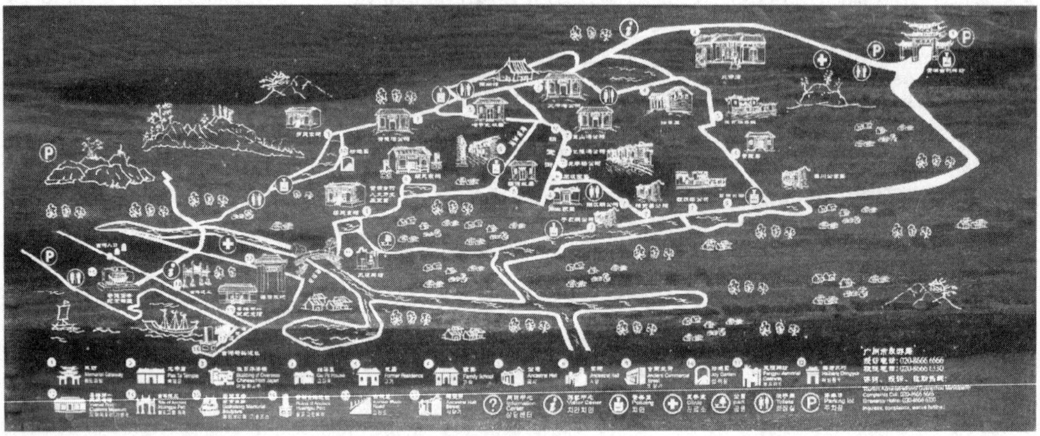

黄埔古港古村历史文化景区示意

体建筑。馆内设置了《流淌的辉煌》大型专题展览，展览以图片、实物、模型、蜡像、电子屏幕影像和DVD播放等形式向观众展示广东海上丝绸之路的辉煌历史。

黄埔古港遗址“古港遗风”牌坊

广州黄埔古港景区新建的仿古建筑粤海第一关

瑞典“哥德堡”号重访广州纪念雕塑

广州黄埔古港景区利用瑞典“哥德堡”号到访广州和仿古帆船“哥德堡”号重访广州的活动，在景区建设纪念性浮雕墙。2006年7月，瑞典国王卡尔十六世·古斯塔夫与王后西尔维西亚随“哥德堡”号仿古商船重访广州，为纪念这一盛事，广州市政府斥资建造了一座纪念雕塑，2006年7月18日广州市政府在雕塑所在地黄埔古港区举行隆重的揭幕仪式，由瑞典国王亲自揭幕并签名永作留念。

(二)古港区文博场馆建设

利用海上丝绸之路古港文化资源进行文博场馆建设是一件非常有意义的工作。一方面可以系统介绍古港的历史和地位，另一方面可保存与古港相关的可移动文物，再者可以利用沙盘、模型再现有关建筑和设施、历史活动场景。因此，古港区建设文博场馆具有重要的科研价值和科普意义。

目前已建成并发挥作用的古港区文博场馆有：①黄埔古港粤海第一关纪念馆；②徐闻大汉三墩港的徐闻大汉三墩陈列馆；③樟林古港历史文化陈列馆；④阳江的广东海上丝绸之路博物馆；⑤湛江赤坎古港区的广州湾历史民俗馆；⑥广州十三行博物馆；⑦南越王宫署遗址博物馆(含秦代造船遗址)和西汉南越王博物馆；⑧阳江大澳港的阳江大澳渔家民俗风情馆。

徐闻大汉三墩港的徐闻大汉三墩陈列馆介绍了徐闻县名的来历，二桥仕尾汉代生活遗址和汉代合浦郡县治遗址，华丰岭新石器生活遗址和华丰岭汉墓群，徐闻汉代海上丝绸之路始发港的历史辉煌和兴衰史，与徐闻海上丝绸之路港口相关的会馆，徐闻古港区的战略地位和渡琼作战解放海南的历史场景。

樟林古港历史文化陈列馆介绍了樟林古港的历史，红头船在当年的使用和作用，全盛时期樟林商贸街区和商贸的繁荣，樟林的古村落、民居，樟林的古祠堂、寺庙，樟林古港节庆文化火帝庙会和二月花灯，当年人们从樟林乘船出洋过番的艰难历程和华侨华人境外生存的辛酸。

粤海第一关纪念馆重点介绍了粤海第一关和黄埔古港，广州优越的地理环境和海外交通，广州作为海洋商贸重地的历史和地位，广州出土的“舶来品”文物，广州的造船技术、造船史和广东船型——广船，汉墓出土的明器船模，郑和下西洋与广州的关

粤海第一关纪念馆

联，广州的境外商人、怀远驿、蕃坊，一口通商下的广州和十三行，广州的丝织品、瓷器和茶叶外销情况，广州的海上丝绸之路文化交流，瑞典商船“哥德堡”号访问广州的盛况，粤海关及其历史作用。

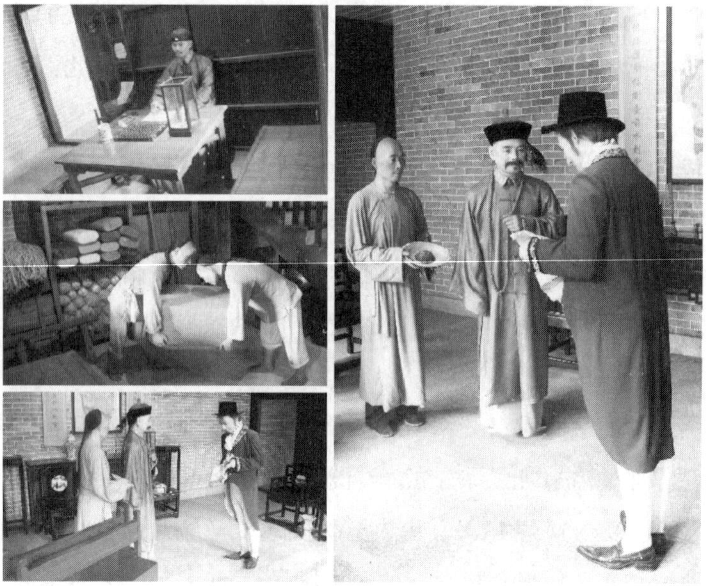

粤海第一关纪念馆中的广州十三行夷馆场景和“行商”(模型)

广州十三行博物馆位于清代十三行商馆区遗址上(广东省广州市荔湾区西堤二马路37号广州文化公园内)，占地3060平方米，总建筑面积6090平方米，现馆藏文物1600多件(套)。常设展览有“清代广州十三行历史展”和“王恒、冯杰伉俪捐赠的十三行时期文物专室陈列展”。

“清代广州十三行历史展”包含“开海设关”“十三行风貌”“十三行行商”“十三行贸易”“中西汇流”“走向近代”六大部分，丰富的文献史料、文物展示了十三行从辉煌到终结的历史。展览以大量珍贵的历史文献史料和海内外遗存的文物为主，系统地展示十三行从辉煌到终结的这段雄霸中国对欧美“唯一通商”贸易口岸近百年历史的景况，同时反映了中国对外贸易、广州商人群体、东学西传和西学东渐等历史事件，展示了粤商敢为人先、包容务实、锐意进取的精神以及岭南人海纳百川的海洋文明的开放理念。

“十三行时期文物陈列展”展示了中外热心人士从世界各地收集并捐赠给博物馆的十三行历史时期的相关文物，包括瓷器842件(套)、外销画378件(套)、象牙器55件(套)、五常酸枝家具98件(套)、通草画327件(套)等，涵盖了清代广州主要的外销工艺品。

博物馆的“王恒、冯杰伉俪捐赠的十三行时期文物专室陈列展”展出的是广州著名文物鉴藏家、迪士普音响科技有限公司董事长王恒先生与夫人冯杰女士十多年来，遍及欧美各国收藏的清代十三行时期的珍贵文物，其无偿捐赠给广州十三行博物馆珍藏。这批文物包括广州彩瓷、通草画、广绣、象牙器、外销扇、五常家具以及银器、珐琅器、玻璃画、水彩画、油画、漆器等1500多件(套)，涵盖了清代广州的主要外销工艺品，展现了广州人民的勤劳、智慧及才华。

(三)古港区及周边相关遗址遗物的发掘与修复

广东海上丝绸之路古港从汉代起到晚清，绵延2000年，由于年代久远，港口废弃，自然的原因和人为的毁坏，其码头设施和古代建筑等都埋没土下或不同程度损坏、流失。1856年第二次鸦片战争爆发，广州十三行地区房屋尽毁。今天我们看到的广州十三行路与历史上繁荣时期的十三行商区相比已经面目全非。

历史上的广州十三行靖远街街景和十三行瑞典商馆区

今天的十三行遗址街景

作为海上丝绸之路重地的广东，对这些古港及周边相关遗址遗物进行发掘与修复十分必要。为此，广东省政府和相关研究机构做了大量的工作。

广州南海神庙遗址区对宋代生活区遗址、明代码头遗址、清代码头遗址进行了考古发掘工作。经过考古发掘和研究后，宋代生活区遗址、明代码头遗址已回填；清代码头遗址发掘修复后完整展示给世人。西汉南越王宫署和秦代造船遗址、西汉南越王墓考古发掘后将建馆展示。

南海神庙西侧宋代建筑遗址

南海神庙附近明代码头官道北段建筑

广州南海神庙明代码头官道路面

南海神庙“海不扬波”坊前清代古码头遗迹

2005年南海神庙考古发掘清代古码头遗址(左图为路基和烧祭坑，右图为埠头踏跺)

南越国王宫御苑遗址局部

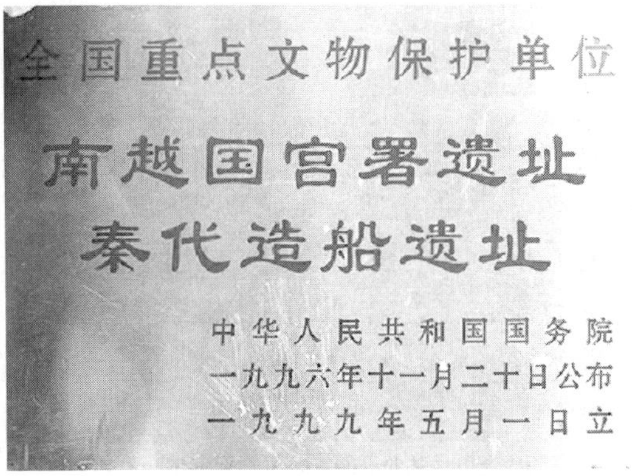

南越国宫署遗址保护区牌

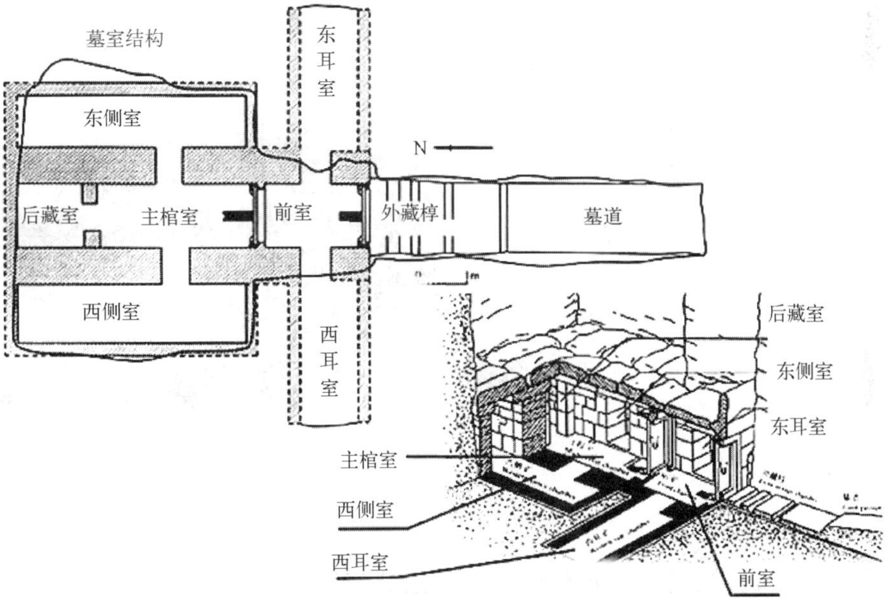

南越王墓墓室结构

地方政府和科研部门多次组织对汉徐闻港、徐闻二桥郡县治遗址、徐闻汉墓群进行考古发掘。各次发掘均有考古发掘报告或简报，分别为：徐闻县汉代遗址的发掘报告(1990—1993 年)；迈陈英斐村汉墓考古挖掘报告(1994 年)；徐闻县原五里乡二桥村那涧堰闸东坡汉墓清理工作简报(2002 年)；徐闻汉代遗存考古工作报告(2002—2003 年，国家文物局立项课题“徐闻汉代遗存研究”)；徐闻县五里乡二桥村灰场东汉墓清理报告(2003 年)。

广东省考古所刘成基向徐闻县委黄心强书记、吴宏望常委，县政府谭国荣副县长，县文化局张世越局长等介绍二桥工地考古发掘情况

广东省考古所李岩副所长、邱立诚副所长和暨南大学赵善德教授到考古工地指导工作

广东省考古专家在徐闻二桥考古发掘现场(2002 年)

二桥遗址发掘地点之一——TG1

二桥遗址发掘地点之二——T3、T4

二桥遗址发掘现场(2002 年)

(四)学术研讨、经贸交流助推海上丝绸之路古港的开发建设

广东地区重视学术研究，发挥专家的智囊作用。当国家 21 世纪海上丝绸之路建设提出后，2014 年 1 月 13 日，21 世纪海上丝绸之路建设暨《中国南海文化丛书》学术研讨会在广州召开，各路专家共同探讨中国海上丝绸之路建设的重要意义，并为广东如何借力海上丝绸之路建设进一步经略海洋提出意见与建议。同年 10 月 8 日，广东与 21 世纪海上丝绸之路理论研讨会召开，与会代表肯定了广东是中国与东盟、南亚地区相互联系的主要交通枢纽，在国家建设海上丝绸之路中具有独特优势。与此同时，建设 21 世纪海上丝绸之路是一项系统工程，需要各方积极参与、共同推进。广东应加强对 21 世纪海上丝绸之路沿线国家和地区经济、政治、文化的研究，增进与中国沿海各

省区市的交流与合作，推进在海洋文化、蓝色经济、生态文明、港口建设等方面跨学科、跨部门、跨地域研究，为21世纪海上丝绸之路建设作出应有贡献。2014年10月31日，广东21世纪海上丝绸之路国际博览会在广东省东莞市广东现代国际展览中心举行。本次展会吸引了众多21世纪海上丝绸之路沿线国家参展，42个国家和地区的1000多家参展企业和6000多家境内外采购企业参与。展会提高了广东作为海上丝绸之路贸易和文化大省的地位和知名度，其关联效应助推广东海上丝绸之路古港的开发建设。

(五)古港开发利用中存在的问题

1. 品牌效应不强，宣传推介力度不够

虽然广东是丝绸之路的始发地，但是联合国教科文组织认定的出发地却不是广东，而是福建。很多外地人印象里的广东只是改革开放的前沿阵地，根本不知道它深厚的文化与历史。这反映出广东在海上丝绸之路文化宣传方面明显力度不够，丝路遗址开发的品牌效应不明显。

2. 品种单一，独立开发，优势不明显

对古港的开发和利用，基本上停留在观光的层次，旅游项目单一，只是看个遗址，没有其他配套休闲设施和其他文化项目，并且目前广东地区，无论是广州、徐闻、阳江还是潮州地区，都是处在独立的开发状态①，没有整合形成整体的资源优势。

3. 遗址保护不善，开发利用难度大

虽然同属广东古港，可是樟林古港现今的状况确实让人尤为担心。今天，每当见到巍然耸立于澄海东里的“樟林古港”石碑时，人们，尤其是那些久居海外、回国省亲的侨胞，都会情不自禁地数念起樟林这一精神家园。石碑的右边，一条河静静地流淌着，河面不宽，10米不到，而河岸上，旧旧的民居密集簇拥，参差不齐，已经完全没有一点古港的影子。同时，正在消失的不仅仅是古港，还有樟林成片的旧城区，这座古镇在一点一点地被时光吞噬。当年盛极一时的“八街六社”②，如今只剩下“新兴街”保有旧貌，却也已是破败不堪，街上栈房有的早已不能住人，有的住了人家，却悄悄改变了里面的格局。现在的古镇随处可见为了重建而架起的棚架，古镇已渐渐成为一个新城。在被专家称赞为“广东最珍贵的古民居”的南盛里，不少

① 周義：《海上丝绸之路的研究开发》，广州：广东经济出版社，2014年。
② 张伟湘、韩昌青：《广东古代海港》，广州：广东人民出版社，2006年。

窗的琉璃已经剥落，木梁坍塌；而那些经过修整的，却被行内专家批评“不够专业”“修整得有点勉强”。曾经是粤东第一大的天后宫破败不堪，正殿左右那两扇价值百万的清朝龙凤陶瓷窗，也因各种原因不能得到有效的保护和看管，情况不容乐观，樟林古港文物遗迹亟待保护。

樟林古港街区今景

樟林古港区破败不堪的妈祖宫

4. 古港区盲目开发，文物、遗址遗迹难免被毁

经历了漫长的岁月，古港已经渐渐褪去了往日的色彩，现代先进的港口技术早已取代了往日港口人潮涌动的景象。这些古港也早已成为历史，如今的古港有些仍旧诉说着不了情怀，而有些早已不知踪迹，只有些许散落的碎片还提醒着人们这里往日曾有的辉煌。

对海上丝绸之路古港适当开发利用，发挥历史文物古迹促进经济发展的作用是值得提倡的，但是过度开发是对文物本体及其周边环境的破坏。文物古迹有其特殊的文化意义和价值，而一块“历史文物保护单位”的牌子足以让一个名不见经传的小地方转眼变成旅游观光热门地。虽然，这使得古迹好像更受重视，旅游带来的收入也能为保护文物提供资金支撑，但怕的是建设中对文物资源过度开发，更新建设，古迹成了新迹，文物一旦遭到破坏，就难以修复，难以再向后人展示其宝贵的历史价值。目前，在很多城市，尤其是一些小城镇，古迹所带来的旅游收入是当地财政的一项重要来源，为了招揽更多的游客，过度地开发古迹，有些古港所在地的新开发景点竟然比原有的还要多，随之增长的还有越来越高的门票。但“国宝”是一把双刃剑，当“国宝”不再，谁还会趋之若鹜，如果只是将旅游景点的打造摆在了文物保护之前，对旅游产业而言，损失也是显而易见的。文物早已无踪迹，又何谈带来收益呢？

两千多年前的汉代，徐闻置县，并为合浦郡郡治所在地。由于是海上丝绸之路港口，朝廷要员“黄门译长”“左右候官”在此地管理海上贸易，徐闻成为当时的区域性政治、经济中心。考古发现的历史遗迹——港口设施、陶制生活用具、印纹汉砖、汉瓦当、玛瑙珠串等文物印证了历史典籍的有关记载，是海上丝绸之路的重要物证。如此重要的遗址，理应加强保护，地方政府在这方面也做了许多工作。但出于旅游开发和经济发展的需要，汉徐闻古港保护区的保护工作并不尽如人意。这从先后四版保护区规划图可窥一斑。

徐闻二桥汉代遗址，早在 1983 年就被列为徐闻县文物保护单位。

徐闻县博物馆 1997 年绘制的由徐闻县人民政府签批的徐闻县二桥汉代遗址保护区范围图保护区范围明确规定：东至二桥东江边，西至大海，南至南山村，北至二桥—五里大路。

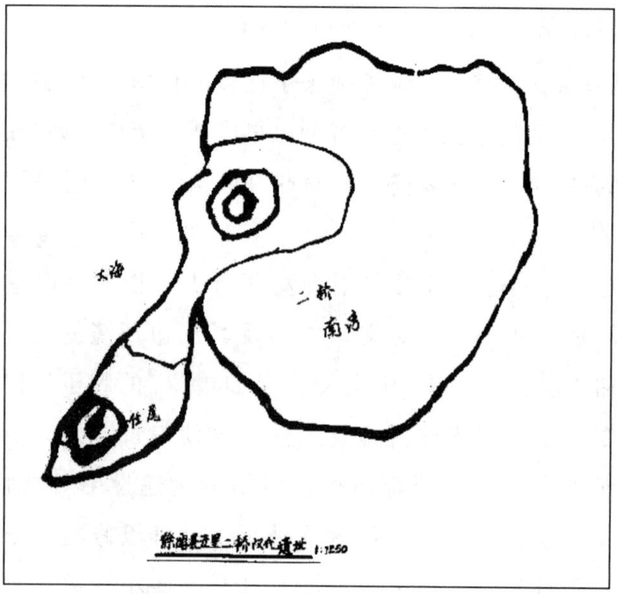

徐闻二桥汉代遗址保护区规划图(第一版，徐闻县博物馆 1997 年绘制)

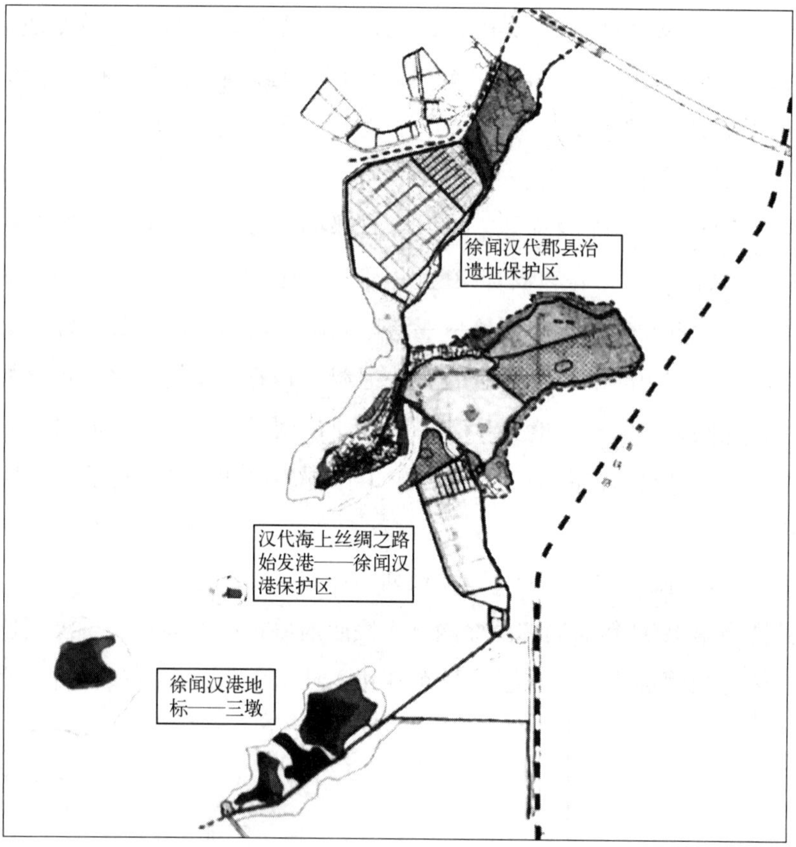

徐闻二桥汉代遗址保护区规划图(第二版，减少了汉墓区，
仅限徐闻汉代郡县遗址保护区和徐闻汉港保护区)

徐闻二桥汉代遗址保护区规划图(第三版，仅存二桥、仕尾村一带，面积479.9亩)

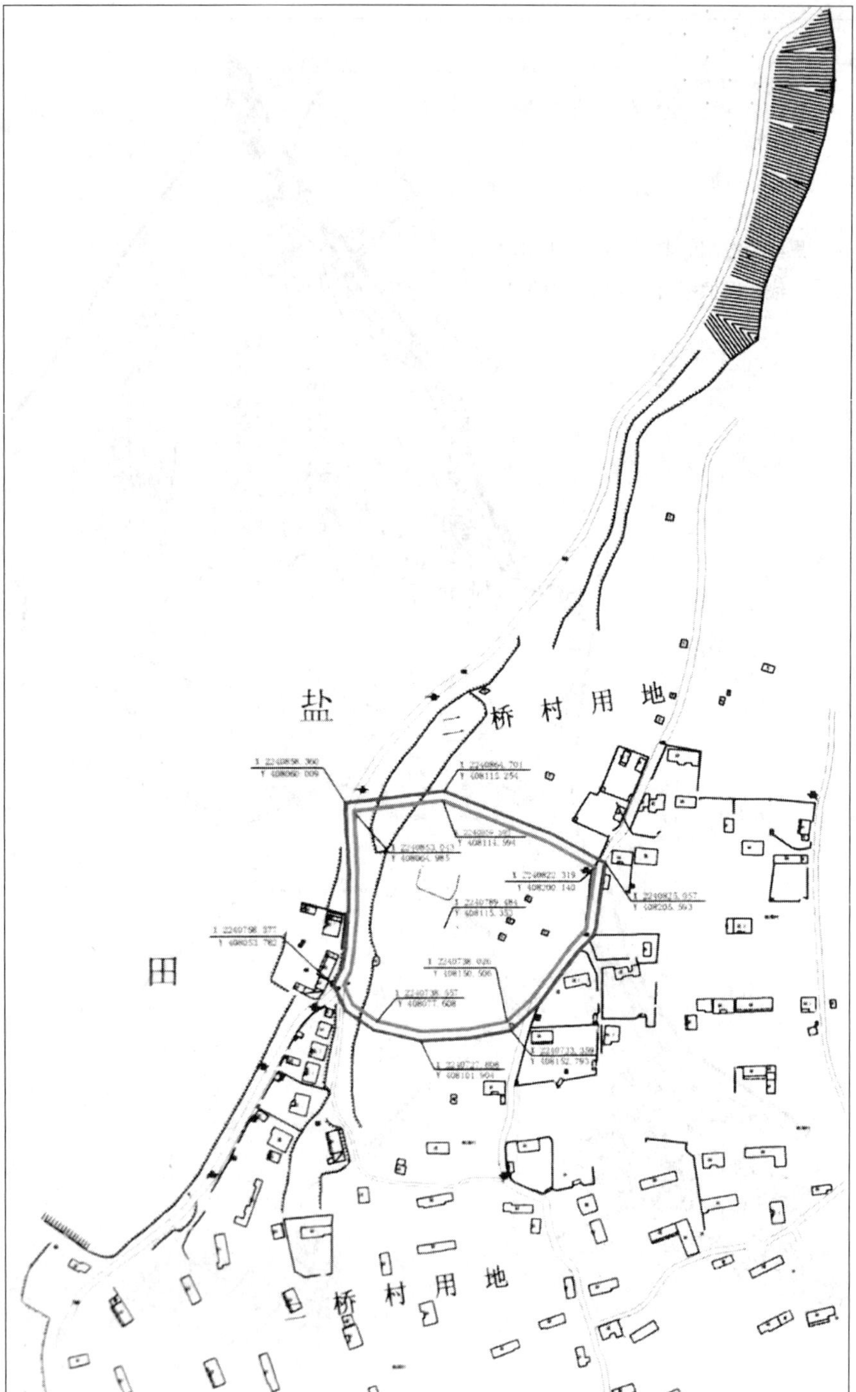

徐闻二桥遗址保护区范围平面图(第四版，仅存二桥村局部，面积 20.33 亩)

保护区面积越来越小的目的是文物保护为经济开发让路。

再看徐闻大汉三墩港景区开发，开发区与保护区重叠，进行了大量的现代旅游景区建筑建设，如“汉徐闻古港和郡县治遗址景区景点布局规划图”和“大汉三墩旅游区走玩图”。

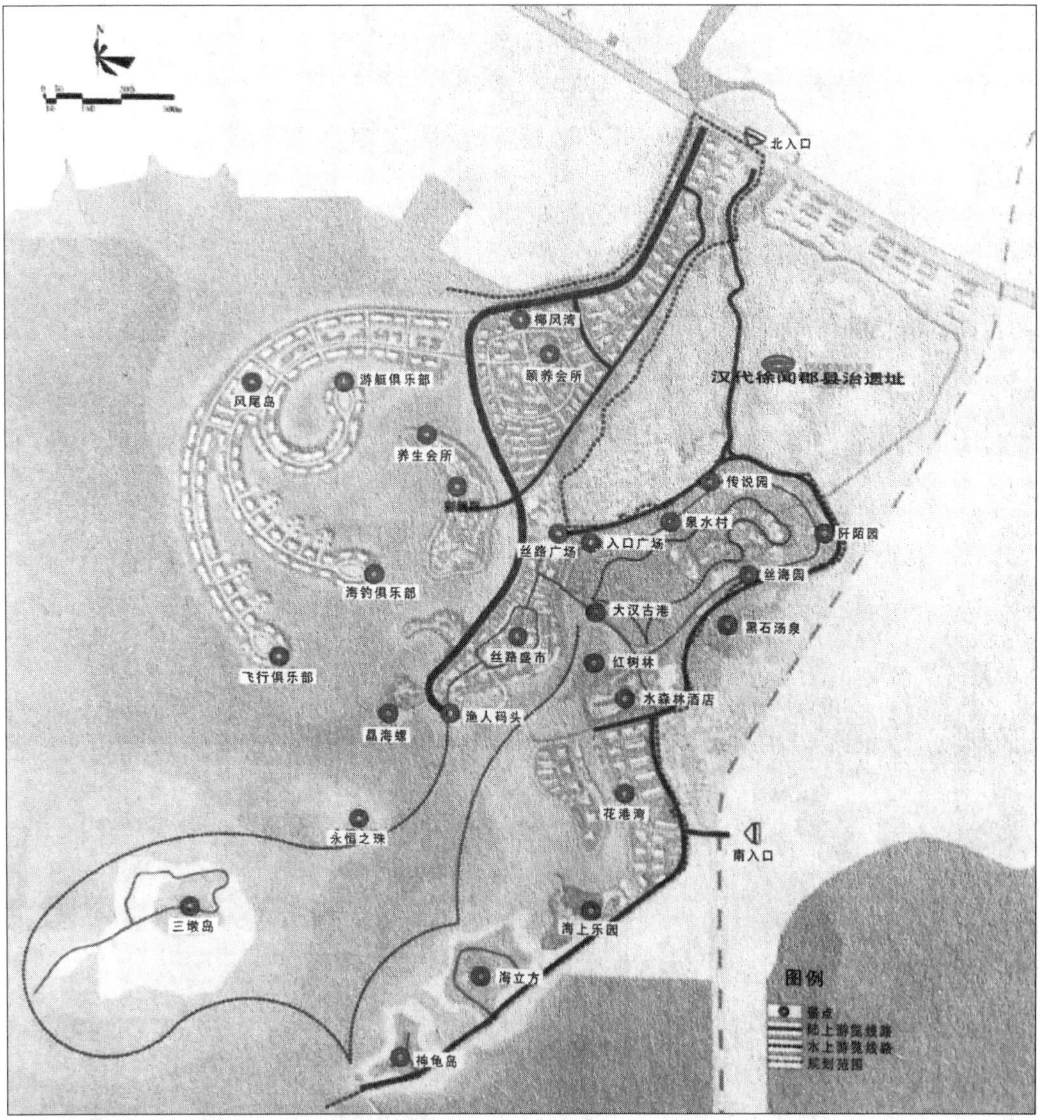

汉徐闻古港和郡县治遗址景区景点布局规划图

大汉三墩旅游区走玩图

汉徐闻古港和郡县治遗址景区具现代意味的景观效果图

汉徐闻古港和郡县治遗址景区新建景点建筑

在大汉徐闻古港区我们注意到这样一个现实，一方面是旅游开发红红火火，另一方面是文物保护苦无资金。应该知道，有效的保护意味着有效的开发，没有保护何谈开发；但盲目开发必会搞得面目全非，也不能持续发展。

三、广东海上丝绸之路古港开发利用的思路和对策

广东海上丝绸之路的古港，在历史上起到了重要的作用。21 世纪海上丝绸之路的提出，为广东的发展带来新的生机。因此，对广东的古港开发和利用刻不容缓。针对古港的开发应遵循保护优先的原则，古港的保护应从整体保护出发，包括古港的格局保护、环境保护、布局调整等，在保护与利用规划中要坚持尊重历史、整旧如旧、更新设施、改善环境、可持续发展的原则。①

① 余红梅：《浅谈以樟林古港保护和利用为核心的发展策略》，载《山西建筑》，2007 年第 9 期。

（一）海上丝绸之路古港景区建设重点是让文物古迹延年益寿

梁思成先生曾经说过："保护古建筑是要使它延年益寿，不是返老还童。"而在目前对文物的保护过程中，过度的开发使得古迹失去了原有的韵味，因此应格外重视对建筑的守护，这是对历史的一种尊重。每个时代都有独具特点的建筑，建筑守护的要义是"延年益寿"，而不是"返老还童"①。我们在开发利用古港时要尽可能地保留古港以及相关的文化遗产，使得古港得到健康的发展。首先，在对现存的古港开发前应进行全面的规划和设计，将古港所在的古村和周围环境都纳入到古港的开发规划中，进行有机的整合；在规划设计中，应在充分尊重历史、尊重科学的前提下提出对古港发展的方案进行论证，在此过程中要广泛汲取文化、风俗和古建筑等相关文化方面的专家的意见，对方案进行充分的讨论，最终达成最合适的发展措施。其次，在开发过程中，应遵循"不改变文物原状"的原则，目前很多旅游景点为了扩大旅游收益，对文物进行二次改造，殊不知这些已对文物造成了损害。因此，在对文物古迹的修缮和改造过程中，要原汁原味，不随意挪动文物位置，不改变文物样貌，在修缮前事先做好编号、拍照，以保证在复原时保持原有的样式和顺序。

（二）推进海上丝绸之路古港区文博展馆建设

大力推进广东省文博事业的发展。目前在广东地区，国家一级博物馆有 3 家，分别是位于广州市的广东省博物馆、西汉南越王博物馆，以及位于中山市的孙中山故居纪念馆。在广东省博物馆中有专门为丝绸之路开辟的展厅，定名为"扬帆世界"，带领观众进入海上丝绸之路，体验广东对外开放与交流的精彩历程。满载瓷器的广船，聚集奇异洋货的十三行，精美绝伦的广彩、广雕以及风靡一时的外销画，中西合璧的风格处处都在述说着广东的开放与兼容。而在西汉南越王博物馆，也大量珍藏了海上丝绸之路的文物，如岭南地区发现的最早"舶来品"银盒、象牙等，都是难得的珍宝。最为著名的是位于阳江的广东海上丝绸之路博物馆，该建筑不仅在全国，乃至在世界上都堪称标志性建筑。它主要由"一馆两中心"（广东海上丝绸之路博物馆，海上丝绸之路学研究中心和研发中心）构成，设有陈列馆、水晶宫、藏品仓库等设施。广东海上丝绸之路博物馆是一家以"南海Ⅰ号"宋代古沉船保护、开发与研究为主题，展示出水文物及水下考古现场发掘动态演示过程为特色的专题博物馆。该馆坐落于广东阳江市海陵岛十里银滩西侧，背山面海，风光宜人，占地面积约 13 万平方米，建筑面积近 2 万平方米。

---

① 李朝：《建筑保护应"延年益寿"而非"返老还童"》，载《中国建设报》，2014 年 5 月 11 日。

广东古港区文物遗迹众多，可以就地建设古港博物馆，让古港文物就地得到保护。惯常的做法是，可移动文物搬运到远处的国家或省、市、县博物馆，不可移动文物在原址自然老化，趋于消失。在古港区建设博物馆就不同了。古港区博物馆可以采取露天馆区为主的布展方式，可移动文物在博物馆展厅展示，不可移动文物就地加以保护并展示。这样，古港区遗址遗迹就成了博物馆中的展品，比一般的保护区管理模式得到更好的管理和保护。一些历史上存在、现在已消失的建筑和码头设施，可以在不破坏古港区现有遗址遗迹的前提下，根据历史记载以模型的形式进行复原。复原模型是现在博物馆常用的方法，在古港区再现历史场景无可厚非，其人物活动可以采用雕塑等形式再现，这是已消失的重要建筑和设施的补救措施，甚至可以以批量再现的模式建设 1∶1 比例的实景式“沙盘模型”区。旅游景区开发商可以在保护区、博物馆区外围进行配套的设施建设，二者相得益彰。

黄埔古港区的粤海第一关纪念馆中有不少模型展品，大量的蜡像情景活动区，可以利用纪念馆前的水面制作复原模型，再现当年黄埔港繁荣景象，其中有船舶、有人物、有“黄埔港复原模型”文字说明。

汉徐闻港旧址码头设施早已荡然无存，只有几个有人工雕槽的条石，可以在古港原址建设汉徐闻港复原模型区，有汉船、有黄门译长，有船工、有货物等。

(三)古港区古城、古村落及街区修复——以樟林古港、海安为例

要做好古港区相关的古城区、古村落、古商区修复工作。

樟林港原来是苏湾都的一个海滨小村庄。早在明嘉靖三十五年(1556 年)已联寨筑成港口，天启三年(1623 年)兴建埠头。清康熙二十三年(1684 年)后逐渐兴盛，乾嘉年间发展成为潮州最大的贸易港口，是粤东通洋的总汇和枢纽。

樟林古港遗址东起新兴街，西至墩脚，南起叶厝园，北至天后宫，占地面积 4.6 平方千米，在中国的海外交通史、贸易史、中外关系史以及华侨史中都占有一定的地位。1984 年樟林古港被列为澄海市文物保护单位。2002 年 1 月，澄海东里镇政府针对樟林古港历史文化街区保护编制了概念性规划。2004 年 5 月在编制东里镇总体规划中，结合樟林古港历史与现状的实际情况，确定樟林古港保护目标、原则与技术路线，编制了保护与利用规划，并提出樟林古港保护必须从环境整治入手，建立整体保护体系。古港历史文化保护应从整体保护出发，包括古港的格局保护、环境保护、布局调整等，在保护与利用规划中要坚持尊重历史、整旧如旧、更新设施、改善环境、可持续发展的原则。樟林古港的历史悠久，其大部分古建筑的安全使用周期早已完成，因此只强调文物价值是不够的，最迫切需要解决的是建筑结构的安全问题。除保护建筑的外立

面外，其建筑结构必须更新或加固。这和保护并不矛盾，要赋予其与历史使用功能相同或相兼容的功能，使其能够重新或继续发挥适当的作用。樟林古港的古建筑与现代住宅相比，最大弱势在于基础设施落后，居住环境显得脏、乱、差。要维护樟林古港的延续性，就必须加强环境、基础设施和市政设施的规划建设，改善生活居住环境。樟林古港内，除了对文物保护单位和有价值的建筑或院落进行保护外，还存在着大量旧村居，这类建筑应以改造和整治为主，强调以院落为单位进行小规模渐进更新规划，并对沿街立面和建筑形式、尺度和色彩加以规定，注重文化内涵，引导以居民为主体的改造。樟林古港作为传统风貌保护区，城镇土地功能调整应以保护城镇历史信息、完善特定的城镇功能为基本原则，尽可能保持现状用地中具有历史延续性、符合保护区性质的城镇用地；尽可能调整与保护区的性质不符合，对环境、景观、风貌造成破坏的城镇用地；合理完善配套设施，从根本上改善文物的使用环境。①

在樟林古商埠街区的修复中，原有建筑重在修复加固，商区沿街新建的现代建筑要拆除，按原样新建仿古建筑。这样，可以再现商街整体景观。

旧城改造、新农村建设为城乡社会建设的重要一环，但旧城改造、新农村建设工作必须加强文物保护，不能以破坏文物为代价，如湛江赤坎古渡头石阶旧址被做成了水泥台阶，已非旧貌。

湛江赤坎古渡头石阶旧址被改造成水泥台阶

① 余红梅：《浅谈以樟林古港保护和利用为核心的发展策略》，载《山西建筑》，2007 年第 3 期。

位于雷州半岛最南端的港城海安，是历史上的海上丝绸之路古港和近代海关关口，有海关关口、天后宫、潮州会馆、古道、历史碑刻等重要文物和遗址。但在乡镇建设和改造中，相关文物古迹遭到破坏：现在，海安海关关口仅存一面墙和台阶，潮州会馆仅存室内地面，古道被水泥路面淹没，重要碑刻成了居民的庭院桌凳和洗衣板；历史建筑柱墩躺在瓦砾堆中；古码头遗址岸边堆满建筑垃圾。

海安海关旧址

今已难寻的海安牛车古道

政府要加大投入，可从以下几方面对海安古港遗址和海关、古道等进行抢救式修复。

(1)海安古港码头旧址进行垃圾清理后建“海安海上丝绸之路古港复原模型”，1∶1比例，有码头设施及货船、人物等。

(2)埋没的海安古道要复原。

(3)海关遗址要建个小型展厅，放置碑刻、海关相关文物。

(4)潮州会馆要建保护棚。

(5)街区已无古代遗迹，改造时可考虑建成仿古建筑一条街，开发旅游工艺品店、小吃一条街等。

(四)做好古码头、古墓的发掘与展示工作

目前，古遗址有多种“保护+展示”模式。

(1)露天可进入保护与展示形式，如南京古造船厂遗址、宁波永丰库遗址、虎门林则徐销烟遗址等。

(2)露天围栏式不可进入保护与展示形式，如广州南海神庙清代码头遗址。

(3)专门建馆保护与展示形式，如广州西汉南越王宫、广州西汉南越王墓、山东蓬莱古船博物馆。

(4)仿古建筑保护棚展示形式，如合浦古汉墓。

(5)玻璃保护棚顶形式，如山东蓬莱水城古登州港码头遗迹展示，广州北京路步行街宋明时期古路面展示。

大量的古遗址、古墓则采取了发掘、拍照、取走文物后回填的方式，不展示，如广州南海神庙明代码头遗址发掘后回填，宋代生活遗址发掘后回填。笔者认为这在景区不适合。

广州南海神庙明代码头遗址回填前(左)和回填后(右)

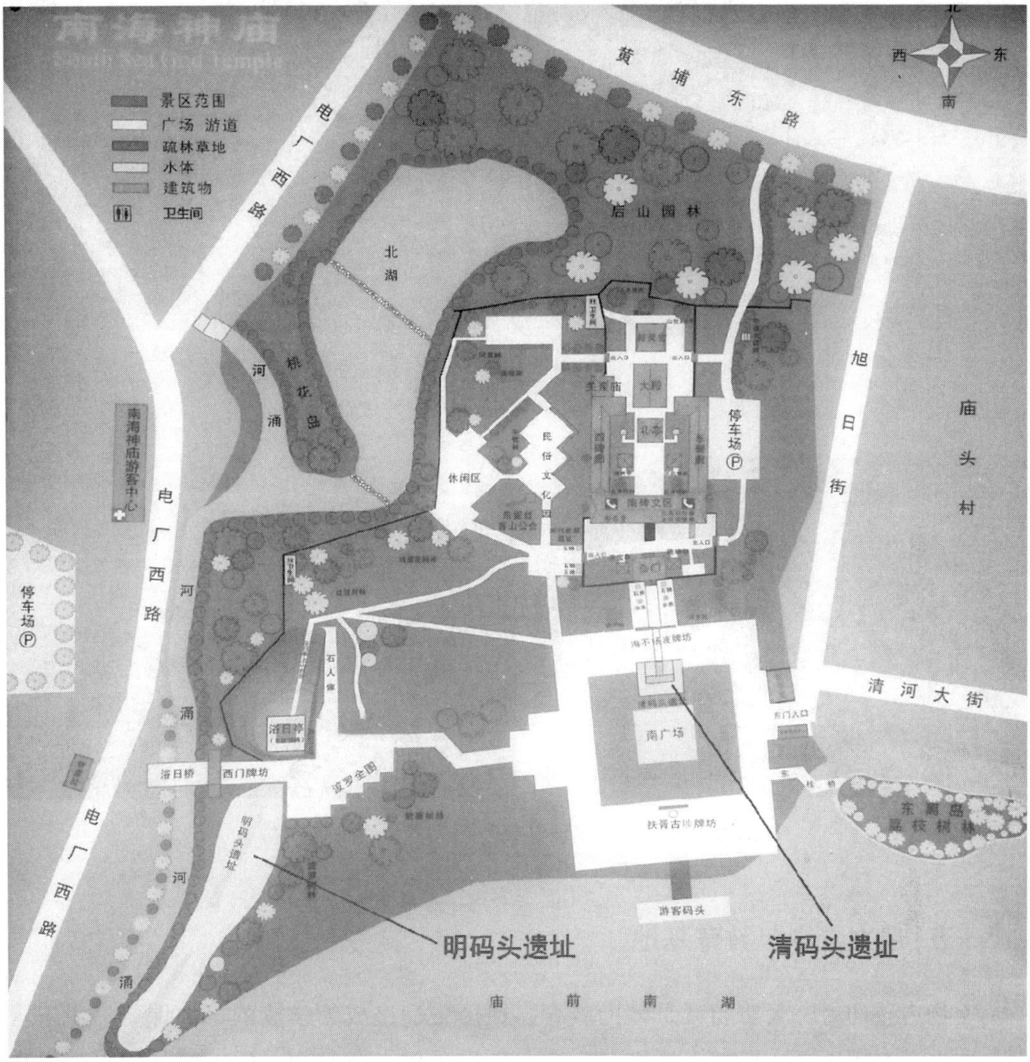

广州南海神庙与明清码头遗址平面示意

在明码头遗址的保护中，建议重新发掘后建玻璃保护棚保护并展示，也便于科研和国际组织考察。

雷州半岛的汉墓和古窑址在发掘、拍照、取走文物后全部进行了回填，这既不便于考古研究，也不便于文化旅游展示，建议对汉徐闻古港周边重要汉墓重新发掘修复后建棚保护并展示。

徐闻华丰岭汉墓

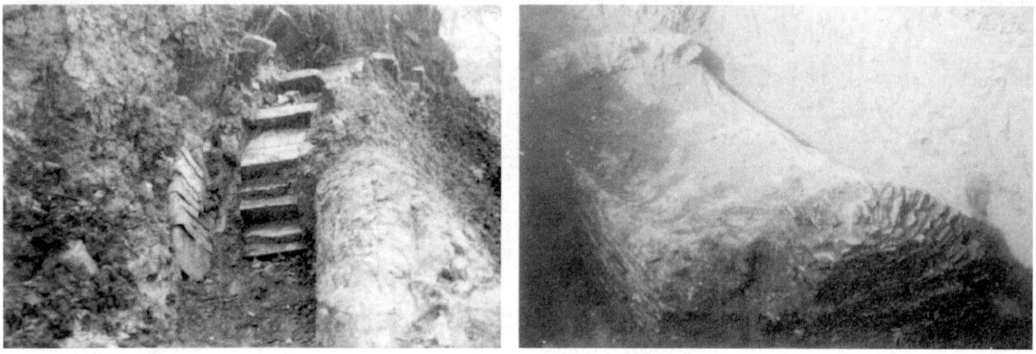

徐闻二桥那涧堰闸东坡汉墓(左)和贵生路汉墓(右)

(五)建立青少年教育基地

文物古迹的另一大功能就是辅助教育，让历史遗迹成为学校的第二课堂。对于古港的开发和利用也可从教育方面进行，如建设青少年教育基地，使更多的青少年关注历史，了解历史，唤起爱国热情，唤起民族自豪感，从而鼓励更多的青少年投入到对古港的保护和文化建设中。

(六)建设对外文化交流平台

在古港区建设对外文化交流平台和机制，回顾历史，开展有关古港历史的相关中外研讨，举办重走丝绸之路或探访古港之类的活动，建设海上丝绸之路中外友好港口。扩大古港的知名度和影响力，扩大广东古港与其他国家和地区港口之间的联系，共同保护和繁荣海上丝绸之路。

第十章　广东海上丝绸之路文化旅游线路开发

世界旅游组织将文化旅游定义为："人们想了解彼此的生活和思想时所发生的旅行。"具体来说，是指通过某些具体的载体或表达方式，提供机会让游客鉴赏、体验和感受旅游地地方文化的深厚内涵，从而丰富其旅游体验的活动。近年来，文化旅游作为一种深层次的文化体验活动，越来越受到人们的重视和青睐。我们相信，未来的旅游竞争必定是旅游文化的竞争。海上丝绸之路文化旅游资源的内容十分丰富，包括水下文物、古港口、古渔村、海防海战遗迹以及民俗风情等。[①] 作为一种有世界意义的文化旅游，海上丝绸之路有着良好的开发前景。用海上丝绸之路文化旅游资源打造广东省文化旅游品牌，对发展广东省文化旅游产业非常重要。

一、海上丝绸之路旅游线路开发的意义

海上丝绸之路是古代中国与外国交通贸易和文化交往的海上通道，由东线(中国东部沿海港口至朝鲜半岛和日本)、南线(中国沿海港口至东南亚地区)和西洋航线(中国沿海港口至印度洋沿岸、阿拉伯地区、非洲和欧洲)组成。海上丝绸之路形成于秦汉时期，发展于三国至隋朝时期，繁荣于唐宋时期，转变于明清时期，是已知的最为古老的海上贸易和文化交流航线。

一个时期以来，国家领导人在不同场合强调丝绸之路经济带、海上丝绸之路建设。[②] 2013 年，习近平主席在访问中亚和东盟期间先后提出共建"丝绸之路经济带"和"21 世纪海上丝绸之路"的倡议(以下称"一带一路")。这是党中央在新时期提出的重大决策，为加快发展旅游业提供了重要的历史机遇。广东作为古代海上丝绸之路的重要发祥地和改革开放的前沿地，在东西方经济文化交流中发挥了重

---

① 刘林智：《海上丝绸之路及其特色旅游资源开发》，载《资源开发与市场》，2004 年第 20 期。

② 张开城：《21 世纪海上丝绸之路建设的广东响应》，载《南方论刊》，2014 年第 7 期。

要作用。面对新的战略机遇，广东需要积极加强与海上丝绸之路国家的互联互通建设。[①] 广东省领导人强调将21世纪海上丝绸之路建设作为本省构建全方位开放格局的重点工作抓好落实，广东省委十一届三次全会对广东参与“一带一路”建设作了部署。建设海上丝绸之路对地处祖国南大门的经济大省、海洋大省、中国对外开放重要门户的广东而言，既是国家对广东省加快发展的战略要求，也是广东省经济社会发展的客观需要。海上丝绸之路因海而起、因海而兴。建设21世纪海上丝绸之路，广东责无旁贷、义不容辞，需要充分发挥广东海洋优势，扩大海洋对外合作交流，加快建设海洋强省。作为改革开放的先行地、试验田，广东以敢为天下先的精神，率先对接港澳、联动东南亚和世界各国，率先改革，率先发展。在落实国家海上丝绸之路建设中，广东同样需要勇于做“排头兵”，敢于担当，探索广东建设海上丝绸之路的新路。其中，开发旅游路线是建设海上丝绸之路的重要举措和途径。

21世纪海上丝绸之路旅游线路的开发是一个新思路和举措，对促进广东省经济、社会的发展具有重大的现实意义和深远的历史意义。因此，要发挥广东省旅游大省、华侨大省的优势，不断提升旅游品位和服务水平，把游客尤其是海上丝绸之路沿线国家和地区的旅客吸引来，建成旅游强省。广东省沿岸有着众多的海上丝绸之路古港和丰富的海上丝绸之路历史文化资源，是发展文化旅游业的宝贵资源，可以提高当地旅游的文化内涵、文化品位、文化形象。广东省的旅游业打出海上丝绸之路品牌，既可突出广东沿岸城市作为历史文化名城所包含的丰富内容，又可通过旅游活动展示和弘扬优秀的岭南传统文化，扩大广东省在国内外的影响，有利于拓展对外文化交流，建设国际化大都市。开发海上旅游项目，展示多姿多彩的岭南文化特色，展示广东在古代海上丝绸之路中的特殊而重要的地位，吸引游客游玩、考察、体验，使客人延长在广东省旅游景区和景点逗留和消费的时间，带动相关行业发展，给广东经济的发展带来好处。通过参与海上丝绸之路建设，充分利用具有巨大发展潜力的海上经济大通道，有利于统筹国内国际两个市场、两种资源，为广东经济转型升级和区域协调发展开辟一条新路；有利于把改革攻坚与扩大开放紧密结合起来，通过开放倒逼深层改革和结构调整，以开放促转型、促发展，从外延和内涵上为广东全面深化改革拓展战略路径。[②]

---

① 李钧：《广东加强与海上丝绸之路国家互联互通建设的探索与思考》，载《城市观察》，2014年第4期。

② 杨伦庆等：《广东推进建设21世纪海上丝绸之路的若干思考》，载《海洋开发与管理》，2014年第12期。

二、基于广东海上丝绸之路文化旅游资源的开发向度

21世纪海上丝绸之路旅游应采取联合开发的模式，旅游联合开发模式是指在多个城市、地区和国家之间开通多条由游轮以及其他交通工具串联起的远洋、近海、沿海以及内陆景点的旅游路线，整合丰富的海上丝绸之路文化资源，并通过拓展延伸、深度整合、发掘盘活，将21世纪海上丝绸之路周边或沿线的自然、人文景点联系起来，将城市、地区和国际旅游联系起来，游客可将沿海上丝绸之路的各种文化遗迹、民俗风情、乡村风光、自然风光、城市风光等一览而尽，大大拓展旅游的内涵、内容和空间。

(一)广东海上丝绸之路旅游文化资源

广东地处南海，有多处海上丝绸之路始发港口，如广州、徐闻、合浦(现划归广西)等。广东是中国海上丝绸之路文化资源非常丰富的省份①，这些资源包括以下方面。

(1)广东海上丝绸之路古港和航海文化资源：雷州半岛海上丝绸之路古港，广州古港和广州外港澳门，潮汕地区海上丝绸之路古港，阳江海上丝绸之路古港，惠来古港，博贺古港等。

(2)广东海上丝绸之路船舶文化资源：悠久的造船史和古船坞，广船和“耆英”号，红头船，“南海Ⅰ号”沉船，“南澳Ⅰ号”沉船，“哥德堡”号，“中国皇后”号，“苏哈尔”号等。

(3)广东海上丝绸之路商贸文化资源：“欲拔贫，诣徐闻”——基于汉港的商贸重地徐闻，南疆第一商埠——广州，基于粤东海上丝绸之路古港的海洋商贸重地潮汕，“南海Ⅰ号”沉船见证海上丝绸之路辉煌，广东古代海洋贸易管理文化资源粤海关等。

(4)广东古窑址与外销瓷生产资源：笔架山窑址和潮州瓷，广州西村窑，雷州半岛古窑址和外销瓷生产，新会古窑址，广彩，石湾陶瓷。

(5)广东海上丝绸之路与中外文化交流资源：广州蕃坊和蕃学，中学西传与西学东渐在广东，基督教在中国的重要登陆地广东，佛教海路传入的首途之区广东，伊斯兰教海路传入的首途之区广州。

(6)广东海洋移民文化资源：侨乡江门和开平碉楼，侨乡潮汕和“侨批文物馆”，三

---

① 张开城：《论广东海上丝绸之路文化资源的开发利用》，载《南方论刊》，2011年第11期。

水籍妇女华工“红头巾”，广东著名华侨华人故居，粤籍著名华侨华人，广东华侨华人社团和会馆。

(7)广东海上丝绸之路古埠及周边古墓文化资源：汉徐闻城和合浦郡，古城番禺和南海郡，樟林古埠等。

(8)广东海神信仰民俗文化资源：广利生民——南海神，海上护航圣母——妈祖，佛光照海——南海观音，海上引航的北极星化身——北帝。

21 世纪海上丝绸之路旅游应形成自然风光、文物古迹、民族风情、休闲娱乐相得益彰的体系。[①] 广东省在推进“21 世纪海上丝绸之路”的发展中，海上丝绸之路旅游资源的先天优势和国际影响力，使得旅游业可以脱颖而出，率先成为建设“21 世纪海上丝绸之路”的先导产业，发挥旅游业的引导和示范作用。

(二)广东省内海上丝绸之路文化旅游线路开发

广东应抓住国家“一带一路”建设的重要发展机遇，立足广东，充分发挥古代海上丝绸之路重地的优势，制定“广东 21 世纪海上丝绸之路”文化旅游品牌的分区落地方案，形成三个各具特色的海上丝绸之路旅游区。

1. 广东海上丝绸之路文化旅游西线

徐闻、合浦(现划归广西)等地是海上丝绸之路始发港口，阳江是古代海上丝绸之路重要的中转港和补给港。广东海上丝绸之路文化旅游西线包括粤西地区的阳江、茂名、湛江三地，可延伸至广西和海南。

产业发展：高起点规划，多元化投资。以广东海上丝绸之路博物馆(“南海Ⅰ号”，又称“海上敦煌”)作为西线旅游的龙头，将海陵岛、放鸡岛、湛江五岛一湾、徐闻大汉三墩港等粤西丰富的滨海旅游资源作为主打产品，结合粤西地区的乡村旅游(如大澳渔村古村落、沙扒渔港)及旅游产业园区的建设，将湛江打造成为粤西地区的中心旅游城市。同时，拓展西行路线，加强广东与广西、海南以及越南、泰国甚至印度洋沿海国家之间的旅游合作，打造“古代海上丝路西行之旅”。

广东海上丝绸之路文化旅游西线主要节点城市和相关文化资源如下。

(1)阳江与海上敦煌“南海Ⅰ号”——北津古港，大澳古港，海上丝绸之路重要文化遗产“南海Ⅰ号”沉船和广东海上丝绸之路博物馆；

(2)茂名博贺古港；

---

① 黄晓慧、庄伟光：《广东开发“21 世纪海上丝绸之路”旅游的构想》，载《中国旅游报》，2015 年 3 月 18 日第 11 版。

(3)海上丝绸之路始发港城市湛江——官方史载最早的海上丝绸之路始发港汉代徐闻港、二桥郡县府治遗址、二桥周边汉墓群及出土文物，海安古港、海关遗址、古道、会馆和天后庙，雷州港遗址、海关遗迹、外销瓷窑址，通明港、宣封庙和海防兵寨，湛江赤坎古港码头遗迹和古街区，寸金桥、寸金公园等广州湾抗法斗争史迹。

西线延伸：广西、海南。

2. 广东海上丝绸之路文化旅游东线

打造粤东地区(潮州、揭阳、汕头、汕尾、梅州)延伸至福建和台湾的海上丝绸之路东线旅游区，打造世界级潮汕文化和客家文化旅游目的地。

产业发展：突出“21世纪海上丝绸之路”中的文化交流部分，深挖潮汕文化和客家文化的内涵，主打潮汕文化游、客家风情游两大旅游品牌。汕头、潮州、揭阳是潮汕文化的主要发源地，可辅以滨海旅游、侨乡文化和民俗文化，将其打造成世界潮汕文化之都。梅州有“世界客都”之称，应结合乡村旅游、生态旅游和红色旅游，提升其知名度。加强与台湾的旅游合作，从粤东出发，可打造“文化迁徙与交融之旅”，再现潮汕、客家人迁徙台湾构成当地原住民的历史过程。同时打造“台胞寻亲之旅”。

广东海上丝绸之路文化旅游东线主要节点城市和相关文化资源如下。

(1)瓷都潮州——潮州海上丝绸之路古港潮州港、柘林港、庵埠，潮州瓷和笔架山窑址、九村窑、北关古窑遗址、枫溪窑，潮州广济桥，大埕所城，“庵埠海关”，东门天后宫，饶平古驿道；

(2)揭阳惠来古港；

(3)岭东门户汕头和“南澳Ⅰ号”——汕头海上丝绸之路古港南澳、凤岭古港、樟林港、后溪水驿渡口、海门港、关埠港、隆津港、汕头港、导航地标龙门塔，“南澳Ⅰ号”沉船及出水器物，汕头华侨文化，陈慈黉故居，郑信衣冠墓，“侨批文物馆”，汕头地区的古代海防总镇府和雄镇关、古炮台、猎屿铳城、南山墩台遗址。

东线延伸：福建、台湾。

3. 广东海上丝绸之路文化旅游中线——粤港澳旅游区(广东省珠三角地区+港澳)

广州是古代海上丝绸之路重地，是中国最早形成的沿海对外通商港口城市之一，至唐宋时期成为中国海外贸易的第一大港，明代海禁政策下为官方朝贡贸易的重要港口城市，曾一度出现外国商使来华贸易“俱在广州”的局面。清代海禁时广州“一口通商”，号称“天子南库”。广州海上丝绸之路的相关遗存很多，可分为海港设施、生产基地与设施、文明与文化交流的产物三类，重要的海上丝绸之路文化遗产有南海神庙及码头遗址、光孝寺、怀圣寺及光塔、清真先贤古墓、南越国宫署遗址、南越王墓和琶洲塔等。香港、澳门是古代船舶从广州出发向南前往东南亚地区、大洋洲各国的必经之地。香港是世界大都会旅游中心之一，有"东方之珠"之称；澳门的旅游业以博彩业为基础，东方文化色彩和欧陆风情兼备；广东历史文化悠久，名胜古迹众多，又得内地改革开放风气之先。三地旅游合作已于多年前开始，目标定位为世界知名旅游目的地，亚太旅游中心区。

产业发展：珠三角地区是中国旅游业重要目的地和客源地，旅游资源十分丰富。珠三角地区是海上丝绸之路重要的商贸和文化交流地，海上丝绸之路文化旅游资源丰富，资源集中度高。要把珠三角打造成海上丝绸之路文化旅游核心地区，可利用珠三角地区游艇资源，探索粤港、粤澳游艇出入境便利化措施，支持游艇行业开展进口游艇租赁业务。粤、港、澳三地应整合优势旅游元素，推出"一程多站"旅游线路，开发精品旅游项目，构建不同主题、特色、档次的多元旅游产品体系，旅游线路可涵盖主题公园之旅、高端滨海度假之旅、休闲购物之旅、温泉之旅、近代历史文化之旅等。

广东海上丝绸之路文化旅游中线主要节点城市和相关文化资源如下。

(1)海上丝绸之路重镇广州：黄埔古港和黄埔税馆，粤海关和沙面，十三行遗址、十三行博物馆和广州文化公园，南海神庙及明清码头遗址，西汉南越王宫和南越王墓，古琶洲塔，华林寺、"西来初地"坊和五眼井，怀圣寺和清真先贤古墓，越秀公园和镇海楼，来穗蕃舶("哥德堡"号 、"苏哈尔"号 、"中国皇后"号)，锦纶会馆，粤海关博物馆，广州邮政博览馆。

(2)对外开放的窗口深圳：其海上丝绸之路文化资源有南头古城、赤湾天后宫和"辞沙"祭典等。早在隋唐时期，赤湾地域就是海上丝绸之路重要的节点与港口。屯门赤湾为古代海上丝绸之路航海必经之地与始发地之一，是中国古代维护海上丝绸之路贸易和交通安全的重要军镇，是中国许多重大历史事件的见证地，是中国抗击外来海上入侵的前沿阵地。深圳中外往来频繁，文化交流不断，是佛教海上南来首地、"辞沙"文化主要形成地和华侨华人的祖籍地。

(3)海上丝绸之路重地侨乡江门：上川贸易岛，大洲湾遗址，沙勿略墓园，商船蕃舶往来的重要航标乌猪洲岛，石笋村航海标志，广海卫城、"海永无波"石刻、紫花岗烽火台、天后宫，古城新会和古窑址，江门潮连古渡和洪圣庙、潮连古祠，江门侨乡碉楼立园、自力村碉楼、锦江里雕楼、端芬梅家大院、开平赤坎、开平马降龙雕楼。

(4)古代海上丝绸之路港口，广州港的外港地澳门：澳门港，澳门妈祖阁、莲峰庙、澳门妈祖文化村，澳门造船遗址和商会，澳门教堂，澳门东望洋山灯塔、澳门古炮台。

(5)国际海运和金融之都香港：港口和海事文化，天后宫，北帝庙，古炮台，航海和海防要地屯门。

中线延伸：东南亚。古代船舶从广东出发，向南通往越南、泰国、新加坡、文莱、菲律宾、印度尼西亚、马来西亚、东帝汶等国家，是古代海上丝绸之路最著名的一条线路。这一旅游区域充满异国情调、异域风景。广东与东南亚各国可利用海上丝绸之路共同打造面向国际游客、更具东南亚文化内涵的旅游品牌，沿途有当年经贸交往的古老城镇，可体验多元文化、多样化的民族风情，加深中国与东南亚各国人民的相互认识和了解；打造“郑和下西洋之旅”，欣赏沿线海洋风光，了解航海知识，体验历史的沧桑巨变。

三、中国沿海海上丝绸之路古港城市游

海上丝绸之路的发生、发展是世界历史上的重大事件，是人类海洋文明史上闪光的一页，是中华民族乃至全人类的宝贵文化财富。在21世纪海上丝绸之路建设中，全国各地、各海上丝绸之路港口城市要以共享、合作的精神进行旅游开发，形成跨区域合力，通过合作实现旅游信息共享、实现游客资源共享和旅客容量的拓展。在旅游产品开发、营销体系打造、区域旅游合作保障机制构建方面协调一致、良性发展。通过合作实现不同城市间海上丝绸之路旅游线路中景点的无缝连接。整合旅游资源、拓展资源丰度、强化文化内涵，形成整体优势，提高吸引力。

广东是古代海上丝绸之路航运与贸易重地，在新时期是中国改革开放中的排头兵，在21世纪海上丝绸之路建设中进行海上丝绸之路旅游开发，可发挥广东省省会城市广州的海上丝绸之路文化优势和名列“北上广”的经济优势，牵头开发“中国沿海海上丝绸之路港口城市文化旅游”产品和线路。

“中国沿海海上丝绸之路港口城市文化旅游”线路上的主要港口城市由北至南包括山东蓬莱，江苏南京和扬州，浙江宁波和舟山，福建湄州、福州、泉州和漳州，广东汕头、潮州、广州、江门、阳江、茂名和湛江，广西北海、钦州等。

中国沿海海上丝绸之路港口城市文化旅游资源主要包括以下方面。

(1)港口和码头遗迹，如广州黄埔古港、广州南海神庙明清两代码头遗址、广东徐闻大汉三墩港、漳州月港码头遗址、泉州古刺桐港，福州邢港古渡、东岐古渡、怀安窑古渡。

(2)船舶文化遗迹，如广东“南海Ⅰ号”沉船、“南澳Ⅰ号”沉船，广州秦代造船遗址，瑞典“哥德堡”号来广州纪念文化，南京宝船厂遗址，蓬莱古船博物馆等。

(3)海上丝绸之路贸易遗迹，如广州十三行、宁波永丰库。

(4)海上丝绸之路商品生产遗址，如广东潮州古窑址、佛山南风古灶、雷州半岛外销瓷窑址，浙江越窑、龙泉窑址，福建磁灶窑址等。

(5)海上丝绸之路宗教文化交流遗迹，如广州“西来初地”坊、光孝寺、怀圣寺，宁波保国寺、天童寺、阿育王寺等，泉州草庵摩尼光佛像、开元寺、清真寺和伊斯兰墓地等，南京净觉寺，扬州仙鹤寺、普哈丁墓园、大明寺和鉴真纪念堂、文峰寺塔和鉴真东渡码头旧址。

(6)航海祭祀和海神信仰文化，如广州南海神庙，湄州、福州、泉州、深圳、南京等地的妈祖庙。

(7)郑和下西洋遗址遗迹，如南京郑和府第、牛首山郑和墓与郑和纪念馆、南京龙江宝船厂，江苏太仓刘家港，福建长乐太平港。

(8)古代来华商人接待和居留地，如广州、泉州等地的驿馆，广州的蕃坊。

(9)古代海洋贸易管理机构遗迹，如市舶司、海关等。

在中国沿海海上丝绸之路港口城市文化旅游线路上，各海上丝绸之路港口城市既要注意海上丝绸之路文化资源的共性，又要注意区域和地方差异，在旅游开发中既体现海上丝绸之路文化的整体性，又强化和突出地方特色。

四、广东海上丝绸之路国际旅游开发

海上丝绸之路从中国沿海港口出发，经过中南半岛和南海诸国，穿过印度洋，抵达阿拉伯地区，远达欧洲和东非，是中外贸易往来和文化交流的海上大通道。广东是海上丝绸之路重地，有文献记载，其是最早的海上丝绸之路始发港口和海洋贸易活动。唐代有名为“广州通海夷道”的海上航路。在21世纪海上丝绸之路建设的今天，要利用广东的海上丝绸之路资源，进行海上丝绸之路国际旅游线路开发。

21世纪是海洋世纪也是文化世纪，从我国和世界旅游发展的趋势看，文化因素在旅游业发展中发挥越来越大的作用，有文化内涵的旅游项目更具价值。海上丝绸之路文化旅游线路开发引起人们的高度关注。2017年11月19日，由福建省旅游发展委员会、福州市人民政府主办，福州市旅游发展委员会、北京兴旅国际传媒有限公司承办的“海上丝绸之路国际旅游高峰论坛”在福州举办。世界旅游组织顾问罗伯特·罗兰·

特拉维斯在会议上指出，“丝绸之路”品牌已被福布斯杂志形容为“比可口可乐更响的品牌”，今天至少有30个世界遗产与海上丝绸之路遗产有直接的联系。

丝绸之路文化博大精深，以海上丝绸之路开拓广东文化旅游品牌有广阔的前景。海上丝绸之路有众多的文物景点和丰富的历史文化内涵，是发展文化旅游事业的宝贵资源，其可以提高广东旅游的文化内涵、文化品位、文化形象。对于广东省省会城市广州来说，广州旅游业打出海上丝绸之路的品牌，既可突出广州作为历史文化名城所包含的丰富内容，又可通过旅游活动展示和弘扬优秀的岭南传统文化，扩大广州古都、名城在国内外的影响，有利于拓展对外文化交流，建设国际化大都市。

2014年11月31日，由广东省旅游局组织的广东21世纪海上丝绸之路旅游国际合作签约仪式在广东现代国际展览中心举行。广东省副省长招玉芳、国家旅游局副局长吴文学、马来西亚旅游促进局主席黄燕燕、马尔代夫旅游部副部长里拉尔、广东省旅游局局长杨荣森等见证签约。来自海上丝绸之路沿线18个国家和地区的有关旅游部门、旅游协会、旅游企业以及游轮公司、航空公司等相关企业代表签订了旅游管理协作、旅游业务合作、旅游包机航线、旅游投资贸易、旅游服务采购等五类协议共59项，协议金额137.74亿元，覆盖旅行社、酒店、旅游景区、旅游商品等传统旅游领域，以及邮轮游艇、旅游包机、健康旅游等多个新领域。本次仪式还为广东省旅游局与华南师范大学共同成立的广东海上丝绸之路旅游与文化研究院揭牌。2013年从海上丝绸之路国家来粤的游客有357.3万人次，从广东出境前往海上丝绸之路国家的人数达486.3万人次，占全省出国人数的62.4%。根据这次签订的协议，广东旅游业将在海上丝绸之路旅游资源开发、项目建设、线路打造、宣传促销、客源输送、地接服务、邮轮游艇新业态等方面进一步加强与相关国家和地区的互利合作。

开辟和开发海上丝绸之路国际旅游线路，建设国际化的海上丝绸之路旅游圈十分必要、势在必行。

（一）开辟广州出发的海上丝绸之路国际旅游线路

开辟海上丝绸之路国际旅游线路，建设21世纪海上丝绸之路旅游圈，对推进中国和广东与沿线国家跨国旅游一体化发展格局形成、促进海上丝绸之路文化保护与开发利用具有深远意义。

广东—海上丝绸之路东线旅游线路，旅游目的地包含韩国和日本。文化元素有韩国庆州、首尔、济州岛等地的徐福文化遗迹，中国式宫殿建筑群以及朝鲜族民俗风情。日本奈良、长崎、大阪、京都等地的徐福文化遗迹，鉴真东渡遗迹，和服秀等日本民俗。

广东—南线(东盟)旅游线路，旅游目的地包含印度尼西亚、马来西亚、菲律宾、新加坡、泰国、文莱、越南、老挝、缅甸和柬埔寨等国家。文化元素有郑和下西洋遗迹、妈祖信仰场所和活动、华侨华人区和海外创业成就等。另外还有岛国风光、异国历史古迹、特色民俗。

广东—海上丝绸之路西线旅游线路，旅游目的地包含印度、斯里兰卡等南亚国家，埃及、希腊、土耳其等欧洲和非洲国家。文化元素有郑和下西洋遗迹、妈祖信仰场所和活动、海上丝绸之路贸易遗迹、华侨华人区和海外创业成就等。另外还有异国历史古迹、特色民俗风情。

(二)基于“广州通海夷道”的海上丝绸之路国际旅游国家联盟

位于南海之滨的广州是海上丝绸之路的重要港口，具有悠久的对外贸易的历史。自古以来，中国的丝绸、陶瓷等物品源源不断地从广州运往海外各国，外国商人也纷纷到广州来进行贸易。

隋唐时期，广州成为中国的第一大港、世界著名的东方港市。唐代，广州成为全国的外贸中心，设立了专门管理海外贸易的机构——市舶司，外国商人云集。由广州经南海、印度洋，到达波斯湾各国的航线，是当时世界上最长的远洋航线。

按《广东海防史》所述，唐代著名地理学家贾耽曾详细描述过当时著名的全球最长航线，这一记载如今留存于《新唐书·地理志》中。在贾耽笔下，这条航线被称为“广州通海夷道”，全长1.4万千米，商船从广州起航，向南至珠江口的屯门港，然后折向西南方，过海南岛东北角附近的七洲洋，经越南东南部海面，越过马来半岛湄公河口，再通过新加坡海峡到苏门答腊岛，向东南行驶往爪哇，西出马六甲海峡，横越印度洋抵达斯里兰卡和印度半岛的南端，再从印度西海洋至波斯湾的奥巴拉港和巴士拉港，再沿着幼发拉底河航行一段，就可以到达阿拉伯帝国的首都，即今天的巴格达。而另一条线路是由上述路线至印度半岛西岸后渡印度洋至非洲东部的三兰国(今坦桑尼亚的达累斯萨拉姆一带)，向北经数十个小国可通乌刺国，同第一条路线会合。这条航线的开辟大大促进了广州的繁荣。据史料记载，仅唐代宗年间，每年到达广州的阿拉伯商船就有四千多艘，来自西亚乃至非洲的大量外商在这里出入，因此有了“云山百越路，市井十洲人”的说法。

在21世纪海上丝绸之路建设的今天，可基于“广州通海夷道”建立沿线国家参与的海上丝绸之路国际旅游联盟，实现文化旅游的互联互通、资源共享、利益共享。

(三)广州海上丝绸之路“船缘”旅游合作机制

在古代，广州是海洋贸易大都会，历代不仅有无数中国船舶从广州出发前往世界各地，也有不少外国船舶来华，知名的有瑞典“哥德堡”号、美国“中国皇后”号等。

“哥德堡”号三次远航中国广州。“哥德堡”号是大航海时代瑞典著名远洋商船，曾三次远航中国广州。第一次是1739年1月至1740年6月；第二次是在1741年2月至1742年7月；最有名的是第三次，在1743年3月至1745年9月。1993年，瑞典新东印度公司开始筹划仿造“哥德堡”号，1995年6月11日，“哥德堡Ⅲ”号开工建造，瑞典国王卡尔16世·古斯塔夫成为这项工程的监护人。2006年7月18日上午，“哥德堡”号胜利抵达广州港，受到中国人民的热烈欢迎。

仿唐木船“苏哈尔”号重走“广州通海夷道”。为了模拟和验证“广州通海夷道”这条当时世界上最长的国际航线，1980年由阿曼苏丹国王倡议和资助，仿制唐代的古双桅三帆木船“苏哈尔”号帆船。“苏哈尔”号帆船11月23日从阿曼首都马斯喀特出发，沿着“广川通海夷道”这条航线，历时216天，于1981年7月2日顺利到达广州港。

1784年美国“中国皇后”号首航广州。“中国皇后”号在独立战争中是有功之臣。战争结束后，被改装为一艘三桅帆船，1784年2月22日(清乾隆四十九年)“中国皇后”号离开了纽约港，满载商品，驶往中国。8月下旬，“中国皇后”号到达澳门，然后经过一天的航行，抵达广州的黄埔港，这一天是1784年8月28日。

在21世纪海上丝绸之路建设的今天进行海上丝绸之路文化旅游开发，广州要利用这些历史文化资源，与瑞典等相关国家合作，形成广州海上丝绸之路“船缘”旅游合作机制，开辟国家间双向旅游线路。

最后需要提及的是，在海上丝绸之路国际旅游线路开发中要加强海上丝绸之路沿线国家旅游合作保障机制建设，例如推动通关便利化，探索推进旅游单一签证制度等，积极推动国家和区域旅游市场相互开放，共同建立良好的旅游便利化机制。逐步消除游客往来的过境障碍，从推进落地签、互免签证政策开始，之后再加快建立像欧盟申根协定一样的签证制度。努力建立信息共享平台，建立和完善边境旅游资源合作开发机制，旅游环境秩序共同维护机制，旅游诚信建设机制，旅游突发应急事件联合处理机制等。要加大旅游融资力度、加强国际旅游企业协作、建立国际旅游客源地和目的地对接机制、打造无障碍旅游区、促进旅游文化融通等，推动21世纪海上丝绸之路旅游圈建设。

第十一章　广东海上丝绸之路节庆会展业开发

在国家“一带一路”建设中，会展业的发展意义重大。会展业大省广东要抓住这一历史机遇，以节庆会展业为抓手积极参与“一带一路”建设，做好21世纪海上丝绸之路建设。

一、文化产业新业态——会展业

（一）会展和会展业

会展是会议、展览、大型活动等集体性的商业或非商业活动的简称，其概念内涵是指在一定地域空间，许多人聚集在一起形成的、定期或不定期的、制度或非制度的传递和交流信息的群众性社会活动，其概念的外延包括各种类型的博览会、展销活动、大中小型会议、文化活动、节庆活动等。特定主题的会展是指围绕特定主题集合多人在特定时空的集聚交流活动。狭义的会展仅指展览会和会议；广义的会展是会议、展览会、节事活动和各类产业/行业相关展览的统称。会议、展览会、博览会、交易会、展销会、展示会等都是会展活动的基本形式，世界博览会为最典型的会展活动，目前国内会展产业链已经相当完善。

会展业是会议业和展览业节事活动的总称。会展产业是指有会展相关服务企业、机构、部门形成的产业体系。会展经济是指由会展及相关产业构成的经济范畴。

会展产业是国内近几年高速发展起来的产业。国内开始正式提出会展产业大约在1998—1999年。由于国外专家认为会展产业对相关产业具有1∶9的拉动作用，会展不仅能带来巨大的经济效益，更重要的是还能带来巨大的社会效益。因此，会展产业受到很多地区和城市的重视。

会展业具有效益性高、联动性高、导向性强、凝聚性好、专业性浓、交融性大的特点，具有强大的经济功能，包括联系和交易功能、整合营销功能、调节供需功能、技术扩散功能、产业联动功能、促进经济一体化等。会展业地位和作用日益凸显，会展业涉及工业、农业、商贸等诸多产业，在结构调整、开拓市场、促进消费、加强合作交流、扩大产品出口、推动经济快速持续健康发展等方面发挥重要作用，在城市建设、精神文明建设、和谐社会构建中具有特殊的地位和作用，并日益明显。

第一，能产生强大的互动共赢效应。会展业不仅能带来场租费、搭建费等直接收入，而且还能拉动或间接带动数十个行业的发展，直接创造商业购物、餐饮、住宿、娱乐、交通、通信、广告、旅游、印刷、房地产等相关收入；不仅能集聚人气，而且能促进各大产业的发展，对一个城市或地区经济发展和社会进步产生重大影响和催化作用。据有关统计表明，一个好的会展对经济拉动效应能达到1∶9，甚至更高。

第二，能获得优质资源。会展业汇聚巨大的信息流、技术流、商品流和人才流，意味着各行业在开放潮中，在产品、技术、生产、营销等诸方面获取比较优势，优化配置资源，增强综合竞争力。会展业发展可以不断创造出“神话”，博鳌效应就是其中的一个最典型范例，穷乡僻壤的博鳌建成国际会议中心后，以其良好的生态、人文、治安环境，吸引了众多海内外会议组织者、参会者、旅游者等。

第三，能提升支持力度。各产业的发展，特别是制造业要生存和提升竞争力，需要相关服务行业的协作，加快新型工业化、新农村建设，更离不开会展业的支持和助力。其中会展是一项极其重要的服务内容，作为特殊的服务行业，会展经济能服务于和增强城市面向周边地区的辐射力和影响力。所以，会展经济有巨大的效能。

第四，能增加就业机会。随着近年来办展活动的增多，会展业不仅能提供就业机会，而且还能拉动和促进就业。

第五，能成为经济发展的“风向标”。会展紧扣经济，展示经济发展成果，会展经济的发展将直接刺激贸易、旅游、宾馆、交通、运输、金融、房地产、零售等行业的市场景气，大型和专业性会展往往是产品或技术市场占有率及盈利前景的晴雨表，推动商品贸易、投资合作、服务贸易、高层论坛、文化交流等各方面的发展与进步。

会展业在不到百年的发展中已经在全球范围内成为经济竞争的一个新热点，目前中国会展业正以每年20%的增长速度发展，广东省在战略上已经把会展旅游提高到与经济生活相比较高的位置。

会展业作为当今世界范围内发展迅猛的朝阳产业，是集商务活动、会议展示、观光旅游、对外宣传“四位一体”的新兴产业，有力推动着国民经济的发展。由于会展业属于一种前瞻性经济，能够反映经济发展的未来趋势，因此经济发达、风光宜人、交通便利的城市为了带动区内相关行业的大力发展，都非常重视拓展其会展功能。在会展经济发展较早的欧洲流行着一句话：“会展是城市的面包”。因此会展业是集商品展示交易、经济技术合作、科学文化交流等功能为一体，并且具有信息咨询、招商引资、交通运输、城市建设、商业贸易、旅游服务等多功能为一体的一种新兴产业。

会展业对商业以及对外贸易带来的积极影响已经得到了实践的检验。会展业以贸易扩展功能为主的特点，会客观地推进国际间城市来往与合作的可能，也会因为会展产业的交易方式给多方合作带来无限的可能和商机。同时，在平台建设和信息沟通上，会展业的广泛交流能够最大化地缩小双方沟通的屏障，也是解决国际贸易中信息不对称的重要手段，解决好了沟通与效率的问题，将更有利于促成出口贸易双方建立信任友好的交易关系。

（二）中国会展业现状

改革开放40年来，中国会展业发展迅速，由中国会展经济研究会与商务部经济贸易司完成的2014年展览统计分析显示，在2014年，中国举办展会8009场，展览面积超过1.0276亿平方米。[①] 目前，中国会展业完整的行业架构基本形成，业务的广度和深度逐步拓展，会展业的区域布局基本形成，形成了“环渤海、长三角、珠三角、东北、中西部”五个会展经济产业带。环渤海会展经济带——以北京为中心，以天津等城市为重点，其会展业发展早、规模大、数量多，专业化、国际化程度高，门类齐全，知名品牌展会集中，辐射广。长三角会展经济带——以上海为中心，以南京、杭州等城市为依托的会展产业带已经形成。该产业带起点高、政府支持力度大、规划布局合理、贸易色彩浓厚，受区位优势、产业结构影响大，发展潜力巨大。珠三角会展经济带——以广州为中心，以中国进出口商品交易会（即广州交易会，以下简称“广交会”。2007年前称为“中国出口商品交易会”）为助推器，以深圳、珠海、厦门、东莞等会展城市群，形成了国际化和现代化程度高、会展产业结构特色突出、会展地域及产业分布密集的会展经济带。东北会展经济带——以大连为中心，以沈阳、长春等城市为重点的会展经济带，依托东北工业基地的产业优势及东北亚的区位优势，形成了长春的汽博会、沈阳的制博会、大连的服装展等品牌展会。中西部会展经济带——以成都为中心，以贵阳、郑州、重庆等城市为重点的会展经济带，通过不断发展，现已形成了成都的西部国际博览会、重庆的高交会、郑州的全国商品交易会等品牌展会。

会展蓝皮书《中外会展业动态评估研究报告2016》指出，中国会展业正在赶超传统会展强国。尽管世界经济增速放缓，中国面对复杂局势和不确定性的压力增加，然而由于国内三次产业转型升级和“一带一路”建设发挥对冲效应，作为全球企业间市场的中国会展业发展不仅没有因被抑制而气馁，反而呈现出回暖趋势。回顾近年来全球会

---

① 周春雨：《中国会展业呈现新格局新变迁》，载《中国贸易报》，2015年11月24日第7版。

展业发展格局，尤其是比对会展业发达国家和地区，中国会展业一直保持着难得的逆势增长势头，在整体上带动了国际市场回暖和会展业东移。然而随着国内会展市场逐步走向成熟，增长速度渐趋理性平缓，中国会展业正在进入供给侧结构性调整期。当前阶段，会展业有必要回归作为经济、社会与文化交往的战略性沟通工具的服务本性，切实发挥会展活动在创新激励、品牌营销、资源配置、供需互动、共同体建构、社会整合、文化包容等方面的作用，切实解决发展道路上的实际问题。蓝皮书还指出，目前，中国会展业亟须进一步提升比较优势和产业竞争力，在深化国企改革、加强关联服务、丰富技术手段、提高服务品位和服务体验上持续发力。值得关注的是，新版会展蓝皮书在继承发展的基础上，立足展馆、展会与展商三大会展服务生产力指标，借助 SMI 会展指数努力构建会展业发展综合评价模型，并据此不断深化中外会展业动态评估。①

会展业是毋庸置疑的高收入、高盈利产业，这也是它得以迅速发展的直接原因。中国会展发展的主体走向多极化，从过去单一的政府或具有政府色彩的部门主办逐渐发展到目前的政府、各民间商协会、外贸公司、国有和私有会展公司、中外合资会展公司以及外国会展公司等多层次、多渠道发展的新格局。近年来不仅会展数量逐步增多，而且会展质量也有了很大的改进，如今已有一批知名度很高的会展品牌，在同类展中占有重要的分量，在亚洲乃至世界均产生积极的影响。

而今，办好重点会展活动被列入《国家“十三五”时期文化发展改革规划纲要》。2017 年 5 月，中共中央办公厅、国务院办公厅印发了《国家“十三五”时期文化发展改革规划纲要》(以下简称《纲要》)，《纲要》指出，文化是民族的血脉，是人民的精神家园，是国家强盛的重要支撑。《纲要》明确了加快现代公共文化服务体系建设、完善现代文化市场体系和现代文化产业体系、传承弘扬中华优秀传统文化、提高文化开放水平、推进文化体制改革创新、加强文化人才队伍建设、完善和落实文化经济政策等 11 项目标和任务。《纲要》指出，文化市场建设要办好中国(深圳)国际文化产业博览交易会、中国国际动漫节、北京国际广播电影电视设备展览会、北京国际图书博览会、上海国际电影电视节、上海国际艺术节等重点会展；办好重点文化产权交易所，开展电视剧等进场交易试点。《纲要》提出，加快发展网络视听、移动多媒体、数字出版、动漫游戏、创意设计、3D 和巨幕电影等新兴产业，推动出版发行、影视制作、工艺美术、印刷复制、广告服务、文化娱乐等传统产业转型升级，鼓励演出、娱乐、艺术品

① 付连英：《中国会展业正赶超传统会展强国》，载《国际商报》，2017 年 3 月 7 日第 A8 版。

展览等传统业态实现线上线下融合。①

在新的历史条件下，中国节庆会展业发展呈现产业化、多元化、法制化、集团化、品牌化、专业化、国际化、生态化趋势，走向健康、良性、高质量发展的轨道。

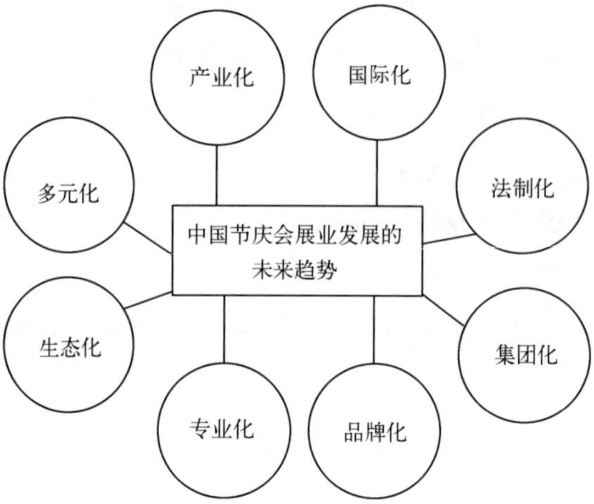

中国节庆会展业发展趋势示意

（三）会展业与“一带一路”建设

“一带一路”是中国为增强“一带一路”沿线国家之间经济、政治、文化等各方面的交流合作提出的一个重要的决策，为会展业营造了良好的发展环境，带来了许多利好政策，为当前中国会展业的发展带来了新挑战和新机遇。“一带一路”对会展业的推动作用体现在：会展城市获得发展的驱动力，企业出境参展办展走出国门，会展活动传播中国文化文明。关于“一带一路”背景下会展业的发展趋势，杨柳和李维认为：一是会展业与国际、区域合作增多。要合理利用会展资源，增强区域合作，建立具有“一带一路”沿线国家的特色会展的平台，推动沿线国家会展业的合作发展，各地优势互补，以合作实现共赢。此外，中国会展业也应积极引入知名或影响力较大的会展活动，抓住“一带一路”的发展机遇，加快会展业“走出去”步伐，充分利用“一带一路”的市场和资源，加强与各方面的合作，推动会展业的发展。二是会展业格局更加优化。随着中国会展业的发展，会展业格局也在逐步优化。目前，中国会展业大致可分为长三角、珠三角、环渤海、东北、中西部五大集群。其中，中西部地区个别省份虽具有良好的可开发的会展资源，但由于经济基础等因素的制约，其会展业发展较为滞后。在中国

① 《2017 年中国会展业十大新闻》，载《中国贸易报》，2017 年 12 月 28 日第 5 版。

“一带一路”的最新规划中，18 个省被列入了会展业发展的重点范围。其中，东部沿海地区应不断转型升级；中部地区应坚持稳定发展；西部地区应加强会展业的交流与创新。中国应不断借助“一带一路”的经济带动，加速会展业发展，优化会展业格局。三是会展业相关人才培养加快。随着“一带一路”倡议的实施，中国会展业将迅猛发展，这必然导致会展业对高端管理人才和一线会展人才需求增大。传统情况下，会展业的相关人才应该具备深厚的专业知识、创新思维能力、良好的心理素质、较强的人际交往能力和团队合作精神等基本素质。在“一带一路”的背景下，要提高会展服务水平，就要加快相关人才的培养，要运用创新手段，与时俱进地培养国际性会展人才，不仅注重其知识技能的培养，同时注意培养其国际视野和变革的思想，提高综合素质，培养现代化人才。四是培育有影响力的会展品牌。会展品牌作为品牌的一种，体现着会展业的服务价值和商业价值。当会展企业形成了自己的会展品牌，其品牌影响力就可为会展企业在市场中产生强大的竞争力，除了给会展企业自身，还可以给参展商和社会带来巨大的品牌价值。①

曾兴从“一带一路”背景下文化会展业发展的视角探讨“一带一路”建设与会展业发展的互动关系，其认为“一带一路”为会展业空间分布和产业融合提供了历史机遇。“一带一路”对文化会展业发展的意义：一是有助于使文化会展业成为经济带建设先导产业；二是最大化会展产业对区域经济发展的文化集聚功能和经济效应；三是促进文化会展业本身发展；四是帮助会展业和文化产业实现融合发展。关于“一带一路”背景下文化会展业如何发展，曾兴认为：一是尽快研究制定文化会展业发展规划。政府应尽快制定文化会展业发展规划，进一步加强对文化会展业发展的宏观调控，对文化会展业发展的整体布局、产业结构、支持政策和行业标准等方面进行系统研究，科学指导文化会展业的发展。二是加强构建文化会展业产业链。首先，既要形成会展业的专门领导机构和组织体系，也要尽快制定、出台有关的管理办法，规范和实施会展业相关的法律来加强对会展市场的监督和管理，营造良好的会展业发展环境；其次，着力培养支持具有较强市场竞争力或发展潜力的文化会展骨干企业，以展览企业为龙头，发展以交通、物流、通信、餐饮、旅游、住宿等为支撑，策划、广告、设计、安装、现场服务等配套的产业集群，形成行业配套、产业联动的展览业服务体系，增强产业链上下游企业协同效应，带动相关展览服务企业发展；再次，充分发挥会展联盟等行业组织的积极作用，充分发挥行业组织的整合作用将推动会展资源优化，全面提升会展业竞争力，延伸会展产业链；最后，加快培养文化会展相关人才，会展业是操作性和

① 杨柳、李维：《“一带一路”背景下会展业的发展》，载《中国乡镇会计》，2017 年第 12 期。

关联性较强的行业，文化会展人才的培养是文化会展业快速发展的必然要求。三是加大金融支持力度、助推文化会展业发展。金融业在“一带一路”背景下发展潜力巨大，加大金融支持力度助推文化会展业发展有着重要性和紧迫性，应以政府、企业投资为主，鼓励民间机构和个人积极参与出资，形成多渠道、多层次联动机制，支持培育品牌展会、新办展会、文化展会创新、引进国际国内大型展会等，拓宽文化会展企业的融资渠道，实行开拓会展市场、创新会展品牌的鼓励政策，支持各地政府、相关部门、行业协会培育发展已有的较有影响力的综合性各类文化会展，创新文化会展开办形式，注重文化会展专业性，充分释放文化会展业的外溢效应。四是构建立体的、全方位的、复合文化的会展交流平台。文化会展是多种文化和区域文化集中呈现的活动，不仅在文化交流方面有重要的价值，还将产生外溢效应和经济乘数效应，它通过交易、展览、论坛、节事及活动等形式，打造展示、贸易和信息平台，既能宣传品牌推销产品，又能整合文化资源，促进交流合作。近年来，国内举办过许多文化会展活动，但文化会展活动从组织水平和品牌效应方面都还有待提高，要全面提升文化会展业发展水平，科学确定重点文化展会定位，发挥自身区位优势、资源优势和产业优势，积极开发行业和地域特色鲜明的各类文化会展活动，鼓励产业特色鲜明、区域特点显著的重点展会发展，围绕节庆假日举办系列主题展销活动，逐步形成集会议、展览、节庆、赛事、演出等活动为一体的“大会展”格局。①

2017年，中国在世界舞台上频频亮相。5月在北京举办的“一带一路”国际合作高峰论坛，作为2017年中国首场主场外交，吸引了世界的目光。“一带一路”不仅串起了全球互联互通梦，也成为构建人类命运共同体的纽带。另一场重要会议是9月在厦门举办的金砖国家领导人第九次会晤。“一带一路”国际合作高峰论坛是中国国际知名度的体现。来自140多个国家和80多个国际组织的1600多位与会代表积极响应。有关统计数据显示，到目前为止，中国已经同80个国家和组织签署“一带一路”合作协议，同30多个国家开展了机制化产能合作，在沿线24个国家推进建设75个境外经贸合作区，中国企业对沿线国家投资累计超过500亿美元，创造了近20万个就业岗位。②

2017年5月，“一带一路”国际合作高峰论坛在北京举办期间，中国国家主席习近平对外宣布，中国将从2018年起举办中国国际进口博览会。首届进口博览会将于2018年11月5—10日在国家会展中心(上海)举办。展会规模超过24万平方米，包括国家贸易投资综合展和企业商业展。博览会期间，还将举办虹桥国际贸易论坛，聚焦全球贸易

---

① 曾兴：《“一带一路”背景下文化会展业发展研究》，载《四川文化产业职业学院学报》，2016年第1期。
② 兰馨：《中国会展业走进新时代》，载《中国贸易报》，2017年12月28日第5版。

与投资发展新趋势。中国将积极同“一带一路”建设参与国发展互利共赢的经贸伙伴关系，促进同各相关国家贸易和投资便利化，建设“一带一路”自由贸易网络，助力地区和世界经济增长。中国国际进口博览会是中国主动对世界开放市场的重大举措，也是中国推动全球包容互惠发展的公共产品。该博览会由中国携手全球各国共同参与，是一个“买全球、卖全球”的开放性平台，既为世界各国扩大对华出口提供了新的机遇，也为各国彼此之间开展国际贸易、分享合作商机搭建了平台。进口博览会不仅提供货物和服务交易，而且承载了国家形象展示、全球性重大问题探讨等多重功能，是一个国际合作的综合性公共平台。①

中国作为“一带一路”倡议的发起者，在全球会展业的发展中已不仅仅是一个参与者，而是主动打造平台，让处于“一带一路”节点上的地区通过会展业的发展成为名副其实的对外交流的窗口。

“‘一带一路’倡议促进中国经济发展，推动沿线国家基础设施建设，提升贸易及投资价值，催生出中国及其他亚洲国家的新市场。”国际展览与项目协会总裁兼首席执行官大卫·杜博伊认为，“一带一路”有助于让中国产品输出，同时也可以让中国企业参与更多国际联盟，与更多国外企业建立合作伙伴关系。

业内人士表示，在“一带一路”倡议下，加强与沿线国家的互联互通，推动国际和区域层面的经济合作，更需要国际化的会展平台为金融、商贸、基建、文化等领域创造更多机会。②

二、节庆会展大省广东

广东是会展业大省，是中国会展业三大聚集区(京、沪、广)之一。作为国内会展业起步最早、会展经济最为活跃的省份，广东从20世纪80年代末起就在会展行业占据着较为重要的位置，与北京、上海一起成为中国重要的区域展览中心。目前，广东已经初步形成了以广州—东莞—深圳为中轴的中心地区，包括佛山、中山以及江门、惠州等在内的展览带，每年以广交会为切入点的展会高峰期，以民营展览企业为主力，带动设计搭建、展馆服务、咨询、印刷、餐饮等产业的延伸。③

地处中国大陆的最南端、珠江流域下游的广东，每年举行的各种会议、展览会和

① 《2017年中国会展业十大新闻》，载《中国贸易报》，2017年12月28日第5版。
② 胡心媛：《“一带一路”为会展业带来新机遇》，载《中国贸易报》，2018年1月4日第5版。
③ 何振红、陶玙：《广东：会展经济之路越走越宽广》，载《经济日报》，2009年4月8日第13版。

交易会为广东经济社会发展起了重大的促进作用。纵观整个广东省，其发展会展产业具有先天的优势。首先在交通方面，其地理位置相当优越。广东省位于中国大陆的最南端，珠江三角洲围绕着珠江口，毗邻港澳，交通非常便利。随着四通八达的交通网的建立，如京珠高速公路的建成及渝湛、粤赣等高速公路的建设，形成省内的高速公路网，使珠三角与内陆各省市的交通更为方便快捷，使泛珠三角实现与相邻省份通高速公路，全面构筑通往整个“大华南”地区高速通道经济。

从 1975 年开始每年在广州举办春、秋两季的广交会至今，该交易会由于层次高、规模大、成效显著，每年都吸引着大批的海内外客商前来参加。自 20 世纪 90 年代以来，历届广交会接待海外客商平均在 5 万人以上，1998 年 4 月举办的第 83 届广交会，在受到亚洲金融风暴的影响下，出口成交额仍达到 102.15 亿美元，比 1997 年春季交易会增长了 4.06%，到会客商来自 166 个国家和地区，共计约 6.5 万人，境外客商人数比 1997 年春交会和秋交会分别增长了 7.5%和 4.1%，第 85 届广交会更是创下了到会客商 9 万余人的历史新高。据有关部门统计，在交易会前至开幕后的几日，广州市主要宾馆的平均出租率高达 95%，其最高出租率可达 110%左右，加上交易会期间房价的服务费上浮，主要宾馆的 4 月和 10 月的营业收入比平常月份普遍增长 1~3 倍。中国深圳国际高新技术成果交易会(以下简称“高交会”)期间，深圳机场的客流量比平时增加了两成半，全市出租车行的载客率可达 73%，10 个旅游景区接待旅客增长四至五成，全市酒店入住率也急升了 30%，展馆周边地带的房地产也得到了迅速发展。

20 世纪 90 年代以来，广东会展的数量、规模均以每年 20%以上的速度增长。广东会展业还涌现出一批规模大、成交额大、知名度高的展览会，最著名的要数广交会和

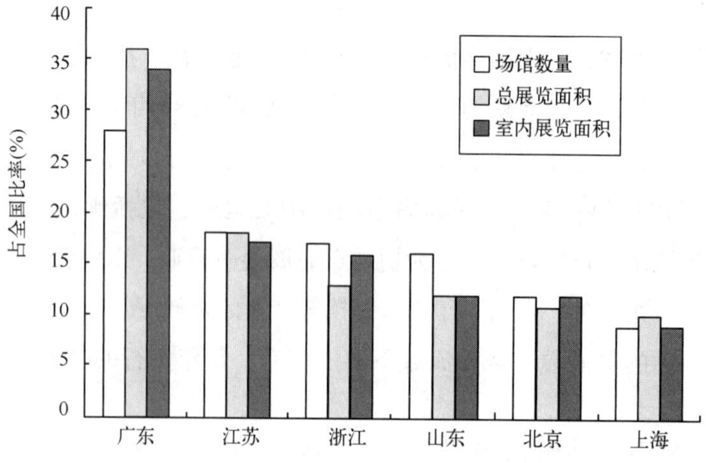

中国会展发达地区展馆信息

高交会。广东会展业最大的特点是包容性强、开放程度高，既有国家级的广交会，也有国外的来华专业展，还有民营展览机构所办的各类专业展。同时，广东展会的功能也在不断增强。广交会、广州博览会、广州国际美食节等大型展会不断开发与展会有关的功能，集成品展销、经贸洽谈、信息交流、文化交流等多种功能于一体，进一步发挥了展会经济的作用。①

广东会展建设投入大，会展基础设施完备。据《会展经济蓝皮书：中国会展经济发展报告(2011)》统计，广东无论在展馆数量、总展览面积、室内展览面积等方面均在全国各省市中居首位。②

广州市 2014—2015 年品牌展会状况③　　单位：平方米

序号	展会名称	2014 年展览规模	2015 年展览规模
1	春夏两届中国广州国际家居展博会	296 000	370 000
2	春秋两届广州国际美容美发化妆品进出口展博会	117 000	141 600
3	中国(广州)国际汽车展览会	191 000	220 000
4	广州照明+建筑电气展览会	191 000	200 000
5	中国(广州)国际建筑装饰展博会	320 000	340 000
6	中国国际中小型企业展览会	120 000	150 000
7	中国进出口商品交易会	115 000	1 170 000
8	中国(广州)集成住宅产业博览会	100 000	114 760
9	广州国际绿化苗木展览会	120 000	124 580
10	中国国际熟料橡胶工业展览会	200 000	230 000
11	广州国际酒店用品展览会	200 000	253 570

会展业作为新兴服务业的重要组成部分，被誉为“行业发展的风向标”，因其强大的关联影响和经济带动作用，已逐渐发展成为促进经济和社会发展的新亮点，是推进广东经济发展方式转变、加快经济转型升级的重要支撑。会展业已成为广东经济发展和产业转型升级的助推器。会展业的发展推动了广东省内制造业的技术进步和升级，同时也推动了企业产品市场的开拓和更大规模产业聚集，形成了会展业与贸易流通业相辅相成的良好局面，如东莞厚街家具、顺德家电、长安模具、虎门服装、大朗毛纺品、佛山陶瓷等产业都因当地相关展览会的举办而受益。④

---

① 池新旺：《会展业——广东新兴支柱产业》，载《广东技术师范学院学报》，2005 年第 2 期。
② 过聚荣：《会展经济蓝皮书：中国会展经济发展报告(2011)》，北京：社会科学文献出版社，2011。
③ 谢欣纯：《大连与广州会展业发展差距分析》，载《辽宁经济》，2016 年第 7 期。
④ 孙萍：《打造广东经济转型升级版的思考——浅述会展业助推经济转型升级的若干对策》，载《经贸实践》，2016 年第 24 期。

2016年10月，广东潭洲国际会展中心(以下简称“潭洲会展中心”)接连举办了两大备受国际业界瞩目的盛会——第二届珠江西岸先进装备制造业投资贸易洽谈会(以下简称“装洽会”)和第二届中国(广东)国际“互联网+”博览会(以下简称“‘互联网+’博览会”)，让举办地顺德一下子站在了中国会展业的舞台中央。从广交会、高交会到装洽会、“互联网+”博览会，潭洲会展中心的强势崛起，标志着广东会展经济开启“第三次跃迁”，迈向工业专业会展的新时代；而国际会展业巨头汉诺威展览公司首次落户华南，牵手顺德将潭洲会展中心打造成中国版“汉诺威展”，亦足以改写中国会展业的空间格局。①

加博会、海博会、智博会、名家具展……一系列高规格大型展会每年在东莞轮番上演，平均每6天就有一个成规模的展会，这是当前东莞会展业健康蓬勃发展的一个缩影。在中国会展经济研究会主办的“2016中国城市会展业竞争力指数年度发布会暨高端学术论坛”上，东莞各项指标综合指数位居全国省会城市和地级市前列，荣膺“中国最具竞争力会展城市”。②

据有关统计，2017年广东省各类展会共计520个，其中珠三角地区498个，仅广州一地2017年各类会展数量就达316个，深圳167个。

2017年10月，广东21世纪海上丝绸之路国际博览会(以下简称“海博会”)在东莞举办。海博会组委会主任、广东省政府党组成员陈云贤表示，海丝会作为广东参与“一带一路”建设的重要平台和载体，为沿线国家和地区企业、客商带来了实实在在的商机，也为广东省与“一带一路”沿线国家和地区的全方位合作注入了活力。

三、广东海上丝绸之路节庆会展的开发

厚重的历史渊源是广东作为古丝绸之路重要发祥地的文化根源，在东西方经济文化交流过程中发挥了重要作用。广东沿海地区最早受到西方文明的影响，“有容乃大”、兼容并蓄的海派文化，“敢为天下先”的开拓创新意识，是广东人精神的奇谈怪论内涵。改革开放40年来，广东得风气之先，受政策之惠顾，创造了辉煌的成就，续写了海上丝绸之路的新篇章。为贯彻落实国家“一带一路”倡议，广东要做搞好海上丝绸之路节庆会展业的开发。

---

① 罗湛贤：《第三次跃迁：中国会展经济迎来“潭洲时间”》，载《南方日报》，2016年11月2日第A4版。
② 曹丽娟：《东莞荣膺“中国最具竞争力会展城市”》，载《东莞日报》，2016年12月28日第A11版。

(一)继续办好海博会

为贯彻落实国家“一带一路”倡议，搭建广东与海上丝绸之路沿线国家(地区)全方位合作新平台，扩大合作领域，提升合作层次，全面提高广东开放型经济发展水平，构建新常态下广东对外开放新格局，广东省在东莞市广东现代国际展览中心举办海博会。

广东特殊的历史、地理、经贸、文化优势，在建设21世纪海上丝绸之路的进程中，具有不可替代的重要地位和作用。海博会是广东落实国家倡议和外贸稳增长要求的重要举措，将深化广东与海上丝绸之路沿线国家和地区的经贸合作交流，扩大合作领域，提升合作层次，构建广东对外开放新格局。

海博会将促成一批广东与海上丝绸之路沿线国家和地区之间的经贸和旅游文化合作项目，打造一批有利于稳定外贸增长的新平台，扩大广东与海上丝绸之路沿线国家和地区的进出口贸易。同时，还将推动一批外贸新业态加快发展，通过举办具有国内外影响力的论坛和各类展会，支持跨境贸易电子商务、航运物流以及跨境贸易人民币结算的创新发展。

2014年10月31—11月2日，第一届海博会在广东省东莞市广东现代国际展览中心举行。展会吸引了众多海上丝绸之路沿线国家参展，42个国家和地区的1000多家参展企业和6000多家境内外采购企业参与，展位数达2536个，超出原计划的26.8%。海博会还举办国际论坛暨专家咨询会、农产品电商与营销实务大讲堂、马来西亚—中国总商会展馆开幕式剪彩仪式、国际论坛暨专家咨询会、跨境贸易人民币结算政策宣讲会等系列活动。第一届海博会共吸引入场观展、采购的人员达9.65万人次。大会共达成签约项目451个，涉及签约资金1747亿元。

2015年10月29—31日，第二届海博会在广东省东莞市广东现代国际展览中心举行。来自50个海上丝绸之路沿线及延伸国家(地区)的大批特产被越洋携至东莞，呈现在“2015广东21世纪海上丝绸之路国际博览会”上。本届海博会“人财两旺”，共达成签约项目680个，涉及签约资金2018亿元，比上届增长15.5%；到会专业采购商2.13万人次，增长42%。博览会不仅有商机，更有人文交流。记者在海博会上看到，不少国家馆里都举办了多姿多彩的民族风情表演，使得本届海博会更具观赏性，也成了一次海丝文化的大交流。此外，专业展还专门设立了丝绸、茶叶、陶瓷器展等历史悠久的海丝贸易重头领域，既有现实经济贸易需求，又贴切地体现了海上丝路的文化历史渊源。

2016年10月27—30日，“2016广东21世纪海上丝绸之路国际博览会”成功举办。

本届海博会是第三届，在前两年成功办展的基础上，海博会的国际知名度日益增强，品牌效应日渐彰显。本届海博会展会展出面积约7万平方米，共吸引国内外1526家企业参展，展位2626个；参展和采购的境外国家和地区数达73个，52个国家和地区参展，设39个具有异域风情的国家（地区）馆，展示沿线国家的产业特色；11名外国部长级官员以及亚投行、丝路基金、安曼工商会、苏瓦商会、伊朗中国商会、英国利物浦商会、泰中经济协会等58个重点商协会或机构的负责人参加了开馆仪式和主题论坛。展会4天共吸引23.8万人次入场观展采购，比上届增长120%，其中专业采购商2.8万人次，比上届增长31.5%。共达成各类签约项目700个，涉及签约资金2068亿元，比上届增长2.5%。

“2017广东21世纪海上丝绸之路国际博览会”于2017年9月21—24日在东莞市广东现代国际展览中心举办。这届海博会共有75个国家和地区的嘉宾参展和参会，来自国内及境外54个国家和地区的1682家企业到会设展，总展位数3556个，其中境外参展企业占比达67%。同时，展会与时俱进，将粤港澳大湾区有机结合，向与会客商推介粤港澳大湾区的合作商机。作为世界第三大湾区，粤港澳大湾区将作为一个重要引擎，增强对沿线国家和地区的辐射能力，带动沿线国家和地区共同发展，支撑海上丝绸之路的建设。

海博会主题展区有以下几个。

（1）商机交流与合作区：主要展示沿线国家投资和经贸合作商机，如港口、码头、高铁、高速公路、电力、电信等基础设施建设项目。

（2）信息技术产品展区：主要展示广东省信息技术类高新技术企业发展情况，为沿线国家提供引进投资的各类信息。

（3）跨境电商物流展区：主要推介跨境电商平台，推动线上与线下互动，动员沿线国家建设虚拟展馆，在展会结束后继续展示、交流、合作，创新经贸合作模式，丰富和完善海丝网，打造“永不落幕的展会”。

海博会专业展区有以下几个。

（1）海上丝绸之路旅游文化展：主要展示海上丝绸之路沿线国家（地区）以及广东特色旅游产品、文化产品、民俗风情、旅游线路及非物质文化遗产项目等，促进广东与海上丝绸之路沿线国家（地区）的民间交流；增加航空、航线的密度，促进互联互通。

（2）国际建筑装饰材料及工程机械展：主要针对海上丝绸之路沿线国家和地区基建及建筑业发展需求，创造建筑装饰材料及工程机械采购机会，包括东南亚优质木材及木材制品等。

（3）海上丝绸之路特色食品及农产品展：主要展示沿线国家优质农产品、海产品以及广东优势产品，促进贸易合作和终端消费。

(4)国际茶文化精品展：主要参展对象是茶叶生产、贸易流通企业，展品包括茶叶、茶具及茶文化产品等。参展商重点在国内，同时邀请茶叶比较出名的海上丝绸之路沿线国家(地区)参展。

(5)国际陶瓷文化精品展：主要邀请景德镇、潮州、梅州等地区重点陶瓷企业参展。展品包括餐具、艺术陶瓷、其他陶瓷文化产品等。

(6)国际丝绸文化精品展：重点邀请潮绣、苏绣、湘绣、川绣等生产企业参展，主要展品有丝绸服装服饰、丝绸工艺品等。

(二)在广交会中增加海上丝绸之路相关内容

广州琶洲拥有千年商贸的辉煌历史、群体规模全球第一的“一大四小”5个展馆和国家重要的会展定位优势，其会展业发展如火如荼。广州于2012年提出了建设国际会展中心区的目标，计划打造以琶洲为主的“一主三副”的会展业空间格局，重点建设琶洲以广交会和国际专业展为核心的国际会展中心区，分步建设花都、番禺和增城3个区域特色鲜明、展贸结合型会展副中心。

广交会英文名为Canton fair，创办于1957年春季，每年春、秋两季在广州举办，迄今已有50余年历史，是中国目前历史最长、层次最高、规模最大、商品种类最全、到会客商最多、成交效果最好的综合性国际贸易盛会。自2007年4月第101届起，广交会由中国出口商品交易会更名为中国进出口商品交易会，由单一出口平台变为进出口双向交易平台。广交会贸易方式灵活多样，除传统的看样成交外，还举办网上交易会(VirtualExpo，Online Exhibition)。广交会以出口贸易为主，也做进口贸易，还开展多种形式的经济技术合作与交流，以及商检、保险、运输、广告、咨询等业务活动。来自世界各地的客商云集广州，互通商情，增进友谊。广交会主办单位是中华人民共和国商务部、广东省人民政府；承办单位是中国对外贸易中心。春季开展时间为每年4月15日至5月5日，秋季开展时间为每年10月15日至11月4日。

广交会是中国最负国际盛名的交易会，成立50多年来，逐渐由中国最大的实物商品交易会成长为世界最大规模的实物商品交易会之一，为广州市提升国际影响力立下了汗马功劳。随着中国国家经济总量的日趋加大，尤其是成为世界第二大经济体之后，探索中国经济增长方式的新途径，需要在实物交易基础上，增加服务商品交易的国际平台。

要在广交会中增加海上丝绸之路相关内容，邀请海上丝绸之路沿线国家和地区，与中国签订共建“一带一路”协定的国家和地区参加，海上丝绸之路传统产品要在新时代创新创造，推出传统与现代相结合的照明产品、建筑及装饰材料、卫浴设备、餐厨用具、日用陶瓷、工艺陶瓷、家居装饰品、玻璃工艺品、家具、编织及藤铁工艺品、园林产品 、铁石制品(户外)、家居用品、个人护理用具、浴室用品、钟表眼镜、玩具、礼品及赠品、节日用品、土特产品、男女装、童装、内衣、运动服及休闲服、裘革皮羽绒及制品、服装饰物及配件、家用纺织品、纺织原料面料、地毯及挂毯、食品、体育及旅游休闲用品、办公文具、鞋、箱包等。

(三)广州国际艺术博览会对接海上丝绸之路建设

广州国际艺术博览会(以下简称“艺博会”)是经国家文化部批准，由中国美术家协会、广州市人民政府主办，广州市文化广电新闻出版局承办，广州艺时代展览策划有限公司承办执行的中国三大国际艺术博览会之一。该博览会参展范围包括：各类艺术作品——国画、油画、书法、雕塑、版画、丙烯画、水彩画、新材料画、雕刻、漆画等，国粹与精品——古董古玩、红木藏品、珠宝玉器、艺术陶瓷、非遗国粹、刺绣、骨雕、漆雕、设计品牌等。

艺博会秉承创建艺术创造者与艺术受惠者之间广阔平台这一朴实理念，始终坚持“让市场支持创作、让艺术进入生活”的办展宗旨，努力营造艺术交流与艺术交易的双赢氛围，搭建艺术精品、画廊、收藏者、投资者之间稳定、快速的对接平台，既有效推动了艺术品市场的繁荣和发展，更引导着艺术品生产的潮流和方向。同时，艺博会把艺术走入生活作为一项重大使命，让艺术与生活有效互动，以卓越的市场引导和艺术普及功能，成为一张广州文化活动的王牌。从 1996 年正式举办首届艺博会至今已达 22 年。22 年间，很多画廊和艺术机构通过这个平台得到众多藏家的认识和认可，在这里，他们获得意想不到的收获，如 Classic · 简经典西画沙龙、美国 LC 艺廊 、上海外滩 22 画廊、美国西岸画廊、法国艺廊、Toulouse Gallery、UNIONART UKRAINE、台湾向日画廊、台湾名典画廊、湖南逸点空间、长沙 1961 艺术馆、引渠斋、无锡绿波艺术馆、广州梅社书画院、乔十光美术馆、文理一堂、广东樵山书院、尚品画廊、五行艺术空间等都是艺博会多年来的忠实展商伙伴，它们既通过这个平台大大地提升了在艺术行业的知名度和影响力，同时也提高了艺博会的艺术高度。

进入 21 世纪以来，中国艺术市场高速发展，不包含香港、台湾、澳门，中国大陆艺术投资收藏的队伍已超过 7000 万人之众，年成交额达到 300 亿元人民币以上。预计到 2020 年，中国艺术市场交易金额将达到 500 多亿元人民币。

艺术经济咨询公司创始人克莱尔 · 麦克 · 安德鲁博士在《TEFAF 全球艺术市场报告》中表示，中国已继美国和英国后，成为第三大艺术市场国家，其艺术市场份额占全球的8%。中国将在未来10年内超过英国，成为全球第二大艺术市场。

艺博会是一个国际性的博览会，在新时代要积极贯彻落实国家“一带一路”倡议，引入海上丝绸之路文化元素，加强与海上丝绸之路沿线国家，尤其是与中国共建“一带一路”的国家的联系，为这些国家提供艺术展示与交流平台，为涉海艺术品提供展示与交流的平台。

（四）大型旅游节庆、展会对接海上丝绸之路建设

1. 广东国际旅游文化节

广东是改革开放的前沿地，经济发展的排头兵，是当今中国第一经济大省和旅游大省，并日益成为东西方文化交流的重地和海内外游客选择的重要旅游目的地。广东举办规模盛大的国际旅游文化节，意义重大、影响广泛。广东国际旅游文化节于2005年创办，是广东省旅游文化发展的品牌，自举办以来，每届旅游文化节都吸引中外众多宾客，逐步树立并巩固了“活力广东”旅游形象和地位，成为泛珠三角共同推介旅游资源、缔造共同的旅游品牌，是广东旅游界和文化界的盛事，是旅游文化的盛典、友谊交流的盛会、人民欢乐的盛大节日。旅游文化节成为展示广东、展示南粤风采、宣传中国的重要窗口，促进了泛珠地区区域经济发展，推动了“大珠三角”“泛珠三角”区域经济合作，为中国旅游业的发展和中外旅游文化交流发挥着重要作用。

在新时代，广东国际旅游文化节要从国家“一带一路”建设大局出发，在海上丝绸之路文化旅游开发、海上丝绸之路文化旅游国内国际合作方面发挥作用。

2. 广东国际旅游产业博览会

中国（广东）国际旅游产业博览会（以下简称“广东旅博会”）由广东省旅游局主办，广东旅博会立足广东，辐射华南，面向全国，放眼世界，使供需双方的信息得到交流，为海内外旅游业界提供业务拓展及产品采购的专业平台。广东旅博会前身为广东国际旅游展览会，是广东国际旅游文化节的主要配套活动项目之一，于2005年在天河体育中心首次举办。2011年，经国家旅游局批准，正式更名为中国（广东）国际旅游产业博览会，升格为国家级的旅游展会之一；同年，广东省政府常务会议决定，每年举办一届广东旅博会，希望通过3~5年的努力，将其打造成为国际知名的旅游展会品牌。2012年，广东旅博会正式进驻中国出口商品交易会展馆举办，展览规模扩展至10万平方米，成为中国展览规模最大的旅游展会。2014年，经全国清理和规范庆典研讨会论坛活动工作领导小组批准，广东旅博会予以保留继续举办，也是广东省为数不多的由省政府继续主办的大型展会之一。经过历年打造，广东旅博会已成为国内参展规模最

大、市场成交最好、旅游产品展示最齐全的国际性旅游专业展会。每年广东旅博会期间，吸引来自世界40多个国家和地区约计2500家参展商、5000名专业买家、50多万普通观众参展参会。广东旅博会在国内外旅游业界影响力和品牌度不断增强。

广东旅博会主题展馆有以下几个。

(1)国际、港澳台馆：国际及港澳台旅游局、旅游协会、商会及旅游管理机构、旅游目的地、景点景区、主题公园、星级酒店及度假中心、旅游地产、海外知名旅行社品牌、航空公司及航空联盟、海上游轮公司、旅游传媒产业等。

(2)中华馆：国内各省(市、自治区)旅游局、旅游协会及旅游管理机构、旅游目的地、景区景点、主题公园、星级酒店、度假村、旅游地产、知名旅行社品牌、旅游策划机构、旅游设计机构、咨询机构以及旅游媒体等。

(3)旅游大卖场：国内大型旅游集团、知名旅行社、温泉度假村、滨海旅游区、漂流景点、自驾游营地、车友会俱乐部、自驾车汽车经销商、汽车租赁企业、自驾车及户外旅游装备用品、旅游金融服务产品、中华老字号美食、各地旅游商品、红酒品牌及饮料产品等。

(4)老字号及精品馆：中华老字号企业、各地市老字号企业及协会机构、国内名优产品、港澳台老字号、非物质文化遗产、国际旅游精品、互联网及电子商务企业等。

(5)酒店用品馆：厨房餐饮设备用品、酒店家具、餐桌用品、客房配套电器及大堂用品、清洁及洗衣设备、酒店装饰装修材料与设备、酒店纺织布艺、餐饮系列软件、POS终端显示系统、酒店会议娱乐监控系统、康体智能设备、同声传译系统等。

(6)旅游交通馆：航空公司、房车生产、代理商及露营基地、高铁、游轮游艇、自驾等旅游交通产品、服务及上下游产业链。

广东旅博会展出范围有观光旅游局及旅游机构，旅游企业，航空公司及游轮，酒店、度假村及会议展览场所，景区景点、主题公园及旅游地产，特色餐饮企业，旅游媒体，旅游婚庆服务，旅游电子商务及互联网企业，旅游保险及银行，旅游精品及纪念品。

广东旅博会展会同期活动有以下几个。

(1)出境及境内旅游交易配对会：国内外组团社、景区景点、星级酒店等旅游企业及专业买家出席，通过供需配对、商务洽谈及推介抽奖等形式，掌握市场动态，紧跟时代潮流，提供高效、精准的配对服务。

(2)中国(广东)国际会奖交流大会：汇集海内外会奖供应商、专业买家与行业专家，通过系列论坛，共同探讨会奖行业在新环境下遇到的问题和解决思路；同时，通过“明星企业”推介会和专业洽谈环节，为会奖行业供需双方搭建沟通交流平台，促进业务拓展和深入合作。

(3)旅游产品推介会：通过各种主题的旅游产品推介会，搭建展商与专业观众、买家的交流平台，促进行业之间的合作与发展。

(4)广东旅博会特邀买家计划：广东旅博会诚邀来自世界各地的旅游局、旅游协会、旅行社、酒店、景区景点、媒体等业界人士参加展会，为实现业务合作无缝对接。

在新时代，广东旅博会要从国家"一带一路"建设大局出发，在海上丝绸之路文化旅游开发、海上丝绸之路文化旅游国内国际合作方面发挥作用。

(五)中国(深圳)国际文化产业博览交易会对接"一带一路"

由中华人民共和国文化部、中华人民共和国商务部、国家广播电影电视总局、中华人民共和国新闻出版总署、中国国际贸易促进委员会、广东省人民政府和深圳市人民政府联合主办的中国(深圳)国际文化产业博览交易会(以下简称"文博会")作为中国唯一一个国家级、国际化、综合性文化产业博览交易会，以博览和交易为核心，全力打造中国文化产品与项目交易平台，促进和拉动中国文化产业发展，积极推动中国文化产品走向世界。

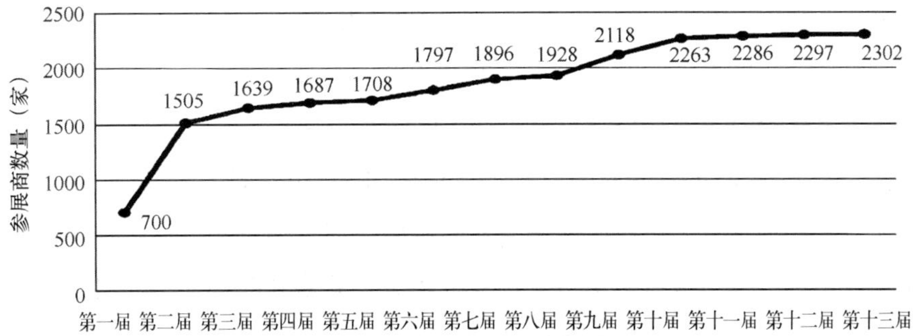

历届深圳文博会参展商[①]

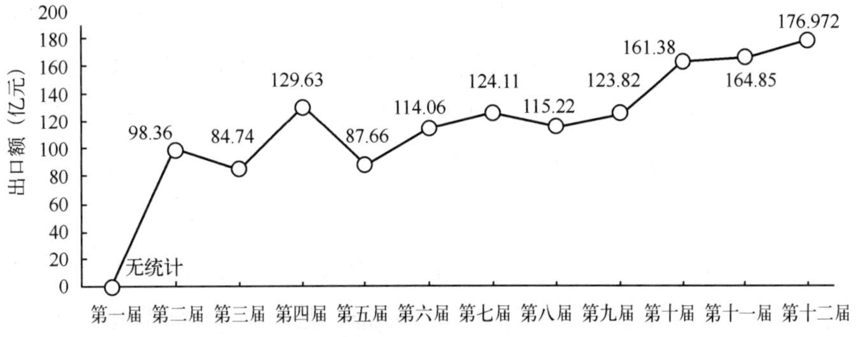

历届深圳文博会出口额[①]

① 见《中国(深圳)文博会发展历程媒体报道大全》，http://cnci.sznews.com/node_229320.htm。

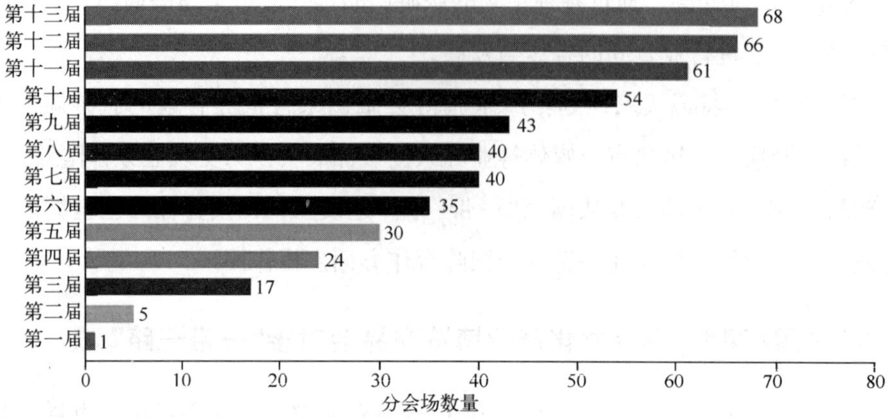

历届深圳文博会分会场数量①

第十三届文博会于2017年5月11日上午在深圳会展中心拉开大幕。第十三届文博会是“十三五”期间的第二届文博会，此届展会围绕“一带一路”“大众创业，万众创新”等国家倡议，走质量型、内涵式发展的办展路径，全面推进“政府支持、社会参与、市场运作、打造平台、以展兴业”的办展方针，以“贸易扬帆，文化远航”为主题。主要分为：1号馆——文化产业综合馆、2号馆——时尚文化馆、3号馆——影视动漫游戏馆、4号馆——“一带一路”馆、5号馆——文化创客馆、6号馆——艺术品馆、7号馆——新闻出版馆、8号馆——非物质文化遗产馆、9号馆——工艺美术馆。

“一带一路”馆展览面积7500平方米，由中华人民共和国文化部指导，深圳市文体旅游局协调承办，深圳国际文化产业博览交易会有限公司具体承办。该馆依托丝绸之路沿线丰富的文化资源，贯彻落实国家“一带一路”倡议，秉承和弘扬丝路精神，充分展示文化交流、商贸沟通的历史成果，推动中国与沿线国家的文化交流与文化贸易。展示类别有“一带一路”沿线国家地区的传统工艺美术、创意设计、非物质文化遗产、文化旅游及演艺等内容。目标客户为“一带一路”沿线国家和地区从事传统工艺美术、创意设计、非物质文化遗产、文化旅游及演艺等内容的生产、经营、销售的个人、机构和企业。

第十三届文博会成交2240.848亿元，同比增长10.28%。其中，合同成交2064.348亿元，零售及拍卖成交176.500亿元。此届文博会共有2302个政府组团、企业和机构参展，全国31个省、市、自治区及港澳台地区全部参展。海外参展单位117个，来自40个国家和地区，其中，来自“一带一路”沿线国家和地区的参展单位共35个。此届文博会共有20 016名海外采购商参加，比上届增加493人，主要来自美国、

① 见《中国(深圳)文博会发展历程媒体报道大全》，http：//cnci.sznews.com/node_ 229320.htm。

英国、法国、德国、加拿大、澳大利亚、匈牙利、以色列、立陶宛等99个国家和地区。

(六)在中国海洋经济博览会中增加海上丝绸之路的权重

作为中国最早的14个改革开放城市中之一，湛江曾经错失了良好的发展机遇。作为古代海上丝绸之路的重地，在新的历史时期，湛江应抓住机遇，谱写海上丝绸之路始发港的辉煌历史。如今，中央提出建设21世纪海上丝绸之路，对于湛江而言，具有重要意义。从2014年起，湛江便是中国海洋经济博览会(以下简称“中国海博会”)的常设举办地。

中国海博会是深入贯彻落实习近平总书记关于建设海洋强国和21世纪海上丝绸之路、促进海洋经济合作发展的重要高端平台，由国家海洋局和广东省人民政府主办，湛江市人民政府、国家海洋局宣传教育中心、广东省海洋与渔业局、广东省商务厅承办，是中国唯一保留的国家级综合性海洋博览会、大型国际性展会。

中国海博会被誉为“中国海洋第一展”，以大产业、大企业、大平台为方向，致力开辟一个充分展示中国乃至世界海洋经济发展前沿成果的窗口，搭建一个推动国内乃至国际间海洋产业交流合作的平台，打造一个影响力和知名度享誉国内外的海洋展会著名品牌。

中国海博会是目前中国唯一的国家级综合性海洋博览会，由广东省人民政府和国家海洋局共同主办。2012年12月，首届中国海博会在广州举行，促成投资和贸易项目近200个，项目投资总额和贸易成交额逾900亿元。在国家海洋局、广东省政府的高度重视下，国家海洋局宣传教育中心、广东省海洋与渔业局、广东省商务厅与湛江市政府通力协作，2014中国海博会在湛江举办，取得圆满成功。参展参会国家32个、企业机构1300多家，观众30多万人次，达成交易和合作意向210多亿元。

2017年中国海博会设两馆五区，即国家馆、产业馆和海展区、商会展区、滨海旅游区、商品展销区、互动体验区。国家馆展示中国海洋经济发展成就、发展前景、对外合作等成果，展出科考船、无人船、深潜器、可燃冰勘探开发等高精尖成果。有全球63个国家，全国21个省(直辖市、自治区)、46个沿海城市3200多家企业参展。吸引专业观众达5.8万人，普通观众36.3万人次，达成交易和合作意向投资等901多亿元。为办好2017年中国海博会，湛江市与商务部中国对外贸易中心签约，中国对外贸易中心作为广交会的承办单位，将与湛江市就提升中国海博会的专业化、市场化、国际化、品牌化水平展开全面合作，力争在广东打造又一知名的国家级国际性品牌展会和经贸平台，更好地服务于“一带一路”倡议和创新发展战略。

湛江是中国古代海上丝绸之路的始发港，中国海博会是当今世界海洋经济成果的展示平台。立足湛江、面向世界，中国海博会的国际化程度将会越来越高。

2017海博会参展参会国家达63个，包括英国、德国、法国、澳大利亚、挪威、俄罗斯、巴布亚新几内亚、新加坡、泰国、加拿大、美国、马来西亚、韩国、日本、阿拉伯联合酋长国、巴西、斯里兰卡、以色列、缅甸、越南、老挝、柬埔寨、南非等“一带一路”沿线国家和地区以及东盟、欧盟、拉美、南太平洋等地区国家。澳大利亚凯恩斯市副市长、泰国普吉府副府尹分别带领本地企业组团参展参会，英国朴茨茅斯市、挪威奥斯陆市、巴布亚新几内亚、加拿大安大略等城市纷纷组团参展。值得一提的是，此届中国海博会加大对专业观众的组织力度，进行全球招商，海外专业买家采购团30余个、国内采购团达200多家，俄罗斯专业采购团、马来西亚专业采购团、东盟泰国专业采购团、孟加拉专业采购团等“一带一路”沿线国家和地区的重点展团悉数到场。同时中国海博会筹委会精心组织国内外企业进行有效经贸配对，推动国内外涉海企业合作。期间共组织了16场大型采购对洽会，达成数十项意向采购，如孟加拉采购团意向采购船舶，俄罗斯采购团意向采购船舶用品、港口物流、海洋环保、海洋金融、海洋渔业水产及装卸类设备、海洋大数据等，印度采购团意向采购港口物流等。

2017海博会承办单位之一招商局集团，与湛江开启双方“1+N”合作模式，以进一步共同做大做强湛江港为基础，通过设立百亿“港产城”融合发展基金、建设千亿大宗商品交易中心、打造“北部湾蛇口”、共同发展海洋经济、培育建设国际邮轮母港、积极参与“一带一路”建设等，实现多个领域的合作。

随着“一带一路”倡议的深入实施，中国海洋经济发展迈入新时代。作为国内唯一的国家级综合海洋博览会，中国海博会已成长为集产品交易、学术交流、成果发布、合作洽谈、投资推介于一体，展示并推动海洋经济发展的重要平台。落幕是新的开始，可以预见，借助海洋强国战略实施的东风，乘全球海洋经济发展的浪潮，中国海博会将走得更远更好。

(七)举办海上丝绸之路国际文化艺术节

建议在海博会期间举办海上丝绸之路国际文化艺术节，邀请国内外国家参加，开展海上丝绸之路文化艺术活动，活动包括各国民族歌舞表演、海上丝绸摄影大赛和摄影作品展、海上丝绸之路绘画(油画、国画、版画)比赛和绘画作品展、海上丝绸之路创意设计大赛和创意设计作品展、海洋类微电影制作大赛等。

(八)在广东各海上丝绸之路港口城市举办各类民俗节庆活动

1. 广州：南海神庙波罗诞庙会

南海神庙又称“波罗庙”，创建于隋开皇十四年(公元594年)，至今已有1410多年的历史，为祭祀南海神祝融而建，是中国古代四大海神庙中仅存的最大最古老的，1962 年 7 月被列为省重点文物保护单位。相传唐朝时，一位波罗国使者来华，终老于广州，后被封为“达奚司空”。因其曾在南海神庙种植了波罗树，神庙在民间又被称为“波罗庙”，南海神诞也被称作“波罗诞”。南海神庙及邻近的浴日亭以“扶胥浴日”之美誉在宋、元、明、清增列为羊城八景之一。南海神庙的庙会在每年农历二月十一至二月十三举行，二月十三为正诞，是广州乃至珠江三角洲地区独具特色的民间传统节庆活动，亦是最大的民间庙会。庙会期间，南海神庙(波罗庙)方圆数十里，包括水上的、陆上的周边地区都热闹非凡，呈现出一派节日景象，那时四乡云集，路上行人如蚁，庙中人声鼎沸，紫烟缭绕，爆竹轰鸣，胜似春节。

南海神庙是中国古代祭海的场所，自隋唐以来，历代皇帝都派官员到庙中举行祭典。古庙地处珠江出海口，中外海舶出入广州，按例都要到庙中拜祭南海神祝融，祈求海神保佑，出入平安，一帆风顺。所以，古庙又是中国古代海上交通贸易的重要史迹。

2. 深圳：“辞沙”祭妈祖大典

“辞沙”祭妈祖大典是广东省深圳市南山赤湾天后宫特有的一项传统民俗文化。“辞沙”即辞别沙滩，投入茫茫大海，去开辟生产或国事的新领域。从明代开始，凡在赤湾过往的渔民或出使各国的朝廷官员都要停船靠岸，到天后庙进香，以大礼祈神保佑，以求出海平安顺利。他们将猪、牛、羊的肚子挖空，填上草，放在海边沙滩上祭拜妈祖，祭拜完毕将牲口沉入海底。后来，“辞沙”成为经赤湾出海者起航前一种固有隆重仪式的名词。这一习俗历经六百余载，中途因填海原因，将祭祀活动由沙滩移至宫庙，除不再将猪、牛、羊沉入海底以外，其他习俗一直保持至现在。活动时间一般在农历三月二十三(天后诞)和秋天举行。该活动寄托了劳动人民对美好生活的祈求。

清康熙《新安县志·艺文志·重修赤湾天妃庙记(王应华)》记载，“天妃之神，与海相终始，自宋以来，累册封号，遣有司春秋致祭，其重几与祝融、勾芒、颛顼、蓐收四海神……世俗：南北之济者，必祷于海岸，得吉，而后敢济，

清朝末年“辞沙”祭妈祖时依仗巡游

谓之‘辞沙’”。

明代《广东通志》记载，“天妃行祠，海滨地皆有，而东莞则有二：一在县西百余里赤湾南山下。”赤湾面向南海，扼守出入广州之门户，是沟通东南亚和南海的重要港口。明永乐年间，郑和出使西洋，屡得妈祖庇护，完成了世界航海史上的壮举。清乾隆年间的《敕封天后志》记载，“明永乐元年，差太监郑和等往暹罗，至广州大星洋遭风，舟将覆，和祝曰：归朝复命奏上，奉旨遣官整理祠庙”。永乐七年(1409年)，使节张源奉旨前来赤湾整理祠庙。《康熙新安县志校注》记载：“永乐初，中贵张公源使暹罗国，先祀天妃得吉兆，然后辞沙。天妃旧有庙，公复建庙宇于旧庙东南，岁久岿然尚存。”①正因明皇帝敕建重修的缘故，故此使节出使前均在此举行“辞沙”祭典。明代《广东通志》记载：“凡使外国者，具太牢祭于海岸沙上，故谓辞沙。”清康熙《新安县志·艺文志·新建赤湾天妃庙后殿记(黄谏)》叙述“辞沙”礼节中记载：“具太牢祭于海岸沙上，太牢去肉留皮，以草实之，祭毕，沉于海。”太牢，是古代帝王祭祀神明的最高规格等级。《礼制·王制》云：“天子社稷皆用太牢。”太牢在赤湾天后宫的使用，证明赤湾天后宫、南山区乃至深圳在中国海上丝绸之路的重要性。

3. 樟林：二月“营花灯”和“游火帝”

每年农历二月十四，汕头市澄海区东里镇樟林“六社八街”片区都会举行隆重又独特的“游火帝”民俗活动。这天，共有标旗锣鼓队、英歌舞队和舞龙队等多支民间文艺队伍会参加活动，吸引成千上万群众驻足观看，热闹场面蔚为壮观。

“游火帝”民俗在潮汕地区为澄海樟林所独有，流传至今已有200多年历史。火帝即火神，一般指祝融，是南岳衡山的主神。通过樟林“游火帝”时的社戏活动可看出，清末的潮汕，农业和手工业的繁荣带动了文艺活动的发展和社戏之盛。

清光绪年间民间流传至今的《樟林游火帝歌》详尽记叙了这一盛会的原始面貌，也是记录当时社会生活面貌的生动文本。在二月“游火帝”“营花灯”时，在各宗姓祠堂埕参加社戏演出的戏班，竟达20班之多！这些戏班，名字多吉祥字眼，如荣、兴、顺、春、宝、玉之类，不仅有唱潮州方言的潮州戏，也有白字戏(今天的海陆丰还有白字戏剧团)、西秦戏、外江戏(今称“汉剧”)。每个剧种的不同戏班之间，由“四棚”相斗到“十棚”相斗，用今天的话来说就是优胜劣汰，观众就是“评委”，取舍之间，自然见高低，有助于提高戏班的演出质量。

二月火神爷出巡，是樟林的大节日，各种文娱活动都有(可参阅《樟林游火帝歌》)，最有名是夜间的花灯。除此之外，花灯类还有一种叫灯橱，就是《樟林游火帝

---

① 《宝安文史丛书》编纂委员会：《康熙新安县志校注》，北京：中国大百科全书出版社，2006年。

歌》中所说“街吊灯橱共灯牌”，此习俗起码在清代光绪年间就有了。可以说，没有游火帝爷，就没有灯橱。其制作时，横约2米，高50厘米，宽40厘米，木架中空，设有灯座照明，外四面糊画纸，悬挂于街心上方，供人仰望欣赏。灯橱画内容颇芜杂，各商家任凭所好，有民间故事，如廿四孝图、阎王惩恶、剑侠神仙、妖魔鬼怪等，也有本地的风流韵事，以及荒诞不经颇涉低级趣味者。多以诗配画，争奇制胜，吸引观众驻足。

4. 茂名：博贺开渔节

茂名(博贺)港是广东省三大渔港之一，盛产龙虾、对虾、海参、鲈鱼、膏蟹等，全市水产品产量居全省第一。渔民素有“三月三，踏沙滩”“祭海”等习俗，其中“祭海”是渔民出海捕鱼时求平安丰收的一种仪式。从1999年至今，国家实行“休渔期”，“休渔期”结束称为“开渔”。茂名滨海新区博贺渔业协会将原来民间的“祭海”活动组织成节庆活动，称之为“开渔节”。如今博贺开渔节上升为国家级盛会，名为“南海(茂名博贺)开渔节”，举行开渔祭祀活动。2017年的节庆名为“南海(茂名博贺)开渔节暨第五届岭南民俗文化节”，包含第五届岭南民俗文化节开幕式、南海(茂名博贺)开渔节仪式、开渔节祭祀活动、南海(茂名博贺)开渔节高峰论坛、岭南传统民俗大舞台、茂名旅游手信展示、沙滩民歌会、广州国家青苗画家“海上丝绸之路”茂名写生创作等活动，由国家海洋局宣传教育中心、中国民间艺术家协会，中共广东省委宣传部、广东省文联，中共茂名市委、茂名市人民政府联合主办。由中共茂名市委宣传部、广东省民间文艺家协会、广东茂名滨海新区管委会、茂名市海洋与渔业局、茂名市文联、中国恒天集团共同承办。

此外，茂名还有冼太夫人诞祭典。

5. 阳江：风筝节

阳江风筝是广东地区传统手工艺品之一，已有1400余年的历史，阳江背山面海，旷野辽阔，到处都是天然的放飞场。每逢九九重阳，秋高气爽，正是纸鸢放飞的最佳时节，放风筝便成了民间最兴盛的赛事。阳江是南国风筝之乡，为南派风筝的代表之一。

阳江风筝有1400多年的历史。早在宋代，阳江已有重阳放风筝的习俗。据说那时有一位州官叫王亘，他在北山一块“仙掌石”上凿了一个“流杯池”，每到重阳佳节，就邀请各界名流，集于石上，一面“曲水流觞”，一面放风筝观赏，周围百姓也在山间支起帐篷观看。《阳江县志》记载：“重九日，结伴携酒选胜登高，士人赋诗，儿童放纸鸢较高下。”到了清代，场面更为壮观。清人林葆莹诗云：“浮屠七级北山坳，纸鹞参差万影交。”可见当时之盛况。

为深入贯彻国家“一带一路”倡议，进一步继承弘扬具有阳江特色和广泛群众基础的阳江风筝文化，在2017年“一带一路”国际风筝邀请赛前举行“一带一路”500米巨龙风筝少儿绘画比赛，以创新的形式将“一带一路”精神和阳江风筝文化结合，并在风筝赛当天与参赛选手共同放飞“一带一路”500米巨龙风筝。

2017年10月28日，由阳江市人民政府主办，阳江市文化广电新闻出版局承办，广东省风筝协会、阳江市文化馆、阳江市风筝协会共同执行的“中国体育彩票杯”2017年阳江国际风筝表演赛在阳江南国风筝竞赛场成功举行。该活动邀请了国内外共16支队伍齐聚阳江，放飞竞舞，切磋技艺，数万名市民共享“风筝盛宴”。27日，来自美国、德国、泰国等12个国家的特色风筝队伍在海陵岛为阳江风筝节的到来进行预热表演，由海南冲浪风筝代表队进行帆板风筝表演，展示风筝冲浪等水上特技，宣传推广风筝文化。

阳江山歌很有名，也很有特色。从1987年起，每年在阳江市区的北山公园、市人民礼堂和体育场都有山歌节和斗歌活动，是一项富有浓郁地方文化色彩的活动。阳江沿海各海湾渔港如沙扒等都有活跃的咸水歌演唱活动。

6. 潮州和汕头：“营老爷”和英歌舞

“营老爷”是广东潮汕地区的一种传统民俗祭祀活动。“营神”的“营”，是潮汕方言词，在这个短语里，它保留着回绕(见《汉书颜注》)和畛域(见《文选薛注》)的古义。上神的祭祀被称作“营大老爷”，是因为在祭祀过程，必有土神巡土安境的仪式。“老爷”在潮汕地区是指一个镇或村的守护神，潮汕各地的大老爷名目众多，其中，有进入朝廷规定把典的神明，如城隍、关爷、妈祖等；有佛道诸神，如南极大帝、玄天上帝、吕祖等；更多的是民间创设奉祀的杂神，如三山国王、安济圣王、双忠圣王、雨仙爷、水仙爷、龙尾爷、珍珠娘、福德老爷、玉封大帝、华光大帝、木坑圣王、仙师公等。一般是在每年的农历正月，在一个镇内每日一村，各村轮流“闹热”(相当于北方的庙会)并且“营老爷”。

“营老爷”是一个民俗祭祀活动，在白天或晚上进行，村里的青壮年会抬着八抬大轿，抬着“老爷”走遍村里的大路和小巷，游行队伍庞大，队伍由标手(扛标旗)、牌手(举牌)、轿夫、乐手组成。“营老爷”用于祈求风调雨顺，全村平安。“营老爷”时，村民可以用手摸一下“老爷”，相传可以带来好运气并且保一年平安。

英歌舞是一种民间集体舞蹈。舞蹈取材于梁山好汉闹元宵攻打大名府营救卢俊义的情节。英歌舞的人物，按梁山好汉相貌画脸谱并穿相应服装，如关胜花脸红须、李逵花脸黑短须、武松小生装扮、鲁智深花脸短须和尚装束等。舞蹈演员各手握一对彩色木棒，舞蹈时在手中翻转，边打边起“花”。舞蹈动作以南派武功为基础，刚健有力。伴奏的鼓乐以潮州大锣鼓等为主，舞蹈者还配合鼓乐不时发出整齐的吆喝声，显得气势恢宏，严肃而又庄严。由于讲究对称性，除了上面讲述的男英歌的表演阵势，还有女英歌。女英歌讲究的是刚中带柔，木棒的敲击响亮有力，身姿的旋转又不失女性妩媚。

7. 湛江：元宵大巡游和民俗歌舞

湛江位于中国大陆的最南端雷州半岛上。在农历正月十五元宵节这一天，湛江地区热闹非凡，张灯结彩来庆贺，进行游神活动。有舞狮队、彩旗队、锣鼓队、舞龙、傩舞等。傩舞表演意在祛除凶灾恶毒，祈求新的一年风调雨顺、五谷丰登、身体健康和国泰民安。在傩舞表演中穿插有“穿令箭”和“滚刺床”等传统民俗，把傩舞文化表演推向高潮。令箭用金属特制，有铜、铁、银、不锈钢等各种材质，结构实心，上粗下细，尾部呈针状，长短不一，一般 1 米左右。表演者用令箭由一边脸颊穿进口腔，再从另一边脸颊穿出，用手扶着外露部分，让人们抬着游行，行程有的数千米，时间长达两三个小时，自始至终神态自然。令箭拔出时，表演者的脸颊看不见洞口以及流血的痕迹，令人惊叹。也有穿耳、穿舌，更有甚者竟然会刺穿喉咙部位等。

湛江海上丝绸之路古港通明港宣封庙前有龙门阵民俗文化活动。2018 年 2 月，由 260 多名群众组成的“龙门阵”气势恢宏，引人注目。由起式仪典、龙首出阵、龙游八方、龙章恩荣、龙将显威、龙兵耀武、龙狮谢恩、八方贺岁、喜庆升平等仪式组成的“龙门阵”，十分精彩而独具特色。通明村“龙门阵”是麻章区太平镇通明村民庆元宵佳节而形成的一种独具特色的民俗活动仪式，集民俗性、艺术性与娱乐性于一体，传承发展着历史文化，具有重要的民俗研究价值。清康熙《遂溪县志・卷一・民俗志》记载：“上元张灯结彩，舞象遊戏，作火树放花炮烟火，打秋千猜灯谜，士庶嬉游达旦，谓‘庆元宵’。”通明村原为明清时期白鸽寨水师营寨之地，建有关帝天妃庙。据传清康熙年间天妃保驾护航，佑助官军收灭海匪，颁旨宣封。清道光《遂溪县志・卷四・庙坛》记载：“关帝、天后庙，在通明社。国朝康熙间显圣，佑助官军收灭海匪，大臣请加封赐银存营，每年陆两肆钱以为春秋祭费。届期命官行礼，永为常例。”康熙年间改关帝天妃庙名为“宣封庙”，官民舞龙门阵民俗仪式以庆贺。此后，龙门阵成为当地年例。龙门阵集民俗性、艺术性与娱乐性于一体，传承发展着民俗文化，具有重要的民俗研究价值，是一份珍贵的非物质文化遗产。

第十二章　广东海上丝绸之路创意文化产业

一、创意文化产业是朝阳产业

1998年出台的《英国创意产业路径文件》明确提出“创意产业”（Creative Industries）的概念，要求政府为支持创意文化产业而在从业人员的技能培训、企业财政扶持、知识产权保护、文化产品出口等方面做出积极努力。2001年，英国创意产业特别工作组将创意产业定义为：“源自个体创造力、技能和才华的活动，通过知识产权的生成和取用发挥创造财富和就业机会的潜力。”①更明确地说，创意文化产业就是“文化+智力（创意）+科技”，是由这三者深度结合形成的产业集群，一般包括广告、建筑、艺术和古董市场、手工艺设计、时尚设计、电影、音乐、电视和广播、表演艺术、出版等部门。有关专家根据中国的实际情况将其分为八类：工业设计类、影视艺术类、软件服务类、流行时尚类、建筑装饰类、展演出版类、广告企划类、运动休闲类。②

文化创意产业（Cultural and Creative Industries），兴起于1998年，是一种在经济全球化背景下产生的以创造力为核心的新兴产业，强调一种主体文化或文化因素，依靠个人（团队）通过技术、创意和产业化的方式开发、营销知识产权的行业。文化创意产业主要包括广播影视、动漫、音像、传媒、视觉艺术、表演艺术、工艺与设计、雕塑、环境艺术、广告装潢、服装设计、软件和计算机服务等方面的创意群体。

文化产业是指将全部人类文化作为一种基本资源，通过对其进行收集、梳理，创作或生产出人们所需要的产品或服务，从中获得商业利润的经济行业，同时也满足人们精神情感、兴趣爱好等方面的需求。由于文化创意产业具有宽泛性、兼容性，其领域正在不断拓展延伸，目前已有全面渗透、覆盖的格局，即其创意元素不仅作用于文化产业，还渗透到传统工业、农业、服务业等更为广泛的领域，还将催生出更多全新

① ［澳］斯图亚特·坎宁安：《从文化产业到创意产业：理论、产业和政策的涵义》，见《世界文化产业发展前沿报告》，北京：社会科学文献出版社，2004年。

② 张京成：《中国创意产业发展报告》，北京：中国经济出版社，2006年。

的产业。创意活动及其文化产业较为发达的英国的经济学家约翰·霍金斯把其表述为："那些从个人的创造力、技能和天赋中获取发展动力的企业，以及那些通过对知识产权的开发可创造潜在财富和就业机会的活动。"霍金斯在《创意经济》一书中，把创意产业界定为其产品都在知识产权法的保护范围内的经济部门。知识产权有四大类：专利、版权、商标和设计。每一类都有自己的法律实体和管理机构，每一类都产生于保护不同种类创造性产品的愿望。霍金斯认为，知识产权法的每一形式都有庞大的工业与之相应，加在一起"就组成了创造性产业和创造性经济"。

创意文化产业作为一种新兴的文化产业，越来越占据新兴文化产业的主导地位。文化创意产业在国际国内发挥着举足轻重的作用。在国内，"十一五"时期，《国家"十一五"时期文化发展规划纲要》明确提出了国家发展文化创意产业的主要任务，全国各大城市也都推出相关政策支持和推动文化创意产业的发展。在中国"十二五"发展规划中，调整经济结构，转变经济发展模式是深化经济改革的重要内容，也是促进中国经济社会迈向科学发展轨道的重要举措，而作为第三产业重要组成部分的文化产业已被列为国家未来重点发展的方向，其发展的核心动力创意文化产业，目前已成为理论界关注和研究的焦点。中国《"十三五"国家战略性新兴产业发展规划》强调以数字技术和先进理念推动文化创意与创新设计等产业加快发展，促进文化科技深度融合、相关产业相互渗透。丰富数字文化创意内容和形式。通过全民创意、创作联动等新方式，挖掘优秀文化资源，激发文化创意，适应互联网传播特点，创作优质、多样、个性化的数字创意内容产品。促进优秀文化资源创造性转化。鼓励对艺术品、文物、非物质文化遗产等文化资源进行数字化转化和开发。依托地方特色文化，创造具有鲜明区域特点和民族特色的数字创意内容产品。加强现代设计与传统工艺对接，促进融合创新。提高图书馆、美术馆、文化馆、体验馆数字化、智能化水平，加强智慧博物馆和智慧文化遗产地建设，创新交互体验应用。鼓励创作当代数字创意内容精品。强化高新技术支撑文化产品创作的力度，提高数字创意内容产品原创水平，加快出版发行、影视制作、演艺娱乐、艺术品、文化会展等行业数字化进程，提高动漫游戏、数字音乐、网络文学、网络视频、在线演出等文化品位和市场价值。鼓励多业态联动的创意开发模式，提高不同内容形式之间的融合程度和转换效率，努力形成具有世界影响力的数字创意品牌，支持中华文化"走出去"。

在国际舞台上，文化创意产业成为西方发达国家和新兴工业化国家提升国家软实力的重要武器。美国在日本东京、法国巴黎、中国香港等地区建有迪士尼儿童主题公园，更有好莱坞电影占有全球150多个国家和地区的市场。享有"时尚之都和霓裳之都"的意大利，设计的多款汽车风靡全球，皮具、纺织、丝绸、服装、家具和石材等工艺品因精致而闻名世界，这些意大利设计也正体现了意大利人利用“文艺复兴”以来的厚重文化传统，利用创意和科技释放出的国家软实力的体现。以“文化立国”的韩国政府设立了专门的文化产业局，并下设文化振兴院，如游戏产业振兴中心、IT业振兴院、文化产业振兴院等，推动韩国文化创意产业的发展，并在全球范围内掀起了一股以网络游戏产业、软件业、电影电视业、汽车设计业为主的“韩流”，提升了韩国的国家文化软实力，从而促进了韩国经济的突飞猛进的发展。可见，文化创意产业不仅决定着一个国家和地区的文化软实力，而且会成为新一轮经济竞争的核心。

广东海上丝绸之路的发展，最重要的是重视文化创意产业的发展。发展文化创意产业是优化广东产业结构，实现区域经济全面、协调、可持续发展的迫切需要。发展文化创意产业是提升产品、企业、产业乃至地区经济内在价值和综合竞争力的重要手段，是优化广东产业结构、加快产业转型的重要途径。

二、广东创意文化产业实力雄厚

广东省是创意文化产业大省，广州、深圳、珠海、佛山的创意产业是走在前列的。

商务部发布的《我国文化产品及服务进出口状况年度报告(2009)》显示，2008年，中国核心文化产品进出口总额158.4亿美元，同比增长22.6%，广东省进出口快速增长，出口稳居全国第一。当然，广东省文化创意产业的发展需要更有利的条件支持。

一个城市的创意文化产业要发展得好，必须具备以下条件：①具有比较深厚的文化积淀。一个缺乏文化支撑的城市，是无法为创意文化产业提供实质支持的。②新技术特别是数字技术得到了普及应用。③集聚大量的文化生产企业以及从业者。④知识产权保护、金融、保险、通信、技术服务、教育等现代服务业要比较发达。⑤经济发展水平较高，文化消费水平也较高。

从这几个方面看，广东省的创意文化确实具备以上几个条件。

广东省具有先进的思想观念，特别是改革开放的实践之后，广东省创造了多个“第一”。创建“经济特区”“三来一补”“筑巢引凤”“两头在外”“外引内联”“借船出海”“以路养路”等，在文化道路上不断探索，开创全国先河：广州友谊剧院开设全国第一家“音乐茶座”；名噪一时的太平洋音像制品公司最先将港台歌手和音乐引入大陆；图书出版业在全国第一个实行“事业单位，企业管理”，报纸在全国率先进行“面向市场自收自支”的改革；文艺院团在全国率先实行聘任制，率先放开文化娱乐市场，率先进行文化产业股份制改革等。这说明，广东省在发展创意文化产业方面具有思想观念的优势。

广东省拥有经济优势。世界发达国家的发展经验证明，当人均国内生产总值在1000~5000美元时，拉动城市经济增长的主要动力是制造、加工、传统服务业，当人均国内生产总值在5000~10 000美元时，拉动城市经济增长的主要动力是科技创新、创意产业、高技术产业和服务产业。广东省的经济增长为文化创意产业夯实了基础，也提供了向科技创新、高技术产业和服务产业转换的主要动力。

1. 政策支持动漫等文化创意产业

2010年7月发布的《广东省建设文化强省规划纲要(2011—2020年)》强调“实施重大项目带动战略”。加快建设广东省有线广电“一张网”工程，完成双向数字化改造项目；建设广东数字媒体资源库项目和全省高清电视发展项目；建设广东数字出版基地；建设广东省数字电影院线项目；建设广州、深圳、佛山工业创意设计基地；建设广州、深圳动漫网游基地，中山、番禺游戏游艺产业集群和珠海金山软件文化创意(网游)研发中心。

2. 广东省海洋文化资源丰富

广东省可以利用丰富的历史文化资源，特别是海上丝绸之路经过的城市、海港，地理优势优越，人口众多，可利用的人文资源较多，发展创意文化产业占据广泛的资源优势和人文优势，势必带动交通运输业、餐饮服务业、文化演出业、影视娱乐业等一大批产业的发展，这些可为创意文化产业成为支柱产业提供坚实的基础。广东占据良好的地缘优势，依托珠江两岸良好的创意产业发展基础，创新广府文化、潮汕文化、客家文化，重点发展数字内容、工业设计、文化传媒、动漫制作、创意产品研发、咨询策划、设计创意等高端行业，努力做好一大批文化创意产业园区、企业和品牌，培育出一批竞争力强的文化创意产业集群。

3. 广东省科学技术研究与创新实力俱佳

广东省拥有众多的全国比较领先的科学技术研究基地，研究与开发(R&D)实力具备，阵容强大。广东也是科技产出较多的省份之一。数字技术与网络技术在全国名列前茅，高科技文化园区星罗棋布。创意产业园遍及广东各市。以广州、深圳为中心向珠三角地区辐射，分别在广州、深圳、东莞、佛山、中山、揭阳、肇庆、云浮等地建立了一批文化创意产业园区。其中，广州天河软件园、广州创意产业园、广州动漫星城、黄花岗信息园、天河国家网游动漫产业基地、荔湾广州设计港、海珠联星168和荔湾海角红楼等设计产业园区已初具规模；深圳全市已建、在建、规划待建的文化产业园区和基地有五十多个；佛山创意产业园已吸引了包括数字内容、工业设计、文化传媒、动漫制作、创意产品研发、咨询策划、设计创意等在内的企业集聚。

研究与开发是文化创意产业、动漫产业发展的关键。广东文化创意、动漫研发实力具备、阵容强大。广东是动漫业大省，珠三角地区是中国动漫重地，深圳市、广州市是中国动漫业大市，珠海、佛山都是有动漫研发实力的城市。

深圳动漫基地与国家动漫画产业基地

2010 年，中国动漫产业总产值 470. 84 亿元，广东为 168. 67 亿元，占全国总产值的 35. 8%；2011 年，中国动漫产业总产值 621. 72 亿元，广东 223. 80 亿元，占全国总产值的 36%。2012 年，中国动漫产业总产值达到 759. 94 亿元。

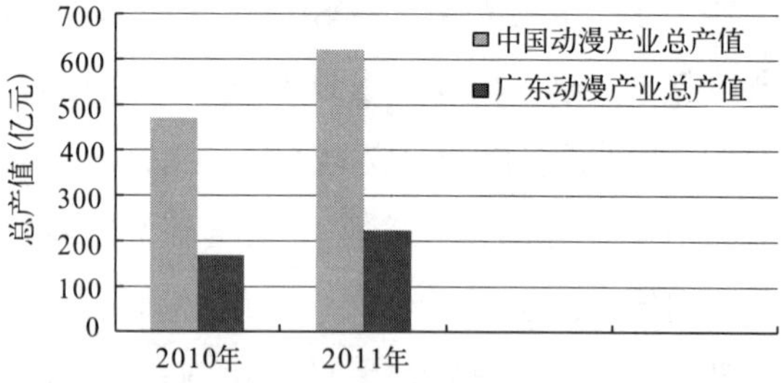

2010—2011 年中国和广东动漫产业总产值

全国原创电视动画片生产十大城市，2010 年依次为杭州、无锡、沈阳、深圳、广州、苏州、宁波、北京、郑州、合肥，2011 年依次为杭州、深圳、无锡、沈阳、广州、苏州、宁波、北京、福州、大连，2012 年依次为苏州、广州、东莞、福州、杭州、合肥、无锡、深圳、宁波、北京。

深圳、广州在全国原创电视动画片生产十大城市中的排名

年份	深圳	广州
2010	4	5
2011	2	5
2012	8	2

全国各省国产电视动画片生产情况前10名，2010年依次为江苏、浙江、广东、辽宁、中央电视台及所属机构、北京、福建、河南、安徽、重庆，2011年依次为浙江、江苏、广东、辽宁、福建、北京、中央电视台及所属机构、安徽、河南、黑龙江，2012年依次为广东、江苏、浙江、福建、安徽、北京、河南、辽宁、内蒙古、天津。

广东省在全国各省国产电视动画片生产情况排名

年份	排名	部数	分钟数
2010	3	54	30 660
2011	3	55	42 164
2012	1	57	48 572

全国原创电视动画片生产企业前10位，2010年依次为无锡亿唐动画设计有限公司、深圳华强数字动漫有限公司、杭州漫齐妙动漫制作有限公司、沈阳非凡创意动画制作有限公司、央视动画有限公司、浙江中南卡通股份有限公司、沈阳哈派动漫有限公司、宁波水木动画设计有限公司、杭州时空影视文化传播有限公司、杭州宏梦卡通发展有限公司，2011年依次为深圳华强数字动漫有限公司、无锡亿唐动画设计有限公司、平潭水木动画有限公司、杭州漫奇妙动漫制作有限公司、宁波水木动画设计有限公司、浙江中南集团卡通影视有限公司、央视动画有限公司、大连卡秀数字科技有限公司、沈阳易品动漫有限公司、福州翰格文化传播有限公司，2012年依次为东莞水木动画衍生品发展有限公司、福建神画时代数码动画有限公司、深圳华强数字动漫有限公司、宁波水木动画设计有限公司、无锡亿唐动画设计有限公司、浙江中南集团卡通影视有限公司、苏州卡酷影视动画科技有限公司、安徽同人文化传播有限公司、广州奥飞文化传播有限公司、大连卡秀数字科技有限公司。

深圳华强数字动漫有限公司在全国原创电视动画片生产企业排名

年份	排名	部数	分钟数
2010	2	17	12 818
2011	1	15	18 512
2012	3	10	7 534

深圳市动画制作中心、广州南方动画节目联合制作中心在国家动画产业基地国产电视动画片生产情况排名

单位	年份	排名	部数	分钟数
深圳市动画制作中心	2010	4	29	16 393
	2011	2	24	23 683
	2012	4	18	11 957
广州南方动画节目联合制作中心	2010	5	24	13 794
	2011	5	30	18 449
	2012	1	29	20 471

4. 广东省人才资源丰富

广东省人才资源丰富，拥有优秀的人才队伍和高水准的研究人员。目前，广东省内各高校初步开始建立创意文化产业研究和人才培养基地。

5. 广东省文化出版单位众多

广东省集中较多的出版社和报刊社以及众多的影视机构、艺术表演团体和营业性演出经纪机构，其数量和规模在全国排名靠前。同时，舞台演出汇聚国内外优秀剧目、出版物品种、电视剧出品集数、电影产量和会展数量均占据全国领先地位，并且初步形成文艺演出、新闻出版、广播影视、文化会展、古玩艺术品等优秀行业。

(1)实力强大的广东南方广播影视传媒集团

南方广播影视传媒集团于 2004 年 1 月 18 日正式挂牌成立，是全国第一个“由省、市、县广播电视系统企事业单位联合组成”的全省性事业集团。南方传媒集团由广东人民广播电台、广东电视台、南方电视台、广东省广播电视技术中心、广东有线广播电视网络股份有限公司和全省 19 个地级市和 76 个县级广播电视台组成；电视信号覆盖亚洲、大洋洲、非洲及东欧等 53 个国家和地区，覆盖人口达 20 亿以上。上市公司“广东南方国际传媒控股有限公司”包括七大产业板块：有线电视网络业务、媒体广告运营、数字电视业务、新媒体业务、节目制作营销业务、电视剧制作和发行业务、音像报刊出版发行业务。

2009 年 6 月 16 日，由世界品牌实验室(World Brand Lab)发布的 2009 年(第六届)《中国 500 最具价值品牌排行榜》在北京隆重揭晓。在这份基于财务分析、消费者行为分析和品牌强度分析而获得的中国品牌国家队阵容中，南方广播影视传媒集团以 55.59 亿元的品牌价值荣登，在全国广电行业排名第 5。

广东卫视 2012 年 6 月 30 日以《南方传媒集团入选中国五百最具价值品牌》为题播

报，南方传媒集团被世界品牌实验室及其独立的评测委员会评为2012年中国500最具价值品牌，排142位，在传媒类排11位，品牌价值评估为101.58亿元人民币。凤凰卫视在视频报道时播报了评测单位提供的品牌证书。

(2)《广东沿海行》大型全景式系列报道

2013年6月8日世界海洋日当天，《广东沿海行》大型全景式系列报道在潮州市饶平县亚太港正式开始。《广东沿海行》是南方影视传媒集团、广东电视台联合广东省海洋与渔业局、广东海事局、广东省旅游局组织策划，广东电台和广东沿海地区14个地市台参与的大型报道活动，旨在唤醒人们的海洋意识、主权意识。

《广东沿海行》从国家战略、海洋发展、地缘特点出发，着眼于经济建设、文化建设、社会建设、生态文明建设，系统、全景式地介绍广东沿海地区各方面的建设成就，共谋未来发展之路。报道从2013年6月8日起，历时半年，从广东省最东端的潮州市饶平县大埕湾出发到最西端位于北部湾的湛江市英罗港，沿着4000多千米海岸线，跨越14个城市，涵盖1431个岛屿，探访渔村港口、街头巷尾，踏寻海外游子的足迹，见证新兴都市的发展。

(3)南方报业传媒集团

南方报业传媒集团由《南方日报》及其创办的系列报刊发展而来。《南方日报》1949年10月23日创刊于广州。在半个多世纪的发展历程中，《南方日报》以其不可替代的权威性、公信力和高品质的主流新闻和深度报道，确立华南地区主流政经媒体地位，是广东唯一主打高端读者群的权威政经大报。南方报业传媒集团的前身为南方日报报业集团，于1998年5月18日正式挂牌运作。2005年7月18日，南方日报报业集团更名为南方报业传媒集团。

南方报业传媒集团传媒阵容

工具	阵容
报纸	《南方日报》《南方都市报》《南方周末》《21世纪经济报道》《南方农村报》《云南信息报》《西江日报》《风尚周报》《理财周报》《南都周刊》《南方法治报》《新京报(合办)》
杂志	《南方》《城市画报》《南方人物周刊》《21世纪商业评论》《magazine · 名牌》《商务旅行》《南方第一消费》《中国财富》《农财宝典》
网站	南方新闻网、南方报业网、奥一网、凯迪网、大粤网、今日广东
出版社	南方日报出版社

世界品牌实验室2013年6月26日在北京发布了2013第十届《中国500最具价值品牌》排行榜。南方报业传媒集团旗下《南方日报》《南方都市报》《南方周末》《21世纪经济报道》4份报纸分别以127.15亿元、126.58亿元、96.67亿元、58.86亿元跻身其中，

品牌总价值达409.26亿元，较去年的317.61亿元增加了近百亿，蝉联全国平面媒体集团之首。

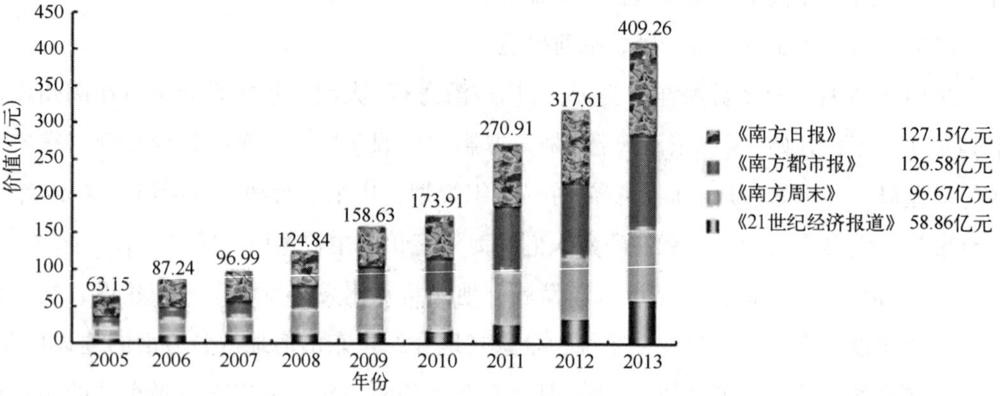

南方报业品牌价值

《中国500最具价值品牌》的历史数据显示，自2004年至2012年，《南方日报》的品牌价值分别为20亿元、27 .8亿元、39 .68亿元、43. 32亿元、48. 96亿元、55. 7亿元、60. 45亿元、86. 09亿元和100. 18亿元。

(4)广东省出版集团和南方出版传媒股份有限公司

广东省出版集团有限公司成立于1999年12月，是全国第一家被新闻出版署确定为全国出版改革试点单位的出版集团。2003年，集团被确定为全国第一批文化体制改革试点单位和广东文化产业中重点扶持的龙头企业。集团以图书、报刊、音像制品、电子出版物、网络读物、框架媒体和其他媒介产品的编辑、出版、代理、批发及零售、书报刊印刷、包装装潢印刷、印刷物资销售、出版物进出口、版权贸易为主要业务，现有子公司22家、分公司1家。

2010年，广东省出版集团出版图书4763种、音像电子出版物506种。有6种图书获得第三届中华优秀出版物奖，3种图书、1名编辑获得第二届中国政府出版奖；集团全年实现营业收入41亿元，年末总资产为78. 6亿元，净资产为37. 6亿元。

《南方日报》2010年5月26日以《打造最具成长性的出版传媒企业》报道，由广东省出版集团联合南方报业传媒集团发起的股份制公司南方出版传媒股份有限公司正式挂牌。2010年，南方出版传媒股份有限公司启动“广东大博览”智能化数据库建设，开发一个涵盖广东历史、文化、经济、科技、教育、文学艺术等方面出版资源、功能齐全的专业化、智能化数据库。

南方出版传媒股份有限公司的注册资本为6. 5亿元，净资产9. 59亿元，总资产22亿元。广东省出版集团和南方报业传媒集团持股比例分别为99%和1%。南方出版传媒股份有限公司建设数字、物流、印务三大产业基地，构建图书、报刊、数字、发行、印务、投资六大业务平台。

(5)广东版海洋类图书

广东人民出版社出版的“岭南文化知识书系”，含《广东古代海港》《龙舟歌》《镇海楼》《十三行》《龙母祖庙和龙母传说》《潮汕先民探源》《明代大儒陈白沙》《张九龄》《巾帼英雄冼夫人》《孙中山》《粤剧大师马师曾》《黄埔军校》《石湾公仔》《海幢寺》、《光孝寺》《六榕寺》《潮汕建筑石雕艺术》《雷州石狗》《潮汕三山国王崇拜》等。

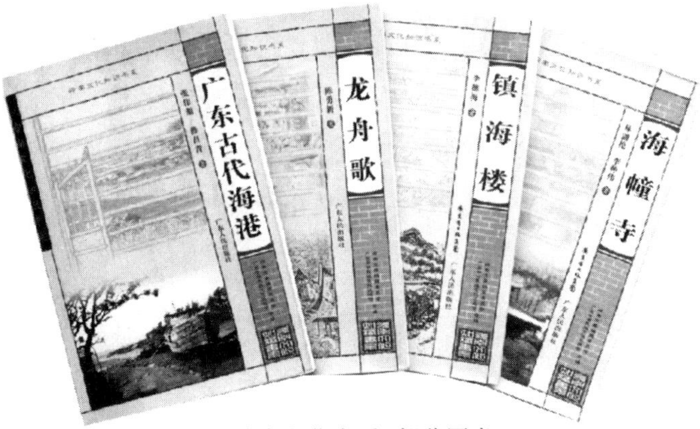

“岭南文化书系”部分图书

广东省出版集团、广东经济出版社的“中国南海海洋经济丛书”主要书目多达30种，包括《中国南海地貌沉积研究》《中国南海海洋渔业》《中国南海城市东莞的崛起》《中国南海中心城市广州的崛起》《中国南海海岸生物研究》《中国南海海草研究》《中国南海珠江口污染防治与生态保护》《中国南海海洋国土》等。

黄伟宗总主编的《海上丝绸之路研究书系》第一辑“开拓篇”包括4册书：《海上丝绸之路的研究开发》(周義主编)，《海上丝绸之路与海洋文化纵横论》(黄伟宗著)，《广东海上丝绸之路史》(黄启臣主编)，《中国古代海上丝绸之路诗选》(陈永正编注)。

《海上丝绸之路研究书系》第一辑“开拓篇”

黄伟宗总主编的《海上丝绸之

路研究书系》第二辑“星座篇”包括 10 册书：《徐闻古港——海上丝绸之路第一港》（刘正刚著），《南海港群——广东海上丝绸之路古港》（王潞、周鑫著），《海陆古道——海陆丝绸之路对接通道》（王元林著），《海上敦煌——南海 1 号及其他海上文物》（崔勇、张永强、肖顺达著），《沧海航灯——岭南宗教信仰文化传播之路》（郑佩瑗著），《十三行——明清 300 年的曲折外贸之路》（谭元亨著），《侨乡“三楼”——华人华侨之路的丰碑》（司徒尚纪著），《古锦今丝——广东丝绸业的“前世今生”》（刘永连、谢汝校著），《香茶陶珠——特产及其文化交流之路》（冯海波著），《广交会——海上丝绸之路的新生和发展》（陈韩晖、吴哲、黄颖川著）。

《中国南海文化研究丛书》是由南方传媒股份有限公司旗下广东经济出版社策划并组织出版的大型海洋文化系列丛书。该丛书入选国家“十二五”重点图书出版规划，并得到了 2013 年度国家出版基金的资助，含《中国南海海洋文化论》《中国南海海洋文化史》《中国南海海洋文化传》《中国南海古人类文化考》《中国南海经贸文化志》《中国南海民俗风情文化辨》六部专著。

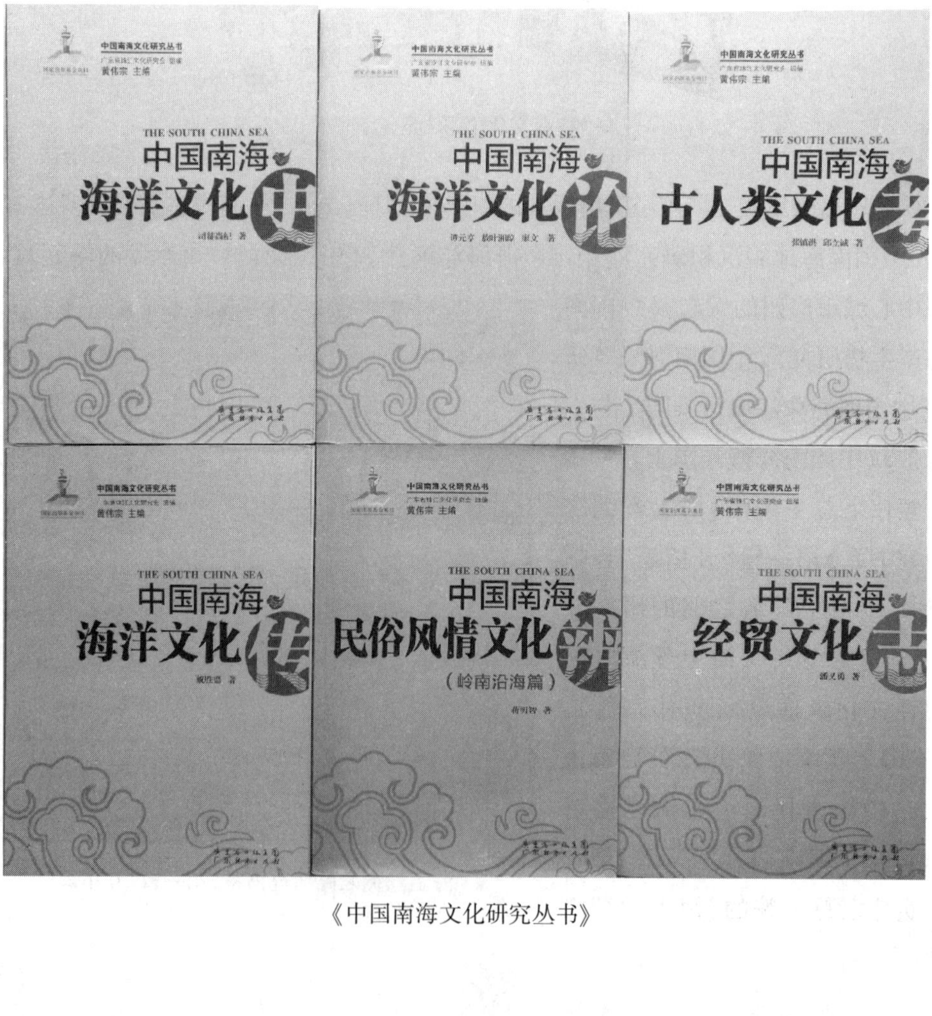

《中国南海文化研究丛书》

此外，广东省也是文化消费大省，拥有全国较大的创意文化市场，这也是国内其他省份所无法比拟的。近几年的数据显示，广东省居民的文化消费年均比例明显提高，同年文化消费市场日益膨胀。文化消费产业种类较多，主要发展以数字内容为主的新兴文化创意产业、软件产业、广派电视剧、电影产业、表演艺术类产业、工艺美术产业、广告设计产业、时尚消费创意产业等。

发展创意文化产业，必须着眼于本民族的传统文化资源，大力弘扬传统文化的精髓。传统文化的发展可以为创意文化产业的发展提供丰富的资源，没有对传统文化的继承和创新，创意文化产业就会成为无源之水、无本之木。创意文化产业是一个新兴的弘扬传统文化的重要渠道。它的“创意” 并不是对传统文化的简单复制，而是依靠创意人才的想象力，借助于高科技对传统文化资源的再创造。一个国家或者民族的文化要保持发展的连续性和竞争力，就必须不断更新传统文化的固有形态，否则就会僵化，失去活力。中国的传统文化资源十分丰富，但由于缺乏现代转换的机制，致使很多文化资源都在闲置和浪费；而创意文化产业恰恰能够在传统文化的继承和革新过程中，扬长避短，去粗取精，促进新的文化形态的形成。

三、努力发展广东海上丝绸之路创意文化产业

“一带一路”倡议实施给中国及其他众多国家提供了新的发展机遇。中国文化创意产业经过多年的发展，取得了举世瞩目的成就。而有着两千多年历史的丝绸之路，既是连接亚洲、欧洲和非洲的商业贸易路线，也是东西方之间进行政治、经济和文化交流的主要通道。利用海上丝绸之路中的文化资源发展文化创意产业，对广东海上丝绸之路建设具有重要意义。

(一)发展广东海上丝绸之路创意文化产业的宏观对策

(1)努力发展广东海上丝绸之路的创意文化产业，要加强宏观规划和统筹，要优化海洋文化创意产业布局。加强海洋文化创意产业带、海洋文化创意产业区、海洋文化创意产业强市、海洋文化创意产业核心城市建设，形成“一带双核三区十四城”的海洋文化创意产业格局。“一带”是广东海洋文化创意产业带；“双核”是广州、深圳两大海洋文化创意产业核心；“三区”是珠三角和粤东、粤西三大海洋文化创意产业聚集区；“十四城”是十四个海洋文化创意产业带节点城市。构建与海上丝绸之路文化有关的现代海洋文化产业体系，实施海洋文化产业示范区工程。诸如潮汕特色工艺文化示范区

（木雕、玉雕、工艺陶瓷等）、珠三角海洋动漫文化产业示范区、江门华侨文化示范区、广州深圳文博节庆文化示范区、湛江海上丝绸之路文化旅游示范区等。

“一带双核三区十四城”海洋文化产业格局

文化产业格局	内容
一带：广东海洋文化创意产业带	建设东起汕头，西到湛江的广东海洋文化产业带
双核：两大海洋文化创意产业核心	建立广州、深圳为两大海洋文化创意产业核心
三区：三大海洋文化创意产业聚集区	粤东海洋文化产业聚集区、珠三角海洋文化产业聚集区、粤西海洋文化产业聚集区
十四城：十四个海洋文化创意产业带节点城市	汕头、潮州、揭阳、汕尾、惠州、广州、深圳、东莞、中山、珠海、江门、阳江、茂名、湛江

（2）努力发展广东海上丝绸之路的创意文化产业，要开发利用丝绸之路艺术资源，发展文化创意产业，应该尊重市场规律，走创造性转化和创新性发展的道路。丝绸之路艺术吸收了东西方艺术的精华，它的艺术语言具有跨文化的特征，又与商品贸易有着紧密的联系，恰好弥补了中国现阶段文化创意产业发展的短板，开发利用价值高，市场前景较为乐观。但在开发利用的过程中要注意，既不能盲目复制，也不能简单仿制，修修补补出不了受当代消费者欢迎的商品，因为它毕竟与当代社会有着历史的重重阻隔。随着时代的变迁，人们审美观念和生活需求已经发生了变化，我们应该从丝绸之路艺术中汲取的是融汇了东西方精华的艺术元素和与日用商品紧密联系的设计思想。①

（3）努力发展广东海上丝绸之路的创意文化产业，需要加大政府的政策扶持力度，建立创意园区经济。一般来说，创意文化产业大都是高投入、高风险、高收益产业，政策扶持力度，相关专项资金对产业发展极为重要，要从战略高度加深对发展创意产业的重要性和迫切性的认识。产业发展理论和各国、各地实践表明，推进创意产业发展并能取得预期成效，政府宏观政策的引导和作用举足轻重。广东要从战略高度上重视创意产业，要组织由政府、高校、研究机构等相关部门人员组成的跨部门、跨行业的专门小组在认真调研的基础上，借鉴国际先进经验和做法，抓紧制定创意产业发展战略和总体规划，明确发展战略，确立产业发展的近期和长远目标。我们应该借鉴国外的经验，完善广东省创意文化产业制度支持体系。从整体上引导规划，从广东省的经济发展角度出发，以全局发展入手，建立园区经济，有效减少产业内的不正当的竞

① 顾作义、颜永树：《广东文化创意产业现状及发展思路》，载《学术研究》，2009年第2期。

争，避免创意园区同质化和重复建设现象，从而实现产业园区布局合理化。[①]

(4)努力发展广东省海上丝绸之路的创意文化产业，要重视人才队伍的培养，积极引进海内外创意高端人才。需要制定广东省创意产业人才发展规划。一是摸清创意人才资源现状和总量，包括对创意人才数景、结构、年龄、学历、职称、所属行业等方面的调查和研究，并以此作为制订人才开发的战略。二是根据创意人才需求预测的需要，对若干年来创意产业人才发展的历史状况进行统计分析，为人才需求预测提供原始数据。三是分析创意人才队伍中存在的问题和潜在的问题，以制定有利于创意人才开发的措施。同时需要加强高校创意产业的学科建设与创新平台建设，优化外部环境要素，为创意人才成长创造条件。特别是在发展海上丝绸之路的创意文化产业，还要做到，一方面，培养全民的创新意识，要从思想意识方面鼓励群众多创新、少模仿。多设立创新培训机构和院校，引导民众进行创意训练。培养一批具有创新思维，善于运用先进技术，能够设计出具有国际竞争力的一流创意产品的人才；另一方面，除了培养本地人才之外，应当引进海外优秀人才，特别是引进创意产业的领军人物和高端人才。[②]

(5)努力发展广东省海上丝绸之路的创意文化产业，还要加强知识产权保护，保障创意文化产业可持续发展。中国知识产权保护虽然取得一定成绩，但是如何保护创意、创造等知识产权仍然面临一系列的问题，很多方面不尽如人意，给创意文化产业带来一些不利的影响。中国应该进一步严格完善相关的法律法规，健全知识产权法律体系。制定出适合维护创意的规定，建立广东版权中心，支持创意产业的发展。同时，加大宣传和打击侵犯知识产权行为的力度，让全社会形成尊重知识产权的良好氛围，刺激创意产品的生产和消费。

(6)努力发展广东省海上丝绸之路的创意文化产业，要利用海上丝绸之路的文化资源优势，重点发展文化创意产业。要发掘广东海上丝绸之路文化资源，动员广东研究与开发实力，创作一批与海上丝绸之路有关的影视作品、舞台艺术作品、数字动漫作品、书法绘画作品。广东省作为岭南文化的中心地，有着丰富的传统文化资源。如以广彩、广绣、陶塑等为主的传统手工技艺；以广东木偶戏、粤剧、潮剧等为主的地方戏曲；以年画、剪纸为主的民间传统美术等。广东省发展创意产业时，要充分了解本地传统文化，根据自身的文化风俗发展有特色的创意，并以此作为基点，充分促使传统文化和创意产业的完美结合，以具有深厚历史底蕴的岭南文化为

---

① 谢鹏飞：《广东实现新发展的战略选择——广东发展创意产业的思考》，载《科技管理研究》，2007年第Z1期。

② 关冬梅：《广东创意产业人才培养与开发模式研究》，载《未来与发展》，2010年第5期。

主导，结合高新技术、信息技术，利用产业园区明显的地区优势因地制宜的发展创意文化产业。

(7)努力发展广东省海上丝绸之路的创意文化产业，要建立面向中小企业的行业设计中心及公共服务平台。广东省大部分中小企业仍然缺乏科研和实验条件。绝大部分企业没有专业设计人员。因此，除了在政策、资金上对中小企业进行适当的支持之外，在创意产业园区的建设方面，也要充分顾及中小企业的利益，力争形成一个专业的企业孵化器，其中包括专业化创业设施、专业化技术服务、专业化经营管理和专业化的政策指导等。一方面，广东省可以从行业实际出发，按照产学研相结合的原则，支持一批行业设计中心，如可选一批如服装、玩具、家具等中小企业众多的行业，推出一批符合国家及国际标准的自主创新产品。另一方面，广东省可以借鉴上海的创意产业发展经验，建成一个以创意设计孵化器为内核的公共服务平台，为中小创意企业提供良好的服务和引导，并在融资、销售、信息等方面给予扶持，从而提高创意企业发展的成功率。①

(8)努力发展广东省海上丝绸之路的创意文化产业，要突破融资制度瓶颈，拓宽融资渠道。创意类企业较多以无形资产为主，无法进行有形资产的抵押，政府应当积极解决创意产业项目评估、担保、融资等瓶颈问题。另外，还应该合理地使产业的投资市场化。对于一些市场化程度较高的创意企业，可积极引进和合理利用外资，鼓励外商在该领域直接投资。政府应当减少审批程序，努力提高创意产业的融资效率，促使创意产业多元化的融资机制形成。

(二)发展广东海上丝绸之路创意文化产业的具体建议

1. 广播影视艺术开发

整合省直文化单位为主的文化资源。以省群众艺术馆、省博物馆、省立中山图书馆为龙头、中心，推动省直单位与试点市整合文化基础设施和文艺创作演出资源。整合广东粤剧院与广东粤剧学校现有的资源，进行涉海粤剧艺术创作开发。整合广州交响乐团与星海音乐厅现有的资源，进行涉海音乐歌舞创作与，整合省直广电、珠江电影制片厂等影视产业优质资源，逐步将影视录演一体化，制发放一条龙，形成跨媒体、跨地区经营的规模化产业力量。

2. 数字动漫开发

要形成一批采用数字技术提供制作、传播、营销、推广等服务的文化服务企业，

---

① 高达宏、张鹏：《国内外创意产业的发展及对广东的启示》，载《广东科技》，2009年第17期。

为文化产业和高新技术融合发展提供支撑。高科技嵌入数字动漫开发，广东文化创意产业发展以数字技术相关的动漫、网游等产业为切入点，文化创意产业发展道路首先表现数字化、信息化、高新化带动的产业化。整合力量开发海上丝绸之路数字动漫艺术产品。

3. 演艺开发

整合优势资源，重塑新型市场主体，演艺开发要注重管理、经营和发展的市场主体，激发生机活力，在市场竞争中立于不败之地。

4. 艺术设计开发

要举办 1~2 个具有国际影响力的创意设计展会和赛事活动，支持打造世界知名的“设计之都”，重视并进行海上丝绸之路题材的艺术开发。

5. 静态视觉艺术开发(摄影展、环境艺术、雕塑园)

坚持政府引导与市场运作相结合。发挥市场机制在文化会展业发展中的积极作用，加快文化会展业市场化进程。在软件园区、印刷园区、动漫基地、影视基地和文化产业示范基地(园区)等文化产业聚集区域，大力扶持培育文化会展骨干企业。支持展览公司、广告公司、传媒公司等文化企业承办各类文化会展项目，积极扶持具备规定资质和较好办展业绩的文化会展企业举办涉外文化会展项目。充分发挥各地会展中心、艺术中心、艺术馆、文化馆、博物馆、展览馆、美术馆、珍品馆等文化设施的办展功能，合理安排文化会展项目，提高文化设施利用率。辟建海上丝绸之路专区。

6. 新闻出版

加快对文化信息网络化及新闻出版电子化、广播电视数字化的开发应用，重点发展具有自主知识产权的原创性文化产品，发挥多种媒体互动发展的综合效应，努力实现产品结构多元化、质量精品化、市场最大化。全方位开展对外文化交流与合作，创新文化贸易体制机制，开展政府主导、民间交流为主体，面向国际市场的对外文化交流与合作。使广东的新闻出版资源对接海上丝绸之路建设，不断推出海上丝绸之路内容的成果。

7. 网络开发

提高网络文化产品的原创能力和文化品位，进一步增强网络文化核心竞争力。在科技创新的基础上利用现代技术手段进行网络平台的开发，更好地为广东省海上丝绸之路的文化创意产业服务。①

8. 传统海上丝绸之路产品推陈出新，推出21世纪海上丝绸之路文化新产品

（1）将传统陶瓷艺术现代化，设计烧制现代风格的广彩摆件；设计烧制现代风格的石湾陶儿童玩具，石湾陶工艺品如摆件、笔筒，石湾陶居室装修、装饰组件如壁挂、壁画等，符合现代审美的石湾陶佛像、妈祖像及各类人物造型艺术品；设计烧制现代风格的潮州窑餐具和各类艺术品。

（2）将潮州木雕工艺现代化，开发建筑构件、装修构件和居室陈设潮州木雕工艺摆件、成套潮州木雕工艺家具。

（3）研制仿象牙材料，利用广东牙雕技艺开发仿象牙牙雕工艺品。

（4）利用贝壳资源开发贝雕工艺品，制作海螺书画艺术摆件。

（5）利用附贝造型珍珠开发珍珠工艺品。

（6）利用广东木麻黄树根制作根雕艺术品，将榕、榆、松柏、黄杨等树种制作盆景艺术产品用作现代海上丝绸之路商品。

---

① 甘巧林、陈汉欣：《广东文化创意产业发展与布局》，北京：中国大百科全书出版社，2012年。

第十三章　建设广东海上丝绸之路文化产业带

依托广东的地理条件和历史文化资源，建设广东海上丝绸之路文化产业带，促进广东海上丝绸之路经济的发展。

一、海上丝绸之路产业带形成与布局的理论依据

从产业带的形成机理与演化机制上看，增长极理论、点轴开发理论、产业布局理论等可为产业带形成与布局提供理论依据。

(一)增长极理论

增长极理论由法国经济学家佩鲁在1950年首次提出，该理论被认为是西方区域经济学中经济区域观念的基石，是不平衡发展论的依据之一。增长极有三种类型：产业增长极、城市增长极和潜在的经济增长极。

增长极理论认为，一个国家要实现平衡发展只是一种理想，在现实中是不可能的，经济增长通常是从一个或数个“增长中心”逐渐向其他部门或地区传导。因此，应选择特定的地理空间作为增长极，以带动经济发展。

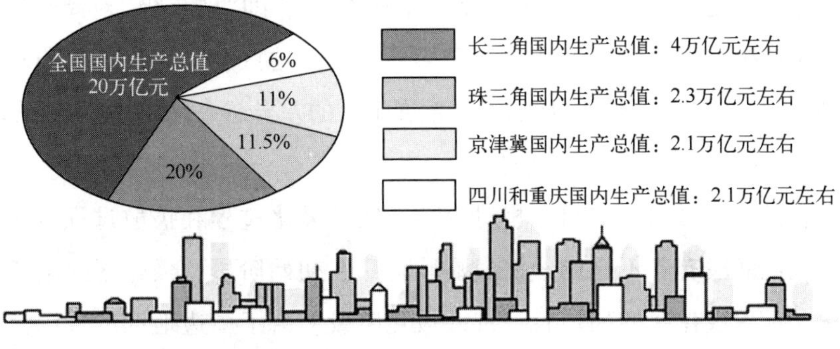

中国经济中的增长极

增长极理论从物理学的“磁极”概念引申而来，认为受力场的经济空间中存在着若干个中心或极，产生类似“磁极”作用的各种离心力和向心力，每一个中心的吸引力和排斥力都产生相互交汇的一定范围的“场”。这个增长极可以是部门的，也可以是区域的。该理论主要观点是，区域经济发展主要依靠条件较好的少数地区和少数产业带动，应把少数区位条件好的地区和少数条件好的产业培育成经济增长极。增长极理论的基本点包括：

(1)其地理空间表现为一定规模的城市；

(2)必须存在推进性的主导工业部门和不断扩大的工业综合体；

(3)具有扩散和回流效应。

增长极体系有三个层面：先导产业增长；产业综合体与增长；增长极的增长与国民经济的增长。

在此理论框架下，经济增长被认为是一个由点到面、由局部到整体依次递进，有机联系的系统，其物质载体或表现形式包括各类别城镇、产业、部门、新工业园区、经济协作区等。

增长极论者认为，在高度工业化的背景下，社会生产集聚是在经济快速发展的地点首先实现的。[①] 因借喻磁场内部运动在磁极为最强这一规律，称经济发展的这种区域“极化”为“增长极”。作为“增长极”发展及作用基础的产业被称为关键产业，它的特征是：生产规模大，创新增长推动力强，并且与其他产业间广泛关联。当关键产业开始增长，该企业(或部门)所在区域的其他产业也开始增长。经济增长的动力将逐步渗透，最终波及整个地区。

“增长极”在两个方向作用于周围地区。一是“极化过程”，也就是集聚化过程，即增长极以其较强的经济技术实力和优越条件将周围区域的自然及社会经济潜力吸引过来，如资源、原材料、劳动力、投资、地方工业或企业，迅速扩大了两个地区之间经济发展的差距。二是扩散过程，也称之为“渗漏过程”，即“增长极”对周围地区投资及其他经济技术支援，形成附属企业或子公司，为周围地区初级产品提供市场，吸收农业剩余劳动力等。中心与周围腹地的经济发展水平的差异越来越小，区域内部经济趋于一体化，曲线在更高的发展水平上收敛。

极化与扩散过程虽然在空间上相对分离，但是极化过程和扩散过程对于极化地区和扩散地区在此间段有着不同的经济发展轨道。在初始阶段，极化区的增长水平略高于周边地区，随着极化区的高增长，进入极化阶段。由于周边地区的资源流动到极化

---

① 陆大道：《关于“点轴”空间结构系统的形成机理分析》，载《地理科学》，2002年第1期。

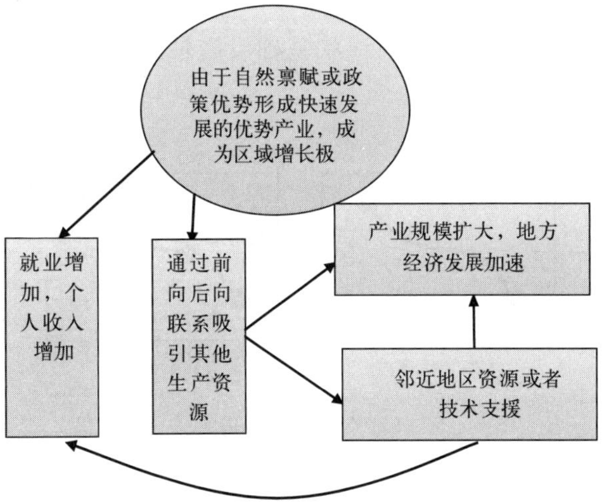

区域发展的极化效应图

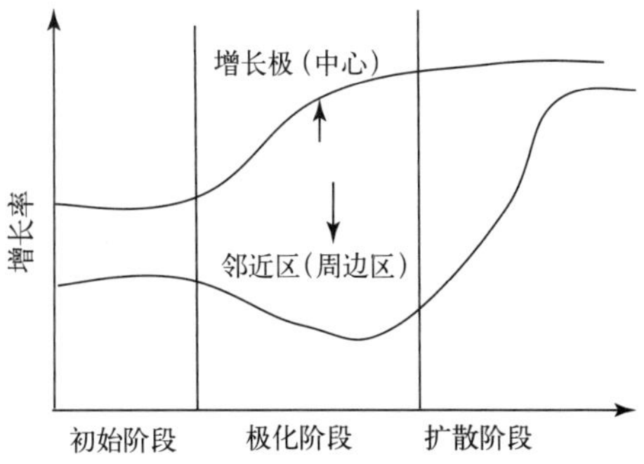

区域发展的扩散效应图

区域，增长极的邻近区由于要素资源的投入不足，经济增长速度开始趋于下降，而此时极化区则是高速增长率，二者之间经济增长率的差距迅速扩大，当极化区增长率稳定之后，极化区为邻近区提供了较大的市场空间，其技术溢出也在邻近区显现，邻近区在极化阶段时期内的经济增长呈现出倒“U”型形状。在扩散阶段，邻近区出现了较快的增长速率，与极化区的经济增长速度差距不断缩小，二者保持较小的经济增长速度差距。

（二）点轴开发理论

点轴开发理论源于波兰经济学家萨伦巴、马利士等人提出的增长极理论、生长轴理论等区域不平衡发展理论。“点”是指以高创新能力带动区域发展的各类区增长极，“轴”指连接各增长极的线状基础设施。事实上，区位条件和交通干线对经济增长具有巨大的推动作用。交通干线如铁路、公路、河流航线的建立，一方面会降低生产和运输成本，另一方面沿线物流和人流的增加使得一些中心城镇或经济发展较好的区域发展成为增长极，产业和人口向交通干线上聚集，会在交通干线上形成线状基础设施，并能够将点状的经济增长点联系在一起而形成经济增长轴。

要确定各阶段经济发展在空间上如何集中与如何分散，关键在于规定各阶段重点开发的轴线和点，组成点-轴开发系统。点轴开发就是在全国范围内，确定若干有利于发展的大经济区间、省区间及地市间线状基础设施轴线，对轴线地带的若干个点（城市）予以重点发展。

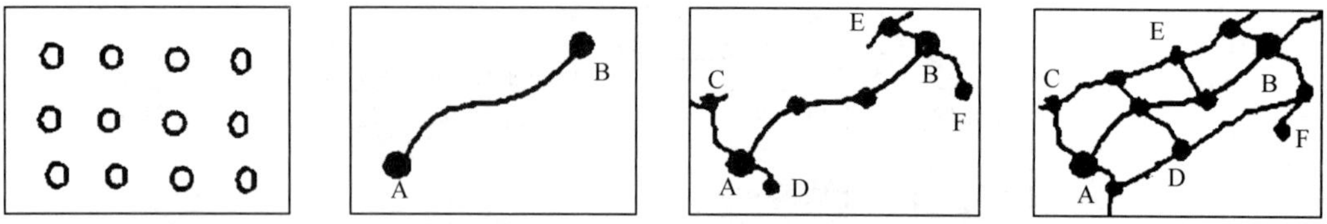

(a) 均匀分布状态　(b) 点线形成　(c) 轴线形成　(d) 中心和轴线系统

经济发展的点轴模式

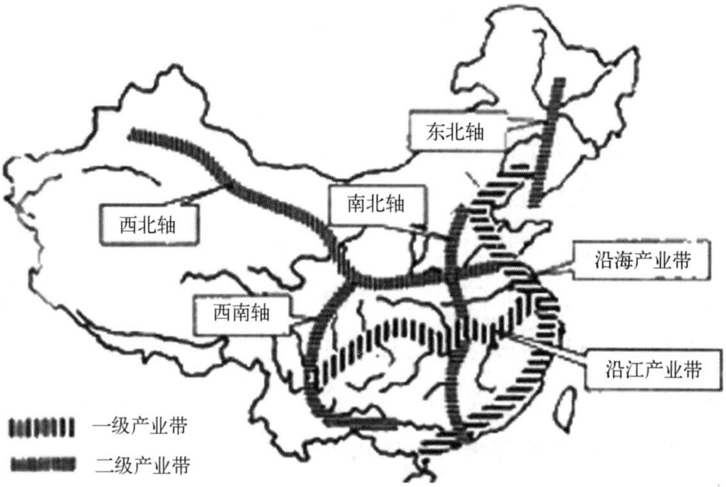

中国经济点轴发展示意

四轴两带指南北轴、东北轴、西北轴、西南轴和沿海产业带、沿江产业带

随着经济实力的增强，经济开发的点越来越多地放在较低级别的发展轴和发展中心上。与此同时，发展轴线逐步向较不发达地区延伸，将以往不作为发展中心的点确定为次级别的发展中心。这一理论还认为，点轴开发对地区经济发展的推动作用要大于单纯的增长极开发，也更有利于区域经济的协调发展。

（三）产业布局理论

产业布局指在一定的区域范围内，所有的产业或部门在空间上的动态分布与组合，它是产业发展规律的一种动态体现和表达。与此相关的理论即产业布局理论，它表达了随着经济、社会等的发展，产业在空间的扩张和分布。

产业布局优化是指根据产业发展的一般规律，遵循资源最优配置原则，通过产业在空间组织的合理分布，实现相关资源的充分利用和一定区域内的最大经济效益和社会效益。产业布局优化是一个动态概念。假设生产函数 $Y_{it}=A_t(K_{it}, L_{it})$，其中 Y_{it}、K_{it}、L_{it}分别表示 i 产业的 t 时期的总产出、劳动投入和资本投入，A_t代表该产业的 t 时期的技术水平，则劳动的边际产出 $MR_{L_{it}}=A(Y_{it}/L_{it})$，资本的边际产出 $MR_{K_{it}}=A(Y_{it}/K_{it})$，则该产业布局的理论最优应满足：①同一投入要素在不同产业的边际产出相等，即 $E_i(K)=E_j(K)$，$E_i(L)=E_j(L)$；②不同要素在同一产业的边际产出相等，即 $E_i(K)=E_i(L)$。

但在实践中，上述条件很难满足，而是与平均产出存在一定偏差。一般通过计算资本和劳动的边际产出与平均产出的偏离程度得出资源配置合理化系数，以此来衡量产业结构的合理化水平。

(四)城市圈域经济理论

第二次世界大战后，随着世界范围内工业化与城市化的快速推进，以大城市为中心的圈域经济发展成为各国经济发展中的主流。各国理论界和政府对城市圈域经济发展逐渐引起重视，并加强对城市圈域经济理论的研究。该理论认为，城市在区域经济发展中起核心作用。区域经济的发展应以城市为中心，以圈域状的空间分布为特点，逐步向外发展。该理论把城市圈域分为三个部分：一是有一个首位度高的城市经济中心；二是有若干腹地或周边城镇；三是中心城市与腹地或周边城镇之间所形成的“极化-扩散”效应的内在经济联系网络。

城市圈域经济理论把城市化与工业化有机结合起来，意在推动经济发展在空间上的协调，对发展城市和农村经济、推动区域经济协调发展和城乡协调发展，都具有重要指导意义。

二、广东海上丝绸之路文化产业带的依托

从广东海上丝绸之路产业带的依托和形成要素看，以港口为产业集聚的增长极是经济前提，沿海城市交通互联是物质基础，海陆产业价值链共融是扩张动力，城市间政府合作体系是政治基础。作为独立的系统，海上丝绸之路产业带的演化机制在其空间演化、结构演化以及企业组织系统的演化不仅具有一般经济带演化的性质，也表现出一般经济带所没有的特性。

(一)广东地处南海之滨——自然地理条件

广东地处南海，有与东盟国家、南太平洋国家合作交往的地理优势和强大自身实力，有通达东北印度洋、南亚次大陆国家的最短航路；有到达印度洋西岸、非洲国家的最近距离；有到达西亚和欧洲，实现海上丝绸之路与陆上丝绸之路的海上对接的最便捷通道。

在海上丝绸之路建设中，广东是21世纪海上丝绸之路航线上的旗舰，是21世纪海上丝绸之路的桥头堡、枢纽港、核心地和主力军。这是由广东与海上丝绸之路的历史渊源决定的，是广东在海上丝绸之路的地理区位优势决定的，也是今天广东的整体实力决定的。

1. 自然条件

广东省陆地面积为17.79万平方千米，海岸线长3368.1千米，有海岛1431个，其中海岛面积在500平方米以上的有759个，海岛面积在200~500平方米的有150个，海岛面积小于200平方米的有522个。另有干出礁956个。广东省海域面积41.93万平方千米，其中内水面积4.89万平方千米，领海面积1.64万平方千米，200海里专属经济区面积35.40万平方千米。广东省海岸线曲折，港湾众多，岛屿星罗棋布，形成山地溺谷海岸、台地溺谷海岸、岬湾海岸、三角洲平原海岸、珊瑚礁海岸和红树林海岸等多种类型海岸；地处热带、南亚热带季风气候区。

2. 自然资源

广东省拥有丰富的港口资源、海洋生物资源、滨海旅游资源等。全省有大、小海湾510多个，其中适宜建设大、中、小型港口的200多个；广东省近岸海域海洋浮游生物有252种，目前南海海洋生物有记录的海洋鱼类1065种，常见的经济鱼类100多种，常见的经济虾类35种，蟹类100余种，经济贝类50余种；滨海旅游资源特色明显，形成了山水风景、水库湖泊、园林温泉、天然浴场、海岛胜地、自然物象、历史古迹、古建筑群、名人故居等多种类型的滨海旅游资源。

3. 地缘优势

广东是中国的南大门，面向东南亚，是来往于西北太平洋至印度洋的交通要冲，既是中国联系世界经济的桥梁和纽带，也是中国南北航线必经之地，还是物流、人流、技术流、资金流和信息流的大通道，具有优越的地理区位优势。

4. 人缘优势

广东是著名侨乡。在海外影响较大的广东华侨组织有“国际潮人联谊会”“世界客家恳亲大会”等。广东毗邻港澳，祖籍广东的港澳同胞约 600 万人。

(二)广东是古代海上丝绸之路重地——历史文化条件

从文献记载看，广东是早期海上丝绸之路唯一始发地，徐闻大汉三墩港有朝廷要员驻督，广州在唐代便有市舶使，有最早的市舶司，甚至在明代也未被关闭。在清代，广州又具有了“一口通商”的“古代经济特区”优势，号称“天子南库”，所以广东一直是海上丝绸之路的“排头兵”。

两汉时期国家统一，社会相对稳定，经济发展，国力强盛。科技文化领先世界，采取开明的对外政策，开辟了陆上、海上丝绸之路，使得中国的文化突破东亚范围，远及欧洲、非洲，在广泛外传的同时，也积极吸取外来文化，为人类文明的进步作出了巨大贡献。当时广东地区出现了一些比较重要的商业城市，如番禺、徐闻、合浦等。广东徐闻是历史典籍明确记载的最早的海上丝绸之路古港。编纂于两千多年前的《汉书·地理志》记载着这一光辉的史实：“自日南障塞、徐闻、合浦船行可五月，有都元国；又船行可四月，有邑卢没国；又船行可二十余日，有谌离国；步行可十余日，有夫甘都卢国。自夫甘都卢国船行可二月余，有黄支国，民俗略与珠厓相类。其州广大，户口多，多异物，自武帝以来皆献见。有译长，属黄门，与应募者俱入海市明珠、璧流离、奇石异物、赍黄金杂缯而往……”魏晋时，三国吴黄武五年(公元 226 年)置广州(郡治今广州市)，加强了南方海上贸易。有史料可稽，东晋时期广州成为海上丝绸之路的起点。对外贸易涉及达十五个国家和地区，不仅包括东南亚诸国，而且西到印度和欧洲的大秦。经营方式一是中国政府派使团出访，二是外国政府遣使来中国朝贡。

罗马帝国时代(公元 2 世纪)的欧亚大陆和海陆商路一图反映了广东地区在早期海上丝绸中的地位。图中显示，东汉时的陆上丝绸之路和海上丝绸之路建立了连接中国与欧洲的陆上通道和海上通道，并通过陆上商路连接实现亚欧两端对接，形成环状结构。

隋统一全国后加强了对南海的经营，南海、交趾为隋朝著名商业都会和外贸中心。义安(今潮州市)、合浦也是占有一定地位的对外交往港口。唐朝经济发展，政治理念开放兼容，外贸管理体系较完善，法令规则配套，有利于海上丝绸之路的拓展和畅通。唐朝海上交通北通高丽、新罗、日本，南通东南亚、印度、波斯诸国。特别是由广州出发往西南航行的海上丝绸之路，历经 90 多个国家和地区，航期 89 天(不计沿途停留时间)，全程共约 14 000 千米，是公元 8—9 世纪世界最长的远洋航线。自唐玄宗开元二年(公元 714 年)设市舶使后，市舶使几乎包揽了全部的南海贸易。另外，地方豪族

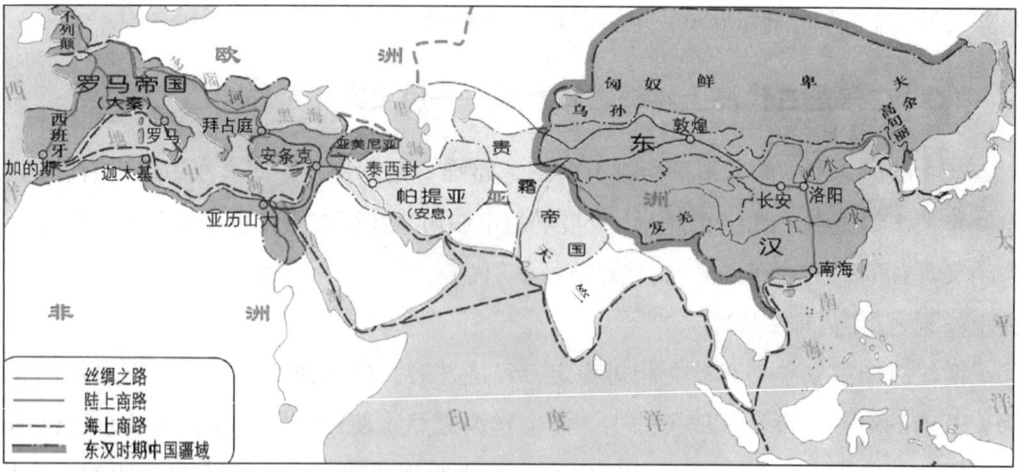

罗马帝国时代（公元 2 世纪）的欧亚大陆和海陆商路

和地方官乃至平民也直接经营海外贸易，促使社会生活发生变化。出口商品仍以丝织品和陶瓷为大宗，此外还有铁、宝剑、马鞍、绥勒宾节（Silbinj，意为围巾、斗篷、披风）、貂皮、麝香、沉香、肉桂、高良姜等。进口商品除了象牙、犀角、珠玑、香料等占相当比重外，还有林林总总的各国特产，此外还有“昆仑奴”的贩进。海上丝绸之路的繁盛，对唐代社会的变革以及中外文化交流的发展起到了相当的作用。宋朝与东南沿海国家绝大多数时间保持着友好关系。明朝既有郑和下西洋对海上丝绸之路的利用和促进，又有海禁政策的消极影响。就清代的海上丝绸之路而言，从海禁到广东“一口通商”，是清代对外贸易史的重要转折点。出口商品中茶叶占据了主导地位，而丝绸退居次席，土布和瓷器（特别是广彩）也受到青睐。康熙二十四年（1685 年），清政府在粤、闽、浙、苏四省设立海关，这是中国近代海关制度的开始。清代广州的外贸制度具有一定的代表性，它是在从十三行到公行，从总商制度到保商制度的发展过程中形成的一套管理体系。

（三）国家推进“一带一路”建设——政治条件

2013 年 11 月 15 日，中国共产党第十八届中央委员会第三次全体会议审议通过的《中共中央关于全面深化改革若干重大问题的决定》（以下简称《决定》）全文播发。《决定》提出要加快沿边开放步伐，允许沿边重点口岸、边境城市、经济合作区在人员往来、加工物流、旅游等方面实行特殊方式和政策。建立开发性金融机构，加快同周边国家和区域基础设施互联互通建设，推进丝绸之路经济带、21 世纪海上丝绸之路建设，形成全方位开放新格局。

2015 年 3 月 28 日，经国务院授权，国家发展改革委、外交部、商务部联合发布了《推动共建丝绸之路经济带和 21 世纪海上丝绸之路的愿景与行动》，从时代背景、共建原则、框架思路、合作重点、合作机制等方面阐述了“一带一路”的主张与内涵，提出了共建“一带一路”的方向和任务。

“一带一路”倡议的提出和实施是海洋大省、海洋经济强省、中国对外开放重要门户广东又一难得的发展机遇，也是地处中国南大门的广东义不容辞的责任。

(四)广东沿海城市和港口——产业集聚的增长极

港口具有天然的外向性，作为城市对外开放的窗口，货物海陆联运的枢纽，国际商品的贮存、集散和分拨中心，贸易、加工业和相关服务业的聚散地，可以把内外两个市场有机地联系起来，对港口城市经济发展促进作用日益增强。自古以来，以港而兴的城市甚至是国家并不鲜见。

事实上，港口通过降低运输成本、扩大市场范围而集聚产业的作用和影响也得到了实证研究的支持。姬冬梅等的研究表明，临港产业表现出较高的集聚水平，其中装备制造业、木材加工业的集聚度一直高于全国平均水平。但是随着沿海地区“拥挤成本”上升倒逼产业结构调整加剧，装备制造业的集聚水平在2005年达到最高值以后逐渐趋于较高的稳态，中国东部地区装备制造业的产业转移基本完成。

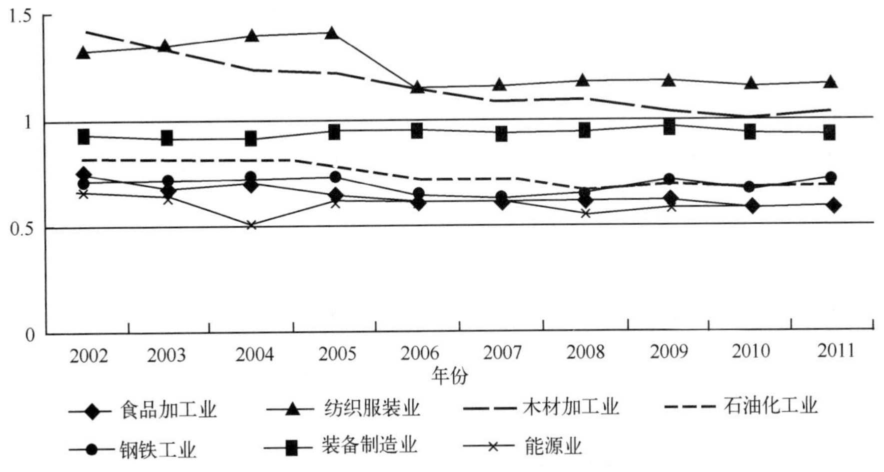

港口各类产业的集聚程度

《推动共建丝绸之路经济带和21世纪海上丝绸之路的愿景与行动》明确界定了21世纪海上丝绸之路的重点方向是：从中国沿海港口过南海到印度洋，延伸至欧洲；从中国沿海港口过南海到南太平洋。在具体建设上，强调以重点港口为节点，共同建设通畅安全高效的运输大通道，并明确提到重点加强上海、天津、宁波—舟山、广州、深圳、湛江、汕头、青岛、烟台、大连、福州、厦门、泉州、海口、三亚等15个沿海港口建设。

根据《广东省海洋功能区划》(粤府〔2008〕57号)，港口航运区划定336个功能区，功能区面积共283 520.3公顷。港口区135个，功能区面积共66 979.9公顷。

大型港口区均为重点功能区，共33个，有汕头港第一作业区、广澳港区、珠池港区、马山港区、汕尾电厂用海区、汕尾新港区、汕尾港区、大亚湾石化工业码头区、荃湾综合港区、马鞭洲港区、大亚湾核电站用海区、秤头角港口和电厂用海区、盐田港区、蛇口—大铲湾港区、沙田港区、沙角电厂码头区、黄埔港区、新沙港区、南沙港区(1)、南沙港区(2)、南沙港区龙穴作业区、桂山港区、高栏港区、台山电厂用海区、阳江核电站用海区、博贺港区、北山岭港区、水东港区、东海岛临港工业用海区、霞山港区、调顺港区、霞海港区、宝满港区。

中小型港口区共88个，有大旗角临港工业用海区、三百门港区、前江港区、岩石港区、澳内港区、惠来电厂用海区、惠来神泉电厂用海区、碣石新港区、乌坎港区、海丰港区、沙角港区、中山发电A厂港区、蛇口东角头港区、唐家港区、九洲港区、香洲港区、洪湾港区、古井港区、天马港区、广海港区、三洲港区、山咀港区、阳江港区、阳西电厂用海区、粤海火车轮渡港区、虎屿港区、金狮湾港口区、小红山港区、烟墩湾港区、猴鼻尖港口区、长山尾港区、莱芜港区、濠江区临海工业用海区、汕头特区码头区、海门电厂用海区、海门综合港区、潮南临港工业区、神泉港区、南海工业用海区、甲子港区、三洲澳码头区、金厢港区、小澳港区、东洲港区、盐洲码头区、碧甲综合港区、巽寮临港工业用海区、亚婆角港区、澳头港区、下洞-沙鱼涌港区、宝安综合港区、虎门客运码头区、虎门轮渡码头区、麻涌港区、珠江电厂港口区、沙仔港区、小虎港口区、化龙-石楼工业港口区、莲花山港区、中山新港区、外伶仃岛码头区、三门列岛码头区、大万山岛客运码头区、大小万山岛港口区、三角岛码头区、珠海保税区码头区、三灶码头区、鸡啼门作业区、黄茅海作业区、蠕蛛作业区、红关港区、古井南港区、崖南临港工业用海区、崖门港区、双水临港工业用海区、双水港区、大襟岛北湾码头区、广海临港工业用海区、鱼塘港区、沙堤港区、下川岛轮渡码头区、恩平港区、恩平临港工业用海区、阳西港区、海安港区、营仔口岸码头区、流沙港区、营仔港区。

专用港区共14个，有羊屿专用码头区、剑鸡澳专用海区、汕头专用码头区、遮浪专用海区、捷胜专用海区、新湾专用码头区、蛇头湾专用码头区、唐家专用码头区、古井官冲专用码头区、三洲专用海区、下川专用海区、大逕专用码头区、南井专用港区、坡头专用海区。

(五)发达的沿海交通体系——交通运输条件

交通与区域经济增长的关系一直是发展经济学家关注的领域。早在18世纪，亚当·斯密就提出，国家应建设并维护公路、桥梁、运河等公共设施以促进经济发展。[①]马歇尔考察了运输发展对经济布局的影响。罗森斯坦·罗丹的大推进理论和沃尔特·罗斯托都认为，必须优先发展基础设施，才能实现经济起飞。艾哈迈德认为，发展中国家由于运输设施发展不足，阻碍了现代技术的传播、各种经济部门之间市场的联系，从而成为经济发展的重要瓶颈。然而，实践表明，基础设施的带动作用并没有像经济学家理论预测的那样显著。更多的学者从交通本身的经济边界出发，研究交通运输对区域经济结构以及布局的影响。交通网络理论是这类研究的一个典型分支，它主要研究了运输业规模经济、范围经济以及运输网络经济之间的关系。荣朝和指出，运输网络经济主要表现为在运输业规模经济与范围经济的共同作用，运输总产出扩大引起平均运输成本不断下降的现象。运输网络经济由运输密度、运输网络的幅员两者构成，网络内设施与设备的使用密度和服务对象增加，使得运输产出不断扩大，从而引起平均生产成本不断下降。[②]。随着港口或者枢纽的运输处理能力增加，运输网络上港站吞吐及中转客货量、配载车辆、停靠船舶等能力的提高引起平均成本逐渐降低，运输辐射范围的增加使得运输产出扩大，多种运输产品加上距离延长使得平均运输成本不断降低，产品行业中规模经济和范围经济交织在一起，构成了运输业网络经济。基础设施作为一种通道，使得经济要素(信息、原材料、能源、劳动力等)从一个区域流向另外一个区域，实现经济要素的空间移动。交通网络客观上使各区域之间连接成一个整体，是各区域间经济活动和区域相互作用的联系的纽带。

改革开放40年来广东交通建设成就斐然，并进一步加强和完善，形成以广州、深圳、湛江为全国性综合交通枢纽，以珠海、韶关、汕头为区域性综合交通枢纽，以空港、海港和陆路交通枢纽城市为节点，以高速公路、轨道交通、主要出海通道及千吨级以上内河航道为骨架，公路、铁路、水路、航空等多种方式有效衔接、层次分明、功能完善、科学高效的一体化综合交通体系。[③]

(六)海陆产业价值链共融——扩张动力

海洋产业带是海陆产业荟萃的地带。在这个地带里，既有传统的海洋产业如海洋

---

① [英]亚当·斯密：《国民财富的性质和原因的研究》，北京：商务印书馆，1979年。

② 荣朝和：《关于运输业规模经济和范围经济问题的探讨》，载《中国铁道科学》，2001年第4期。

③ 广东省发展与改革委员会、广东省海洋与渔业局：《广东海洋经济地图》，广州：广东省地图出版社，2012年。

渔业、海洋交通运输业、海洋盐业，也有新兴的海洋生物制药、滨海旅游、海洋设备制造业，同时也聚集着相当密集的陆域产业如种植业、制造业以及服务业。我们知道，海洋是天然屏障，并不适合人类直接居住、工作和生活。这就意味着从事海洋开发利用的活动必须以其相邻的陆域为基础或者借助陆域已有的科技发展成果。这种空间上、技术上的天然联系使得海陆产业之间有着固有的、内在的关联。

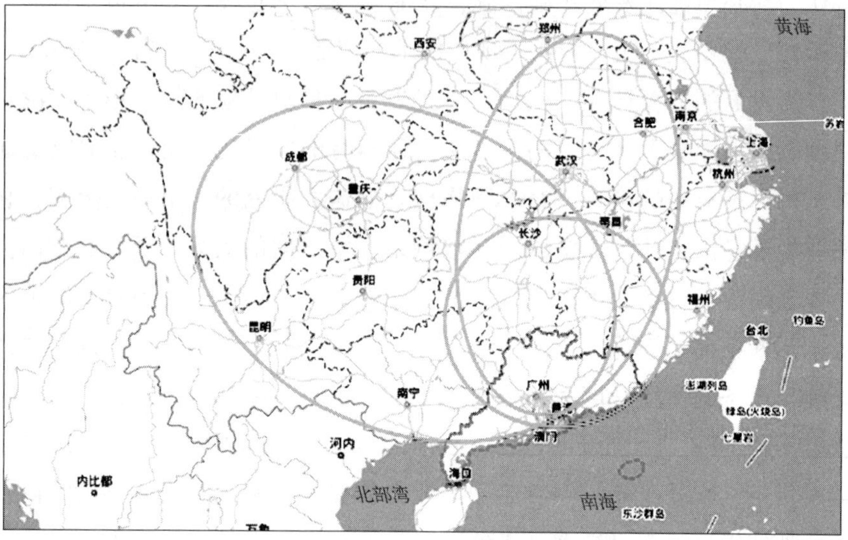

广东海上丝绸之路建设内陆腹地建设示意

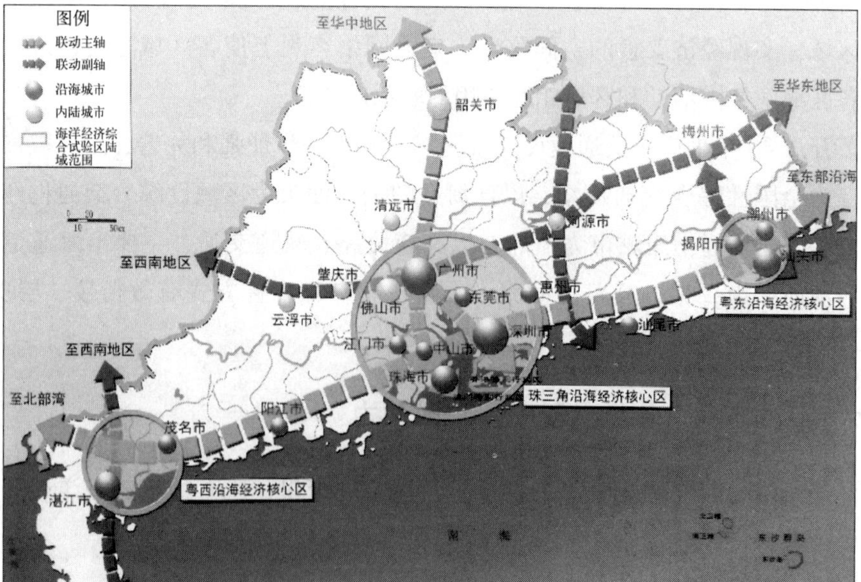

广东省海陆统筹空间格局示意

三、广东海上丝绸之路文化产业带的空间布局

21世纪海上丝绸之路重点方向是：从中国沿海港口过南海到印度洋，延伸至欧洲；从中国沿海港口过南海到南太平洋。海上以重点港口为节点，共同建设通畅安全高效的运输大通道。

中国沿海海上丝绸之路产业带空间布局

空间布局	具体内容
一核	珠三角地区为核心区
两翼	东翼：粤东潮汕地区； 西翼：粤西湛江地区
三国际线路	海上丝绸之路西线（中国—印度洋、欧洲、非洲国家）； 海上丝绸之路南线（中国—南太平洋国家）； 海上丝绸之路东线（中国—各东亚国家）
四港	国家确定的一带一路建设重点港口：广州、深圳、湛江、汕头
五大资源	古港资源； 古窑址资源； 移民文化资源； 海神信仰、宗教文化交流等文化资源； 古墓、水下和馆藏文物资源
六大文化产业	旅游文化产业； 节庆会展产业； 数字动漫产业； 演艺文化产业； 图书出版产业； 影视广播产业
八大合作圈	中国—东南亚、东盟合作圈； 中国—印度半岛和南亚次大陆合作圈； 中国—大洋洲国家合作圈； 中国—印度洋西岸、非洲合作圈； 中国—欧洲、欧共体合作圈； 中国—东亚合作圈； 中国—美洲合作圈； 中国—北冰洋和极地合作圈

续表

空间布局	具体内容
十二大主题区	湛江丝路古港主题区； 阳江“南海Ⅰ号”主题区； 江门华侨文化主题区； 珠三角展会文化主题区； 珠三角陶瓷文化主题区（石湾陶瓷、广彩）； 中国（广东）自由贸易试验区； 珠三角创意文化产业主题区； 广州中外文化交流主题区； 广州海上丝绸之路商贸文化主题区； 潮汕华侨文化主题区； 潮汕古船文化主题区（红头船、“南澳Ⅰ号”）； 潮州陶瓷文化主题区

中国沿海海上丝绸之路产业带空间布局可概括为“一二三四五六七八，十五”。“一”即一个核心区——福建海上丝绸之路核心区。“二”即两个海上丝绸之路建设前沿区——海南省（海南国际旅游岛）和广西壮族自治区（广西北部湾经济区）。“三”即三条国际线路——21世纪海上丝绸之路重点方向是从中国沿海港口过南海到印度洋，延伸至欧洲，即西线；从中国沿海港口过南海到南太平洋，即南线；东线，连接中国与其他东亚国家。“四”是四大经济区。目的是利用长三角、珠三角、海峡西岸、环渤海等经济区开放程度高、经济实力强、辐射带动作用大的优势，搞好海上丝绸之路建设。“五”是五大自由贸易区，即中国（广东）自由贸易试验区、中国（天津）自由贸易试验区、中国（福建）自由贸易试验区、中国（上海）自由贸易试验区、中国-东盟自由贸易区。“六”是六大内陆腹地，即东北内陆腹地、华东内陆腹地、华中内陆腹地、华南内陆腹地、西南内陆腹地、西北内陆腹地。“八”是八大合作圈，即中国-东南亚、东盟合作圈，中国-印度半岛和南亚次大陆合作圈，中国-大洋洲国家合作圈，中国-印度洋西岸、非洲合作圈，中国-欧洲、欧共体合作圈，中国-东亚合作圈，中国-美洲合作圈，中国-北冰洋和极地合作圈。“十五”是沿海十五个海上丝绸之路重点港口城市，就是加强上海、天津、宁波—舟山、广州、深圳、湛江、汕头、青岛、烟台、大连、福州、厦门、泉州、海口、三亚等沿海城市港口建设，以重点港口为节点，共同建设通畅安全高效的运输大通道。无论是海上丝绸之路西线、南线还是东线，都离不开现代化港口的支持，离不开现代化港口和现代化港口城市。要建设一条通畅、安全和高效的海

上丝绸之路运输大通道，关键在于建立高效便捷的港口网络。

要充分发挥深圳前海、广州南沙、珠海横琴、福建平潭等开放合作区作用，深化与港澳台合作，打造粤港澳大湾区。要推进浙江海洋经济发展示范区、福建海峡蓝色经济试验区和舟山群岛新区建设。要加大海南国际旅游岛开发开放力度。要强化上海、广州等国际枢纽机场功能。以扩大开放倒逼深层次改革，创新开放型经济体制机制，加大科技创新力度，形成参与和引领国际合作竞争新优势，成为“一带一路”特别是21世纪海上丝绸之路建设的排头兵和主力军。要发挥海外侨胞以及香港、澳门特别行政区独特优势作用，积极参与和助力“一带一路”建设。要为台湾地区参与“一带一路”建设作出妥善安排。

海上丝绸之路文化合作领域和内容包括以下几个方面。

第一，海洋文化艺术交流。开展船舶与航海文化、海洋贸易文化、渔文化和海洋民俗、海洋移民文化、海洋宗教与民间信仰文化、海洋文学艺术和民间演艺交流；开展海上丝绸之路茶文化、瓷器文化、香料文化交流。开展国内海上丝绸之路沿线省区、国际海上丝绸之路沿线国家基于海洋民俗和宗教文化的民间艺术团演艺和交流。开展船舶与航海文化、海洋贸易文化、渔文化和海洋民俗、海洋移民文化、海洋宗教与民间信仰文化、海洋文学艺术和民间演艺交流；开展海上丝绸之路茶文化、瓷器文化、香料文化交流。

第二，海上丝绸之路文物考古与学术交流。开展南海、印度洋海上丝绸之路航线水下沉船等水下文物考古活动，开展海上丝绸之路沿线国家海上丝绸之路文物研究，进行海上丝绸之路沿线国家海上丝绸之路学术交流活动。联合申报海上丝绸之路世界文化遗产。

第三，海洋旅游合作。联合开发海上丝绸之路旅游线路和产品，与海上丝绸之路沿线国家进行旅游产品合作、旅游市场合作、旅游经营合作、旅游管理合作。把滨海旅游业做大做强。一是利用广东滨海旅游资源发展滨海旅游，大力开发海洋特色民俗文化游，海洋科普展馆游、休闲和体育文化游、滨海军事文化游、海洋生态文化旅游项目。开发特色海洋文化旅游产品，打造具有国际影响力、浓郁南海特色的海洋精品文化景区。二是在《广东省滨海旅游发展规划(2011—2020年)》的规划设计基础上，实施海洋文化旅游工程，建设三大海洋文化旅游示范区、五大海洋文化旅游目的地，即：粤东海洋文化旅游示范区、珠三角海洋文化旅游示范区、粤西海洋文化旅游示范区；潮汕海洋文化旅游区、珠三角海洋文化旅游区、江门华侨文化旅游区、阳江海上丝路文化旅游区、粤西雷州文化旅游区。

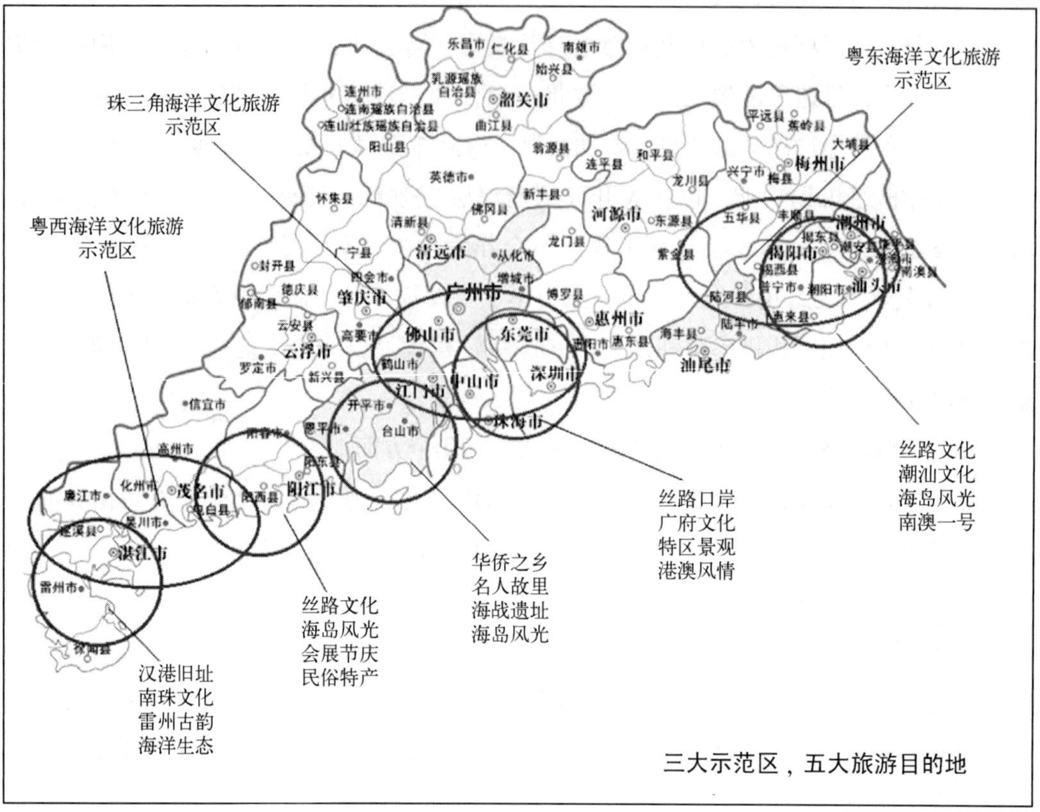

广东海洋文化旅游工程示意

第四，教育培训合作。加强中外海洋合作办学，合作进行大学生(含“2+2”模式即本国两年、留学两年，颁发两国毕业证)、研究生(硕士和博士)培养；高等教育学历互认；扩大中国政府海洋奖学金名额。开展涉海职业培训合作、涉海职业资格(船员，港口、航道技术人员，海关职员等)互认。

具体工作包括以下内容。

(1)办好一个节——海上丝绸之路文化节，海上丝绸之路国家可互办文化月。

(2)开好两个会——海上丝绸之路合作组织会议和海上丝绸之路博览会。

(3)创编《丝路海韵》大型实景演出，创编海上丝绸之路题材的动漫作品、电子游戏、系列漫画画册、系列动画片等，设计开发海上丝绸之路工艺品。

(4)建设四大海上丝绸之路旅游合作区——东南亚和大洋洲旅游合作区；环印度洋西亚、非洲旅游合作区；大西洋、欧洲旅游合作区；东北亚、拉美旅游合作区。

(5)举办海上丝绸之路文化学术研讨会。充分利用海上丝绸之路的地缘优势，依托中国水下考古科研与培训基地，联合海上丝绸之路沿线国家开展对远海海域的沉船、沉物调查和研究，进行考古活动、文物搜集整理活动、水下文物保护和发掘活动。建设“海上丝绸之路档案馆”，建设海上丝绸之路数字化资源库。评定和公布“海上丝绸之路文化名城”“海上丝绸之路古港”。做好联合申报海上丝绸之路世界文化遗产的工作。

(6)宣传教育活动。组织“海上丝绸之路夏令营”“海上丝绸之路知识竞赛”“海上丝绸之路大学生暑期社会实践活动”“‘丝绸路·中国梦’大学生演讲比赛”“‘丝绸路·中国梦’大学生文艺会演”等。要做好海洋教育工作，建构全方位立体式海洋教育体系，普及海洋知识、加强海洋观教育。

第十四章　广东海上丝绸之路文化遗产的保护

文化遗产是祖先的杰作，是历史留给我们宝贵的财富，包括物质文化遗产和非物质文化遗产。保护文化遗产既要保护物质文化遗产，也要保护非物质文化遗产，保护其完善性和真实性。海上丝绸之路是历史上连接东西方的海上通道，是一条沟通人类物质文明与精神文明的道路，在长达两千多年的历史中，海上丝绸之路在其沿线十余个国家留下了不计其数的珍贵文化遗产。既有码头等航运设施、船坞作坊等手工业设施、衙署炮台等管理设施、商号店铺等商业设施，又有妈祖、伊斯兰教、摩尼教等各类宗教建筑，更有为数众多的因海运而生、因海运而兴的村镇城邑，以及大量的沉船遗址。这些文化遗产资源丰富、种类多样，涵盖面广泛，而且在各个时期都有其独特的实物形象和文字记载，这些文化遗产从不同的侧面显示了中国海上丝绸之路沿海经济、文化、社会的发展和变化，以及世界多种文明的交流的轨迹，印证了人类各种文明和多元文化和平共处、相互交融、共同的繁荣的光辉历程。

一、海上丝绸之路文化遗产保护工作亟待加强

海上丝绸之路沿线地区至今仍是中国海上贸易最为频繁、经济活动最为活跃的地区。每天往来中国与世界各地的船只川流不息，一些因港口和码头繁荣起来的城市至今仍活跃在人们的视野中。但是现代城镇建设的高速发展对文化遗产的保护构成威胁，一些历史城镇，尤其是尚未被列为保护单位的文化遗产在逐渐消失。由于现代发展经济的需要，很多遗迹遭到破坏，这其中有自然力的破坏作用。自然因素是我们无法抗拒的，它的破坏力极强，人类在它面前简直不堪一击。[①] 但是人为的破坏是影响文化遗产保护的主要因素。首先，由于当地民众的遗产保护意识薄弱，往往对文物不闻不问，任由其毁坏，有些则对文物大肆改造，破坏了其文物价值。其

① 见《“海上丝绸之路”文化遗产及其保护与开发》，http：//www. qzwb. com/gb/content/2006-08/06/content_ 2162307. htm。

次当地政府管理上的疏忽，也致使大量文物被盗或者被破坏。与此同时，由于海上丝绸之路水下文化遗产数量大、分布范围广，且远离大陆，缺乏必要的巡查和监管条件，近年来，海上文物盗掘、盗挖现象十分猖獗，极大地威胁了中国文化遗产的安全。

案例：徐闻汉代文化遗址遭破坏

位于徐闻县南山镇二桥村、仕尾村、南湾村一带的山丘等地，是广东发现的10处汉代文化(建筑)遗址之一，也是广东4处出土汉代瓦当的重要遗址之一。然而，从2012年以来，位于南湾村附近的岭凸仔文化遗址却遭受到严重的人为破坏。文化遗址保护范围内的山岭已被大面积挖掘，遗址遭毁坏面积已达50%以上。毁坏处的遗址，被挖的坑最深处约13米，最浅处也有约4米。除了岭上的防护林受毁外，还严重毁掉3处汉代单室墓葬，大量的汉代红胎薄砖被毁而四处散落。当地一文化界人士称，该区域是中国汉代海上丝绸之路遗址保护范围，当地干部群众的文物保护意识较差，拥有该土地使用权的一些村民受利益的诱惑，擅自出卖土方给附近旅游开发商用于填盐田，以便从中获利。①

徐闻汉代文化遗址遭破坏，
大量的汉代红胎薄砖被毁而四处散落

近年来，关于旅游开发对文化遗产是保护还是破坏的争论一直没有间断，这是一种好现象，起码可以证明人们已经越来越关注文化遗产的保护与开发问题。文化遗产保护讲究“静”，旅游开发讲究“动”②，保护为主，合理利用，是文化遗产保护工作的要求和方针。实践证明，文化遗产的保护与合理利用是可以相互依托的，走文化遗产保护与文化旅游相结合发展的道路也是可行的，文化遗产是完全可以成为促进经济发展的新亮点。同时，文化旅游使大量的文化遗产直接面对民众，这还有利于普及全社会的文化遗产保护知识，增强民众保护文化遗产的意识。但是，在目前的旅游

① 关家玉、曹菁：《徐闻汉代文化遗址遭破坏》，载《广州日报》，2013年4月24日第A9版。
② 见《“海上丝绸之路”文化遗产及其保护与开发》，http：//www.qzwb.com/gb/content/2006-08/06/content_2162307.htm。

开发过程中，出现了诸如过度的商业炒作和破坏性开发、对文化遗产内涵的歪曲和滥用等一些亟待解决的问题。

文化遗产保护与旅游开发应该是相辅相成的，只要开发得当，文化遗产的保护也能发挥最大效用。因此，开发旅游市场的前提首先就是尊重民族文化遗产并力求进一步保护它。在保护的基础上，结合市场需要，利用它开发市场。

目前，海上丝绸之路上的文化遗产保护工作正稳步发展。“21 世纪海上丝绸之路”和“丝绸之路经济带”的提出，使得海上丝绸之路这条沉寂许久的古道重新绽放出光芒。文化遗产的保护，首先要统一思想。加强宣传，提高民众对海上丝绸之路文化遗产的认识。大多数人对海上丝绸之路的了解甚少，此外，在我们的传统文化里，对土地的信仰超过海洋，传统的农耕文明使我们固守大陆，却忘却了海洋的重要。因此，要统一思想，转变旧式思维习惯，充分认识海洋的重要性，从而明白海上丝绸之路对中国的重要意义，进而提高民众保护文化遗产的意识。

做好海上丝绸之路文化遗产保护基础工作。积极开展与海上丝绸之路相关的考古、水下考古调查及抢救性发掘工作，深入发掘文化遗产内涵。加大文物建筑、石刻造像等保护工作力度，确保文物安全。积极支持海上丝绸之路沿线市县级博物馆建设工作，收集、整理、保护海上丝绸之路相关文物。可以及时吸取国外的文化遗产保护经验，比如欧洲国家严苛的遗产保护法则，旅游业必须服务文化遗产保护，经济、社会、文化要呈现良性循环。中国的文化遗产保护往往分属不同的部门，涉及文物、旅游、环保、宗教等多个部分。因此，必须建立完善的保护体系，对海上丝绸之路文化遗产实行统一的管理，这样才能避免在保护过程中由于职能交叉而出现的互相推诿的现象，也能促进各个部门各司其职，恪尽职守。同时，建立文化遗产保护专项基金，进一步加大海上丝绸之路文化遗产保护经费投入和支持力度，将文化遗产保护工作作为一项重点工作，使海上丝绸之路文化遗产得到可持续的发展。

二、做好广东海上丝绸之路文化遗产的保护工作

（一）广东海上丝绸之路港口和航运文化遗产的保护

在人类漫长的海洋文明的进程中，海上丝绸之路承载着沿线国家、不同族群的海洋活动和海洋人文精神，促进了东西方物质文明与精神文明的交流、互动与友好往来，推动世界历史不断地向前发展。从历史的角度看，海洋一直都是广东的灵魂，是生存

所系。无论是徐闻港的海上丝绸之路的始发港，还是唐代的“广州通海夷道”[①]、清代的“一口通商”的广州港，还是粤东的樟林古港、柘林港，广东在这条海上丝绸之路上都有举足轻重的作用，因而保留下了丰富的港口和航运文化遗产。

提到港口，就不得不提黄埔古港。黄埔古港是广州港辉煌史上最重要的港口，它见证了广州“海上丝绸之路”的繁荣。自宋代以后，黄埔村长期在海外贸易中扮演重要角色。南宋时此地已是“海舶所集之地”。清朝时期，乾隆下令“一口通商”，四大海关仅留广东一处，大量的茶叶、丝绸、瓷器等商品从广州运往世界各地。当时的黄埔港成为各国商船来广州停靠的主要港口，占尽风光。

两百多年过去了，如今的黄埔古港遗址静静地伫立在广州市海珠区琶洲街辖内的黄埔古村石基渡口处。从现状来看，黄埔古港似乎没什么特别之处。然而遥想明清时代，黄埔古港那一段“威水史”仍旧历历在目。如今的古港，是研究海上丝绸之路的活化石。这里的古港连同古村已被开发为黄埔古港旅游文化景区。在黄埔村仍然可以见到古港口、古宗祠、古街道、古庙宇等遗迹。“古港遗风”“粤海第一关”[②]等建筑，诉说着当年这里的繁荣。但港口旧址处已不见古码头遗迹，替代它的是旅游开发新修的护栏，粤海关黄埔挂号口处也是新修的建筑群。所幸这里的“粤海第一关纪念馆”和黄埔村中的“黄埔古村人文历史展览馆”保留下了许多重要的文物。

应该肯定的是，广州南海神庙建筑群、碑刻、古广州港——扶胥古港一带的明代码头和官道路面，以及清代码头遗址都得到了很好的保护。

樟林古港所存遗迹不多，但古港遗址新建了标志碑，樟林古港历史文化陈列馆保留了许多历史文物和历史图片，由于出土了红头船，在古港附近还专门修建了“红头船公园”，公园内的红头船模型在公路上远远就能看到，非常吸引人们的眼球，提醒人们记起樟林古港和红头船昔日的辉煌。

目前广东海上丝绸之路文化遗产保护的现状差强人意，一些知名的古港口如徐闻古港、樟林港，一些重要的商贸区如“十三行”，由于自然原因、历史原因和当代人为原因没有得到很好的保护。

一是乡村住宅建设、城镇街区建设对海上丝绸之路港口和航运文化遗产的破坏。如汉徐闻港码头其实不在现在的海边，而是在二桥村的桥边。由于二桥村的乡村住宅建设，码头遗迹已很难寻。汉徐闻港遗址和汉代生活遗址保护区与二桥、仁尾村完全重叠是文物保护的一大难题。考古发掘现场和重要文物出土地基本上是在村民庭院里

① 李庆新：《海上丝绸之路》，北京：五洲传播出版社，2006 年。
② 蒋月月：《黄埔古港》，载《源流》，2011 年第 22 期。

和村内街道上。下一步的保护区规划如何落实是一个严峻的问题。

二是旅游区等经济开发用地侵占文物保护区、遗产区。汉徐闻港遗址和二桥汉代生活遗址保护区，由于旅游开发用地的需要被大大压缩，从保护规划图可以看到，保护区面积由以前的479.9亩压缩为现在的20.33亩，前者是后者的23.6倍。

三是文物保护重视不够，保护措施不到位，保护经费不足。

如今的樟林港只是一个乡间小镇，昔日的繁华早已不见踪影，仅存的诸如天后宫这样的遗迹也因后期保护跟不上而日渐颓废，慢慢地樟林就会只是一个地理上的位置。

目前很多古港都存在类似樟林古港这样的问题，当地政府不管不问，文物保护工作者又心有余而力不足，仅仅靠民间自发的维护始终不是长久之计。

做好广东海上丝绸之路港口和航运文化遗产的保护，一是引起政府重视，增加投入，建立保护区，依法加强海上丝绸之路港口和航运文化遗产的保护。对已经公布挂牌的文化遗产，管理部门应定期巡查，要明确保护责任人和责任单位，齐抓共管，并研究适合新形势下的保护、利用的手段和措施。政府对遗产保护应确保必要投入，满足人力、物力、财力需要，做到依法保护，加强管理，让历史文化遗产的保护真正落到实处。二是提高宣传力度，提高人们的保护意识，动员全社会保护历史文化遗产。文物和历史文化遗产保护有很强的专业性，但保护工作不能仅靠专业机构，而应得到全社会的重视，应得到各方支持，否则工作难以开展。要加强文物保护的宣传，提高认识，问题才能得到解决。三是历史文化遗产保护与开发利用的统一。对文化遗产的保护应勇于探索，推陈出新。不断地深挖这些文化遗产含有的历史价值，例如黄埔古港的腹地黄埔古村，已经成为文化旅游胜地，村里保留着因丝绸之路而繁荣起来的各种印记，这些既达到保护的作用，又发展出了另一个历史文化，一举两得，同时确保科学有序地开展保护和利用。

海上丝绸之路港口以及航运遗产十分丰富，通过合理地开发旅游资源，整合当地的人文风情，不仅可以增加收入，更能推广遗迹的知名度，使越来越多的人了解这些古迹，也可以带动更多的人加入到保护遗迹的队伍当中。

(二)广东海上丝绸之路贸易遗址和出土文物的保护

从贸易品的角度，海上丝绸之路又有“陶瓷之路”“茶叶之路”“香料之路”“白银之路”“宝石之路”等不同的称呼。不同的历史时期，随着航线和贸易规模的发展，海上丝绸之路上的贸易品也有不同。而且自唐代以来，广州一向是中国最重要的商港之一，而广州十三行，在17世纪后期至19世纪中叶这段期间，又是中国对外贸易中的一种特殊的组织。战国秦汉时期，地处华南的南越国就有十分繁盛的海外贸易，这在南越王墓等考古发掘中得到实证。南越国的输出品主要是漆器、丝织品、陶器和青铜器，输入品正如古文献所列举的，主要有“珠玑、犀(牛)、玳瑁、果、布之凑”。主要的贸易港口有番禺(今广州)和徐闻(今徐闻)。

十三行是广东省重要的海上丝绸之路贸易遗址，遗址区在广州。目前广州十三行因经历了两次鸦片战争与多次大火，原十三行地区一带的行商的商馆、夷馆均已荡然无存，仅遗留相关的历史街巷名。[①] 这些街巷名有十三行路(在十三行商馆北侧，是1777 年开辟专供洋商购物的商业街)、豆栏东街(仅剩南段，北段原与豆栏上街相对，已拆平)、豆栏上街、故衣街(原为商馆区北侧的故衣专业街)、宝顺大街(对应原天宝行行主梁亟禧的经官行)、普安街(对应原广利行行主卢继光的茂官行)、怡和街(对应原怡和行行主伍秉鉴的浩官行)。

今天我们在清“十三行”故地，只能看到是布满现代建筑的“十三行路”和服装批发市场熙熙攘攘的人群。值得一提的是，在“十三行”故地已经建成了《十三行博物馆》，以文物+史料的方式展示“十三行”的历史。

今天的广州十三行路街景

锦纶会馆始建于清雍正元年(1723 年)，是康乾盛世的产物，也是与十三行鼎盛时期息息相关的行业行会。屈大均先生咏十三行的竹枝词中有：“五丝八丝广缎好，银钱堆满十三行。”可见当时丝绸出口在十三行出口贸易中所占的比重之大。锦纶会馆也是目前广州唯一较完整保存的清代行业会馆建筑(清代锦纶会馆在今珠玑路小学内仅存前

① 蒋月月：《黄埔古港》，载《源流》，2011 年第 22 期。

座)。馆内仍有十多方完整的清代石刻，记述了建馆、扩建、重修等过程。

出土于南越王墓中的波斯银盒备受世人瞩目，它被认为是岭南地区发现的最早“舶来品”之一。南越王墓主棺室和西耳室还出土有保存完好的4枚金花泡，这些金珠或其制作方法是由海路传入中国的。南越王墓中出土的乳香和象牙，还反映了罗马商人在广州的贸易。这些文物目前已在南越王墓博物馆得到妥善的保护，它们身上所承载的价值，为我们研究广东海上丝绸之路提供了坚实的依据，同时也向世人证明了岭南文化的悠久历史，它是中华文化中重要的一部分。

为加强遗址文物的保护，可以从以下几点进行。

首先，文物部门加快落实文物鉴定入编工作，以为日后的文物保护奠定基础。据了解，锦纶会馆现已被定为广州市文物保护单位。在建设康王路的过程中，政府有关部门听取了专家建议，将整座建筑平移搬迁，这既完整地保护了文物，又让出了地方开路。搬迁后的锦纶会馆，与邻旁的反映中印文化交流的华林寺以及近代的繁华商业街的代表——第十甫、上下九路相呼应，可用作广州丝织业发展史展览馆，结合展示十三行的丝绸外销，同时可与现代商业建筑荔湾广场一起构成一个自然形成的广州古代、近代、现代商业建筑历史博览区。

其次，对相关文物古迹加快登记与整理工作，例如黄埔长洲岛竹岗上的外国人公墓。在今黄埔长洲岛竹岗(昔日此处与长洲岛分离的一小岛)上，有18~19世纪各国来广州船舶上不幸去世的船长、船员公墓。由于经过“文革”冲击，此处虽经文物部门修葺，仍仅有墓碑约30件。但这些墓碑上当年刻下的外文墓刻，就是记述了当时历史的石档案，很有研究价值。这可以成为中外交流的凭证，有关部门可以把每件墓碑中的人与事整理出来，公之于世，并可考虑逐步把该处开发成一旅游景点，作为十三行专线游上之一景。

最后，将文物保护从原来的个体扩大为整体，区域化保护。将文物遗迹各自分类，或者按照地域进行分类，加强每个区域内的联系以及文物相似性的研究，将整个古港遗迹连为一体，实行区域统筹，统一规划，统一管理。

(三)广东海上丝绸之路商品生产遗址和文物的保护

因港口的便利，贸易往来十分频繁。在岭南地区出现了大量的商品生产基地，包括瓷器、茶叶、丝绸等的生产基地。这些生产基地孕育着丰富的岭南文化，也将中华文明传播到世界各处。

岭南地区陶瓷手工业历史悠久，自原始瓷器肇始，一直发展至今，窑火从未熄灭。特别是自唐代逐步兴起的外销瓷器，在宋代达到了高峰并延续到明清时期，在历代对外贸易商品中占有相当大的比重，对发展岭南地区的经济及促进中国的对外经济贸易起到了很大作用，这在国内其他陶瓷产区是不多见的。考古资料表明，岭南遍布着众多古代窑址，在全国较为知名的有广东的梅县水车窑、潮州窑、佛山石湾窑、海康窑等。这些古窑址有些保存较为完整，如潮州笔架山窑址、佛山的南风古灶窑址等。一些古窑址仅存窑口和局部窑体，如新会古窑址。大量古窑址仅存埋藏和裸露的瓷片，雷州半岛数百座古窑大体如此。

就茶叶生产基地而言，广东历来是中国一个多茶类的产茶和消费大省，有着得天独厚的区位优势和深厚的茶文化底蕴，是中国茶叶走向世界的重要门户。有记载，早在秦汉前就利用茶叶，如陆羽《茶经》的"神农说"和常璩《华阳县志·巴志》的"西周说"。西汉末年有少量茶叶外销，南朝梁武帝时东莞僧人开始人工栽培茶树，唐代诗人曹松寓居南海西樵山，移植顾诸茶其上，教民种茶、制茶。饮茶文化始于唐代，盛于明清，陆羽饮茶技艺由岭南东道节度使李复等传来广东，品茗风尚随之在广东兴起。饮茶习俗从朱门走进柴户。明代末年广州茶楼、潮州功夫茶和客家擂茶已经出现。广州是中国最古老的出口茶埠，到清康熙年间，广州成为中国茶叶出口唯一口岸，全国各省茶叶均运至广州，茶市极旺。广州茶叶贸易也甚为发达，在《广州"番鬼"录》一书中，描述了广州茶叶加工状况："你熟悉这片土地吗，满地是南京布和茶箱……他们包装武夷茶的方法会使人大为吃惊？……再见了，茶箱，迎风飘扬 。"①

就丝绸生产基地而言，蚕丝起源于中国，距今已有五千多年的历史。丝绸早在三千多年前已通过"丝绸之路"远销欧洲、亚洲等国，是历史上重要的出口商品，也是土生土长富国裕民的"国宝"，世界人民誉为"纤维皇后"，蚕丝在人类数千年服饰文化上记载着光辉的一页。中国丝绸是最受阿拉伯世界欢迎的名牌货。② 丝绸永远是海上丝绸之路的主角。明代中国丝绸除了销往东南亚、日本等传统贸易区域外，还通过葡萄牙人、西班牙人、荷兰人远销欧洲和美洲。澳门输出的商品种类繁多，以生丝、丝织物为大宗，有生丝、丝线、面纱、花边、花缎、线卷等。③ 广东丝绸业已有两千多年历史。据《汉书·地理志》记载，汉武帝元鼎元年（公元前 116 年），当时琼州府就有种桑养蚕和缥丝织绸的生产活动。1993 年在广州发掘的南越王墓出土文物中，不仅发现丝绸残片，还有丝绸印花套版和印花工具，可见当时广东丝织和丝绸印花工业已达到较高水平。广东著名的"香云纱"和"广东锦"使广东有"广纱甲天下"的美誉。特别是清同

---

① ［美］威廉·C. 亨特：《广州"番鬼"录》，冯树铁译，广州：广东人民出版社，1994 年。
② 沈福伟：《中西文化交流史》，上海：上海人民出版社，1988 年。
③ 李庆新：《海上丝绸之路》，北京：五洲传播出版社，2006 年。

治五年（1866年），陈启沅在南海县官山堡简村创办了中国第一家机器缫丝厂——继昌隆机器缫丝厂之后，突破了两千年来人工缫丝的传统操作技术，大大提高了生丝的产量和质量，把广东的丝绸工业向前推进了一大步。① 粤绣也成为与苏绣、湘绣、蜀绣并称的中国“四大名绣”。

作为广东海上丝绸之路的重要载体，商品贸易在整个丝绸之路中扮演了重要的角色。各种文化经由商品传遍世界各地，在这其中，广东为文明的传播贡献了自身的力量。中国以瓷器著名，广东地区也存有不少窑址，广东瓷器以其精巧、富有广府韵味著称，因为广瓷以外销为主，很多瓷器均富有异族风采，并且烧制技巧高超，种类丰富，瓷器器型精美。目前现存遗址因年久失修，有些早已不在，很多史料记载的情况也有待实物佐证。

对于文物的保护，可以从以下几方面进行。首先整理完善史料。在原有史料的基础上，以料找址，通过历史记载，按图索骥，考证窑址的真实存在性；同时依据新发现的遗址完善史料，并且将史料数字化、图像化，便于更好地保存。其次，建立专业化博物馆和研究机构，将古迹妥善保存；多联系学校等单位合作文物保护研究，适当引入商业力量、慈善力量共同开发保护文物古迹。例如，可以建立广瓷博物馆、广茶博物馆等，广瓷突出文物的历史感，而广茶可更多地从开发利用的角度去发展。最后，培养传承人。要不断培养技艺的传承人，鼓励更多的人尤其是年轻人加入到这个队伍中，将流传下来的手艺继承下来，并发扬光大。同时努力打破传统宗庙界定，发展传统手工艺，不断创新，将技艺与内容与时俱进，百花齐放，发挥传统文化的魅力。

特别强调的是，广东省多数古窑址只是立了个保护标志碑，人畜可入，耕作可行，谈何保护。此外，古窑址的发掘模式乏善可陈，发掘后拍个照片，将文物取走，离开了原地，至于流失到哪里不得而知，馆藏或者个人收藏甚至丢弃都有可能。古窑址发掘后大部分被回填，不利于下一步的考察研究和参观。建议一，古窑址加围栏，禁止非科考人员擅自进入；建议二，古窑址发掘后，文物尽可能留在原地，并建保护棚加以保护。保护棚可以是美观的馆亭式，也可以是玻璃罩棚式。湛江海滨宾馆院内的宋代古窑址，就只是竖立了一个文物保护碑，无护栏，游人可以擅自进入窑内或随便捡拾古瓷片带走。

---

① 黄启臣：《第一部系统全面反映广东丝绸业的志书——评〈广东省·丝绸志〉》，载《广东蚕业》，2004年第1期。

湛江海滨宾馆院内宋代古窑址

(四)广东海上丝绸之路宗教和民间信仰文化遗产的保护

海上丝绸之路不仅促进了东西方贸易的往来，也带动了东西方文明的交流。大量的文化遗迹见证了这段辉煌。海上丝绸之路不仅是一条中外贸易的线路，也是一条宗教文化传播交流的通道。早期佛教、伊斯兰教、基督教等宗教文化都曾通过海上丝绸之路传播到中国。以妈祖信仰为代表的中国民间神祇也随着中国移民传入到东南亚地区。

在宗教方面，对岭南文化影响最大者，首推佛教。[①] 在中国早期的佛教传播中，有不少外国或中国僧人取道海上丝绸之路，其中最著名的有昙摩耶舍、菩提达摩、法显、义净等。昙摩耶舍是第一个有确切记载取道海路来中国传播佛教的外国僧人，他于公元 401 年航海抵达广州，创立了王园寺(今光孝寺)[①]，建大殿五间，翻译佛教经典，发展僧徒。此后，求那跋陀罗、菩提达摩、拘那罗陀等外国僧人先后从海路来中国宣传佛教教义。菩提达摩在公元 527 年从海路来到广州，其登岸处被后人称为西来初地，并创立了西来寺(今华林寺)。目前，光孝寺位于广州越秀区光孝路，因其历史悠久，

① 司徒尚纪：《中国南海海洋文化》，广州：中山大学出版社，2009 年。

规模宏大，有“岭南第一古刹”之称。光孝寺建筑结构严谨，殿宇雄伟壮观，特别是文物史迹众多，如始建于东晋的大雄宝殿，南朝时达摩开凿的洗钵泉，唐朝的瘗发塔、石经幢，南汉的千佛铁塔，宋明时期的六祖殿、卧佛殿，以及碑刻、佛像、诃子树、菩提树等，都是珍贵的佛教遗迹遗物。1961 年，国务院公布光孝寺为全国重点文物保护单位。1974 年 8 月，光孝寺进行全面复建和修葺。1979 年再由国务院拨款 60 万元修建大殿和六祖堂。1986 年 3 月，由国务院批准光孝寺为宗教活动场所并对外开放。1987 年，广东省文物管委会将该寺交还广东省佛教协会。

广东是伊斯兰教传入中国最早的地区之一。作为一个新兴教派，伊斯兰教虽饱经沧桑，但它生长出的强固枝干和繁密绿叶，始终覆盖着岭南部分土地，特别是它的宗教生活与家庭生活合而为一，较其他宗教更具持续力量，由此产生的宗教文化景观特别强烈，影响也较为深远，至今仍在岭南文化中占有重要的一席之地。① 由于海上丝绸之路的便利，大量的阿拉伯人和波斯人聚居广州，曰“蕃坊”。现在广东仍保存的清真寺有怀圣寺、小东营清真寺、肇庆城东和城西清真寺。怀圣寺位于中国广州越秀区光塔路 56 号，是中国现存最早的清真寺，始建于唐高祖武德年间，怀圣寺总面积 1553 平方米，整体建筑为典型的阿拉伯建筑风格，寺内设有教长室、藏经室、礼拜大殿和专供洗礼的水房寺内的光塔。光塔高 36 米，它的圆形塔身、笔尖形的塔尖显示了阿拉伯特有的建筑风格。1996 年 11 月国务院公布怀圣寺光塔为第四批全国重点文物保护单位之一。目前，怀圣寺仅对中外穆斯林开放，寺有教民约 2000 户，6000 多人，多数为回族，奉行格迪国教礼。怀圣寺经常有国内外旅行者来寺礼拜或参观。同时，接待了许多伊斯兰国家高级别的访问团。怀圣寺同时也是广州市伊斯兰教协会所在地。

基督教是在 16 世纪以后逐步传入广东的，由于传教士多来自欧美先进的资本主义国家，因而他们或多或少都带来了近代科学技术知识。早期代表人物为意大利人利玛窦和英国人马礼逊，他们从澳门分别进入肇庆和广州传教，在所到之处办教会，建教堂，发展教徒，举行宗教活动；同时建立医院、学校、育婴堂以及其他慈善事业。到 1919 年，广东省有基督教会 43 个，教堂 924 所，教徒 62 262 人，占全国基督教徒总数的 1/6。广州石室圣心大教堂坐落于广州市区中心一德路。①圣心大教堂于 1863 年 6 月 18 日在圣心瞻礼日正式举行奠基典礼，故命名圣心大教堂。由于教堂的全部墙壁和柱子都是用花岗岩石砌造，所以又称之为“石室”或“石室耶稣圣心堂”“石室天主教堂”。石室圣心大教堂由法国设计师设计，中国工匠历时 25 年建造而成。教堂建筑总面积为

① 司徒尚纪：《中国南海海洋文化》，广州：中山大学出版社，2009 年。

2754 平方米，东西宽 35 米，南北长 78.69 米，由地面到塔尖高 58.5 米。石室圣心大教堂于 1861 年耗资 40 万法郎建立，可与闻名世界的法国巴黎圣母院相媲美，是天主教广州教区最大教堂，国内现存最宏伟的双尖塔哥特式建筑之一，东南亚最大的石结构天主教建筑，也是全球四座全石结构哥特式教堂建筑之一。1996 年被公布为全国重点文物保护单位，是国家 AAAAA 级旅游景区，广东省重点文物保护单位。

生活在海边的人们，当他们还无法了解海洋存在和运动的规律，对海洋的宏大、深邃和神秘便自然而然地产生了敬畏。于是有关海神的崇拜开始出现，充斥在沿海地区的社会生活和人们精神世界的各个角落①，人们认为水中的生物能够保佑他们的平安。而在广东雷州地区，当地人则对雷神充满敬意，至今在雷州县城还有雷祖祠且香火不断。但主要的海神崇拜有南海海神崇拜和北帝崇拜、妈祖崇拜、南海观音崇拜、冼太夫人崇拜。

广州石室圣心大教堂

妈祖是以中国东南沿海为中心的海神信仰，又称天上圣母、天后、天后娘娘、天妃、天妃娘娘、湄洲娘妈等。这一信仰的主体据说是由真人真事演变而来的。考察妈祖的生平得知，这一信仰来自民间传说。首先是传说，然后是传说的历史化和神化，最后形成普遍的妈祖信仰。广东地区著名的有汕尾凤山祖庙、广州南沙天后宫、深圳赤湾天后宫等。多数妈祖庙（天后宫）经历代修缮或重修延续至今，得到较好的保护。破败的樟林妈祖宫失修只是个例。

（五）广东移民文化遗产保护

“有海水的地方就有中国人。”中国人向外移居，已有三千多年的历史。广东濒临南海，沿海一线遍布岛屿港湾，以海谋生者众多。尤其以粤人为数众多，形成规模大、影响高的华侨华人群体。

---

① 司徒尚纪：《中国南海海洋文化》，广州：中山大学出版社，2009 年。

位于广州二沙岛的广东华侨博物馆

广东侨乡主要集中在珠江三角洲和潮州平原，如珠江三角洲的江门五邑，即新会、台山、开平、恩平等，潮州平原的潮州、汕头等，都是著名的侨乡。海外华侨克勤克俭，略有结余，便托人捎带钱物回家，从各个方面赡养家人和支持家乡经济和公益事业。在汕头的侨批博物馆里珍藏着侨批文物。在广东侨乡的另一道风景线就是碉楼。碉楼是一种特殊的汉族民居建筑，因形状似碉堡而得名。开平碉楼已经成功申报世界文化遗产，作为世界和国家文化遗产，得到很好的保护，而且华侨文化遗产保护与旅游开发和谐统一。

建设博物馆是保护华侨文化遗产和文物的重要方式。目前广东建设了广东华侨博物馆、江门五邑华侨华人博物馆、汕头侨批文物馆，使相关文物得到很好的保护。

江门五邑华侨广场和江门五邑华侨华人博物馆

华侨文化是岭南文化一个本质特征。华侨一方面保留着原有的语言、习俗和价值观念，有着深厚的文化根基；另一方面，他们深受居住地的文化影响，吸收着当地的异质文化，并加以创新，使之成为自己文化的一部分。华侨文化具有明显的中外结合的品格。现在在广东一些侨乡所耸立的大量西式建筑，以及语言里夹带着的英语、马来语等，无不显示华侨文化的中西合壁的风格，这也造就了岭南文化中一道独特的风景。

汕头侨批文物馆

三、海上丝绸之路文化遗产联合申遗

世界遗产是指被联合国教科文组织和世界遗产委员会确认的人类罕见的、目前无法替代的财富，是全人类公认的具有突出意义和普遍价值的文物古迹及自然景观。文化线路遗产是世界遗产类目里的新成员。一般认为，“文化线路是指一种陆地道路、水道或者混合型的通道，其形态特征的定性和形成基于它自身的和历史的动态发展以及功能演变；它代表了人们的迁徙和流动，代表了一定时间内国家和地区内部或国家与地区之间人们的交往，代表了多维度的商品、思想、知识和价值的互惠和持续不断的交流，并代表了因此产生的文化在时间和空间上的交流与相互滋养，这些滋养长期以来通过物质和非物质遗产不断得到体现”。[①]中国作为世界四大文明古国之一，历史悠久，文化遗产和自然遗产丰富，是名副其实的世界遗产大国。

海上丝绸之路联合申遗有利于保护遗产的完整性。

世界遗产强调遗产的连续性和完整性，而具有线性特征的遗产往往跨地区、跨国界，具有明显的世界性特征。跨地区、跨国申报模式不仅是中国在申报遗产时的一种策略选择，也是文化线路遗产本身的内在要求。“从世界遗产申报的发展来看，国家之

① 刘小方：《中国文化线路遗产的保护与旅游开发》，成都：四川师范大学，2007 年。

间、地区之间的联合申报越来越频繁，联合申报逐渐成为一种主流趋势”。[①] 这种跨地区、跨国家联合申报的模式本身也是联合国教科文组织所鼓励的。联合国教科文组织世界遗产委员会一贯倡导跨国、跨地区申报，因其一方面有利于遗产的完整性，另一方面也可以加强和促进国与国、地区与地区之间的对话和交流。

因此，多地区或多国申报模式，比起一地区或一国申报，更能体现遗产的完整价值。海上丝绸之路作为典型的文化线路遗产，在申遗过程中，仅仅通过一个地区的努力申遗成功几乎是不可能的，“过去以省级行政区划为单位，人为割裂了整个线性文化遗产的完整性，各自为政的研究南海丝绸之路，其实早已不能适应保护和申遗的需要，必须多地合作，视为整体，研究格局也更接近历史的本来面目”。

中国海上丝绸之路申遗始于福建泉州。“据了解，福建从上世纪 80 年代末就开始包装海上丝绸之路，1991 年建成泉州海外交通史博物馆，1992 年策划海上丝绸之路申遗，2001 年启动‘海上丝绸之路，泉州史迹’申报世界文化遗产项目。”[②]2002 年，福建省正式向国家文物局提交了由时任福建省省长习近平同志签发的申报文本，之后经历了遗产点的研究、环境整治、联合国官员考察等工作，但由于海上丝绸之路是一个文化线路项目，以泉州一地申报，一直未能得到联合国遗产组织的认可。到了 2006 年 12 月，国家文物局第一次公布《中国世界文化遗产预备名单》中，“丝绸之路”入选，包括了陆上和海上，海上丝绸之路申遗城市主要是泉州和宁波。2009 年“无锡论坛”期间，国家文物局扩大了申遗省份和城市，扬州、南京等城市陆续加入申遗行列。2012 年，国家文物局公布的预备名单显示，海上丝绸之路项目由江苏南京、扬州，浙江宁波，福建泉州、福州、漳州，山东蓬莱，广东广州，广西北海等“6 省 9 市”构成。2014 年 11 月在福建泉州召开的海上丝绸之路与世界文化遗产申报学术研讨会中，参与申遗的九城代表们签署了《联合推动“海上丝绸之路”文化遗产列入〈世界遗产名录〉——泉州共识》，标志着海上丝绸之路联合申遗机制向前迈进一大步。目前海上丝绸之路联合申报世界文化遗产已经从中国单一申报和思路调整为多国联合申报的思路，申报工作在联合国遗产组织的统一协调下进行。

---

① 陶长雨：《新形势下“南丝路申遗”面临的机遇和挑战》，载《云南开放大学学报》，2015 年第 1 期。
② 张开城：《论广东海上丝绸之路文化资源的开发利用》，载《南方论刊》，2011 年第 11 期。

后 记

广东是古代海上丝绸之路重地，海上丝绸之路历史文化资源丰富。从文献记载看，广东是史载海上丝绸之路最早的始发地，徐闻大汉三墩港有朝廷要员驻督，广州在唐代即有市舶使，有最早的市舶司，甚至在明代都未被关闭。在清代广州又具有了“一口通商”的“古代经济特区”优势，号称“天子南库”，所以广东一直是海上丝绸之路贸易与文化交流的“排头兵”。在国家实施“一带一路”建设的今天，梳理丰富多彩的广东海上丝绸之路文化，进行广东海上丝绸之路文化建设具有重要意义。而梳理丰富多彩的广东海上丝绸之路文化，分析广东海上丝绸之路文化建设并提出建设性的意见和建议，服务于海上丝绸之路建设的大局，正是我们撰写《广东海上丝绸之路文化与建设》一书的初衷。

《广东海上丝绸之路文化与建设》是广东省资助的广东海洋大学创新强校工程“广东海上丝绸之路文化建设”（编号：GDOU2013050323）项目的研究成果。广东海洋大学在读研究生张丽、王宁、贺斯迈、陈莹菲、孙路、李文河、沈榕、谢安参与了项目工作。《广东海上丝绸之路文化与建设》一书分为上、下两编。上编“广东海上丝绸之路文化遗存”梳理了广东海上丝绸之路古港和航海文化、船舶文化、商贸文化、移民文化、海神信仰民俗文化、中外文化交流、广东海上丝绸之路古埠及周边古墓等。下编“广东海上丝绸之路文化建设” 研究了广东海上丝绸之路古港的开发利用、广东海上丝绸之路文化旅游线路开发、广东海上丝绸之路节庆会展业开发、广东海上丝绸之路创意文化产业建设、广东海上丝绸之路文化产业带建设、广东海上丝绸之路文化遗产的保护等，并就这些方面提出建设性的意见和建议。

本书的撰写和出版得到广东海洋大学领导和科技处的大力支持，得到研究生处文科类学科建设专项扶持经费支持。撰写过程中参阅了国内相关研究成果，在此一并表示感谢。由于成书仓促，加之作者水平有限，疏漏之处在所难免，恳望方家不吝赐教。

作者

2018 年 1 月